国家出版基金项目
NATIONAL PUBLICATION FOUNDATION

中国社会科学院创新工程学术出版资助项目

本书的研究由国家社科基金重大招标项目"国有企业改革和制度创新研究"（15ZDA026）资助

中国国有企业40年：制度变迁与行为演化

黄速建　贺俊◎主编　40 Years of State-owned Enterprises in China: Institutional Change and Behavior Evolution

经济管理出版社
ECONOMY & MANAGEMENT PUBLISHING HOUSE

图书在版编目（CIP）数据

中国国有企业 40 年：制度变迁与行为演化/黄速建，贺俊主编.—北京：经济管理出版社，2018.12
ISBN 978-7-5096-6261-8

Ⅰ.①中⋯　Ⅱ.①黄⋯　②贺⋯　Ⅲ.①国有企业—企业改革—研究—中国②国有企业—企业发展—研究—中国　Ⅳ.①F279.241

中国版本图书馆 CIP 数据核字（2018）第 284849 号

组稿编辑：张永美
责任编辑：张永美　范美琴　王格格
责任印制：黄章平
责任校对：陈　颖

出版发行：经济管理出版社
　　　　　（北京市海淀区北蜂窝 8 号中雅大厦 A 座 11 层　100038）
网　　址：www.E-mp.com.cn
电　　话：（010）51915602
印　　刷：三河市延风印装有限公司
经　　销：新华书店
开　　本：720mm×1000mm/16
印　　张：26.75
字　　数：475 千字
版　　次：2019 年 6 月第 1 版　2019 年 6 月第 1 次印刷
书　　号：ISBN 978-7-5096-6261-8
定　　价：98.00 元

·版权所有　翻印必究·
凡购本社图书，如有印装错误，由本社读者服务部负责调换。
联系地址：北京阜外月坛北小街 2 号
电话：（010）68022974　　邮编：100836

总 序

1978~2018年，中国国内生产总值（GDP）总量和人均GDP分别增长了近36倍和24倍强，长达40年的平均9.4%的实际增长率，是同期任何其他国家都未达到的高速增长。在世界经济史上，曾经有过若干个著名的发展里程碑，但是，在一代人的时间内使人民生活水平得到如此大幅度的改善，这个"中国奇迹"确是其他案例都无法比拟的。

例如，我们可以做一个思想模拟，以平均出生时预期寿命代表一代人，以人均GDP作为生活水平改善的代理指标，看一看历史上曾经创造奇迹的几个国家情形，并与中国进行比较。

英国在1880~1930年人均GDP的年均增长率只有0.9%。以1880年时出生人口预期寿命50年来算，平均来看，当时的一个英国人可以在一生中感受到生活水平提高56%。继英国和其他西欧国家之后，美国成为又一个现代化强国。在赶超英国的过程中，即在1920~1975年美国的人均GDP年平均增长率约为2%。以1920年出生的人口预期寿命55年算，美国人终其一生，生活水平可以达到近1倍的改善。日本是下一个成功地实现对先行者赶超的国家，也是亚洲第一个实现了现代化的国家。1950~2010年，日本的人均GDP年平均增长速度超过4%。以平均预期寿命60年算，1950年出生的日本人，一生中生活水平提高了将近10倍。

1981~2017年，中国的人均GDP年均增长率为8.7%，也就是说，1981年出生的中国人，在半生的时间里便已经历了超过19倍的实际生活水平改善。以平均预期寿命68岁算，那时出生的中国人将期望活到2049年，即中华人民共和国成立100周年之际。可以想见，到中华民族伟大复兴之时，中国人民的人均收入改善会以什么样的奇迹呈现。

因此，这一中国奇迹，无论是从自身的角度还是从人类发展史的角度，都是值得大写特写的。对于经济学家来说，对历史过程大写特写的方式，便是以经验和理论相结合的方式解说既往的经历，从"做对了什么"中提炼智慧，不仅帮助自己认识当下和展望未来，也为其他探寻发展之途的后起国家提供中国方案。

中国取得经济社会发展成就的根本原因，在于坚持实施改革开放，激发劳动者、经营者和各级干部发展经济的积极性，消除阻碍生产要素积累和配置的体制弊端，学习借鉴国外先进技术和管理，利用国际市场把人口红利转化为比较优势和竞争力。因此，解说中国奇迹的重要任务，便是从经验和理论两个角度回顾、总结、分析、反思40年的改革开放历程。

由于以下几个突出特征，中国及其发展对于世界的意义尤其重要。首先，中国拥有世界上最大规模的人口，2017年约为世界总人口的18.5%，占人类1/5的中国人民创造的成就对世界意义的显著性，是其他国家无可比拟的。其次，知识分子天生具有探索兴衰之谜的学术好奇心，而吸引众多学者尝试回答的关于中国科技（发展）为什么由盛至衰的"李约瑟之谜"，正是经济史学中同样著名的、旨在探索为什么16世纪以来世界经济发展出现大分流这个谜题的中国版本。最后，就从另一个方向上满足相同的学术好奇心而言，中国是迄今为止唯一经历了经济发展由盛至衰再至盛，同时接近于完整经历经济发展的每一个必要阶段的发展中国家。

中国的改革开放经验如此引人注目，以至于国内外众多经济学家，无论从正面还是从反面，一直以来都在孜孜不倦地开发这一宝藏。然而，对于中国经济学家来说，解说中国奇迹的学术话语权大有旁落人家的倾向。这样说并非出于某种狭隘的自尊心理，而是因为迄今为止占据学术话语主流地位的很多研究成果，往往只是隔靴搔痒，并没有抓住中国经验的本质和中国智慧的要义。

例如，许多经济学家把已故经济学家哈耶克的一个著名表述作为认识中国经验的经典范式，认为中国在过去几十年里取得的改革成功，是"人类行为的意外结果"（unintended consequence of human action），由此出发产生的一些学术出版物受到追捧。至少由于两个原因，可以说在这种范式下所做的研究具有很大的误导性。首先，这些作者忽略了重要的一点，中国的改革虽然并未从一开始就绘制了蓝图，但却是以"三个有利于"为出发点，并且始终坚持以此评价改革成功与否，以及以此为圭臬设计进一步改革的路径。其次，这些作者也非常不恰当地把中国改革的探索者、设计者、实践者及其付出的艰险、智慧和努力避重就轻地一笔带过。

作为中国本土研究者，有责任和义务以自己的研究弥补上述缺陷。经济管理出版社编辑出版"中国经济改革开放40年系列丛书"，目的就是从中国经济改革开放的各个领域，系统讲述40年制度创新的历程，包括其间经历的种种曲折和取得的辉煌成就。丛书各卷的主编和主要作者，都是中国社会科学院相关学科的杰出学者，既具有深厚的理论素养，其中也不乏改革开放发展的亲历者和参与者。各位作者的学术背景不同，写作风格和论述问题的方式各异，但是，各位作者总体上努力做到把中国故事讲明白，把中国智慧提炼出来，力图从学理角度为人类社会发展提供中国方案。

歌德曾经说：理论是灰色的，而生命之树常青。我认为，这句话并不应该理解为理论不重要。从更加积极的角度理解这句话，可以得出这样的结论：从成功的实践经验中提炼特征化事实，不断丰富乃至修正已有理论体系，创造新的理论范式和体系，可以使理论本身生命常青。包括本丛书作者在内的中国经济学家，责无旁贷地面临着这个重要的使命。希望这套丛书能够为完成这一使命贡献中国社会科学院学者的力量和智慧。

蔡　昉
2019年4月20日于中国社会科学院

"中国国有企业改革与制度创新" 课题组

课题负责人： 黄速建

课题研究设计： 黄速建　肖红军　贺　俊

课题报告总撰： 黄速建　贺　俊

课题组成员： 程俊杰　黄速建　贺　俊　黄阳华　胡文龙
　　　　　　　胡叶琳　焦　豪　江　鸿　李井林　李先军
　　　　　　　李　烨　刘建丽　刘湘丽　权小锋　谭玥宁
　　　　　　　王　涛　王　欣　王钰沛　肖红军　叶振宇
　　　　　　　赵　红

目 录

第一章 总 论 ·· 1

第二章 中国国有企业改革 40 年：演进、目标与逻辑 ················· 15
    第一节 中国国有企业改革的演进 ·· 15
    第二节 国有企业改革的基本缘由与目标 ································· 37
    第三节 国有企业改革的中国特色 ·· 50
    第四节 国有企业改革的基本逻辑 ·· 81

第三章 国有企业在国民经济中地位作用的变迁 ·························· 96
    第一节 国有企业在国民经济中地位作用变迁的总体脉络 ······· 96
    第二节 计划与市场关系探索阶段的国有企业地位调整
           （1978~1993 年） ··· 97
    第三节 建设社会主义市场经济体制的国有企业地位调整
           （1993~2013 年） ··· 102
    第四节 全面深化改革与国有企业功能定位的调整方向
           （2013 年以来） ··· 110

第四章 国有经济结构和布局的战略性调整 ······························· 113
    第一节 国有经济结构和布局调整的总体脉络 ························ 113
    第二节 由政府向市场过渡的企业组织结构演变（1978~1992 年）····· 116
    第三节 现代企业制度驱动的国有企业战略性改组（1993~2002 年）··· 119
    第四节 国资体制改革推动的国有企业竞争力提升（2003~2012 年）··· 122
    第五节 国企分类改革背景下的国有资本优化配置（2013 年以来）··· 124

第五章 国有企业法律体系的演进 ··· 127
    第一节 国有企业法律体系演进的总体脉络 ···························· 127

第二节 放权让利，探索"两权分离"阶段的国有企业法律制度变迁
（1978~1992年） …………………………………………………… 133

第三节 建立现代企业制度阶段的国有企业法律制度变迁
（1992~2002年） …………………………………………………… 138

第四节 完善国有资产管理体制与公司法人治理阶段的国有企业法律
制度变迁（2002年至今） …………………………………………… 140

第六章 国有资产监督管理体制改革 ……………………………………… 143

第一节 我国国有资产监督管理体制改革的基本脉络 ………………………… 143

第二节 计划经济体制下国有企业管理阶段（1988年之前） ………………… 149

第三节 国有资产管理体制改革初步探索阶段（1988~1998年） …………… 151

第四节 国有资产管理体制孕育阶段（1998~2003年） ……………………… 152

第五节 新国有资产管理体制确立阶段（2003年至今） ……………………… 154

第七章 国有资本经营预算与财务管理制度改革 ……………………… 156

第一节 我国国有资本经营预算与财务管理制度改革的总体脉络与
演进逻辑 …………………………………………………………… 157

第二节 改革开放初期国有资本经营预算与财务管理制度改革探索
起步阶段（1978~1992年） ………………………………………… 165

第三节 国有资本经营预算制度建立和财务管理制度改革的深化阶段
（1992~2008年） …………………………………………………… 170

第四节 21世纪以来国有资本经营预算与财务管理制度的独立发展
（2008年至今） ……………………………………………………… 177

第八章 国有企业产权改革的进程 ………………………………………… 182

第一节 国有企业产权改革的演进与逻辑 …………………………………… 182

第二节 放权让利，激发国有企业发展活力（1978~1986年） ……………… 185

第三节 两权分离，转变国有企业经营机制（1987~1992年） ……………… 188

第四节 产权明晰，促进现代企业制度建设（1993~2001年） ……………… 190

第五节 权责统一，推动建立现代产权制度（2002年至今） ………………… 194

第九章　国有企业治理结构演进 · 198
第一节　国有企业治理改革的演进历程和必要性 · 198
第二节　启动国有企业经营改革（1978~1992年）· 202
第三节　建立现代企业制度（1993~2002年）· 204
第四节　国有企业公司治理改革（2003~2012年）· 206
第五节　国有企业公司治理优化（2013年至今）· 208

第十章　国有企业投融资体制改革和债务重组 · 212
第一节　国有企业投融资体制改革的总体脉络与逻辑 · 212
第二节　国有企业投资体制的变迁 · 216
第三节　国有企业融资体制的变迁 · 218
第四节　国有企业债务重组模式的变迁与逻辑 · 220

第十一章　地方投融资平台的改革与发展问题 · 224
第一节　我国地方投融资平台改革与发展脉络 · 224
第二节　地方投融资平台的理论探索与尝试（改革开放至1993年）· 228
第三节　政策鼓励下的地方投融资平台崛起与快速发展（1994~2009年）· 231
第四节　投融资平台的规范治理与转型发展（2010年至今）· 237

第十二章　国有存续企业的改革 · 252
第一节　国有存续企业的改革总体脉络 · 252
第二节　存续企业的产生（20世纪90年代至2001年）· 256
第三节　存续企业的艰难转型（2002~2011年）· 257
第四节　存续企业的深化改革（2012年至今）· 258

第十三章　国有企业三项制度改革历程 · 260
第一节　国有企业三项制度改革总体脉络与逻辑 · 260
第二节　突破计划经济体制的桎梏（1978~1991年）· 264
第三节　探索市场经济体制中的劳动、人事、分配制度（1992~2002年）· 268
第四节　形成与现代企业制度相适应的劳动、人事、分配制度（2003年至今）· 273

第十四章　国有企业竞争战略和管理模式演变 ································ 279
第一节　国有企业竞争战略和管理模式演变的总体脉络 ············ 279
第二节　竞争性市场萌芽、效益导向战略与经营责任制
（1978~1992年） ·· 282
第三节　国内竞争加剧、集团化战略与公司制管理模式（1993~
2001年） ··· 286
第四节　国际竞争激化、多元化战略与资本管理模式（2002~
2008年） ··· 289
第五节　金融危机、国际化战略与中国特色管理模式（2009年
至今） ··· 293

第十五章　国有企业国际化经营与管理 ·· 297
第一节　国有企业国际化经营与管理演变的总体脉络 ··············· 297
第二节　1978~1991年，外资进入与非制造型对外投资起步 ······· 304
第三节　1992~2000年，市场化驱动制造业企业跨国经营起步 ··· 307
第四节　2001~2007年，"走出去"战略推动多行业对外投资加速 ··· 309
第五节　2008~2016年，国际金融危机以来跨国经营进入发展机
遇期 ··· 311
第六节　2017年以来，跨国经营进入高质量发展新阶段 ············ 315

第十六章　国有企业技术创新活动的演进 ··· 318
第一节　国有企业技术创新演变的总体脉络分析 ······················ 318
第二节　基于政府指令型的国有企业技术创新（1978年底到
1993年10月） ·· 322
第三节　基于引进—消化—吸收—再创新模式的国有企业技术创新
（1993年11月到2013年10月） ·································· 324
第四节　基于创新生态系统的国有企业技术创新（2013年11月
至今） ··· 327
第五节　小结 ··· 329

第十七章　国有企业社会责任的发展与演进 ····································· 331
第一节　国有企业社会责任发展与演进的总体脉络 ·················· 331
第二节　不完全企业下的责任错位阶段（1978~1993年） ········· 336

第三节　真正意义企业下的责任弱化阶段（1994~2005年）……………341
　　第四节　现代意义企业下的责任重塑阶段（2006~2013年）……………346
　　第五节　企业新定位下的责任创新阶段（2014年至今）…………………352
　　第六节　国有企业社会责任发展与演进的规律特征………………………359

第十八章　对国企改革的反思与展望……………………………………………363
　　第一节　国企改革的制度演进历程…………………………………………363
　　第二节　国企改革的标准反思………………………………………………367
　　第三节　国企改革的要素反思………………………………………………369
　　第四节　国企改革的经验反思………………………………………………373
　　第五节　国企改革的困境反思………………………………………………376
　　第六节　国企改革的趋势展望………………………………………………379

第十九章　实践拉动和理论推动：中国国企改革的学术探索…………………383
　　第一节　我国国企改革理论发展的基本脉络………………………………383
　　第二节　改革开放初期基于经典马克思主义理论的国企改革理论………385
　　第三节　20世纪90年代西方制度经济学的引进与国企改革理论的
　　　　　　发展…………………………………………………………………387
　　第四节　21世纪以来的国企改革研究………………………………………391

参考文献………………………………………………………………………………398

后　　记………………………………………………………………………………414

第一章 总 论

中国国有企业改革的内在逻辑可以简单地理解为，政府在"可接受"的国有经济规模和国有资本控制程度的前提下，尽可能降低国有企业这种制度安排内生的组织非效率的过程。过去 40 年，中国国有企业改革的过程就是政府为了主动适应市场竞争或者被市场竞争倒逼，在国有企业控制权和国有企业效率之间不断权衡和调整的过程。

一、国有企业改革的理论逻辑与本书的分析框架

按照契约理论的观点，中国国有企业改革的内在逻辑可以简单地理解为，政府在"可接受"的国有经济规模和国有资本控制程度的前提下，尽可能降低国有企业这种制度安排内生的组织非效率的过程。阿尔钦和德姆塞茨（1972）第一次提出，企业可以被理解为一个或一组由各类资源所有者缔结的合约联结（Nexus of Contracts）。企业的契约观点是现代企业理论思考企业本质的起点，也是观察中国国有企业 40 年改革历程的重要视角。国有企业是企业的一种特定类型，因而具有企业的一般经济学性质。同时，不同于私人企业的缔约方主要是私人金融资本和私人人力资本，国有企业的缔约方由于加入了代表国家的国有资本，而呈现出诸多显著不同于私人企业的经济学属性。

从企业的一般性质看，要素所有者为什么放弃直接根据市场价格机制组织生产并出售产品的权利，而将资源的使用权让渡给企业家？如果让渡使用权可以换取收入，那么向市场直接出售产品或一次性卖掉资源不同样可以获取收入吗？原因是企业是市场上节约交易成本的一种制度安排。然而，如果企业仅仅因为直接指挥要素、避免运用价格机制就一定节约了交易成本，那么企业的规模越大、囊括的可供直接指挥的要素越多，可节约的交易费用就越多。按照这种逻辑，整个经济体都会变成一个企业。显然，还存在另外一种抵消企业这种制度安排降低交易费用的力量，即企业在节约交易费用的同时还会产生组织费用，组织费用可以抵消企业对市场交易费用的节约，因而

企业边界具有均衡点。也就是说，当企业节约的交易费用在边际上与其支付的组织费用相等的时候，企业的边界就确定了（周其仁，2004）。国有企业作为一种特殊的企业制度安排，国有企业具有较私人企业更高的组织费用。这是因为，企业效率有两个决定因素：一是在给定企业是一个团队生产组织的情况下，有什么办法使每个人都有积极性努力工作，即"激励问题"；二是在人的经营能力不可直接观测的情况下，有什么体制使最有才能的人占据经营者岗位，即"领导者选择问题"。张维迎（1995）认为，国有企业可以在一定程度上解决内部激励问题，如通过承包制改革使企业内部人员拥有了部分"剩余索取权"从而调动了其积极性。但国有企业在解决经营者选择机制方面是不可能成功，这是因为国有企业的经营者是由政府官员选择的，而不是由真正承担风险的私人财产所有者来选择。由于官员有选择的权利但是并不真正承担风险，所以他们不可能真正有积极性选择那些最有才能的人。也就是说，国有资产的管理者拥有国有资产的控制权，但是没有国有资产的剩余索取权，不是真正的风险承担者，所以他们手中的控制权是"廉价投票权"，即他们没有激励去选用出色的管理者，也没有激励去监督国有资产的使用情况，并最终表现为国有企业的低效率或高昂的组织费用。

由于国有企业会导致高昂的组织成本（组织非效率），如果在完全市场竞争条件下，国有企业的效率低于私人企业，那么理论上国有企业的边界应当为零。但由于政府对国有企业的控制能够为政府带来额外的收益，因而政府有激励保持尽可能大的国有经济规模或者保持尽可能高的国有资本控制权。国有企业为政府创造的经济收益可能是正当的，如国有企业可以为公民提供私人企业不愿提供的普遍服务（即国有企业可以在一定程度上矫正市场失灵）；也可能是非正当的，如政府可以利用国有企业寻租。也就是说，一方面国有企业存在较私人企业的非效率，另一方面国有企业又能够为政府带来私人企业无法创造的特定收益。在这种情况下，政府的理论决策是，在"可接受"的国有经济规模和国有资本控制程度的前提下，尽可能降低国有企业这种制度安排内生的组织非效率。

按照这种逻辑，过去40年中国国有企业改革的过程，就是政府为了主动适应市场竞争或者被市场竞争倒逼，在国有企业控制权和国有企业效率之间不断权衡和调整的过程。总体上看，越是改革的初期，政府在掌握对国有企业的控制权和提升国有企业效率两个目标之间改革回旋的余地越大，改革的难度越小，典型如早期的放权让利改革都收到了立竿见影的效率提升的效果。而今天学术界和政策部门认为中国的国有企业改革进入所谓的攻坚阶段，根本上是由于在不触及国家对国有企业控制权的前提下通过非产权改革方式提升国有企业效率的空间越来越小。在这个政府控制权和国有企业效率的均衡分析框架下，本书后续的研究内容如产权改革、国有资产监督体制改革、国有资本经营预算、国有企业治理结构和治理机制完善以及财务管理、三项制度管理等各项内部管理制度改革等，都可以视为政府在"可接受"的国有经济规模和国有资本控制程度的前提下，尽可能降低国有企业这种制度安排内生的组织非效率的理性决策。而国有企业这种服从于多元目标的特殊制度结构决定了，国有企业在战略选择、对利益相关者的经济互动等行为层面会表现出较私人企业显著的差异性。

基于以上理论框架，为了对我国国有企业改革的历程进行全景式的回顾与分析，本书共划分十九章开展研究，并总体上按照宏观研究和微观分析的结构进行章节安排。其中，第一章、第二章、第十八章和第十九章是对国有企业改革的总体性分析。第一章和第二章回顾了我国国有企业改革的总体历程，第十八章在全书分析的基础上对我国国有企业改革的实践进行了反思，而第十九章则主要对国有企业改革的理论基础进行了批判性的梳理。第三章和第四章分别从国有经济改革的绩效和国有经济的战略布局的角度对国有经济调整进行了宏观层面的分析。第五章到第十七章是对我国国有企业改革的微观研究。其中，第五章至第十三章主要是对国有企业的制度层面的梳理和分析，包括了国有企业法律、国有资产监督管理、国有资本经营预算、国有产权、国有企业治理结构和机制、国有企业投融资机制（含地方投融资平台）和资产债务重组（含国有存续企业改革）、国有企业财务管理、国有企业三项制度等研究主题。对国有企业行为层面的研究主要从国有企业的战略、国际化和技术创新以及国有企业的社会责任四个方面展开。

表1-1 本书的内容结构

研究内容		所属章节
总体性研究		第一章、第二章、第十八章、第十九章
宏观研究		第三章、第四章
微观研究	制度研究	第五章、第六章、第七章、第八章、第九章、第十章、第十一章、第十二章、第十三章
	行为研究	第十四章、第十五章、第十六章、第十七章

二、本书的核心观点

本书各章的主要研究脉络和核心观点如下：

第一章"总论"基于"企业是契约联结"的观点构建了一个国有企业改革的分析框架。笔者认为，企业的契约观点是现代企业理论思考企业本质的起点，也是观察中国国有企业40年改革历程的重要视角。国有企业是企业的一种特定类型，因而具有企业的一般经济学性质。同时，不同于私人企业的缔约方主要是私人金融资本和私人人力资本，国有企业的缔约方由于加入了代表国家的国有资本，而呈现出诸多显著不同于私人企业的经济学属性。一方面由于"廉价投票权"机制的存在，国有企业存在较私人企业的非效率，另一方面国有企业又能够为政府带来私人企业无法创造的特定收益。在这种情况下，政府的理论决策是，在"可接受"的国有经济规模和国有资本控制程度的前提下，尽可能降低国有企业这种制度安排内生的组织非效率。按照这种逻辑，过去40年中国国有企业改革的过程，就是政府为了主动适应市场竞争或者被市场竞争倒逼，在国有企业控制权和国有企业效率之间不断权衡和调整的过程。总体上看，越是改革的初期，政府在掌握对国有企业的控制权和提升国有企业效率两个目标之间改革回旋的余地越大，改革的难度越小；而当前我国国有企业改革进入所谓的攻坚阶段，根本上是由于在不触及国家对国有企业控制权的前提下通过非产权改革方式提升国有企业效率的空间越来越小。在这个政府控制权和国有企业效率的均衡分析框架下，本书后续的研究内容，如产权改革、国有资产监督、治理结构和治理机制完善以及各项内部管理制度等，都可以视为政府在"可接受"的国有经济规模和国有资本控制程度的前提下，尽可能降低国有企业这种制度安排内生的组织非效率的理性决策。

第二章"中国国有企业改革40年：演讲、目标与逻辑"对我国国有企业改革的理论脉络和实践发展进行了全面系统的梳理。本章提出，国有企业改革是对国有企业外部与内部关系的革命性变革过程。国有企业改革、增强企业活力是中国经济体制改革的中心环节，也是在中国情境下生产关系适应生产力发展的创造性实践。早在1978年以前，对国有企业管理体制就有过多次的改良或调整，但真正的改革是从1978年开始并经历了多个阶段。国有企业在中国之所以形成和发展主要有三个方面的原因：一是践行马克思主义理论；二是支撑产业赶超；三是实现民族独立与自强。社会主义市场经济体制中的国有企业与发达市场经济体制中的国有企业之间有区别。这种区别

第一章　总　论

集中表现为，在社会主义市场经济体制中，国有企业是作为社会主义制度的经济基础而存在，国有企业不仅是政府干预经济的手段，还是政府参与经济的手段。这决定了，我国的国有企业成为一种同时拥有非经济目标和经济目标的特殊的企业组织。中国国有企业改革的基本经验是，实施"微观突进、宏观配套"的基本改革战略，遵循"联系实际、创新理论"的基本改革思想，采取"开放式"的基本改革谋略，运用"允许试错"的基本改革方法，选择"渐进推进"的基本改革路径，建立"自适应"的基本改革机制，落实基于成功经验与改革目标的"顶层设计、分类推进"基本改革建构，贯彻"权变持续"的基本改革谋略。

第三章"国有企业在国民经济中地位作用的变迁"提出，改革开放 40 年来，我国国有企业在国民经济中的地位作用，经历了三个不同的发展阶段。此章按照历史脉络，分阶段讨论在我国经济体制改革的不同历史阶段下，国有经济调整与国有企业地位作用的变化。虽然 40 年来国有企业改革呈现出显著的阶段性特征，但是国有企业在我国国民经济中的地位作用总体上具有一致性。在宏观上，国有企业在国民经济中的地位作用受到计划与市场关系调整的影响，总体而言朝着增强国有企业活力、控制力和竞争力的方向发展，让国有企业适应并主动利用市场规则做大做强。但是在不同的发展阶段，做大做强国有企业所面临的主要矛盾有所不同。在理论上，现有的企业理论对我国国有企业改革的指导意义已经得到了较为充分的吸收和利用，而新时代国有企业深化改革的实践，迫切需要重新在理论上认识国有企业的功能作用。今后，按照国有企业的功能作用，实施分类改革，是在新时代做大做强国有企业的有效方式。

第四章"国有经济结构和布局的战略性调整"的分析发现，改革开放 40 年来，在国家相关政策的引导下，伴随市场化改革进程的加快，我国国有经济总量不断增长，结构逐步优化。从国有经济结构和布局调整的演变脉络来看，突出表现为以下几个特征：调整动力由政府主导向市场主导转变，调整目标由数量优先向质量优先转变，调整方式由整齐划一向分层分类转变。剖析其背后深层次的逻辑与动因主要包括：促进国有企业运营效率与竞争力提升，推动垄断行业改革从而营造公平竞争环境，以及建立清晰产权关系和规范的治理结构。概括而言，我国国有经济结构和布局调整主要经历了四个阶段：一是 1978~1992 年由政府向市场过渡的企业组织结构演变阶段。这一时期的重点任务是，通过"放权让利"、横向经济联合、组建企业集团、股份制试点等一系列改革探索，激发微观主体国有企业的市场活力。二是 1993~

5

2002年现代企业制度驱动的国有企业战略性改组阶段。这一时期的重点任务是，宏观层面坚持"抓大放小"原则增强国有经济控制力，微观层面建立现代企业制度和推动公司制改革，国有企业战略性改组催生了第一轮兼并重组热潮。三是2003~2012年国资体制改革推动的国有企业竞争力提升阶段。2003年国资委成立之后，建立了新的国有资产管理体制，实施了更为深入的国有资产整合与重组，尤其是带动了垄断行业的中央企业重组，同时股权分置改革带动了国有上市公司的快速发展。四是2013年以来国企分类改革背景下国有资本优化配置阶段。基于国有企业功能定位的分类改革，从管资产到管资本的国资管理体制改革，大力发展混合所有制经济，为国资国企改革提出了新目标、新要求，国有经济结构和布局调整也正从"数量目标"向"质量目标"的方向转变。

第五章"国有企业法律体系的演进"主要介绍了我国国有企业法律体系的演进。本章提出，国有企业法律体系是以宪法为基础，所有国有企业法律规范有机联系的统一体。我国国有企业法律体系主要包括以下几种法律规范：宪法、法律、行政法规、规章制度、司法解释及其他。总体上看，我国国有企业法律体系的演进大致经历了四个阶段：一是放权让利，探索"两权分离"阶段（1978~1992年），这一阶段的法制建设主要围绕国有企业放权让利、扩大企业经营自主权、利改税与拨改贷、承包经营责任制等改革展开。二是建立现代企业制度阶段（1992~2002年），这一阶段法律体系建设的核心是股份制的探索以及《公司法》的颁布与我国现代企业制度的完善。三是完善国有资产管理体制与公司法人治理阶段（2002年至今），国有资产管理体制的建立以及公司法人治理结构的完善是这一阶段的核心。总体上看，国有企业法律体系是一个动态的系统，它的演进过程与经济、社会等诸多因素密不可分。

第六章"国有资产监督管理体制改革"提出，国有资产监督管理体制改革贯穿始终的逻辑是通过监管主体、监管框架和监管方式的演进更好地实现以下四个目标：国有资本运作的规范、国有资本安全的维护、国有资本回报的提高以及国有资本的合理布局。国有资产监督管理体制改革伴随国有企业的发展不断完善：首先，国有资产的监管主体越来越明确。通过规范的法人治理结构，以"市场化"的方式往下层层传导，规避政府对市场直接干预，真正实现政企分开。其次，国有资产监管结构由原来的"国资委—国有企业"的两层监管结构，转变为"国资委—国有资本投资运营公司—国有企业"的三层监管体系，通过这个"隔离层和屏障"，促使政企分开，实现国资委的出资人职能与监管者职能的分开，减少政府的寻租行为和对国有企的直接干预。最后，国有资产的监管方式也日趋合理，实现以管资本为主对国有资产进行分类监管，既考虑了国有企业首先是企业的一般特征，又考虑了我国国有企业应肩负的特殊使命和责任。

第七章"国有资本经营预算与财务管理制度改革"梳理了我国国有资本经营预算和财务管理制度改革的历史进程和总体脉络，归纳总结了国有资本经营预算和财务管理改革各阶段的演进逻辑和驱动因素。研究发现：国有资本经营预算与财务管理制度改革，总体上呈现出改革初始阶段政企不分混合发展（1978~1992年）、转型阶段政企分开不同主体探索发展（1993~2007年）、市场经济条件下政企多层次主体独立发展（2008~2018年）三个阶段；国有资本经营预算与财务管理制度改革的制度变迁过程，与政企合一到政企分开、政资分开，以及所有权和经营权分开的国有企业产权主体确立过程，和政府宏观财务、投资者财务和经营者财务三个层次的国有资本财务管理体制构建过程是相互交织、彼此促进的；政府宏观财务层面的国有资本经营预算，在本质上反映的是国家与国有企业的利润分配关系，大致经历了从新中国成立初的统收统支，到改革初期的税利合一，以及市场经济体制改革方向确立后的税利分流，以及税利分流框架下的国有资本经营预算等不同阶段的发展历程；中微观层面的国有企业财务管理制度变迁，更多地与国有企业从无到有的主体地位变迁相关，企业从计划经济宏观调控下的单个微观个体转变为市场经济条件下自主经营、自负盈亏的经济主体，继而发展到现代公司制的企业和企业集团，国有企业财务管理制度也经历了从无到有、从初步建立到不断完善的过程；国有企业财务管理制度更迭动力始于企业经济性质的转换和财务主体的变化，并受宏观财务管理体制和国家统一财务制度的制约，40年时间内我国国有企业财务管理制度以强制性变迁为主，具有"短、平、快"的特点，且初步实现了与西方国家企业内部财务管理制度趋同的"革命性"变迁，这与西方国家企业内部财务制度渐进式、诱致性变迁历经上百年自然演进是截然不同的。

第八章"国有企业产权改革的进程"以产权改革为主线分析了国有企业的改革历程。改革开放以来，国有企业改革一直是整个经济体制改革的中心环节，改革的内容主要集中在产权和公司治理两个方面，其中，产权改革是国有企业改革的核心。国有产权具有公共性和垄断性两大基本缺陷，产权改革的基本逻辑和动力就是解决国有产权基本缺陷所导致的外部性问题。我国国有企业的产权改革实际上从1978年改革开放伊始就已开展，大体上可以划分为四个阶段：①1978~1986年国家开始承认企业的使用权和收益权，并开始放权让利；②1987~1992年国家进一步转变企业经营机制，推进两权分离，此时企业拥有比较完全的使用权和一定的收益权；③1993~2001年国家提出开启产权制度改革，并以此建立现代企业制度，这一时期单一的国有所有权开始松动；④2002年之后企业进行股份制改造，所有权日益多元化，特别是2013年党的十八届三中全会提出分类改革的思想通过调整国有经济结构和布局将国有企业产权改革进一步推向深入。本章回顾了我国国有企业产权改革的演进历程，从产权理论视角归纳了每一阶段的改革主题、举措及成效，并提出未来国有企业产权改革应加快推进混合所有制经济发展，关键在于完善国有企业产权交易机制，并实现交易过程的公开、公正与透明。

第九章"国有企业治理结构演进"提出，随着国家层面经济体制改革的推进，以及社会主义市场经济体制的建立与完善，国有企业改革也成为支撑国家社会经济发展的重要内容之一，国有企业公司治理的问题也成为理论研究和实践关注的热点，其治理结构和机制也一直伴随着经济体制改革的逐步演化而持续变革。经过40年来的持续改革，我国国有企业已经从传统的计划经济体制下的附属物，逐步向市场经济体制下的现代企业转变。国有企业推动公司治理制度改革的逻辑主线是"面向市场，政企分开，成为具有自主经营权的市场主体"，即以建立"产权清晰、权责明确、政企分开、管理科学"的现代企业制度为主要内容，围绕建立、完善和优化公司治理的结构和机制两个方面来展开。其中治理结构主要涉及公司架构的制度安排，包括股东、董事会、经理层和监事会；治理机制则涉及公司利益相关者关系，包括用人机制、监督机制和激励机制。国有企业公司治理制度变迁的过程可以划分为四个阶段，每个阶段都完成了任务和目标。启动改革（1978~1992年）完成了初步构建法律制度体系，推动经营权和所有权分离，实行多元经济责任；建章改制（1992~2003年）推动了建立政企分开的市场化运作机制，完善法人治理结构，实施产权制度改革和产权主体多元化；国资监管（2003~2013年）建立了国有资产管理体制，从企业治理转向公司治理，引入独立董事制度；深化改革（2013年至今），规范了董事会制度建设，试点职业经理人制度改革，引入混合所有制，坚持党的领导，完善监督机制。

第十章"国有企业投融资体制改革和债务重组"主要分析了国有企业投融资体制改革和债务重组模式变迁的脉络及其逻辑动因。改革开放以来，随着国有企业探索扩大企业自主经营权改革的机制创新、建立以产权改革为核心的现代企业制度的制度创新以及国家建立健全国有资产管理体制改革的体制创新，传统高度集中统一的投融资体制被逐渐打破，国有企业呈现出投资主体多元化、融资渠道多元化、债务重组模式市场化的特征,其驱动因素为国有企业投融资体制的分权化和市场化。改革开放以来,我国国有企业投融资体制改革历程大致可以分为起步阶段(1978~1987年)、稳步推进阶段(1988~1991年)、全面深化阶段(1992~2001年)和力求突破阶段(2002年至今)四个阶段。其中,我国国有企业投资体制的变迁大致经历了中央政府主导的自上而下的供给主导型阶段(1979~1987年)、地方政府作用凸显的中间扩散型阶段(1988~1991年)、以企业为主体的投资体制初步形成阶段(1992~2003年)和社会主义市场经济投资体制建立与完善阶段(2004年至今)四个阶段;国有企业融资体制的变迁大致经历了财政主导的融资阶段(新中国成立至1980年)、银行主导的融资阶段(1981~1995年)和多元化融资阶段(分税制改革之后)三个阶段;伴随着国有企业投融资体制改革的推进,国有企业债务重组模式的变迁大致经历了行政主导和市场主导两种模式。

第十一章"地方投融资平台的改革与发展问题"的研究发现,改革开放以来,地方政府和相关部门依托政府信用创立了一系列地方投融资平台,在推动地方经济社会发展过程中发挥了重要作用。总体来看,地方投融资平台的改革转型是作为改革前沿地区的创新举措不断朝着后发地区传导,从区域创新到全面推动的发展路径,平台是从政府主导下的运营模式朝着不断市场化的运营模式演化,并在此过程中动力发生转化,从外部政策规制和竞争压力下的外部动力朝着自我转型发展的内部动力转化。改革开放后地方投融资平台的发展是由多方因素影响的结果,其改革和转型历程总体可以分为以下三个阶段:①改革开放至分税制改革前夕的理论探索与尝试阶段。改革开放初期,为调动各地政府的积极性,中央开始对"统收统支"的财政体制予以改革,地方政府在一定程度上获得了税收和投资的自主权,建立地方政府"可控"的投融资主体成为现实中的理性选择,这一阶段的平台更多地扮演着"投资平台"的角色。②政策鼓励下的地方投融资平台崛起与快速发展阶段。随着分税制改革、财税体制改革、投融资体制改革的不断深化以及地方政府官员的"投资竞赛",加之两次金融危机的爆发,政府对地方投融资平台的支持和促进政策不断出台,地方投融资平台迎来了快速发展的阶段,在解决地方政府财政收入不足、促进基础设施建设以及保障经济增长等方面发挥了极其重要的作用,且平台的融资功能凸显。③规范治理与转型发展阶段。地方政府投融资平台的数量和融资规模快速增长迅速累积为高额债务尤其是政府债务,与此同时,政府主导下的投融资平台运营在治理结构、风险管理、偿债能力方面存在较大的缺陷,这些债务已成为引发区域性乃至系统性金融风险的重要因素。为此,中央政府及各部门制定了一系列政策措施,以"疏堵结合、以堵为主"和市场化的原则推动地方投融资平台的改革和规范化治理。

第十二章"国有存续企业的改革"的研究发现,20世纪90年代以来,为了进一步加快国有企业改革,满足企业上市的条件以及尽快地让国有企业能够上市融资,解决企业资金短缺的问题,国有企业普遍将核心业务及优良资产进行剥离、重组、改制从而在国内外证券市场上市,由此形成以集团公司或母公司形式存在的未上市企业,即国有存续企业。本章分析了国有存续企业产生的历史环境、现实背景和利益动因,历史地、辩证地看待国有存续企业的发展历程,指出了其存在的客观必然性,提出了国有存续企业改革的内在逻辑和动因。国有企业改革和国有存续企业改革一脉相承、相互影响。在中国特色社会主义市场机制建立初期,存续企业在国有企业渐进式改革和企业经营机制转换中产生过积极的影响,但由于其先天不足,存在三个方面的主要问题:一是存续企业资产数量及质量明显劣于其控股的上市公司;二是富余人员比重大,人员结构性冗余与结构性短缺并存;三是依附于主业的辅助业务或附属业务发展前景差。随着社会主义市场经济的逐步完善,社会保障体系的进一步健全,政府职能的进一步转变,存续企业的过渡性任务基本完成,必须系统地消化历史遗留问题,严格控制国有存续企业增量,逐步消化国有存续企业存量。党的十八大以来,国有企业改革全面深化,国有存续企业作为国有企业的重要部分,被纳入国有企业改革总体布局中。一是推进分类改革,明确了国有企业分类改革、发展、监管和考核的基本原则、思路和路径,完成了功能界定分类。二是现代企业制度不断健全,大部分国有存续企业建立了规范的董事会,决策、执行、监督机制进一步完善。三是混合所有制改革稳妥实施,引入非国有资本参与国有企业改革,国有资本功能不断放大。四是国有存续企业负责人选聘和薪酬制度、履职待遇、业务支出管理进一步规范,历史遗留问题取得突破性进展。

第十三章"国有企业三项制度改革历程"从改革演进的视角,对改革开放40年来国有企业劳动、人事和分配制度(即三项制度,以下简称劳动人事分配制度)发生的变革进行了回顾,对改革的驱动内因、核心任务、方式方法、主要措施以及成效进行了分析。三项制度改革在中国经济体制改革的驱动下展开,从放权、调整利益关系、改变分配办法与用工方式开始,经过"破三铁"、下岗分流富余职工,到完善市场化用工制度、探索经营者任用机制、经营者与科技人员激励约束机制,逐步走向了制度核心层面,其目的是建立符合社会主义市场经济体制的管理制度,以增强企业活力和提高企业竞争力。改革的第一阶段是20世纪70年代末至90年代初。通过放权让利使企业在劳动用工、利润分配上拥有一定自主权，在劳动人事分配制度中引进劳动合同制、干部聘用制、工资与个人贡献及企业经济效益挂钩浮动等竞争机制。改革的第二阶段是20世纪90年代至21世纪初。为了引导企业建立与市场经济体制相适应的劳动人事分配制度，改革了政府对企业的工资调控模式，企业初步形成市场、企业效益和发展目标决定工资水平的机制，基本工资制度向多种形式岗位工资制转变，分配方式向按生产要素分配转变。21世纪以来，改革的第三阶段以落实三项制度改革为基础，着重在市场化用工制度、经营者选任机制、经营者及科研人员激励约束机制方面进行了改革，使企业制度更加符合现代企业制度的要求。纵观改革历程，可以说国有企业采取了从增量到存量、先试点后推广、内部制度与配套制度跟进相结合的渐进方式，已经基本实现了既定目标，在生产效率、企业发展和社会贡献等方面都有了长足的提升，但是仍存在经营者收入增长过快、垄断企业工资不合理、经营者聘任及考核与市场机制不适应等问题，留待解决。

第十四章"国有企业竞争战略和管理模式演变"的核心命题是，中国国有企业改革的本质是为在计划经济体制下依靠行政命令运行的企业寻找公有制与市场经济的结合形式。国有企业竞争战略的持续演变，正是企业在坚持所有制基本性质的同时，探索适应市场经济环境的结果。为了适配竞争战略变化、支持竞争战略实施，国有企业管理模式也经历了明显的阶段性改进。总体来看，中国国有企业竞争战略和管理模式已经摆脱了基于计划经济管理理论、面向国内封闭环境的传统形式，向着基于现代企业管理理论、面向全球竞争环境的更具多样性和适用性的多种形式演变。具体而言，改革开放40年来，中国国有企业竞争战略从无到有，表现出了由规模导向到效益导向、由工厂化到集团化、由单一化到多元化、由本土化到国际化的显著变化。在这一过程中，中国国有企业管理模式也在发生着阶段性变化，表现出与竞争战略演变方向相洽的显著特点，即由行政管理到自主经营、由工厂制到公司制、由粗放落后到集约规范、由生产管理到业务组合管理和集团资本管理、由内向型管理到内向型管理与外向型管理并重。这种演变趋势是由国有企业从政府主导的经济单位转变为自主经营的市场主体的经济改革基本逻辑所决定的，是由管理模式需响应环境变化和企业自身战略变革的基本逻辑所决定的。随着"一带一路"倡议和国际产能合作的推进，中国国有企业国际化战略应加快从点式、分散型的对外投资转向链式、集群式的对外投资，从引进国外技术、面向国内市场的"内向型"战略转向利用全球技术、面向全球市场的"外向型"战略，构建自主的全球一体化研发体系和生产体系，提高在全球范围内配置和掌控资源的能力。为了支撑国际化战略转型，中国国有企业必须突破以本土资源和市场为核心的原有管理模式，建立起适应经济全球化、信息网络化、社会知识化、人才国际化的管理模式。

　　第十五章"国有企业国际化经营与管理"提出，改革开放40年来，国有企业在不断推进自身公司制改革的同时，积极拓展国际化经营，从逆向工程学习，到人员外派交流；从国内成立中外合资公司，及至开展对外直接投资，开展跨国并购，整合国外资源、技术与市场资源，国有企业在改革中成长，在开放中创新。一批企业从计划经济体制下的生产单位成长为在国际市场上合纵连横的战略组织，其背后是制度约束不断松绑背景下，国有企业组织效能的不断提高，以及国有企业经营管理能力和国际化视野的不断提升。改革开放初期，国有企业组织战略属性较弱，而国家战略属性较强。此时，其国际化战略实际上更多地体现出国家制度创新的诱致性。随着改革开放的推进，国有企业国际化经营与管理创新表现出越来越多的组织战略驱动性。将国有企业国际化成长的历程演变放到中国参与国际产业分工的宏观背景下分析，不难发现，中国国有企业的国际化成长，其制度基础是改革开放，其外部约束是国际竞争，其内部动因是组织效能和管理能力的提升，其背后依托是国内强大的市场容量和高增长需求。国有企业国际化经营演变的总体脉络遵循从内向国际化到外向国际化的基本国际化路径，其演进过程是中国经济体制改革和对外开放战略制度演化的微观反映，也是中国主动参与、融入国际经济交流，参与国际产业分工的客观结果。国有企业现代企业制度的建立，为管理现代化、管理科学化、管理国际化提供了前提，国际化经营促进了企业管理水平的提升，企业国际化管理能力的提升又反过来保障了企业进一步国际化的成功。国有企业跨国经营经历了贸易性投资起步期、生产制造型投资起步期、国家战略推动的全行业对外投资发展期、金融危机以来的发展机遇期和最近的高质量发展新阶段。当前，国有企业如何在国际化进程中以更加合法合规的姿态，获得更多产业链全球布局的机会，是国有企业由大变强过程中不得不考虑的问题。

　　第十六章"国有企业技术创新活动的演进"对国有企业技术创新战略的理论框架进行建构，梳理了国有企业技术创新演变的总体脉络，探究了演变背后的逻辑与动因。依据不同时期改革的特点，将国有企业改革的40年进程划分为以下三个阶段：①基于政府指令型的国有企业技术创新（1978年底到1993年10月）。改革开放以后，国家出台的一系列政策带来制度环境与市场环境的变化，推动着经济体制由计划向市场转变，企业开始注重市场再创新的作用。基于政府指令型的国有企业技术创新的主要特征包括计划经济体制居于主导地位，对创新行为的激励不足，创新资源基础薄弱。②基于引进—消化—吸收—再创新模式的国有企业技术创新（1993年11月到2013年10月）。随着对外开放政策和经济体制改革的不断深入，企业开始强调对外开放，引入先进技术（工艺/设备），最终实现从引进技术、吸收集成的"二次创新"向原始创新的"一次创新"跃迁。基于引进—消化—吸收—再创新模式的国有企业技术创新的主要特征表现为复杂的非线性过程与多要素组合的过程，以及各环节的紧密联系、内在统一。③基于创新生态系统的国有企业技术创新（2013年11月至今）。这一时期，国有企业已基本实现市场化，创新主体之间、创新主体与创新环境之间形成相互依存的关系。基于创新生态系统的国有企业技术创新的主要特征表现为企业之间构成多维网络结构，组织间合作形成网络倍增效应，创新生态系统是各国有企业的有机统一。互联网的蓬勃发展与混合所有制改革的推进成为推动这一时期国有企业技术创新的关键力量。

第十七章"国有企业社会责任的发展与演进"针对国有企业社会责任主流研究范式和传统逻辑路径的缺陷，构建了"国有企业本质—国有企业使命功能定位、国有企业与社会关系—国有企业社会责任的内容边界—国有企业社会责任的实现方式"的研究逻辑框架，将国有企业本质认知作为本源性要素，将国有企业社会责任的实践内容与实现方式作为表征性指标，采用本源性要素为主要依据、表征性指标为补充依据的方法将改革开放以来国有企业社会责任的发展与演进划分为四个阶段，即1978~1993年不完全企业下的责任错位阶段、1994~2005年真正意义企业下的责任弱化阶段、2006~2013年现代意义企业下的责任重塑阶段、2014年至今企业新定位下的责任创新阶段。在此基础上，本章深入分析各个时期国有企业本质与使命功能定位、国有企业与社会之间的关系、国有企业社会责任的实践内容和国有企业社会责任的实现方式，发现国有企业社会责任发展与演进的40年就是"政府—企业—社会"关系范式追求合理化与合意性的过程，也是国有企业社会责任观与行为范式实现高级化与自适应的过程。

第十八章"对国企改革的反思与展望"提出，国有企业改革制度经历了放权让利、两权分离、建制改组、顶层设计等阶段，取得了诸多成绩，却也暴露出一些问题。在回顾改革制度演进阶段的基础上，首先，对国企改革的效益、产权、程序等标准进行了反思，认为应当建立内在逻辑一致、连贯可持续、合理完善的标准体系,并对国企改革的要素进行了反思,认为不仅需要深化对土地、资本、劳动力等基础要素的改革,还要认清改革的动力要素与制约要素。其次,对国企改革各阶段的经验进行了反思,并得出了一些重要经验启示,认为减少政府干预有助于释放国企活力,市场经济标准考核有助于激发国企生产力,处理好政府与企业的利润分配问题有助于政企关系的融洽,改革应具有战略高度以避免实用主义和机会主义行为、应循序渐进以减少短期行为、应设立公开公正透明的改革程序以减少改革腐败的滋生,并继续推进国企分类改革和瘦身健体,让混合所有制改革成为突破口,明确改革动向并复制典型改革模式,改革理念应兼顾企业财务能力,等等。再次,对国有企业改革的困境进行了剖析,包括功能定位、政企关系定位、国企效率测度、治理优化、利益分配等困境。最后,对国企改革的趋势进行展望,对国企功能、目标和定位进行再认识,提出了国企改革导向的基本原则,并提出应当以"资本"为纽带进行国企改革,应分类推进国企改革、积极稳妥发展混合所有制经济,应完善市场体制、赋予企业独立市场主体地位,应改革国有资本授权经营体制,加快健全现代企业制度,增强国企发展活力,应推动企业出资人职能与企业经营管理职能分开、政府经济社会管理职能与国有资产监管职能分开,应完善国有资产管理、监管体制,并实施创新驱动战略。

第十九章"实践拉动和理论推动:中国国企改革的学术探索"以企业理论的发展为基础,对我国国有企业改革的理论发展进行了系统的回顾和梳理。本章提出,中国国有企业改革理论的发展大致遵循两条主线:一是中国国有企业改革的实践出现问题和疑惑,对理论发展提出需求,从而带动理论的创新和发展;二是由于中国的国有企业理论体系是在吸收和学习国外理论的过程中不断完善的,因而理论的完备性和逻辑一致性又受到国外理论引进和学习水平和深度的影响。因此,改革开放40年来,中国的国有企业理论发展呈现出按照实践需求拉动和理论引进推动两条主线发展的格局。总体上看,20世纪80年代的国有企业改革研究者主要扎根于马克思主义政治经济学的理论,具有极强的问题导向和实践导向。90年代的研究者开始受到西方产权理论和委托代理理论等企业理论的深刻影响,更加追求理论的逻辑一致性和完备性。21世纪以来中国的国有企业改革研究,一方面在承认国有企业属于意识形态问题的前提下,进一步研究如何在既有的制度框架下提高国有企业的经济效率;另一方面在应用西方理论的同时,基于中国的最新实践,积极开展基于大样本的实证研究,提炼中国国有企业改革的基本事实,并试图对企业理论本身的发展做出贡献。

第二章 中国国有企业改革40年：演进、目标与逻辑

国有企业改革是对国有企业外部与内部关系的革命性变革过程。国有企业改革、增强企业活力是中国经济体制改革的中心环节，也是在中国情境下生产关系适应生产力发展的创造性实践。早在1978年以前，对国有企业管理体制就有过多次的改良或调整，但真正的改革是从1978年开始并经历了多个阶段。国有企业改革的基本进程是什么？进行国有企业改革的基本原因及改革的目标是什么？国有企业改革的基本特点、范式与基本逻辑是什么？在这一章中将进行探讨。

第一节 中国国有企业改革的演进

改革开放前，国有企业被称为国营企业，"全民所有制的性质虽然也是劳动者（总体劳动者）所有，但由国家代表全民行使所有权，并且由国家以所有者的身份，直接经营管理企业，即所谓'国营'企业"，"全民所有制企业过去实行的完全是'国有国营'体制，由国家直接经营管理企业"[①]。1992年10月12日的中共十四大报告中，首次将全民所有制企业称为"国有企业"，而不是原来的"国营企业"。1993年3月29日，第八届全国人大一次会议通过的宪法修正案，将"国营经济"改为"国有经济"。相应地，国营企业也改称为国有企业[②]。

新中国成立后，中国为实施重工业优先发展的赶超战略而对企业进行国有化，并形成了中国国有企业的五种来源：1949年前在解放区创办的公营企业、没收官僚资本、民族资本主义工商业的社会主义改造、国家投资创办[③]

[①] 蒋一苇. 试论社会主义的企业模式 [J]. 经济管理，1987（1）.

[②] 本书将原来的国营企业、按《全民所有制工业企业法》登记注册的国有独资企业、按《公司法》登记注册的国有独资公司及国有控股公司（包括绝对控股、实际控制）等统称为国有企业。

[③] 李向阳. 我国传统国有企业形成的三个基本逻辑 [J]. 全国商情（理论研究），2010（4）.

以及没收帝国主义在华资本等形成的国有企业。新中国成立后的 30 年，中国国有企业作为实施计划经济体制的内生性制度安排，其发展对中国实现工业化、使中国由一个落后的农业国变为先进的工业国起到了关键作用[①]，也为 1978 年以后的改革开放和经济发展奠定了坚实的基础。尽管如此，中国国有企业获得脱胎换骨的发展还应归功于改革开放 40 年来实施的国有企业改革。因此，历史地审视中国国有企业改革的演进历程和基本逻辑，能够为进一步深化国有企业改革提供有益借鉴。

1949 年以来，尤其是改革开放 40 年来，中国国有企业改革经历了曲折的历程，根据各个阶段在改革目标、理论依据和主要措施上的重大区别，人们对国有企业改革的过程有不同的阶段划分[②]。在此，从国有企业改革是对国有企业内部、外部关系做出革命性变革这一角度着眼，我们将中国国有企业改革的过程划分为：1978 年底到 1984 年 9 月，以改革政府与企业关系为主的阶段；1984 年 10 月到 1993 年 10 月，以改革政府作为所有者与企业的关系、企业与员工的关系以及企业与市场关系为主的阶段；1993 年 11 月到 2013 年 10 月，以改革所有者与企业关系、企业的产权关系、企业内部关系为主的阶段为主的阶段；2013 年 11 月至今全面推进，通过发展混合所有企业和分类改革推进国有企业各种关系改革的阶段。如果从企业所有权与控制权关系的角度看，企业改革的前两个阶段是企业控制权改革的阶段，后两个阶段则进入了所有权改革的阶段。为便于全面了解中国国有企业改革的起因与演进，也将 1978 年以前对国有企业管理体制的改良作一分析。

一、改革与改良：调整中央政府与地方政府管理国有企业权限的阶段（1978 年以前）

在 1978 年以前，政府对国有企业实行直接管理的体制。在 1950 年 3 月，政务院颁布的《关于统一国家财政经济工作的决定》中，明确划分了中央与地方经济管理权限，中央政府集中管理全国的财政、经济、金融、行政管理，各级地方政府设立与中央各经济部门对口的经济管理机构，形成了"条

[①] 曹雷. 新中国国有企业 60 年绩效的实证与解析 [J]. 马克思主义研究, 2009 (5).
[②] 我们也曾将 40 年来的中国国有企业改革划分为以下四个阶段：1978 年底至 1984 年 9 月以放权让利为特征的扩大企业自主权的改革阶段；1984 年 10 月至 1993 年 10 月以两权分离为特征的转换经营机制的改革阶段；1993 年 11 月至 2012 年 11 月以建立现代企业制度和实施战略性改组为特征的改革阶段；2012 年 12 月至今以全面深化改革为特征的改革阶段。参见黄速建. 国有企业改革与发展：制度安排与现实选择 [M]. 北京：经济管理出版社，2014.

条"管理体制。在中央与省之间设立了行政大区的行政管理层次,有华北、华东、中南、西南、西北、东北6个行政大区,各行政大区都管辖若干省①。在那个时期,华北地区的一部分国有企业归中央政府直接管理,其他国有企业基本上由各行政大区直接管理。1954年6月,为减少行政层次,取消了行政大区的建制,大型国有企业划归中央相关工业部直接管理。1956年基本形成了对国有企业的中央(各主管部)与地方(省、市、自治区)各管一部分国有企业的分层管理体制。具体的有中央管理、地方管理、中央与地方共同管理以中央管理为主、中央与地方共同管理以地方管理为主等形式②。

政府对国有企业也进行过一些所谓的早期改革尝试,由于这种尝试基本不涉及政府与企业的关系、企业与企业关系以及企业内部关系的根本变革,所以谈不上是改革,只是一种改良。1978年以前对国有企业管理体制的改良尝试有以下几次:

(1)"条块结合、条条为主"的管理体制的形成(1949~1957年)。1949~1952年形成了权力高度集中的"条条"管理体制后,"一五"时期(1953~1957年)对国有企业形成了集中统一的管理体制,部属企业由2800个增加到9300个,户数约占中央与地方管理工业企业总户数的16%,产值占49%,实行"条块结合、条条为主"的管理体制。

(2)实行"条块结合、块块为主"的管理体制(1958~1960年)。进入"大跃进"时期后,下放国有企业的管理权力,工业企业除了一些重要的、特殊的试验性质的企业外,一律下放给地方政府,实行"条块结合、块块为主"的管理体制③。

(3)重新实行"条块结合、条条为主"的管理体制(1961~1965年)。这是通常所称的"五年调整时期",这个时期又大幅度上收了国有企业的管

---

① 刘承礼.理解当代中国的中央与地方关系[J].当代经济科学,2008(5).
② 辛迪诚.中国国有企业改革编年史(1978~2005)[M].北京:中国工人出版社,2006.
③ 在1957年9月召开的中共八届三中全会上,原则通过了《关于改进工业管理体制的规定(草案)》《关于改进商业管理体制的规定(草案)》和《关于划分中央与地方财政管理权限的规定(草案)》。根据这三个文件,1958年对经济管理体制进行了以"体制下放"为特点的调整,把大部分对工业企业的管理以及对商业管理、财务管理的权力下放给地方行政机关,包括下放计划管理权、国营企业管辖权、固定资产投资决策权、物资分配权、财政税收权、劳动人事管理权、信贷权等,也适当扩大企业的权力,包括减少指令性计划指标,由过去的12个指标减少为主要产品产量、职工总数、工资总额和利润四个指标;将原来分行业依一定比例从利润中提取少量"企业奖励金"(厂长基金)改为一户一率的"全额利润留成";除企业的主管负责人和主要技术人员外,企业负责管理其他所有职工;企业有权调整机构和人员(以不增加职工总数为前提);企业有权调拨使用部分资金并有权增减、报废企业的固定资产。

理权限，部直属企业又增至 10500 个，产值占工业总产值的 42.3%，重新实行了"条块结合、条条为主"的管理体制。

（4）再次实行"条块结合、以块为主"管理体制（1970~1971年）。"文革"前期（1966~1969年）政府对国有企业的管理处于权力涣散状态。"文革"中期（1970~1971年）对国有企业的管理又进行了权力下放，大批中央直属企业（2600多个重点企业与事业单位）下放给了地方政府，实行"条块结合、以块为主"的管理体制。

（5）又一次实行"条块结合、条条为主"的管理体制（1972~1978年）。"四五"后期（1972~1975年），这个时期又进行了权力上收，要求所有的企业者要有一个集中统一的生产指挥系统，但"条条为主"的状况基本未变，"块块为主"的局面没有形成。1976~1978年继续进行了对国有企业管理的权力上收，一大批国有骨干企业收归中央政府管理，进一步形成了"条块结合、条条为主"的管理体制[①]。

1978年以前对国有企业管理体制的调整谈不上是什么改革，而只是一种改良，早期对国有企业管理体制的改良具有以下特点：

（1）保持计划经济体制不变。这种改良是以保持计划经济体制不变为前提的。从历次调整的规定与具体做法可以观察到，对国有企业的管理体制不管如何调整，绝不涉及整个经济体制的性质改变，即计划经济体制不变，在此前提下，对具体的管理方式与体制做一定的调整，试图在保持计划经济体制不变的前提下提高国有企业的效率。

（2）基本不涉及政府与企业关系的调整。在历次的调整中，着眼点还是放在调整中央与地方的关系，是一种中央政府与地方政府对国有企业管理权限的划分，而不是调整政府与企业的关系，不是政府与国有企业在企业管理权限方面的划分，虽然也有所涉及。对包括国有企业管理权限在内的各种权限的调整限于中央政府与地方政府"收"与"放"之间循环，"一统就死、一死就放、一放就乱、一乱又收"。

（3）早期对国有企业管理体制的改良是局部的改良，而不是全面的改革。由于1978年以前对国有企业管理的历次体制调整主要涉及中央政府与地方政府的权限划分或管理国有企业的多与少，只涉及"条条与块块"，而基本不涉及"条块"与企业关系的调整，也基本不涉及国有企业内部各种关系以及企业与市场关系的调整，这种调整不是对国有企业外部与内部关系的

---

① 刘承礼. 理解当代中国的中央与地方关系 [J]. 当代经济科学，2008（5）.

革命性变革，充其量就是一种局部的改良。

（4）国有企业是政府部门的附属机构的地位没有改变。在历次的调整中，由于基本不涉及政府与国有企业关系的调整，也基本不涉及国有企业内部各种关系的调整，企业不是独立的经济主体，企业生产什么、为谁生产、生产多少、如何生产等涉及一系列基本生产经营决策的事项都由政府做出决定，企业没有生产经营的自主权，所以不管怎么调整，都没能改变国有企业作为政府部门附属机构的地位。

（5）早期对国有企业管理体制的改良是在对外封闭的条件下而不是在对外开放的条件下进行。1978年以前历次对涉及国有企业管理权限的调整与改良都是在对外封闭的条件下进行的，当时既没有对外开放的国际环境，也不具备对外开放的内部条件，在这种条件下进行的国有企业管理体制的改良，国有企业不用面对国内市场的竞争，更不用面对国际市场的竞争，也不可能学习其他国家公有企业管理与改革的经验。

（6）在单一的所有制条件下，不是在多种所有制并存条件下进行。1978年以前历次对涉及国有企业管理权限的调整与改良都是在保持单一的公有制（全民所有制和集体所有制）的前提下进行的。限于当时的思想认识与政策，除公有制以外的其他所有制企业是不允许存在的，由此缺乏多种所有制共同发展和相互促进的环境与条件。

二、扩权让利：以改革政府与企业关系为主的阶段（1978年底到1984年9月）

这一阶段企业改革的主要措施是扩权让利，通过改革政府与企业的关系解决以计划经济为主的条件下企业的自我发展能力与经营积极性问题以及政府随意干预企业的问题。中国国有企业演化到20世纪70年代，其缺陷已充分暴露，一个企业本应该具有的各项生产经营权利却不被企业所拥有，而是被高度集中在中央政府或地方政府手中，被集中在"条条"或"块块"上，企业成为政府机构的附属性组织，这严重抑制了企业和劳动者的积极性，使国有企业普遍缺乏活力，生产关系严重束缚了生产力的发展。在这种情况下，调整、改革政府与国有企业的关系，就成为中国国有企业改革的突破口。这一阶段的改革改变了过去只在中央政府和地方政府之间或各级地方政府之间"收权"与"放权"打转的状况，采取了多种改革措施实行扩权让利、扩大企业自主权，开始调整、改革政府与国有企业的关系。不过这种关系是政府对企业的利益关系和管理权限划分的关系。

>> | 中国国有企业40年：制度变迁与行为演化

扩权让利试点、经济责任制、利改税改革等是这一阶段采取的主要改革措施，目的都是要对政府与国有企业的利益关系和管理权限进行调整，对国有企业实行扩权让利、扩大国有企业的自主权。

最早实行的国有企业改革措施是扩权让利试点。这意味着国有企业改革从调整政府与企业的关系开始起步。四川、北京、天津、上海等地最先进行了国有企业扩权让利试点，随后在全国铺开。

试点最早从四川省开始。1978年10月，作为在相应的行业内具有一定代表性的重庆钢铁公司、成都无缝钢管厂、宁江机床厂、四川化工厂、新都县氮肥厂和南充丝绸厂六家企业被四川选择进行扩大企业自主权的试点[1]。1978年12月，党的十一届三中全会公报提出："现在我国经济管理体制的一个严重缺点是权力过于集中，应该有领导地大胆下放，让地方和工农业企业在国家统一计划指导下有更多的经营管理自主权。"[2] 1979年5月25日，国家经委、财政部等6部委联合发出通知，确定分布在京、津、沪三市的首都钢铁公司、北京清河毛纺厂、天津自行车厂、上海柴油机厂、上海汽轮机厂等8家企业进行扩大企业经营管理自主权的试点。

1979年7月13日，国务院发布了《关于扩大国营工业企业经营管理自主权的若干规定》（被称为"扩权十条"）、《关于国营企业实行利润留成的规定》《关于开征国营企业固定资产税的暂行规定》《关于提高国营工业企业固定资产折旧率和改进折旧费使用办法的暂行规定》和《关于国营工业企业实行流动资金全额信贷的规定》五个文件，要求各省、市、自治区和有关部门按照统一规定的办法选择少数国营工、交企业组织试点。随后，全国有26个省、市、自治区在1590个工业企业里进行了试点，加上有些省、市按自定办法试点的企业，共为2100多家[3]。1979年底，试点企业扩大到4200家，1980年6月底，全国试点国有企业已达到6600家左右，约占全国预算内工业企业数的16%，产值和利润分别占全年的60%和70%[4]。

1980年9月2日，国务院批转了国家经委《关于扩大企业自主权试点工作情况和今后意见的报告》，批准从1981年起，把扩大企业自主权的工作在国营工业企业中全面推开，使企业在人、财、物、产、供、销等方面拥有更

---

[1] 萧冬连. 国有企业改革的起步及其矛盾 [J]. 中共党史研究, 2008 (1).
[2] 辛迪诚. 中国国有企业改革编年史 (1978~2005) [M]. 北京: 中国工人出版社, 2006.
[3] 汪海波. 中国国有企业改革的实践进程 (1979~2003年) [J]. 中国经济史研究, 2005 (3).
[4] 周叔莲. 20年中国国有企业改革经验的理论分析 [J]. 中国社会科学院研究生院学报, 2000 (3).

大的自主权①。

1984年5月10日，国务院又发出被称为"新扩权十条"或"第二个扩权十条"的《关于进一步扩大国营工业企业自主权的暂行规定》，进一步扩大国营工业企业在计划、销售、定价、订货、留成资金使用、固定资产处置、机构设置和人员配备、副厂长和中层干部任免、分配、联合经营10个方面的自主权②。

扩大国营工业企业自主权的改革在保持计划经济体制基本不变的条件下第一次调整政府与企业的关系，给予企业一定的生产经营自主权，并给予企业相应的经济利益，这调动了企业与员工的生产经营积极性，使企业有了一定的利益机制，这一改革措施也取得了较好的经济效果。1979年底，四川省84家试点工业企业的总产值、利润、上缴利润分别比1978年增长了14.7%、33%和24.2%。据28个省、直辖市、自治区进行扩大企业自主权试点的5777家企业统计，1980年完成工业总产值1653亿元，比1979年增加了105亿元，增长了6.8%；实现利润333亿元，增长了11.8%；上缴利润290亿元，增加了20亿元，增长了7.4%③。

继普遍实行扩大国有企业自主权的措施之后，我国逐步实行经济责任制。虽然扩权让利的效果十分明显，企业超额完成计划、增产增收的积极性得到了发挥，企业的经济效益得到了较大幅度的改善，企业自我积累、自我发展的能力有了一定程度的提高，但仅靠扩大企业自主权的措施也有明显的局限性：一是扩权让利缺乏整体经济体制改革的配套，仍然是在计划经济体制下进行的，国有企业受着指令性计划的约束，在指令性计划规定的范围内行事。二是对国有企业并未建立起有效的约束机制。政府对扩大了自主权的国有企业如何进行管理？政府如何对企业的经营行为进行有效的监督与管理？政府对国有企业的管理与行业监管、管制如何区分？如何防止企业的短期行为？如何平衡与处理好国家、企业和员工的利益？如何对企业的经营业绩进行科学评价？这些都是在扩大企业自主权过程中发现与提出的问题。主要是要处理好扩大了自主权的企业的责任、权利、利益三者的关系，对企业建立起相应的激励与约束机制④。同时，当时还遇到另一个相关的问题：在1979年和1980年连续两年出现了巨额财政赤字。1980年12月举行的中央工作会议提出增加财政收入、减少财政赤字的要求，既是为了建立对于扩权后

---

①② 辛迪诚. 中国国有企业改革编年史（1978~2005）[M]. 北京：中国工人出版社，2006.
③④ 邵宁，熊志军，杨永萍. 国有企业改革实录[M]. 北京：经济科学出版社，2014.

的国有企业的约束机制,同时也是为了落实财政上缴任务,在扩权试点的基础上,对国营工业企业试行利润包干的经济责任制①。1981年春天,山东省开始实行经济责任制,政府对企业采取行业利润包干、亏损企业和地区包干的方式,在企业内部实行多种形式的计件工资制度,将员工和劳动成果直接挂钩。这种办法进一步调动了企业和员工的积极性,也解决了地方财政增收的问题②。1981年4月国务院在上海召开的全国工业交通工作会议正式肯定了经济责任制,提出工交企业也要像农村搞联产承包制那样实行经济责任制。到1981年8月,全国县属以上工业企业实行经济责任制的已占企业总数的65%③。

1981年10月29日,国务院批转了国家经委、国家体制改革办公室《关于实行工业生产责任制若干问题的意见》④,要求全面试行经济责任制,并对经济责任制的具体内容、原则和形式进行了明确规定,其中在分配上确定了"利润留成""盈亏包干""以税代利、自负盈亏"三种类型。1981年11月11日,国务院又批转了国家经委、国家体制改革办公室《关于实行工业生产经济责任若干问题的暂行规定》,该规定提出:工业生产经济责任制是国家计划指导下以提高经济效益为目的,责、权、利紧密结合的生产经营管理制度;实行经济制的单位,必须保证全面完成国家计划,首先要保证财政上缴任务的完成。实行"基数利润留成加增长利润留成"办法的企业,其留成基数按前三年平均利润计算,利润包干基数要确定不同的递增速度;盈亏包干的超收或减亏分成比例,上缴国家部分一般不能低于60%,留给企业的部分一般不超过40%,资金发放要有所控制。从实践的结果来看,绝大部分企业都选择了"盈亏包干"这种经济责任制形式。到1981年底,实行这种经济责任制形式的企业已达到4.2万家⑤。国家的财政状况也明显好转,财政赤字由1979年的170亿元、1980年的127亿元下降到1981年的25.4亿元⑥。

1982年11月8日,国务院批转了国家体改委、国家经委、财政部《关于当前完善工业经济责任制的几个问题的报告》。该报告提出了完善工业经济责任制要着重研究解决五个问题:认真贯彻计划经济为主,市场经济为辅

---

① 周叔莲.中国20年国有企业改革的回顾与展望[J].理论学刊,1998(4).
②③⑥ 邵宁,熊志军,杨永军.国有企业改革实录[M].北京:经济科学出版社,2014.
④ 国务院批转国家经济委员会、国务院体制改革办公室《关于实行工业生产经济责任制若干问题的意见》的通知(1981年10月29日).
⑤ 辛迪诚.中国国有企业改革编年史(1978~2005)[M].北京:中国工人出版社,2006.

第二章 中国国有企业改革 40 年：演进、目标与逻辑

的原则；努力搞好企业内部的经济责任制；正确处理国家、企业、职工三者利益的关系；把完善经济责任制和企业技术改造结合起来；统筹规划、加强领导。国务院就此发出通知，要求各地结合本地区、本部门的情况，认真总结经验，寻找和创造出一套适合工业企业特点的，既能保证国家统一领导，又能发挥企业和职工积极性的具体制度和办法[①]。之后，各地普遍在企业中推行了经济责任制。到 1982 年底，实行经济责任制的工业企业达到 80% 以上[②]。

实施经济责任制在当时取得了增产增收的效果，也保证了财政收入，但也存在着一些问题：一是规范性不足。实行这种经济责任制是通过一对一谈判来确定政府与企业的分配关系，基本上"一企一策"，往往会造成企业之间的苦乐不均。二是在计划经济体制下，企业的各项计划指标都只能按照"基数法"，形成了所谓的"鞭打快牛"现象。

1983 年初，中央决定停止全面推行利润包干，转而实行"利改税"。早在 1979 年，湖北光化县、广西柳州市、上海和四川的部分国营企业就曾开展征收所得税的试点，实际上就是"利改税"试点。1980 年 9 月 2 日，在国务院转发的《关于扩大企业自主权试点工作情况和今后工作意见的报告》中就提出了"要积极进行'企业独立核算，国家征税，自负盈亏'的试点"。

"利改税"的改革是在推行工业经济责任制中部分企业实行以税代利制度经验的基础上分两步进行的。

1983 年 2 月 28 日，国务院决定从 1983 年 1 月 1 日开始对国营企业实行"利改税"，即"第一步'利改税'"。这一步"利改税"的内容是：国营企业保留原来（按销售收入计征）的工商税，把相当于基数利润的部分改为所得税。凡有盈利的国营大中型企业，均对实现的利润征收 55% 的所得税，税后利润再在国家和企业之间合理分配。对不同行业、不同企业实行不同形式的利润上缴办法，如利润递增包干上缴、固定比例上缴、缴纳调节税和定额包干上缴等。税后利润分配的核定，原则上以 1982 年的数据为准，一定三年不变（1983~1985 年）。对小型企业则按八级超额累进税率计征所得税[③]。

1983 年 4 月 24 日，国务院批转了财政部《关于全国利税工作会议的报告》和《关于国营企业利改税试行办法》。1983 年 4 月 29 日，财政部发布

[①] 国务院批转国家体改委、国家经委、财政部《关于当前完善工业经济责任制的几个问题的报告》（1982 年 11 月 8 日）。

[②] 辛迪诚. 中国国有企业改革编年史（1978~2005）[M]. 北京：中国工人出版社，2006.

[③] 邵宁，熊志军，杨永萍. 国有企业改革实录[M]. 北京：经济科学出版社，2014.

了《关于对国营企业征收所得税的暂行规定》，明确了对国营企业征收所得税的具体办法。到同年9月下旬，除了煤炭部、邮电部等部门所属的企业暂不实行"利改税"外，其他中央所属的21个部（局、公司）以及地方各省、自治区、直辖市的"利改税"方案均落实到企业[①]。

截至1983年底，全国实行第一步"利改税"的工业企业累计达到28110家，占全国盈利工业企业总数的88.6%；实行"利改税"的商业企业（不包括饮食、服务业）共51000家，占商业盈利企业的99.8%[②]。全国国营企业除微利企业及经国务院或国家经委、财政部批准继续实行利润包干等办法的少量企业外，实行"利改税"的工、交、商企业达107145家，占全国盈利企业总数的92.7%。1983年实行"利改税"的国营工、交、商企业共实现利润633亿元，比1982年增长27亿元，增长28.2%，远超过工业产值、实现税利和上缴税利的增长幅度，企业留利占税利总额的比例从以往的15.7%上升到17.9%[③]。

"第一步'利改税'"存在的问题是：税种比较单一；国家与企业的分配关系稳定性不够，由于税利并存，税后利润的分配办法采取了递增包干、定额包干和比例包干等多种形式；分配方式的不规范导致企业之间留利差别很大。为了完善"第一步'利改税'"继而实行了"第二步'利改税'"。

1984年9月19日，国务院批转了财政部《关于在国营企业推行"利改税"第二步改革的报告》附《国营企业第二步利改税试行办法》，决定从1984年10月1日开始实施第二步"利改税"方案。"第二步'利改税'"对原来的税种、税率进行了调整，使国营企业从"税利并存"过渡到完全的"以税代利"，税后利润完全归企业安排。"第二步'利改税'"的主要内容是：①将工商税按纳税对象划分为产品税、增值税、盐税和营业税，国家对国营企业实现利润分别征收所得税和调节税，调节税后的利润为企业留利；②允许企业在征收所得税前从利润中归还技措性贷款；③调节税采取一户一率的办法分别核定，国营大中型企业基期利润扣除按55%计算的所得税和1983年合理留利后的部分，占基期利润的比例为调节税税率；④放宽小型企业标准，对小型国营企业所得税试行新的八级超额累进税率，对少数税后利润较多的企业仍按规定收取一定承包费；⑤对亏损企业和微利企业继续实行

[①][③] 邵宁，熊志军，杨永萍. 国有企业改革实录 [M]. 北京：经济科学出版社，2014.

[②] 辛迪诚. 中国国有企业改革编年史（1978~2005）[M]. 北京：中国工人出版社，2006.

盈亏包干；⑥增加资源税、城市维护建设税、房产税、土地使用税和车船使用税[①]。

三、两权分离与转换机制：以改革政府作为所有者与企业的关系、企业与员工的关系以及企业与市场关系为主的阶段（1984年10月到1993年10月）

这一阶段企业改革的主要措施是通过两权分离来建立与完善企业经营机制，通过改革政府作为所有者与企业的关系、企业与员工的关系以及企业与市场的关系，使企业成为市场主体，成为独立的生产经营者。扩权让利阶段的改革并不涉及政府作为国有企业股东与企业的关系，进入这一阶段以后，开始对国有企业股东与企业的关系进行改革。

经过第一阶段放权让利的改革，政府与企业的利益关系有了一定的调整，国有企业生产经营的积极性有了提高，企业有了一定的活力。"让利"的一些措施是落实了，但许多"扩权"的措施并未真正得到落实，特别是这些改革是在以计划经济为主的体制下进行的，市场调节的范围十分有限，企业是属于"条条"或"块块"政府机构的附属物的地位并没有发生根本性的变化，企业生产什么、生产多少、为何生产、如何生产等基本的生产经营决策权仍掌握在政府部门手里，企业并没有成为市场竞争的主体，没有成为自主经营、自负盈亏的独立的商品生产者与经营者，企业之间的关系不是市场主体之间的关系。国有企业特别是国有大中型企业并没有真正活起来。

针对这一问题，党中央和政府做出了一系列重大决策：1984年10月党的十二届三中全会通过了《中共中央关于经济体制改革的决定》，提出，过去我们"在经济体制上形成了一种同社会生产力发展要求不相适应的僵化的模式。这种模式的主要弊端是：政企职责不分，条块分割，国家对企业统得过多过死，忽视商品生产、价值规律和市场的作用，分配中平均主义严重。这就造成了企业缺乏应有的自主权，企业吃国家'大锅饭'、职工吃企业'大锅饭'的局面，严重压抑了企业和广大职工群众的积极性、主动性、创造性，使本来应该生机盎然的社会主义经济在很大程度上失去了活力"。"增强企业的活力，特别是增强全民所有制的大、中型企业的活力，是以城市为重点的整个经济体制改革的中心环节"。"围绕这个中心环节，主要应该解决

---

① 国务院批转财政部《关于在国营企业推行利改税第二步改革的报告》的通知（1984年9月19日）。

好两个方面的关系问题,即确立国家和全民所有制企业之间的正确关系,扩大企业自主权;确立职工和企业之间的正确关系,保证劳动者在企业中的主人翁地位"。"过去国家对企业管得太多太死的一个重要原因,就是把全民所有同国家机构直接经营企业混为一谈。根据马克思主义的理论和社会主义的实践,所有权同经营权是可以适当分开的"。"要使企业真正成为相对独立的经济实体,成为自主经营、自负盈亏的社会主义商品生产者和经营者,具有自我改造和自我发展的能力,成为具有一定权利和义务的法人"①。

1987年3月的《政府工作报告》指出,改革的中心是完善企业经营机制;1991年9月,中共中央会议制定了增强国有大中型企业活力等20条措施,以促进国有企业经营机制转换,1992年7月国务院颁布了《全民所有制工业企业转换经营机制条例》,规定国有企业享有14项经营权。这些都标志着中国国有企业改革进入一个新的阶段:以通过两权分离来转换企业经营机制为主要措施的改革政府作为所有者与企业、企业与市场、企业与员工之间关系为主的阶段。对国有大中型工业企业实行承包经营责任制、对国有小型工业企业实行租赁经营责任制、对少数有条件的大中型工业企业实行股份制试点等是这一阶段改革的主要方式。

实行"利改税"的目的是通过规范政府与企业分配关系的改革来落实企业的经营自主权,将国营企业打造成独立的生产经营者。但"利改税"并没有达到这个预期的目的。原来实施过的经济责任制又以更新为承包经营责任制的形式重新实施。

承包经营责任制是由企业所有者的代表即政府主管部门与企业经营者签订合同,在约定的承包期限内确定上缴利税的基数,或按一定基数确定每年增长的幅度,企业完成上缴基数后剩余部分可由企业留存用于扩大再生产和员工福利。其前提是不变更企业的所有权。通过这种承包合同,所有权与经营权得以相对分离,政府与企业的利益关系得以固定,一批国有企业焕发了生机与活力。

首都钢铁公司是实行承包制最早的全民所有制大型企业。1981年,首钢创造性地提出并实施了以上缴利润包干为主要内容的承包经营责任制。1982年,第二汽车制造厂为了自筹续建资金也实行了承包经营责任制。在首钢、二汽等承包企业试点成功的基础上,1986年12月国务院在《关于深化企业改革增强企业活力的若干规定》中提出,要推行多种形式的承包经营责任

---

① 《中共中央关于经济体制改革的决定》(1984年10月20日)。

制，给经营者以充分的经营自主权。1987年4月，国家经委受国务院委托召开全国承包经营责任制座谈会，决定在全国范围普遍推行承包经营责任制。到1987年底，在11402家国有大中型工业企业中，实行承包经营责任制的达8843家，占企业总数的77.6%，其中承包期在三四年以上的占承包企业总数的64%[①]。1998年2月，国务院发布《全民所有制工业企业承包经营责任制暂行条例》，对企业承包经营责任制进行规范，随后，企业承包经营责任制又得到进一步推广。依据对9937家国有大中型企业的调查，1988年已有9021家实行了各种形式的承包经营责任制，占企业总数的90.8%[②]。到1990年，90%的承包企业第一轮承包到期，于是又开始了第二轮承包。到1991年第一季度末，90%以上的到期企业签订了第二轮承包合同[③]。

最早实行承包经营责任制的首钢最具典型性。首钢在1981~1986年5年间实行了承包经营责任制，累计上交国家35.04亿元，几乎相当于改革前30年的总和，同期为国家新增固定资产8.3亿元，是实行承包经营责任制之前首钢净资产的3.36倍，相当于5年间为国家贡献了三个首钢[④]。

作为一种普遍推广的企业改革方式，承包经营责任制在实施中表现出多种多样的具体形式。招标承包、全员风险抵押承包、竞争上岗优化劳动组合、工效挂钩办法与承包相适应、放开企业经营权试验、推进企业兼并、"税利分流、税后承包"试点，等等[⑤]。

从1984年开始，对于许多国有小型工业企业开始试行租赁经营责任制，目的也是实现经营权与所有权在国有小型工业企业中的某种分离。1987年普遍推行承包经营责任制以后，对于小型工业企业重点实行租赁经营责任制，取得了良好进展。到1987年底，在88000家国有小型工业企业中，实行租赁经营承包经营、承包经营和转让的达到40000家，占总量的46%。依据对43935家国有小型工业企业的调查，到1988年底，实行租赁制和其他经营方式的企业已经达到24660家，占总数的56.1%[⑥]。

承包经营责任制虽在一定程度上激发了国有企业活力，但在企业制度层面并没有为解决国有企业政企不分、产权不清、社会与历史包袱过重、自我约束与自我发展能力不足等问题提供方案。作为实现"两权分离"的另一种

[①][②][⑥] 汪海波. 中国国有企业改革的实践进程（1979~2003年）[J]. 中国经济史研究，2005（3）.

[③] 周叔莲. 20年中国国有企业改革经验的理论分析[J]. 中国社会科学院研究生院学报，2000（3）.

[④][⑤] 邵宁，熊志军，杨永萍. 国有企业改革实录[M]. 北京：经济科学出版社，2014.

改革思路，对城市集体所有制企业和国有小企业实施股份制改革拉开了通过国有企业产权制度改革实现两权分离的序幕。

1984年4月，国家体改委在常州市召开了城市经济体制改革试点工作座谈会，认为股份制应成为城市集体企业和国营小企业进一步放开搞活的一个办法，要"允许职工投资入股，年终分红"。同年7月，北京天桥百货股份有限公司正式成立，同年11月，上海飞乐音响公司向社会公开发行股票，这意味着中国股份制改造正式启动。从1986年起，深圳市开始选择少数企业试行股份制，个别企业还试探着发行股票。1987年5月，深圳发展银行首次以自由认购的形式向社会公开发售人民币普通股。此后，深圳万科企业股份有限公司、金田实业股份有限公司、蛇口安达运输股份有限公司、原野实业股份有限公司4家企业，在1988~1990年也相继向社会公开发行股票。其他一些省份也有一些企业经批准进行股份制改造的试点。比如，浙江尖峰集团股份有限公司于1988年11月进行股份制改造后，1993年公司股票在上海证券交易所上市，成为中国水泥行业第一家上市公司。

1990年11月26日，经国务院授权、中国人民银行批准，上海证券交易所正式成立，并于同年12月19日正式开业。深圳证券交易所于1990年12月1日开始集中交易（试营业），1991年4月11日由中国人民银行总行批准成立，并于同年7月3日正式成立。1992年，国家体改委会同有关部门制定并陆续颁布了《股份制企业试点办法》《股份有限公司规范意见》《有限责任公司规范意见》和股份制企业财会制度、人事管理制度等14个关于股份制试点的配套文件。1993年4月，国务院发布了《股票发行与交易管理暂行条例》。1993年12月20日，《公司法》颁布，按《公司法》要求组建和规范已有的股份制企业，是1994年国有企业改革的一项重要工作。这些股份制试点法规和规范性文件与《公司法》构成了中国公司制度的法律框架，为股份制试点和公司制试点提供了基本的法律保障。

统计资料显示，到1991年全国共有股份制试点企业3220家（不包括实行股份合作制的乡镇企业，也不包括中外合资企业及国内联营企业），其中工业企业1781家，法人持股企业380家，内部职工持股企业2751家，向社会公开发行股票的企业89家[①]。到1992年底，全国股份制试点企业又发展到3700多家，其中有69只股票（包括18只B股）分别在上海、深圳证券

---

① 张文魁. 中国国有企业产权改革与公司治理转型［M］. 北京：中国发展出版社，2007.

交易所公开上市①。国家体改委还会同有关部门选择了上海石化总厂等9家大型工业企业进行股份制改造和在境内外公开发行股票并到海外上市交易的试点。从1992年开始，试点股份制改造企业的选择逐步转向大型国有工业企业。1993年股份制试点发展迅速，到1993年底，共有股份制企业11489家，股本总额达3396.66亿元，其中国家股1247.6亿元，占36.7%；法人股1479.6亿元，占43.6%；内部职工股368亿元，占10.8%；向社会个人公开发行股票100.8亿元，占3%；外资股200.6亿元，占5.9%②。1993年，上市公司的数量增长很快，年初只有52家，到了年末就达到182家，其中发行B股的上市公司从年初的18家增加到33家③。

在《公司法》颁布后的1994年，中国新增股份制企业19847家，其中，有限责任公司17456家，股份有限公司2391家。到1994年底，全国共有股份制企业3.3万家，比1993年增长了1.52倍，其中股份有限公司达6326家，股本总额为2867.56亿元。截至1994年底，291家公司在上海证券交易所和深圳证券交易所挂牌上市，比上年新增了106家。两地股票市值达3687.83亿元，比1993年增长近200亿元，全年上市总额达644.55亿元，比1993年增长了50%以上。有17家完成了股份制改造和到境外募集股份并上市的工作，共募集境外资金192.3亿港元、9.58亿美元。股份制改造使企业建立了符合社会主义市场经济体制要求的运行机制，取得了较为明显的经济效益。据对1994年中国最大的300家股份制企业中的50家进行抽样调查，销售收入平均增长率为49.73%，利润平均增长率为97.44%，净资产平均增长率为35.19%，均高于全国平均水平④。

这一改革阶段还开始了对国有企业内部关系的大幅度改革。1992年1月25日，劳动部、国务院生产办（原国家经贸委前身）、国家体改委、人事部和中华全国总工会联合发出了《关于深化企业劳动人事、工资分配和社会保险制度改革的意见》，该意见要求深化这三项制度改革，在企业内部真正形成"干部能上能下、职工能进能出、工资能升能降"的机制，将此作为转换企业经营机制的重要任务。

其实，20世纪80年代，劳动、人事、分配制度的改革就已经开始。

从劳动制度的改革看，1982年，在9个省、市、自治区16万人中试行

---

① 汪海波. 中国国有企业改革的实践进程（1979~2003年）[J]. 中国经济史研究, 2005 (3).
②④ 邵宁, 熊志军, 杨永萍. 国有企业改革实录 [M]. 北京：经济科学出版社, 2014.
③ 辛迪诚. 中国国有企业改革编年史（1978~2005）[M]. 北京：中国工人出版社, 2006.

劳动合同制，这是1949年以后首次对固定工资制度进行改革。到1985年，全国全民所有制单位的合同员工已达332万人。1986年，国务院就劳动制度改革陆续发布了4个文件，即《国营企业实行劳动合同制暂行规定》《国营企业招收工人暂行规定》《国营企业辞退违纪职工暂行规定》《国营企业职工待业保险暂行规定》等。至1991年底，全国合同职工人数达1971.9万人，合同制职工占全部职工总数的13.6%。在实行优化劳动组合的过程中也涉及了劳动制度的改革，涉及职工1500万人[①]。1992年，全国进行劳动、人事、分配三项制度改革试点的企业已达6万多家，涉及3000多万职工，占当时职工总数的30%。广东省选择100家国有工业企业、100家国有商业企业和18家国有农业企业实行放开经营、放开物价、放开用工、放开分配，深化企业人事、劳动和分配制度的改革试点。上海市有1037家地方预算内国有工业企业、约140万职工实行了全员劳动合同制和上岗合同制，分别占企业和职工总数的85.9%和91.5%[②]。

从人事制度的改革看，在落实承包经营责任制的过程中，一些地方、企业开始试行通过公开招标方式选聘企业承包经营者。1988年6月，中组部与人事部联合发出通知，要求各地突破传统的选拔、任用企业领导干部的做法，积极推进招标选聘企业经营者。全国实行承包制的国营工业企业中，约30%的承包经营者是通过公开招标选聘的[③]。

从分配制度的改革看，1985年以前在扩权让利的改革中，对企业内部的分配制度也进行了一些改革，比如，在企业内部将员工评议决定资金分配改为通过计算确定奖金并拉开档次；简化工资标准，试行新的工资形式。1985年以后，各地较普遍地采用了工资总额与经济效益挂钩（工效挂钩）的办法。1985年起，按照国务院发布的《关于国营企业工资改革问题的通知》，在国营大中型工业企业中实行了"工效挂钩"制度。到1988年，全国40多万家国营企业中，有80%的企业不同程度地进行了企业内部分配制度的改革[④]。

《关于深化企业劳动人事、工资分配和社会保险制度改革的意见》发布后，全国进行了"破三铁"（铁交椅、铁工资、铁饭碗）的活动。"破三铁"使得工人可以被辞退，收入可以升降，岗位可以调整，管理人员终身制不复存在，员工收入与绩效挂钩并可以上下浮动。这项改革触及了企业内部关系

[①③④] 邵宁，熊志军，杨永萍. 国有企业改革实录[M]. 北京：经济科学出版社，2014.
[②] 辛迪诚. 中国国有企业改革编年史（1978~2005）[M]. 北京：中国工人出版社，2006.

的改革，对于企业成为独立的市场主体，成为具有竞争力的独立生产经营者意义重大，但"破三铁"的改革是在整体配套制度供给、相关改革没有跟进的情况下推进的，相关配套改革没有适时跟上（比如政府机构的改革、社会保障制度的建立与完善），尤其是计划经济的体制背景还很浓重、影响还十分强烈，计划经济条件下长期存在的国有企业员工终身就业、干部终身任职、分配平均主义的传统与观念还没有发生大的变化，且"破三铁"的改革关系到全体企业从业人员的切身利益，社会反响强烈，"破三铁"的改革阻力很大，未能收到预期的效果而中止。

四、制度变革：明确企业的法律地位，以进一步改革所有者与企业关系、企业的产权关系、企业内部关系为主的阶段（1993年11月到2013年10月）

这一阶段的主要改革措施是通过建立现代企业制度，明确企业的法律地位，完善国有企业公司治理从而改革所有者与企业的关系、企业产权关系、企业内部关系，进一步解决使企业成为自主经营、自负盈亏、自我发展、自我约束的法人实体和市场竞争主体的问题。

以扩权让利、两权分离与转换企业经营机制为主要改革思路与措施，以改革政府与企业的关系、企业与员工的关系为主的阶段基本不涉及国有企业产权关系的改革，不涉及公有制实现形式或公有制微观组织形式的变革，即不涉及企业制度的变革。在摆脱计划经济体制的束缚，不形成企业自主经营、自负盈亏所需的市场环境，不进行企业制度变革的条件下，很难使企业成为独立的、自主经营、自负盈亏、自我发展、自我约束的市场主体，很难真正转变企业的经营机制。

在20世纪90年代初中国公司制企业、股份制企业已经发展到很大规模的现实基础上，1993年11月党的十四届三中全会明确提出建立现代企业制度。十四届三中全会通过的《中共中央关于建立社会主义市场经济体制若干问题的决定》（以下简称《决定》）提出："以公有制为主体的现代企业制度是社会主义市场经济体制的基础。十几年来，采取扩大国有企业经营自主权、改革经营方式等措施，增强企业活力，为企业进入市场奠定了初步基础。继续深化企业改革，必须解决深层次矛盾，着力进行企业制度的创新，进一步解决和发展生产力，充分发挥社会主义制度的优越性。""建立现代企业制度，是发展社会化大生产和市场经济的必然要求，是我国国有企业改革的方向"。

>> 中国国有企业40年：制度变迁与行为演化

建立现代企业制度的提出，意味着国有企业改革不再是在原有企业制度框架内利益关系的局部调整，而是构建能够适应社会主义市场经济体制环境的企业制度。这标志着中国国有企业改革进入了企业制度变革阶段，进入了以改革所有者与企业关系、企业内部关系的阶段，主要改革措施就是建立现代企业制度。

建立现代企业制度当时主要是针对国有大中型企业的改革举措。《决定》提出："对于"一般小型国有企业，有的可以实行承包经营、租赁经营，有的可以改组为股份合作制，也可以出售给集体或个人。出售企业和股权的收入，由国家转投于急需发展的产业"。对于国有大中型企业，尤其是特大型国有企业改革的方向是建立"产权清晰、权责明确、政企分开、管理科学"的现代企业制度，要求通过建立现代企业制度，使企业成为自主经营、自负盈亏、自我发展、自我约束的法人实体和市场竞争主体。

为了落实《决定》精神，国务院出台了《关于选择百家国有企业进行建立现代企业制度试点的办法》，并制定了12个涉及国有企业建立现代企业制度试点的相应配套文件。国家选择了100家不同类型的国有大中型企业进行建立现代企业制度的试点。试点方案要求：以公有制为主，进一步搞好国有经济；以产权关系明晰、法人制度和有限责任制度为基本组织特征的公司制作为企业组织形式。建立现代企业制度试点的主要内容是：完善企业法人制度；确定试点企业的国有资产投资主体；企业改组为公司的组织形式；建立科学、规范的公司内部组织管理机构，建立公司法人治理结构；改革企业劳动、人事、工资制度；健全企业会计制度；发挥党组织的政治核心作用；完善工会工作和职工民主管理。为此，还出台了相应的配套措施：转变政府职能，改革政府机构；调整企业资产负债结构，建立资本金制度；加快建立社会保障制度，试点企业必须参加职工养老、医疗、失业和工伤保险；减轻企业办社会负担；多渠道分流企业富余人员；促进企业存量国有资产优化配置和合理流动，调整产业结构，加强产权交易管理，防止国有资产流失；发展和规范各类市场中介组织①。

截至1996年底，100家试点企业的改革方案都已经批复并开始实施。100家试点企业中，有74家原来是工厂制企业，其他26家是行政性总公司和行业主管局。在试点后，这100家企业中有93家改制为公司制企业，其中有70家由工厂制改制为国有独资的集团公司，其下属的生产经营主体或

---

① 邵宁，熊志军，杨永萍. 国有企业改革实录 [M]. 北京：经济科学出版社，2014.

子公司实现了投资主体多元化。各地区、各部门也选择了 2714 家企业进行了试点，共有 2066 家企业进行了改制，其中有限责任公司 712 家，股份有限公司 700 家，国有独资公司 654 家。这些试点企业多数完成了公司制改革，绝大多数是国有控股企业，大中型企业占绝大多数，其中 70%是工业企业①。在已改制为公司的企业中，有 71.9%的企业已组成了董事会，63%的企业成立了监事会，总经理由董事会聘任的已有 61%②。1997 年党的十五大以后，中央多次提出，用三年左右的时间，力争到 20 世纪末大多数国有大中型骨干企业初步建立现代企业制度。到 2000 年底，这一目标已基本实现。根据国家统计局调查总队对全国 4371 家重点企业（绝大部分为国有企业）③的跟踪统计调查，截至 2001 年底，所调查的 4371 家重点企业中已有 3322 家企业实行了公司制改造，改造面为 76%，改制企业中非国有独资公司（即其他有限责任公司和股份有限公司）占改制企业的 74%④。

五、全面深化：顶层设计推进企业各种关系改革的阶段（2013 年 11 月至今）

这一阶段的主要改革措施是顶层设计、全面推进，通过发展混合所有企业和分类改革推进国有企业各种关系的改革。

经过上一阶段的改革，国有企业发展进入了新时期，改革也步入了攻坚期和深水区，面临着深层次结构性的改革，改革过程难以推进。为此，2012 年 11 月，党的十八大明确提出："要毫不动摇巩固和发展公有制经济，推行公有制多种实现形式，深化国有企业改革，完善各类国有资产管理体制，推动国有资本更多投向关系国家安全和国民经济命脉的重要行业和关键领域，不断增强国有经济活力、控制力、影响力。"这标志着中国国有企业改革开始进入第四阶段：全面深化改革阶段。

2013 年 11 月，党的十八届三中全会通过了《中共中央关于全面深化改革若干重大问题的决定》，对全面深化国有企业改革做出了系统性部署。会议明确提出，要"必须毫不动摇巩固和发展公有制经济，坚持公有制主体地

---

① 邵宁，熊志军，杨永萍. 国有企业改革实录 [M]. 北京：经济科学出版社，2014.
② 汪海波. 中国国有企业改革的实践进程（1979~2003 年）[J]. 中国经济史研究，2005（3）.
③ 包括 514 家国家重点企业、181 家中央管理的国有重要骨干企业、93 家国务院确定的建立现代企业制度百户试点企业、121 家国务院确定的国家试点企业集团母公司以及 3462 家省级重点与试点企业。
④ 张卓元. 深化国企改革发展混合所有制 [J]. 中国科技产业，2003（12）.

位，发挥国有经济主导作用，不断增强国有经济活力、控制力、影响力"；要求积极发展混合所有制经济，允许更多国有经济和其他所有制经济发展成为混合所有制经济；完善国有资产管理体制，以管资本为主加强国有资产监管，改革国有资本授权经营体制，组建若干国有资本运营公司，支持有条件的国有企业改组为国有资本投资公司；以规范经营决策、资产保值增值、公平参与竞争、提高企业效率、增强企业活力、承担社会责任为重点，进一步深化国有企业改革，推动国有企业完善现代企业制度①。

党的十九大报告进一步明确了新时期国有企业改革的主要措施与目标，提出"要完善各类国有资产管理体制，改革国有资本授权经营体制，加快国有经济布局优化、结构调整、战略性重组，促进国有资产保值增值，推动国有资本做强做优做大，有效防止国有资产流失。深化国有企业改革，发展混合所有制经济，培育具有全球竞争力的世界一流企业"。

2013年以来，国有企业改革的顶层设计基本完成，以《关于深化国有企业改革的指导意见》为基础，已经出台形成了"顶层设计"的20多个配套文件的"1+N"改革主体框架。国企改革以试点形式全面铺开。围绕着国有企业改革的总体规划和战略性部署，以管资本为主的国有资产管理体制改革、发展混合所有制企业、对国有企业的分类改革与管理、国有经济布局的结构调整、完善国有企业公司治理、深化国有企业内部三项制度改革、加快解决企业办社会负担和历史遗留问题、推动国有企业转型升级、培育世界一流企业、建立健全国有资本收益分享机制、充分发挥国有企业党组织的政治核心作用及明确国有企业党组织在公司法人治理结构中的法定地位、推进国有企业更好地履行社会责任出台了一系列的文件与规定。

2015年8月24日，中共中央、国务院颁布了《关于深化国有企业改革的指导意见》，对深化国有企业改革的总体要求、分类推进国有企业改革、完善现代企业制度、完善国有资产管理体制、发展混合所有制经济、强化监督防止国有资产流失、加强和改进党对国有企业的领导、为国有企业改革创造良好环境条件等做出了具体的规定；2015年9月23日国务院发布《关于国有企业发展混合所有制经济的意见》；2015年9月，中共中央办公厅印发了《关于在深化国有企业改革中坚持党的领导加强党的建设的若干意见》；2015年10月31日国务院办公厅发布了《关于加强和改进企业国有资产监督防止国有资产流失的意见》；2015年12月7日，国资委、财政部、发改委共

---

① 《中共中央关于全面深化改革若干重大问题的决定》。

同发布了《关于国有企业功能界定与分类的指导意见》，对国有企业的分类以及分类推进改革、分类促进发展、分类实施监管、分类定责考核和组织实施做出了具体规定；2017年5月3日，国务院办公厅发布了《关于进一步完善国有企业法人治理结构的指导意见》；2018年5月25日国务院发布了《关于改革国有企业工资决定机制的意见》。

2016年2月底，根据国务院国有企业改革领导小组的决定，国资委宣布开展"十项改革试点"，以点带面、以点串线，形成经验、复制推广。这"十项改革试点"内容包括：①落实董事会职权试点。国资委于2016年开始进一步完善原有试点，同时扩大试点范围，再选择3~5家企业进行试点，同时指导推动各地开展这项试点。②关于市场化选聘经营管理者试点。该项试点工作于2016年始在各级履行出资人职责机构直接监管的国有独资、控股的一级企业进行，国资委和各省市分别选择3~5家企业进行试点。③关于推行职业经理人制度试点。该项试点从市场化选聘经营管理者试点的单位中，优先选择2~3家处于充分竞争领域的商业类企业，以及经营困难、重组改制、发展混合所有制经济的企业。同时鼓励中央企业选择部分条件成熟的二三级公司开展试点，支持各地开展这项试点工作。④关于企业薪酬分配差异化改革试点。选择处于竞争性行业或领域、公司治理机制建立健全、董事会建设和运作比较规范、已实行或正在试点职业经理人制度的中央企业，开展试点。试点人员范围为试点企业中市场化选聘和管理的职业经理人。⑤关于国有资本投资、运营公司试点。选择3~5家企业开展国有资本投资公司试点，推进诚通集团、国新公司改组为国有资本运营公司工作。⑥关于中央企业兼并重组试点。探索更多、更有效的途径和方式，坚持成熟一户、推进一户，积极稳妥做好中央企业兼并重组。2015年，国资委会同有关部门先后完成了6对12家中央企业重组，组织3家电信企业完成了铁塔公司的组建。⑦关于部分重要领域混合所有制改革试点。电力、石油、天然气、铁路、民航、电信、军工等领域是国有资本相对集中的领域。⑧关于混合所有制企业员工持股试点。国资委选择中央企业层面的10家子企业，并指导各省市分别选择10家企业开展试点。⑨关于国有企业信息公开工作试点。国资委2016年部署了在中央企业围绕董事会信息披露、财务信息公开等方面开展试点，指导地方国资委选择若干重点企业试点。国资委还将建设统一的国有企业信息公开平台，为中央企业信息公开提供支持，为社会公众查阅信息提供服务。⑩关于剥离企业办社会职能和解决历史遗留问题。2016年国有企业改革试点进展情况见表2-1。

表 2-1 2016 年国企改革试点进展情况

试点内容	改革进展
董事会建设	建设规范董事会的中央企业达到 85 家，外部董事人才库增加到 389 人，专职外部董事增加到 26 人，董事会职权试点将在宝武、国投和中广核开展
市场化选聘	在 4 家试点企业采取市场化方式选聘 1 名总经理和 13 名副总经理，并将在国投、中国通号等中央企业的二级企业开展
投资、运营公司	"两类公司"试点企业合计已达 10 家
公司制、股份制改革	中央企业的子企业公司制改制面超过 92%，混合所有制企业户数占比达到 68%
混合所有制改革	已明确东航集团、联通集团、南方电网、哈电集团、中国核建、中国船舶等中央企业列入第一批混改试点
兼并重组	5 对 10 家中央企业进行重组，目前中央和我国企业数已调整到 102 家
信息公开	试点已在国家电投、南航、中国建筑、中粮 4 家企业开展
企业员工持股	已确定 10 家试点的中央企业三级子企业名单
三供一业分离移交	由试点转为在全国全面推开

资料来源：界面新闻研究部根据公开资料整理。转引自"国企改革布局完成，2017 年十项改革试点"[EB/OL]. 新浪财经, http://finance.sina.com.cn/china/gncj/2017-01-06/doc-ifxzkfvn0483323.shtml.

重点领域混合所有制改革的试点取得较大进展。已经实施了两批共 19 家，涉及资产 9400 多亿元，共引入外部投资者 52 家，其中已有 8 家企业基本完成新公司设立、外部引资、公司治理重构、业务链条拓展等试点主体任务，出现了一批具有标杆意义和示范作用的混改试点项目。第三批混合所有制改革试点已经启动，选择了共 31 家国有企业。截至 2018 年 10 月，已开展三批共 50 家混改试点，第一批、第二批中的中国联通、东航物流、内蒙古一机等试点企业改革取得重大成效，在完善治理、强化激励、突出主业、提高效率等方面取得重要经验，示范效应逐步显现。第三批 31 家混改试点企业中，包括 10 家央企集团下属子企业和 21 家地方国企。截至 2018 年 10 月，国家发改委已批复 8 家央企子企业试点方案，各地已批复 15 家地方国企试点方案，其余试点方案也在抓紧履行批复程序。同时，国家发改委会同有关部门进一步完善混改试点配套政策，出台了《关于深化混合所有制改革试点若干政策的意见》，2018 年 8 月印发了《国有企业混合所有制改革相关税收政策文件汇编》，混合所有制改革试点企业的员工持股等政策也在研究之中。2018 年 3 月国资委发布《关于开展"国企改革双百行动"企业遴选工作的通知》，国务院国有企业改革领导小组办公室决定选取百家中央企业子企业和百家地方国有骨干企业（以下简称"双百企业"），在2018~2020年实施"国企改革双百行动"（以下简称"双百行动"）。2018年8月17日，国务院国资委召开国企改革"双百行动"动员部署视频会议，对开展国企改革"双百行动"进行动员部署，明确目标任务。

国资委主任肖亚庆提出，组织开展"双百行动"，不是要再搞一批单项试点，而是要以"1+N"政策体系为指导，以前期各个单项试点成果为支撑，全面拓展和应用改革政策和试点经验，进而形成从"1+N"顶层设计到"十项改革试点"再到"双百行动"梯次展开、纵深推进、全面落地的国企改革新局面。

有较强的代表性、有较大的发展潜力和有较强的改革意愿是遴选"双百企业"的基本标准。有较强的代表性是指企业主营业务突出，资产具有一定规模，在行业发展中具有较强影响力；有较大的发展潜力是指可以是深化改革与经营发展形势较好的核心骨干企业，可以是面临激烈竞争、亟须通过改革提高效率、提升核心竞争力的企业，也可以是暂时处于困难阶段，但有计划、有信心通过改革实现脱困的企业；有较强的改革意愿是指企业主要负责人及业务部门能充分理解掌握国企改革精神，能在改革重点领域和关键环节率先取得突破。

国资委要求进入"双百行动"的国有企业要实现"五大突破、一个坚持"，即在混合所有制改革、法人治理结构、市场化经营机制、激励机制以及历史遗留问题方面实现突破，同时要坚持党的领导。

有404家国有企业入选"双百行动"名单，2018年9月15日，各"双百企业"开始报送综合改革实施方案。2018年，国资委还确定了航空工业集团、国家电投、国机集团、中铝集团、中国远洋海运、通用技术集团、华润集团、中国建材、新兴际华集团、中广核、南光集团11家央企为国有资本投资公司试点企业。试点工作已经于2018年12月28日启动[①]。

第二节 国有企业改革的基本缘由与目标

分析国有企业改革的基本缘由与目标有必要讨论中国国有企业形成的基

---

① 国家国资委企业改革局.国资委召开11家央企国有资本投资公司试点启动会［EB/OL］.国资委网，http://www.sasac.gov.cn/n2588025/n2643314/c10121840/content.html，2018-12-28.

本原因、国有企业的性质与目标。

一、中国国有企业形成的基本原因

中国国有企业的形成有五个方面的原因，即国家没收接管帝国主义在华资本、没收官僚资本转为国有资本、民族资本主义工商业的社会主义改造转化成为国有资本、解放区的公营资本和中华人民共和国成立后由政府以各种形式直接投资设立的企业等。国有企业在中国之所以形成和发展有着三个方面的主要原因：

（一）实践马克思主义理论

大力发展国有企业，首先是对马克思主义理论的具体实践。按照马克思、恩格斯的理论，当人类社会进入到社会主义阶段后，生产资料要归劳动者所共有。"随着无产阶级的胜利，无产阶级本身以及制约着它的对立面——私有制都趋于消灭。"[1] 要剥夺剥夺者，无产阶级革命胜利后，消灭资本家的生产资料私有制，才能消灭制约或剥削它们的对立面[2]。通过各种路径建立国有企业和集体企业，实现公有制是对马克思主义理论的具体实践。

（二）民族独立与自强的需要

近代中国饱受外来的侵略、掠夺与欺辱，生产力低下，经济十分落后。1949年新中国成立时，面对的是一穷二白的经济：一是经济总量很小，GDP总量排在多数国家后面，人均GDP更是排在多数国家的后面；二是工业体系极不完备，工业化水平低，多数工业产品自己生产不出来。毛泽东在1944年5月的一次会议上提出："我们共产党是要努力于中国的工业化的。""中国落后的原因，主要的是没有新式工业。日本帝国主义为什么敢于这样地欺负中国，就是因为中国没有强大的工业。"[3] 同时还要面对资本主义国家对我们政治上的孤立、经济与技术上的封锁、军事上的威胁。中国在前两次工业革命中都是缺席者、追赶者，在一穷二白的条件下，在整个国民经济非常落后、基础十分薄弱的情况下，在当时所面临的国际环境下，迅速实现工业化，尤其实现"生产资料的生产优先增长"重化工业化，是民族独立与自强的重要基础，而要做到这一点，国有经济几乎是唯一的力量。

（三）实现赶超任务

实现对发达国家的赶超几乎是所有发展中国家的任务与期望。在一穷二

---

[1] 马克思恩格斯全集（第2卷）[M]. 北京：人民出版社，1957.
[2] 宋涛. 马克思主义公有制理论的实践和问题[J]. 经济评论，1996（2）.
[3] 毛泽东文集（第3卷）[M]. 北京：人民出版社，1996.

白的基础上，要迅速恢复经济，实现高速度增长，实现"生产资料的生产优先增长"，着力于外延式的扩大再生产，建立独立完整的工业体系，实施兼顾备战与效益的生产力布局，实现进口替代[1]，并努力实现"超英赶美"，唯有通过国有企业才有可能达成目标。

二、国有企业的性质与目标[2]

国有企业的性质与目标关系到国有企业改革与发展的走向，而对中国国有企业的性质与目标的判断既要回答国有企业在中国为什么要继续存在与发展的问题，又决定了国有企业改革的目标与方向。这就需要从国有企业的性质与目标着眼，对国有企业改革的目标与方向进行分析。

（一）国有企业的性质

按照一般的经济学理论，国有企业或公有企业之所以存在是为了克服各种市场失灵带来的私人收益与社会收益不一致，以达到帕累托最优，是为了解决市场失灵的问题。

国有企业是一种政府参与和干预经济的工具与手段，是政府针对出现或可能出现的市场失效[3]问题而代表公众利益所采取的诸多政策举措的一种。在这个层面上，国有企业与政府影响经济的其他手段，比如，对企业的补贴、产业政策、管制政策等，都是同质的制度安排。从理论上说，一国政府之所以选择以国有企业这种方式影响经济，那仅仅是因为在实现既定的施政目标方面，它比其他影响经济的方式更有效，实施成本更低。

一般而言，在市场经济较为发达的国家，政府采用管制政策等其他手段，就可以达成和通过国有企业来干预经济相同的政策目标，且成本会更低。

在市场经济较不发达的国家尤其是经济转轨国家，在配套的市场机制、

---

[1] 李向阳. 我国传统国有企业形成的三个基本逻辑[J]. 全国商情（理论研究），2010（4）.
[2] 黄速建，余菁. 国有企业的性质、目标与社会责任[J]. 中国工业经济，2006（2）.
[3] 常用的说法是市场失灵，它的含义是指相对充裕（足够长而不是无限长）的时间里，市场或自由企业制度所不能解决的问题。市场失灵的存在，使得政府在必要的情况下要干预经济。这儿使用的"市场失效"的含义更广，它力图表达这样一层意思——"市场失效"是在既定的时间约束之下，市场机制与自由企业制度所不能解决的问题。市场失效的存在，使得政府不仅要以非市场常态的手段来干预经济，还要以接近市场常态的手段来参与经济。另一点需要强调的是，这里所定义的国有企业是以市场为主体的经济体制中的国有企业，这其中隐含的假设是，国有企业制度和其他的政策一样，都是对市场制度的补充性制度安排。在另一种经济体制——自由企业（市场）不被容纳的经济体制中，国有企业从属于一组对市场制度的替代性制度安排，而这不在本章讨论的范围之内。

法律制度和行为规范供给不足的环境里，政府的其他影响经济的手段往往不成熟。在这种情况下，为达成特定的施政目标，政府通过国有企业这种方式干预和参与经济活动，就有可能起到其他政策手段所没有的作用，其成本也相对较低。

1. 市场经济体制下国有企业的性质

在发达的市场经济体制下，国有企业通常可以作为政府达成以下经济干预目标的手段：

（1）国有企业可以被作为一段时期内实现国家的社会经济发展战略，或是改善一个国家的国际市场竞争地位的有效手段。国有企业的定位要考虑以下三个方面：

一是应与一个国家的经济发展阶段（任务）相适应[1]。在一个国家的社会经济发展战略中，可能既有经济赶超的目标，也有特殊的国际形势下所形成的国家安全目标和重要产业的国际竞争目标。正如我们可以看到的，后发国家往往选择以建立国有企业的方式促进资本密集型工业、高技术产业和战略性产业的发展，加快本国的工业化进程。比如，新加坡淡马锡公司的目标和使命经历过一定的变化，原来也具有赶超的任务与目标。2002年的淡马锡宪章规定："淡马锡为新加坡的长期利益持有并管理新加坡政府在企业中的投资。通过培育成功、有活力的国际业务，淡马锡将帮助扩大和深化新加坡的经济基础。"这意味着当时淡马锡承担着实现发展中国家"赶超"的使命。而2009年的淡马锡宪章中提出：淡马锡"是一家根据商业原则运作的投资公司，致力于为股东创造长期稳定回报。"这意味着淡马锡不再承担任何政策性任务，其使命就是最大化股东价值，经济目标是其唯一目标。目前，淡马锡公司运营高度市场化，企业目标单一，即经济目标，并不具有政策性目标。

再如，意大利也曾通过国有企业来干预经济，实现诸如经济复兴、区域均衡发展、稳定与增加就业、技术进步、基础设施建设等施政目标。意大利大型国有企业产生于20世纪20年代，伊利（IRI）集团就是为了摆脱第一次世界大战后意大利经济困境而设立的一种临时机构，后来由于意大利私人资本的积累不足以保证国民经济的顺利发展而通过立法成为一个超大型的国有企业集团，行业涉及金融、交通、通信、冶金、电力、机械、农业及不动产等诸多领域。加上此前成立的银行、邮政、铁路、保险及物资专卖机构，

---

[1] 吕政. 对深化国有企业改革的再认识［J］. 中国工业经济，2002（10）.

第二章　中国国有企业改革 40 年：演进、目标与逻辑

国有企业在当时的意大利国民经济中占有压倒性的比重①。20 世纪 50 年代以后，在意大利，国有化不再是战争或经济危机期间的一种应急措施，而成为国家直接控制经济生活、干预经济生活的重要手段和工具。这一期间，意大利国有企业规模进一步扩大，相继成立了国家碳化氢公司（埃尼集团 ENI，1953 年）、国家电力公司（ENEL，1962 年）。国有经济在邮政、电信、铁路和煤气四大基础部门中所占比重都达到 100%，电力部门为 75%。除国家参与制企业外，还有由政府有关部门直接经营的国有自治企业（如国有铁路公司、邮电部门、国有专卖烟草公司等）以及地方政府管理的市政企业（如自来水公司等）。国有企业通过承担私人无力或不愿承担的大量科研和基础设施建设项目，推动了整个社会新技术与新产品的开发和推广以及国家产业的升级与换代。国有企业还通过承担社会福利任务，在落后地区投资设厂，发展当地经济等方式帮助政府实现就业、稳定与均衡的发展目标。即使经历了大规模私有化，意大利仍存在相当规模的国有经济②。

又如，印度的国有企业在推进优先发展的产业、新技术、资源行业、基础设施和传统重工业等方面起着重要作用，在发展地方经济、为特定群体提供就业岗位等社会目标的实现上也发挥了重要作用。

二是许多国家出于改善本国贸易地位的考虑，除使用关税等手段外，会设立专门的国有对外经贸公司。不少经济刚刚起步的发展中国家设立的国有贸易公司，其使命之一是要确保为本国获取稳定的、必要数量的外汇收入。许多国家为其主导性的出口资源/产品或重要的进口资源/产品设立专门的进出口贸易公司。比如，哥伦比亚的国有咖啡出口公司，重要石油生产国的国有石油公司，南美洲国家的国有矿业公司，其设立意图都在于提高该国在国际市场上的卖方地位（R. Vernon，1979）。还有一些国有贸易公司，基本职责是保障本国战略性资源/产品的稳定供应，比如，中国储备棉管理总公司（以下简称"中储棉"）。

三是各国政府除了市场化的手段之外，还会采用补贴或国有化的方式来救济其衰退产业或国际竞争地位日益降低的产业。即使是在美国这样的发达国家，当铁路客运业由于技术进步和市场需求转移原因成为民营企业经营普遍亏损的行业之后，政府也在 20 世纪 80 年代末成立了联邦铁路客运公司，

---

① 驻意大利使馆经商处. 意大利大型国有企业的改革进程 [EB/OL]. http://it.mofcom.gov.cn/aarticle/ztdy/200302/20030200068164.html，2003-02-11.

② 陈晓晨. 意大利：国企助推经济复苏 [N]. 光明日报，2013-05-20.

将铁路客运的主体部分改为公营①。

（2）国有企业可以被用于解决某个时点上的经济结构失衡问题，促进经济结构的合理化和优化。这其中既涉及地区经济发展的不平衡问题，也涉及不同产业间发展不平衡的问题。这些问题的出现，一种可能是因为国家现行经济政策与市场体制无法激励足够多的民间资本自觉进入这些领域，比如，落后地区的基础设施建设，投资大、投资回收期长，就缺乏对民间资本的吸引力。另一种可能是，虽然民间资本有意愿进入这些领域，但政府无法以足够低的管制成本引导民间进入者以自律的方式开展生产经营活动，服务于整个国家经济结构平衡的需要。比如，垄断产业的民营企业在缺乏市场竞争和完备的管制约束的情况下，大多倾向于滥用排他性权利或有优势的市场地位牟取暴利，向消费者提供劣质的产品与服务。

（3）国有企业还可以被用作平抑经济周期大起大落的稳定器。和平时期，国有企业能够在不同领域发挥"蓄水池"的作用，当一个国家、地区或行业经济处于景气周期中，国有企业的边界可以适度收缩；而在经济周期步入低谷时，国有企业的边界可以适度扩张，起到稳定社会经济的作用。在发生战争或重大的经济危机这类极端的情况下，国家可以通过新设国有企业或通过国有企业以大面积并购或接管的方式，挽救陷入经营困境的民营企业，增加全社会的投资，增加就业机会，平抑物价水平，以克服经济动荡和带动经济复苏。

2. 社会主义市场经济体制中国有企业的性质

社会主义市场经济体制中的国有企业与发达市场经济体制中的国有企业之间有区别。这种区别集中表现为，在社会主义市场经济体制中，国有企业是作为社会主义制度的经济基础而存在，国有企业不仅是政府干预经济的手段，还是政府参与经济的手段。作为参与经济的手段的国有企业，与作为干预经济的手段的国有企业相比，前者在数量上要多很多，分布领域要广很多，企业组织形态也更为复杂。虽然在当前的时点上，两种体制下的国有企业的区别是显而易见的，但是，两者之间区别的程度到底有多大，是本质上的差异，还是仅仅是表现形式上量的差异？两者之间区别的存续期到底有多长？是仅仅存在于近些年的经济体制转轨的过渡时期，还是将长期地存在？关于这些问题，国内学者在认识上是有分歧的。有影响力的观点大致可以概括为以下三类：

---

① 钱津. 公营企业：现实的存在与发展［J］. 学习与探索，2000（2）.

第二章 中国国有企业改革40年：演进、目标与逻辑

第一类观点认为，我国的国有企业与其他国家的国有企业的性质是相同的。相应地，我国国有企业改革的目标完全可以国外国有企业的成熟模式为参照，充分借鉴国外国有企业私有化改革的经验。

第二类观点认为，我国的国有企业与其他国家的国有企业的性质大体上是一致的，虽然在经济转轨的过渡时期，我国国有企业改革会有一定的特殊性，在规模和数量上要大一些，分布领域要广一些，企业形态要复杂一些，但是，总体而言，我国国有企业的发展方向和发达市场经济国家是一致的，我们可以借鉴国外国有企业私有化改革的经验来解决大多数的问题。

第三类观点认为，我国的国有企业与市场经济体制下的国有企业、公共企业的性质有本质的差异，不能简单地将二者等同起来①，必须探索和建立"具有社会主义内涵"② 和体现社会主义市场经济特性的现代国有企业制度③。持这种观点的研究者并不反对，在改革的具体实施过程中，有选择地借鉴国外国有企业私有化改革的经验，或者是借鉴国外将国有企业视作特殊企业而从法律法规上予以特殊规范的做法。在支持这一观点的学者中，又有一些学者认为，国有企业内生的委托—代理难题决定了国有企业不是一种普遍适用的企业形式，其数量不宜多。而我国在历史上已经形成了数量众多、范围过广的国有企业，它们应该大规模地从竞争性领域退出。另外一些学者则认为，国有企业制度是社会主义市场经济体制的核心内容，在规范治理的前提下，国有企业制度"并非一种天然低效率的制度安排"④。折中性的观点认为，受我国历史文化传统、国际政治经济环境及现实的生产力发展水平、经济体制和经济发展战略等诸多因素的制约和影响，在较长的一段时期里，国有企业仍将是政府参与经济的重要手段，它们不能完全退出竞争性、盈利性领域，国有企业仍将在培育市场经济体制、提供就业岗位、调节收入分配、维护市场秩序等方面发挥重要的作用。

国有企业是国家代表公众利益参与经济和干预经济、解决各类市场失效问题的有效手段，是国家财政的有机组成部分。这是国有企业性质之所在。正是国有企业的这种性质，决定了国有企业的非经济目标与经济目标并存。

---

① 钱津．公营企业：现实的存在与发展 [J]．学习与探索，2000（2）．
② 纪宝成提出："将我国国有企业简单地等同于西方发达国家的国有企业，将无法把握我国国有企业的性质"．纪宝成．国有经济制度创新的几个理论与实践问题研究 [J]．中国人民大学学报，2004（5）．
③ 陈佳贵．国有企业和国有经济的定位 [N]．深圳特区报，1999-10-21．
④ 纪宝成．国有经济制度创新的几个理论与实践问题研究 [J]．中国人民大学学报，2004（5）．

从总体上看，国有企业更多的是要着眼于非经济目标的实现，经济目标的实现是为非经济目标的实现服务的。具体到一个个国有企业，其以何种目标为主将取决于这个国有企业所从事经营活动的领域与活动的性质。

（二）国有企业的目标：非经济的与经济的

企业是服务于经济目标的特殊组织。国有企业又是企业组织中的一种特例。在国有企业的身后，人们总是可以同时看到两股力量：一股是非经济的、出于政治或意识形态考虑的力量；另一股是经济的、出于实用主义[①]考虑的力量。现实经济中，这两股力量之间从来没有一条泾渭分明的界线[②]。正是在这两股力量的交互作用下，国有企业成为一种同时拥有非经济目标和经济目标的特殊的企业组织。

1. 国有企业的非经济目标

无论是发达市场经济体制下的国有企业，还是像我国这样的社会主义市场经济体制下的国有企业，作为国家干预经济或参与经济的一种手段，它们在开展经营活动时，时常会显现出不经济性。这种不经济性是指在一个可计量的时间段里，国有企业在使用一定数量的国家信用、资本、人才及其他社会资源后，却无法获得与这些资源的市场价值相匹配的经济收益。就政府代表公众利益影响经济活动的初衷而言，国有企业作为一个相对独立的行为主体，开展种种不经济的经营活动，其目的是要在一个更为长远的时间段里实现国家、公众的大经济。正是在这个前提之下，实现国家社会经济发展战略、改变经济结构失衡的状况、平抑经济周期波动、体现社会主义市场经济的特性这些目标，才成为国有企业的非经济目标。

在现实经济中，我们还可以看到一种非常有趣的现象：一些定位于履行"非经济目标"的国有企业，却从经营活动中获取了收益，有时，甚至是极为丰厚的收益。出现这种现象有两种可能：一种是在既有的经济政策框架下，国有企业履行非经济目标的过程中内生了开展经营性活动并从中盈利的可能；另一种是国有企业舍本求末，放弃由"国有"这一制度属性所决定的"非经济目标"，而去追逐与企业制度属性相关的经济目标。理解和分析这些经济现象，将涉及国有企业的经济目标的问题。

---

① 原文中在此用到的词是"Pragmatic"（Ramanadham, V.V., 1991），作者认为这是他所能够找到的较适合的一个词。Pragmatic 常被译作"实用的""实用主义的"，它还有一个意思，即"国事（务）的"。

② Ramanadham, V. V. The Economics of Public Enterprise [M]. London: Routledge, 1991.

2. 国有企业的经济目标

任何一个国家的政府都有通过设立国有企业谋取经济利益的现实考虑。在很多国家和地区，垄断性行业中的国有企业获取的稳定收益，是这个国家或地区的政府财政收入的重要来源。即使是在美国这样的发达国家，在它的经济发展史上也有许多这样的例子。地方政府，一方面因为缺乏自有资金来源，另一方面又眼红私营企业从城市基础设施和交通运输等领域获取的高额利润，所以，它们有很高的积极性去创办州立、市属政府企业来提供公共产品，而后，这些企业的经营所得成为当地政府财政收入的重要来源[①]。

随之而来的一个问题是，国有企业的经济目标与一般企业的经济目标是同质的吗？我们认为，这个问题的答案是否定的。这是因为，国有企业的经济目标的产生所依托的企业制度基础与一般企业的经济目标的产生所依托的企业制度基础有着根本性的差异。一般企业的经济目标来源于其企业制度属性，而国有企业的经济目标来源于"国有"这一制度属性。换句话说，一般企业是天生逐利的，而国有企业的逐利动机是其非逐利的天性的衍生物。国有企业非经济目标的实现是为了实现更长期间内国家、公众的大经济目标；为了实现这种大经济目标，也需要一些竞争性行业的国有企业和其他专注于经营性活动的国有企业实现经济目标，国有企业经济目标的实现既是为实现更大范围、更长期间的经济目标服务，也为实现更大范围、更长期间的非经济目标服务。

在有信奉"小政府"的文化传统的发达市场经济体制中，国有企业数量少、规模小，且大多分布在无利或微利的非经营性领域。作为干预经济的手段，这些国有企业被视为财政支出的一种，被划入公共财政的范围。在一些特殊的情况下，国有企业也会被用作一种财政收入的来源。比如，一些国家设立有专营烟酒的国有企业，这些国有企业以相对较高的价格水平向全社会提供这类商品；在另一些国家，国有企业会以较低价格水平在国内收购资源类产品，随后又在国际市场获得较高收益。

在这两个例子中，国有企业分别扮演了征收奢侈品消费税和征收资源税的税收工具的角色。总体而言，在发达市场经济体制中，国有企业作为公共财政的组成内容，其经营活动中内生的盈利的可能性是非常有限的。

在我国这样的社会主义市场经济体制中，仅就现状而言，国有企业不是

[①] Swann, D. The Retreat of the State: Deregulation and Privatization in the UK and US [M]. Ann Arbor: University of Michigan Press, 1988.

从属于公共财政，而是与公共财政相并列的。① 作为参与经济的重要手段，社会主义市场经济体制中的国有企业的经营活动的范围要比发达市场经济体制中的国有企业宽泛很多，其中所蕴含的国有企业参与经营性活动及盈利的可能性要大得多。也正因如此，我们在现实中所观察到的我国国有企业的目标选择及其行为问题，也要复杂得多。一方面，我们可以看到，那些承担着特殊的"难以由非国有企业来实现重要社会目标"的国有企业②；那些"将国家赋予的社会目标置于经济目标之上"的国有企业③，或者说，"被赋予一定的社会政策目标"而"以社会效益为首要目标"的国有企业④。另一方面，我们也可以看到，那些企业目标与行为几乎和民营企业完全趋同的国有企业，它们和民营企业一样争强好胜，推崇效率至上；也和民营企业一样，有滥用排他性权利牟取一己私利的冲动。

一般来说，竞争性行业及专注于经营性活动的国有企业，其经济目标优于非经济目标；垄断性行业及专注于非经营性活动的国有企业，其非经济目标优于经济目标。然而，在现实中，我们所看到的更为普遍的状况是，国有企业就像罗马神话中的两面神那样，它们的非经济目标与经济目标总是盘根错节地交织在一起的。最糟糕的情形莫过于，本应专注于经营性活动的国有企业以非经济目标为幌子，为其应尽的经济目标卸责；本应专注于非经营性活动的国有企业，却改弦易辙去追逐经济目标的实现。

无论是国有企业的经济目标，还是非经济目标，均是为了实现国民福利的最大化。

三、国有企业改革的缘由

40年前，之所以要进行国有企业改革的基本缘由就是国有企业没有很好地体现其应有的性质，没有实现其应有的目标，涉及国有企业管理的生产关系不适应生产力的发展，严重束缚了国有企业的成长，尤其是经济效益严重低下。40年后，之所以还要继续进行国有企业改革，之所以说改革只有进行时，没有完成时，也是因为随着经济技术社会各种条件的变化，生产力在发

---

① 邓子基（2000）认为，国有企业是社会主义国家财政"一体两翼"格局中不可或缺的一翼，它所掌控的国家资产（本）是公有制的重要物质基础。所谓"一体两翼"格局，是指国家税务部门和国有资产管理部门分别是国家财政这一机体的两个翅膀。
② 金碚. 三论国有企业是特殊企业 [J]. 中国工业经济, 1999（7）.
③ 高尚全. 新时期的国有经济调整和国有企业改革 [J]. 中国工业经济, 1999（10）.
④ 金碚. 论国有企业是特殊企业 [J]. 学习与探索, 1999（3）.

第二章 中国国有企业改革 40 年：演进、目标与逻辑

展，涉及国有企业的生产关系需要不断地适应生产力的发展，在实现国有企业应有的性质和目标方面尚存在较大的差距。这是国有企业改革的基本缘由。

在原有的计划经济体制下，国有企业只是政府行政机构的附属物，企业生产什么、生产多少、为谁生产、如何生产等一系列基本生产经营决策都由政府指令性计划做出，企业没有生产经营自主权。这种企业制度具有许多难以适应社会生产力发展，更难以适应市场经济发展的基本缺陷。

社会主义国家都是在经历了战争的动乱以后建立起来的。在社会主义国家建立初期，都面临着物资短缺、资源高度紧张、经济落后的问题，为了尽快改变经济、社会的落后面貌，社会主义国家在建立以后在经济上又都面临着加快工业化进程的问题；在政治上又都面临着国内外敌对势力的进攻、威胁、包围等。主观上往往去追求没有足够资源保证的高速度、高指标。一方面是资源的严重短缺，必要的资源贮备无法得到保证；另一方面是追求高速度、高指标。另外，还受到战时经济的影响。在战时经济中，对经济工作的组织与管理多数存在着所谓"缩短链"的情况，即多采用命令、禁令、法令以及其他行政手段和提高决策的集中化程度来对经济过程进行管理，以便对经济的管理更直接、确定性更强，从而保证支持战争的需要，再加上其他一些原因，因此，在社会主义国家建立以后，实行的都是那种高度集中的经济管理体制，用行政办法管理经济，决策高度集中化，企业在人、财、物、供、产、销等各方面都没有什么自主权，国家直接插手企业的日常生产经营管理事务，企业成了国家行政机关的附属机构。"从组织机制的作用来看，实质上是把全国作为一个单一的经济组织，国家（包括中央和地方）处于这个单一而庞大的经济组织之内，作为经济组织内部的上层机构，对其直属的分支机构（企业和其他的经济组织）进行直接的指挥。这种体制，按经济单位的划分来说，实际上是把全国作为一个单一的经济体，即以国家作为经济组织的基本单位，进行内部的统一管理，统一核算，这可以说是一种'国家本位论'"。[①]

一定的企业制度几乎是一定的经济体制的缩影。原有的国有企业制度是适应于原有的高度集中的计划经济体制建立起来的，这种国有企业制度的基本缺陷是：

（1）企业政府化。在计划经济体制下，并不存在真正意义上的企业，这

---

① 蒋一苇. 经济体制改革和企业管理若干问题的探讨 [M]. 上海：上海人民出版社，1985.

种体制下的国有企业实际上只是政府行政机构的附属组织，是政府的一级基层组织。国有企业都有一定的行政级别，国有企业的管理人员也都有一定的行政级别。

（2）决策集中化。在计划经济体制下，政府对国有企业采取的是一种国有国营的方式，国家直接插手企业的日常生产经营管理事务活动。与企业政府化相对应的是企业决策的集中化。企业的各项基本生产经营决策，企业都无权自主地做出决策，一切都得听命于有关的政府部门。企业在生产中遵循的是下级服从上级、服从政府下达的指令性计划的规则。国有企业没有作为一个企业所本来就应该具有的一系列生产经营自主权。企业本来就应该具有的生产经营自主权取决于政府的收与放、给与不给的决定。

（3）产权封闭化。在计划经济体制下，人们把集体所有制和全民所有制当作是社会主义公有制唯一可能的两种形式，并把全民所有制看成一种完美无缺的、理想的公有制形式，把集体所有制视为不完善的公有制形式，是实现单一的全民所有制的一种过渡形式，绝对排斥私营经济、外资经济和其他形式的非公有制经济。所有制形式单一化，公有制实现形式单一化。这种观念与做法脱离了生产力水平去空谈公有化越高越好，违背了生产关系要适应生产力发展的基本原理，对我国国有企业制度产生了许多不良影响。在原有的企业制度下是按所有制性质来划分类别、分类管理的。这种过于强调企业的所有制性质、排斥非公有制经济的做法，使得企业的所有制结构单一，各种不同所有制性质的产权无法在企业这一微观层次上自由地组合、混合和流动。企业的产权处于高度封闭的状态，除非由政府行政划转或通过行政命令进行关停并转，否则存量资产的配置结构就无法通过产权的自由组合、混合和流动来调整和优化。

（4）企业的非法人化。从企业的法律形态来看，我国传统的国有企业法人制度不健全，并不具有真正的法人资格，不具有自己可以独立支配和使用的财产。国有企业名为实行经济核算制，实际上实行的是供给制。企业的利润统统上交，企业的亏损则由政府来弥补，企业与企业之间在政府的"主持"下吃"大锅饭"。企业的财产边界不清，预算约束软化，形成了企业的财产是国家的、国家的财产是企业的状况。从上述这些方面看，我国原有的国有企业类似于国家独资兴办、直接经营且对企业的债务承担无限责任的企业。

（5）外部管理的非法制化。长期以来，政府对国有企业的管理采取的是一种非法制化的办法，似乎无论哪个政府部门都有权向企业发号施令，直接干预企业的日常生产经营管理事务。政府的行政管理职能与所有者职能被混淆，政府对企业采取直接的行政性手段进行管理，领导多头，职责不清。

（6）企业横向联系的纵向化。由于在计划经济体制下政府对企业的管理以纵向行政管理为主，企业与企业之间本应具有的直接的横向联系被政府的纵向行政控制所切断、割裂，企业间的生产、供销、技术等方面的横向联系要通过纵向的渠道扭曲地得以实现。

（7）经济效益不佳，社会效益也难以较好地实现。在计划经济体制下，国有企业经济效益不理想，亏损面大，亏损企业多，亏损额大，"扭亏增盈"工作在某种程度上成为常态。可想而知，在国有企业整体上效益不佳的情况下，国有企业的社会目标也无法很好地实现。

四、国有企业改革的目标

人们常常将目标与方向视为同义词，严格说来，目标与方向有关联，但也是有区别的。目标指的是做一件事情所要达到的目的，而方向则是为了实现一定的目的、以目标为导向而采取的适当的措施或通向目标的路径。

国有企业改革目标的确定与对国有企业性质和功能的认识密不可分。国有企业改革的基本目的就是要在市场经济条件下，充分发挥国有企业应该发挥的功能，有效扮演它们应该扮演的角色，解决各种"市场失灵"问题。

从逻辑分析的角度看，国有企业是一种对市场机制的补充性制度安排，是政府为校正市场失灵而采取的参与和干预经济的工具与手段。但实际中，国有企业的定位应与一个国家的经济发展阶段相适应[1]。在市场经济较为发达的国家，国有企业仅仅是政府用于克服市场缺陷、为实现社会目标而干预经济生活的一种特殊的宏观经济政策工具。而在像中国这样处于社会主义市场经济的国家，市场经济较不发达并且正在经历经济转轨，国有企业不仅是政府干预经济的手段，还是政府参与经济的手段[2]；国有企业不仅需要解决市场经济发达国家所面临的一般性市场失灵问题，如公共物品的提供、自然垄断行业产品和服务的提供、宏观调控职能的发挥和国家安全的保证，保证经济发展的稳定运行，而且需要解决转轨国家所遇到的特有的市场失灵问题，如转轨国家必须承担的"制度变迁"成本。国有企业要作为政府干预和调控经济体制改革、解决巨大制度变迁成本问题的工具与手段，国有企业改

---

[1] 吕政. 对深化国有企业改革的再认识[J]. 中国工业经济，2002（10）.
[2] 黄速建，余菁. 国有企业的性质、目标与社会责任[J]. 中国工业经济，2006（2）.

革在相当程度上起到增强政府矫正这一转轨国家特有市场失灵的效果。国有企业还要解决发展中国家所碰到的特有市场失灵问题（如如何实现国家主导下的"经济赶超"战略）。国有企业的改革与发展要有利于解决这三类"市场失效"问题，而不是相反。为此，相较于非国有企业，国有企业要更有利于实现一定的重要供应目标、要有效解决重大经济问题和发挥应对紧迫危机的独特功能、要有助于改善市场运行秩序和产业组织结构，并要成为社会公平标杆[1]。国有企业改革的目标是要让国有企业作为社会主义制度的经济基础，在市场经济的体制下有效地实现国有企业的目标，即更好地消除上述三个方面的市场失效，实现经济与非经济双重目标，实现国民福利的最大化。

第三节 国有企业改革的中国特色

中国国有企业数量众多，总量巨大，国有经济在整个国民经济中的占比高，其改革的推进错综复杂，十分艰难。改革过程走过一定的弯路，也形成了一定的经验，形成了鲜明的国有企业改革特色。这些特色实际上也是中国国有企业改革的基本经验，即实施"微观突进、宏观配套"的基本改革战略，遵循"联系实际、创新理论"的基本改革思想，采取"开放式"的基本改革谋略，运用"允许试错"的基本改革方法，选择"渐进推进"的基本改革路径，建立"自适应"的基本改革机制，落实基于成功经验与改革目标的"顶层设计、分类推进"基本改革建构，贯彻"权变持续"的基本改革谋略。

一、"微观突进、宏观配套"：国有企业改革的基本策略

改革初期，对于经济体制改革改什么、如何改、从什么地方着手改等问题有着不少争论。蒋一苇在其《企业本位论刍议——试论社会主义制度下企业的性质及国家与企业的关系》一文中提出：社会主义生产的基本单位仍然是企业，而且是具有独立性的企业，企业必须是一个具有独立的经济利益的、具有强大生命力的能动的有机体；国民经济的力量更重要的还取决于每个企业细胞的活力大小，把企业看作是一个能动的有机体，就必须使企业具有能够呼吸、吐纳的能动条件；社会主义国家与企业之间是一种经济关系，国家主要应用经济手段管理企业；社会主义的经济体制，要以企业为本位来建设，必须适应企业作为具有独立经济利益，能自我运动、自我发展的经济

---

[1] 金碚. 论国有企业改革再定位 [J]. 中国工业经济，2010（4）.

第二章 中国国有企业改革 40 年：演进、目标与逻辑

体的客观要求，要把发挥企业的能动作用作为体制建设的出发点。本着以上原则，经济体制所采取的方式可以在实践中不断探索，不断改进与完善，逐步形成一个适合我国国情的、中国式的社会主义经济体制①。1984 年 10 月 20 日中共十二届三中全会通过的《中共中央关于经济体制改革的决定》提出：具有中国特色的社会主义，首先应该是企业有充分活力的社会主义。而现行经济体制的种种弊端，恰恰集中表现为企业缺乏应有的活力。所以，增强企业的活力，特别是增强全民所有制的大中型企业的活力，是以城市为重点的整个经济体制改革的中心环节。围绕这个中心环节，主要应该解决好两个方面的关系问题，即确立国家和全民所有制企业之间的正确关系，扩大企业自主权；确立职工和企业之间的正确关系，保证劳动者在企业中的主人翁地位②。

在中国的经济体制改革中，许多宏观经济领域的制度变迁都是由微观经济领域的制度变迁引起的。经济体制改革始终坚持以企业改革作为中心环节，以增强企业活力为中心展开。许多宏观经济制度的改革是为了推进、配合国有企业的改革，国有企业改革间接地推动了社会主义市场经济体制中宏观经济制度的建立和完善。

将国有企业改革作为经济体制改革的中心环节，意味着经济体制的改革是围绕着增强企业活力而展开的。中国的经济体制在 1978 年以后经历了从"计划经济为主，市场调节为辅"到"有计划的商品经济"再到"社会主义市场经济"三个阶段。党的十二大提出计划经济为主，市场调节为辅；党的十二届三中全会指出商品经济是社会经济发展不可逾越的阶段，我国社会主义经济是公有制基础上的有计划商品经济；党的十三大提出社会主义有计划商品经济的体制应该是计划与市场内在统一的体制；党的十三届四中全会后，提出建立适应有计划商品经济发展的计划经济与市场调节相结合的经济体制和运行机制；党的十四大提出我国经济体制改革的目标是建立社会主义市场经济体制。这种对经济体制改革的总体目标设计，都是围绕着提高与发展社会生产力，增强企业的活力而展开的。

早在 1979 年 11 月 26 日，邓小平就提出了社会主义市场经济。他在会见美国不列颠百科全书出版公司编委会副主席吉布尼等外宾时就指出：我们有

---

① 蒋一苇."企业本位论"刍议——试论社会主义制度下企业的性质及国家与企业的关系 [J].经济管理，1979（6）.
② 中国共产党第十二届中央委员会第三次全体会议.中共中央关于经济体制改革的决定 [J].经济体制改革，1984（26）.

些经济制度,特别是企业的管理、企业的组织这些方面,受苏联影响比较大。这些方面资本主义国家先进的经营方法、管理方法、发展科学的方法,我们社会主义应该继承。说市场经济只存在于资本主义社会,只有资本主义的市场经济,这肯定是不正确的。社会主义为什么不可以搞市场经济,这个不能说是资本主义。我们是计划经济为主,也结合市场经济,但这是社会主义的市场经济①。

1982年9月8日,中共十二大报告提出:"除了指令性计划之外,对许多产品和企业要实行主要运用经济杠杆以保证其实现的指导性计划。无论是实行指令性计划还是指导性计划,都要力求符合客观实际,经常研究市场供需状况的变化,自觉利用价值规律,运用价格、税收、信贷等经济杠杆引导企业实现国家计划的要求,给企业以不同程度的机动权,这样才能使计划在执行中及时得到必要的补充和完善。至于各种各样的小商品,产值小,品种多,生产、供应的时间性和地域性一般很强,国家不必要也不可能用计划把它们都管起来。这类小商品,可以让企业根据市场供求的变化灵活地自行安排生产,国家应当通过政策法令和工商行政工作加强管理,并协助它们解决某些重要原材料的供应。""正确贯彻计划经济为主、市场调节为辅的原则,是经济体制改革中的一个根本性问题。我们要正确划分指令性计划、指导性计划和市场调节各自的范围和界限,在保持物价基本稳定的前提下有步骤地改革价格体系和价格管理办法,改革劳动制度和工资制度,建立起符合我国情况的经济管理体制,以保证国民经济的健康发展"②。

在中共十二届三中全会通过的《中共中央关于经济体制改革的决定》中提出:改革是为了建立充满生机的社会主义经济体制,增强企业活力是经济体制改革的中心环节,改革计划体制,首先要突破把计划经济同商品经济对立起来的传统观念,明确认识社会主义计划经济必须自觉依据和运用价值规律,是在公有制基础上的有计划的商品经济。商品经济的充分发展,是社会经济发展的不可逾越的阶段,是实现我国经济现代化的必要条件。只有充分发展商品经济,才能把经济真正搞活,促使各个企业提高效率,灵活经营,灵敏地适应复杂多变的社会需求,而这是单纯依靠行政手段和指令性计划所

---

① 邓小平会见美国不列颠百科全书出版公司编委会副主席吉布尼等外宾[DB/OL]. http://cpc.people.com.cn/GB/64162/64165/72301/72331/4980651.html,1979-11-26.

② 胡耀邦.全面开创社会主义现代化建设的新局面:在中国共产党第十二次全国代表大会上的报告[EB/OL]. http://cpc.people.com.cn/GB/64162/64168/64565/65448/4526430.html,1982-09-08.

第二章 中国国有企业改革40年：演进、目标与逻辑

不能做到的①。

1992年邓小平同志在一次重要谈话中再次提出，"计划多一点还是市场多一点，不是社会主义与资本主义的本质区别。计划经济不等于社会主义，资本主义也有计划；市场经济不等于资本主义，社会主义也有市场"，为社会主义市场经济理论的提出和社会主义市场经济体制的建立指明了方向。1992年10月12日在党的十四大报告中正式提出："我国经济体制改革的目标是建立社会主义市场经济体制。""我们要建立的社会主义市场经济体制，就是要使市场在社会主义国家宏观调控下对资源配置起基础性作用，使经济活动遵循价值规律的要求，适应供求关系的变化；通过价格杠杆和竞争机制的功能，把资源配置到效益较好的环节中去，并给企业以压力和动力，实现优胜劣汰；运用市场对各种经济信号反应比较灵敏的优点，促进生产和需求的及时协调。同时也要看到市场有其自身的弱点和消极方面，必须加强和改善国家对经济的宏观调控。我们要大力发展全国的统一市场，进一步扩大市场的作用，并依据客观规律的要求，运用好经济政策、经济法规、计划指导和必要的行政管理，引导市场健康发展"。"社会主义市场经济体制是同社会主义基本制度结合在一起的。在所有制结构上，以公有制包括全民所有制和集体所有制经济为主体，个体经济、私营经济、外资经济为补充，多种经济成分长期共同发展，不同经济成分还可以自愿实行多种形式的联合经营。国有企业、集体企业和其他企业都进入市场，通过平等竞争发挥国有企业的主导作用。在分配制度上，以按劳分配为主体，其他分配方式为补充，兼顾效率与公平。运用包括市场在内的各种调节手段，既鼓励先进，促进效率，合理拉开收入差距，又防止两极分化，逐步实现共同富裕"②。

40多年来，为了适应和推动国有企业改革，多项宏观经济领域的制度不断发生变化，并由此逐步建立了社会主义市场经济体制基本框架中的宏观经济制度，包括建立了全国统一的开放市场体系，建立了以间接手段为主的完善的宏观调控体系，建立了以按劳分配为主体，效率优先、兼顾公平的收入分配制度，建立了多层次的社会保障制度、行政管理体制和机构改革，转变政府职能、进一步对外开放、调整所有制结构，发展非公有制经济、调整和优化产业结

---

① 中共中央关于经济体制改革的决定［EB/OL］. 中国共产党新闻网，http://cpc.people.com.cn/GB/64162/64168/64565/65378/4429522.html，1984-10-20.

② 江泽民. 加快改革开放和现代化建设步伐，夺取有中国特色社会主义事业的更大胜利：在中国共产党第十四次全国代表大会上的报告［DB/OL］. http://cpc.people.com.cn/GB/64162/64168/64567/65446/4526311.html，1992-10-12.

构，等等，进而促进了社会主义市场经济体制的建立。随着国有企业改革的深化，社会主义市场经济体制中的宏观经济制度也在不断优化和完善（见表2-2）。

表2-2 伴随国有企业改革的若干宏观经济制度改革

年份	宏观经济领域的制度改革
1980	实行财政"分灶吃饭"
1982	实行价格、税收、信贷的改革试点
1983	金融管理体制改革和劳动工资制度改革
1985	实行工效挂钩的工资改革，实行新的财政管理体制
1986	劳动用工制度改革
1988	改革价格体制
1991	流通体制和价格改革、社会保障制度和住房制度改革
1992	加快市场体系的培育，分配制度和社会保障制度的改革，实施价格改革的两项重大措施，加快政府职能的转变，进一步改革计划、投资、财政、金融和一些专业部门的管理体制，同时强化审计和经济监督
1994	建立最低工资保障制度、计划体制改革、财税体制改革、金融体制改革、外汇和外贸体制改革
1997	继续推进社会保障制度建设，健全宏观调控体系，发展生产要素市场，改革流通体制，建设统一开放竞争有序的市场体系
1998	银行管理体制改革、养老保险制度改革、医疗保障制度改革、住房制度改革
1999	社会保障制度改革、住房制度改革
2003	就业和社会保障体制改革
2004	就业和社会保障体制改革
2005	就业、收入分配和社会保障体制改革继续深化
2007	健全现代市场体系；深化财税、金融等体制改革，完善宏观调控体系；就业、收入分配和社会保障体制改革继续深化
2012	加快财税体制改革、深化金融体制改革
2013	完善金融市场体系、深化科技体制改革、深化投资体制改革、深化财税体制改革、完善城镇化健康发展体制机制、健全促进就业创业体制机制、形成合理有序的收入分配格局、建立更加公平可持续的社会保障制度、深化医药卫生体制改革
其他年份	略

资料来源：2005年之前的制度改革主要根据辛迪诚（2006）（辛迪诚．中国国有企业改革编年史（1978~2005）[M]．北京：中国工人出版社，2006．）中的相关内容整理所得，也根据相应年份党的重要会议报告整理所得；2007年、2012年和2013年根据相应年份党的重要会议报告整理所得。

二、"联系实际、创新理论"：国有企业改革的基本指导思想

中国国有企业改革过程，是"不断推进马克思主义中国化、时代化、大众化，不断开辟马克思主义发展新境界"①的过程。理论联系实际，将马克思主义的基本原理与中国国有企业改革的具体实践相结合，通过理论突破来推动和指导改革，又通过改革的实践来创新与发展理论，构成中国国有企业改革的一个鲜明特色。

在中国，联系实际进行改革的理论创新，首先是要把马克思主义基本原理与中国的具体实践紧密结合。毛泽东同志在"反对本本主义"一文中就指出："中国革命斗争的胜利要靠中国同志了解中国情况"②。邓小平同志在1982年党的十二大开幕词中也明确提出，要"把马克思主义普遍真理同我国的具体实际结合起来，走自己的道路，建设有中国特色的社会主义"③。作为建设有中国特色社会主义的重要内容，中国的国有企业改革之所以能取得基本成功，是我们不从本本出发，不从语录出发，不从教条出发，而是吸取包括我们自己成功与失败的经验、教训在内的各国经验与教训，从我们的实际情况出发，采取了具体的改革举措。与此同时，在审视我们自己的实际情况时，也不是只从中国谈中国，而是同时审视了我们中国所处的国际经济、社会、政治环境。也就是说，我们在国有企业改革过程中始终注重理论联系实际，坚持把马克思主义基本原理同中国的特殊国情和具体实践有机结合起来。因此，中国国有企业改革是马克思主义中国化的具体实践之一，是一个从实践到理论不断创新的过程。事实证明，在中国国有企业改革过程中，"把坚持马克思主义基本原理同推进马克思主义中国化结合起来"④，一方面确保了国有企业改革方向不偏离正确的轨道，另一方面也实现了对马克思主义理论的创新发展。

从具体表现来看，马克思主义的多项经济理论和社会理论为中国的国有企业改革提供了思想基础，而中国在国有企业改革实践中则在继承这些思想的基础上对其进行了"与时俱进"的发展。以马克思所有制理论为例，所有制理论是马克思经济学说的核心，也是中国社会主义经济体制改革的基础。马克思所有制理论的核心思想包括：一是所有制、生产关系、社会经济形态

---

① 习近平. 在庆祝改革开放40周年大会上的讲话 [M]. 北京：人民出版社，2018.
② 毛泽东. 毛泽东选集（第1卷）[M]. 北京：人民出版社，1991.
③ 辛迪诚. 中国国有企业改革编年史（1978~2005）[M]. 北京：中国工人出版社，2006.
④ 胡锦涛. 胡锦涛在中国共产党第十七次全国代表大会上的报告 [EB/OL]. 中国共产党新闻网，2007-10-25.

存续与否与生产力发展状况紧密相连；二是所有制是社会生产关系的基础，是社会经济运行的轴心；三是所有权是所有制的核心；四是所有制中的所有权与占有权、使用权、支配权具有可分性①。同时，马克思的基本原理还告诉我们，在所有制性质和基本制度不变的情况下，所有制的具体形式应该根据经济发展的主客观条件和经济活动的组织形式的变化而变化。显然，在经济体制改革和国有企业改革中，中国将马克思的这一所有制理论与具体实践结合起来，对马克思的所有制理论进行了坚持、发展和完善。如国有企业的所有权与经营权分离改革就是对马克思所有制理论的坚持和完善；建立现代企业制度和现代产权制度是对马克思所有制理论中的产权理论的重要发展，尤其是股份制的实施更是对马克思股份制理论中国化的重大贡献；通过改组、改制、改造等方式实施的国有企业战略性改组也大大丰富了马克思所有制理论。马克思所有制理论在中国国有企业改革中的发展创新过程见表2-3。

表2-3 马克思所有制理论在中国国有企业改革中的发展创新过程

关键时刻	国有企业改革对所有制理论的发展创新
党的十一届三中全会（1978年）	在国家统一计划的指导下下放企业的经营管理自主权
党的十二大（1982年）	坚持国营经济的主导地位和发展多种经济形式； 国有企业也要改革，实行经营管理上的责任制
党的十二届三中全会（1984年）	企业所有权同经营权是可以适当分开的； 要使企业真正成为相对独立的经济实体，成为自主经营、自负盈亏的社会主义商品生产者和经营者
党的十三大（1987年）	把企业经营权真正交给企业，理顺企业所有者、经营者和生产者的关系； 小型全民所有制企业的产权，可以有偿转让给集体或个人； 在公有制为主体的前提下继续发展多种所有制经济，私营经济是公有制经济必要的和有益的补充
党的十四大（1992年）	以公有制经济为主体，个体经济、私营经济、外资经济为补充，多种经济成分长期共同发展； 使企业真正成为自主经营、自负盈亏、自我发展、自我约束的法人实体和市场竞争的主体； 股份制要积极试点

① 刘朝. 论马克思的所有制一般理论与我国所有制改革 [J]. 马克思主义与现实，1999 (3).

第二章　中国国有企业改革 40 年：演进、目标与逻辑

续表

关键时刻	国有企业改革对所有制理论的发展创新
党的十四届三中全会（1993 年）	建立适应市场经济要求，产权清晰、权责明确、政企分开、管理科学的现代企业制度； 现代企业按照财产构成可以有多种组织形式，国有企业实行公司制是建立现代企业制度的有益探索
党的十五大（1997 年）	公有制为主体、多种所有制经济共同发展，是我国社会主义初级阶段的一项基本经济制度； 公有制经济不仅包括国有经济和集体经济，还包括混合所有制经济中的国有成分和集体成分； 国有经济起主导作用，主要体现在控制力上，要着眼于搞好整个国有经济，抓大放小，对国有企业实施战略性改组
党的十五届四中全会（1999 年）	从战略上调整国有经济布局和改组国有企业，坚持有进有退，有所为有所不为
党的十六大（2002 年）	不能把公有制经济和非公有制经济对立起来； 积极推行股份制，发展混合所有制经济； 实行投资主体多元化
党的十六届三中全会（2003 年）	大力发展混合所有制经济，使股份制成为公有制的主要实现形式； 建立归属清晰、权责明确、保护严格、流转顺畅的现代产权制度
党的十七大（2007 年）	深化国有企业公司制股份制改革，健全现代企业制度，优化国有经济布局和结构，增强国有经济活力、控制力、影响力； 以现代产权制度为基础，发展混合所有制经济
党的十八大（2012 年）	要毫不动摇巩固和发展公有制经济，推行公有制多种实现形式； 毫不动摇鼓励、支持、引导非公有制经济发展，保证各种所有制经济依法平等使用生产要素、公平参与市场竞争、同等受到法律保护； 深化国有企业改革，完善各类国有资产管理体制，推动国有资本更多投向关系国家安全和国民经济命脉的重要行业和关键领域，不断增强国有经济活力、控制力、影响力
党的十八届三中全会（2013 年）	公有制为主体、多种所有制经济共同发展的基本经济制度，是中国特色社会主义制度的重要支柱，也是社会主义市场经济体制的根基； 公有制经济和非公有制经济都是社会主义市场经济的重要组成部分，都是我国经济社会发展的重要基础； 积极发展混合所有制经济

续表

关键时刻	国有企业改革对所有制理论的发展创新
党的十九大（2017年）	必须坚持和完善我国社会主义基本经济制度和分配制度，毫不动摇巩固和发展公有制经济，毫不动摇鼓励、支持、引导非公有制经济发展； 经济体制改革必须以完善产权制度和要素市场化配置为重点，实现产权有效激励、要素自由流动、价格反应灵活、竞争公平有序、企业优胜劣汰； 深化国有企业改革，发展混合所有制经济，培育具有全球竞争力的世界一流企业； 全面实施市场准入负面清单制度，清理废除妨碍统一市场和公平竞争的各种规定和做法，支持民营企业发展，激发各类市场主体活力

资料来源：笔者根据中共各次重要会议文件整理而得。

三、"开放式"：国有企业改革的基本背景

开放式国有企业改革主要表现在两个方面：一是将国有企业改革置于对外开放的大环境下进行；二是有选择地学习借鉴其他国家国有企业改革的经验与教训，不盲目照搬。

中国的经济体制改革与国有企业改革是伴随着对外开放同时推进的。通过发展对外贸易，引进国外先进技术设备和学习国外先进管理方法，积极合理有效地利用外资，设立中外合资、中外合作与外商独资企业，开展对外承包工程与劳务合作，发展对外经济技术援助与多种形式的互利合作，设立经济特区和沿海开放城市，建立沿海经济开放区，开放沿江及内陆和沿边城市等举措，实施对外开放。

对外开放对国有企业改革带来的效应是：带动国外资金、技术和管理知识的引进，包括通过合资、合作企业技术与管理知识的溢出，提高了国有企业的技术与管理水平；扩大了国有企业的市场空间；在市场上为竞争性领域的国有企业引入了强有力的竞争者，倒逼国有企业深化改革，成为独立的市场竞争主体；在对外开放中将利用外资与国有经济的结构调整、国有企业改革改组改造结合起来，提高了国有企业的竞争力。

国有企业改革的开放性更是表现在学习、借鉴和吸取其他国家改革国有企业或公有企业的经验与教训方面。中国的国有企业改革从未排除从他人的实践经验和教训中学习。"他山之石，可以攻玉"。国有企业或公有企业作为与国家所有权相联系的经济范畴，并非社会主义制度所独有的，而是当今世界各国普遍存在的一种经济现象。20世纪80年代以来，特别是进入90年代

后,随着国有企业因原管理体制运转不灵、缺乏活力、亏损加剧、效率低下等问题而成为国家财政的一个负担,世界各国普遍对国有企业进行了调整和改革。在这些国家中,一些国家的国有企业改革取得了显著成效,并形成了良好的改革经验,也有一些国家的国有企业改革最终走向失败,带来了惨痛的教训。显然,其他国家的这些改革经验和教训对于中国的国有企业改革具有十分重要的借鉴和启示意义。实践也证明,中国在国有企业改革中采取"洋为中用"的同时又避免"照抄照搬"的做法获得了较好效果,很大程度上减少了改革走更多弯路的可能性,确保了中国国有企业改革的稳步推进。

从具体表现来看,中国国有企业改革对其他国家改革经验与教训的"取其精华,去其糟粕"的做法突出体现在三个方面:一是在国有企业改革道路或改革模式上,中国在研究国外国有企业改革一般规律的基础上,结合中国的基本国情,摈弃了俄罗斯和东欧国家的"休克疗法",选择了循序渐进的改革道路;二是在国有企业改革的理论方面,在学习和借鉴发达国家先进的企业改革与发展理论的同时,结合中国改革实践中出现的问题和中国特有的制度环境及约束条件,形成了具有中国特色的、用于指导国有企业改革的理论思想;三是在国有企业改革具体实践中,借鉴了西方发达国家许多成功的改革做法,如股份制改造、国有资产管理方式、国有企业占主导地位的领域选择等,但中国在"引进来"这些做法的同时,也根据自身的实际情况和马克思主义基本原理对它们进行了改造,从而形成了既符合国有企业改革一般规律,又切合中国特殊要求的国有企业改革做法,不断推动国有企业改革实践的良性发展。

四、"允许试错":国有企业改革的基本方法

"试错"的实质是以成功的目标为导向,以承认错误的可能为前提,这使得"试错法"的一个典型特征就是要尊重事实、实事求是,一切从实际出发,一切以具体的条件、地点和时间为依据。中国国有企业改革在这种"试错法"的指导下,以事实为基础,以试错改过、从错误中学习的做法,走过了从放权让利到转变企业经营机制,再到建立现代企业制度和国有企业战略性改组的过程,形成了"自下而上"和"自上而下"相结合的基本改革推进方法。

(一)扩大企业自主权过程中对"试错法"的应用

改革之前,中国经济管理体制中的一个严重缺陷是权力过于集中,对企业管得过多、统得过死。针对这一缺陷,党的十一届三中全会提出"应该有

领导地大胆下放（权力），让地方和工农业企业在国家统一计划的指导下有更多的经营管理自主权"[1]。于是，理论界根据当时国有企业的实际情况，提出了"企业本位论"和以增强"企业活力"为中心的改革。而在实践中，则进行了以简政放权、减税让利为主要内容的扩大企业自主权"试错"，在步骤上又按照"试错—纠错"的思路进行了扩权让利试点、实施经济责任制和两步"利改税"改革。其中，后一步骤改革都是在前一步"试错"中出现问题的基础上而提出和实施的。

（二）推行承包经营责任制过程中对"试错法"的应用

在"利改税"的改革没有取得预期效果的前提下，针对扩权让利"试错"中出现的问题，理论界形成了观点鲜明的两种改革思路：一是主张从搞清企业的产权关系入手，首先解决国有资产的组织管理形式；二是主张沿着财产关系明晰化的方向，集中解决"两权分离"问题。结果，在当时所处的特定阶段和现实条件下，以"两权分离"为特征的承包经营责任制更具有现实性和可操作性，无论是政府还是企业都愿意接受这一简便易行的做法，自然承包经营责任制就成为新的"试错"步骤。

（三）建立现代企业制度过程中对"试错法"的应用

无论是扩权让利的"试错"还是以"两权分离"为特征的承包经营责任制"试错"，由于它们都是在维持传统制度框架不变的前提下所进行的利益关系调整，没有触及传统企业的制度基础，因此在深化改革中出现了各种深层次的矛盾。针对前两个阶段"试错"中出现的问题，党的十四届三中全会提出要建立"产权清晰、权责明确、政企分开、管理科学"的现代企业制度。于是，国有企业改革开始进入以理顺产权关系为主要内容的建立现代企业制度"试错"阶段，具体实践中主要是实行了公司制改造。

（四）国有企业战略性改组过程中对"试错法"的应用

初期的现代企业制度改革并没有取得预期的效果，国有企业的经济效益并不高。针对这一问题，理论界通过分析后认为，其原因是原有的企业改革都是从微观层面着眼，只针对国有企业本身存在的问题进行改革，而没有从国有经济战略性布局的角度予以考虑。于是，党的十四届五中全会、十五大、十五届四中全会等一系列重要会议都指出要着眼搞好整个国有经济，对国有企业实施战略性改组，具体实践中经历了"抓大放小"、对国有中小企业实行"国退民进"等一系列"试错"做法。

---

[1] 辛迪诚. 中国国有企业改革编年史（1978~2005）[M]. 北京：中国工人出版社，2006.

五、"渐进推进"：国有企业改革的基本路径

渐进式改革与激进式改革是经济转轨国家所选择的两条截然不同的改革道路。渐进式改革是一种演进式的分步走的改革方式，具有在时间、速度和次序选择上的渐进特征，而激进式改革又被称作"休克疗法"或"震荡疗法"（Shock Therapy），是一种需要在较短时间内完成大规模的整体性制度变革的改革方式。显然，中国在国有企业改革过程中选择的是渐进式改革道路，这也是中国国有企业改革不断向设定目标推进、不断取得新进展的重要保障。因为渐进式改革道路一方面充分体现了路径依赖的特点，维持了原有组织资源和法律体系的连续性，基本保持了制度创新中制度安排得相对稳定和有效衔接[1]，尽可能地减少了改革风险[2]；另一方面还在很大程度上降低了改革的实施成本和摩擦成本[3]。中国的"渐进式"国有企业改革道路具有两个明显的特征：分阶段有步骤地进行、先试点后推广。

（一）分阶段有步骤地进行

中国的国有企业改革表现出明显的阶段性，从整体上来看分为以放权让利为特征的扩大企业自主权的改革阶段、以两权分离为特征的转换经营机制的改革阶段和以建立现代企业制度和实施战略性改组为特征的改革阶段。同时，每个大的阶段里又分为多个不同的步骤或做法，如第一阶段按照从扩权让利试点到经济责任制再到利税改革的步骤逐步展开，第二阶段主要采取了承包经营责任制、租赁制和股份制试点的改革做法，第三阶段是按照建立现代企业制度到建立现代企业制度与国有企业战略性改组协同推进的改革步骤，第四阶段的重点则是分类改革与治理（见图2-1）。

进一步考察中国国有企业改革的过程可以发现，国有企业在改革的战略思路上也是按照一个阶段性推进的，并没有实施一步到位的激进式转变。战略改革思路的演进总体上呈现出三条脉络：从权益的简单调整到制度的根本创新；从搞活单个企业到搞好整个国民经济；从增量改革到存量调整。从第一条脉络来看，无论是扩权让利、经济责任制、利税改革还是承包经营责任制、租赁制和股份制试点，它们本质上都是在企业与国家利益之间进行简单调整，都是试图扩大企业的利益来激发企业积极性，以增强企业的活力；从

---

[1] 王曙光. 转轨经济的路径选择：渐进式变迁与激进主义 [J]. 马克思主义与现实（双月刊），2002（6）.

[2] 林毅夫，蔡昉，李周. 论中国经济改革的渐进式道路 [J]. 经济研究，1993（9）.

[3] 樊纲. 两种改革成本与两种改革方式 [J]. 经济研究，1993（1）.

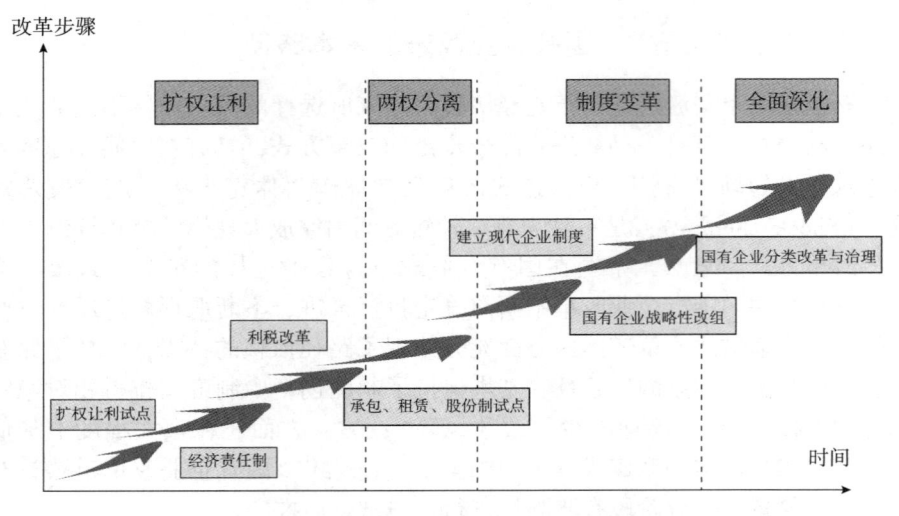

图 2-1　中国国有企业改革的阶段性推进路线

资料来源：笔者整理。

党的十四届三中全会提出国有企业改革的方向是建立"产权清晰、权责明确、政企分开、管理科学"的现代企业制度以后，国有企业改革的思路开始发生明显转变，开始从权益的简单调整转向根本的制度创新，试图通过制度创新激发企业的活力和创造力。从第二条脉络来看，在党的十四届五中全会之前，国有企业改革的基本思路是"单个搞活"，各项改革措施的出台都是基于单个企业的角度，是更加"微观"的改革思路。而从党的十四届五中全会提出"要着眼于搞好整个国有经济，通过存量资产的流动和重组，对国有企业实施战略性改组"以后，国有企业的改革思路开始转向将国有企业改革与搞好整个国有经济紧密联系起来，从国有经济整体的战略性调整角度来考虑国有企业改革，也就是要"整体搞活"国有企业，是一种"宏观"的改革思路。党的十八届三中全会提出的全面深化改革思路，也是立足于全面深化经济体制改革的宏观大局对国有企业改革做出的系统性部署。从第三条脉络来看，扩大企业自主权试点中的"利润留成"、经济责任制中的"盈亏包干"和"以税代利、自负盈亏"以及承包责任制的"包死基数、确保上交、超收多留、欠收自补"等都体现了边际性的增量改革基本思路，即对利润的增量引入了新的机制；而从建立现代企业制度和国有企业战略性改组来看，"产权清晰、权责明确、政企分开"都涉及既有主体之间的利益分割问题，尤其是产权改革，更是一种深刻的利益主体转移问题，战略性改组所使用的兼并、收购、重组、置换等多种方式都牵涉既有企业资产、人员等要素的变更，会涉及多个已有利益主体之间利益的调整，可见，建立现代企业制度和国有企业战略性改组突出了存量调整思路。党的十八届三中全会所强调的积极发展混合所有制经济和推动国有企业完善现代企业制度，也把存量调整置于改革设计的突出位置。

进一步考察中国国有企业改革的过程还可以发现，国有企业改革的多个步骤或措施之间并不是完全割裂的，后一步骤或措施并不是对前一步骤或措施的完全摈弃，而是对原有步骤或措施的改进、深化和创新，具有很大程度上的继承性。比如，实行经济责任制是对扩大企业自主权试点的发展和深化，扩大企业自主权侧重解决企业权限过小的问题，而实行经济责任制则要求"权、责、利"紧密结合，把责任放在更加突出的位置，从而更加明确了扩大企业自主权的目的性。在具体做法上，经济责任制保留了扩大企业自主权中的"利润留成"做法，同时又增加了"盈亏包干"和"以税代利、自负盈亏"两种做法。经济责任制的各种做法虽然分成的比例不同，但前提都是包死基数，这实际上就是承包经营责任制的雏形，也就是说，承包经营责任制实际上是对经济责任制的进一步发展。

（二）先试点再推广

中国国有企业改革所采取的各项措施并非一开始就在全国范围内同时推广，而是从较小范围的试验开始，在取得成果并进行总结的基础上加以推广，由点到面，不断扩大实施范围。也就是说，无论是扩权让利、经济责任制、利税改革、承包经营责任制、股份制、建立现代企业制度、国有企业战略性改组还是全面深化改革，中国国有企业改革基本上都遵循了局部试点到应用推广再到制度或政策形成并深入贯彻的路径（见表2-4）。尽管先试点后推广的改革方式也存在着一些缺陷，但其对推动改革的好处很明显。比如，有助于降低政府和企业由于知识不完全性而导致改革大面积失误的可能性；有助于消除制度创新的一些障碍性因素；改革的阻力相对较小，降低政府承担的改革风险；试点单位获得潜在收益的预期可吸引更多的行为人参与改革；等等[①]。

自下而上的需求诱致型制度变迁方式与自上而下的供给主导型制度变迁方式，制度创新都有着由点及面、试点推广、逐步扩散的特征，尽管两种制

---

① 杨瑞龙. 论我国制度变迁方式与制度选择目标的冲突及其协调 [J]. 经济研究，1994（5）.

度变迁方式下的这种试点推广有着本质的差异①。然而,有两点需要注意:

(1) 在中国的经济体制改革过程中,包括在国有企业改革过程中,有些改革阶段或改革事项中,需求诱致型制度变迁方式与供给主导型制度变迁方式是并存的。

比如,农村联产承包责任制是农民以家庭为单位,向集体经济组织(主要是村、组)承包土地等生产资料和生产任务的农业生产责任制形式。它是现阶段我国农村的一项基本经济制度。但这种制度最初是于1978年11月24日由安徽凤阳小岗村18位农民签下的包干保证书。1982年1月1日,中共中央批转的《全国农村工作会议纪要》提出:目前农村实行的各种责任制,包括小段包工定额计酬,专业承包联产计酬,联产到劳,包产到户、到组,包干到户、到组,等等,都是社会主义集体经济的生产责任制。在这个例子中,这18位农民扮演了"第一行动集团"的角色,小岗村的包产到户实施是需求诱致型制度变迁,但这种家庭联产承包责任制自上而下的推广则是供给主导型的制度变迁。

再如,国有企业的股份制改革,其过程也如同农村家庭联产承包责任制的改革一样,最早进行股份制改革的推动者并非政府,并不是自上而下,而是由企业负责人自下而上地推动的。1984年国内关于股份制的争论还没有结束,天桥百货总经理张继斌就率领商场开始了股份制改造的尝试。1984年7月25日北京天桥百货股份有限公司正式成立,并向社会公开发行股票300万元。上海飞乐音响股份有限公司创立于1984年11月18日,是一家接受个人和集体自愿认购股票并以此筹集资金的公司,也是新中国最早的上市公司之一。当时公司委托中国工商银行上海分行证券部公开向社会发行股票一万股,每股50元。浙江尖峰集团股份有限公司的前身是1958年创办的金华水泥厂,1988年11月进行股份制改造后设立浙江尖峰集团股份有限公司并发行股票,1993年在上海证券交易所挂牌上市,它是全国水泥行业的第一家上市公司。

这些企业进行股份制改革时,国内并没有《公司法》《证券法》,也没有后来由国家发改委发布的《有限责任公司规范意见》和《股份有限公司规范意见》,更没有上海证券交易所和深圳证券交易所,也没有证监会。《公司法》于1993年12月29日颁布;《证券法》于1998年12月29日颁布;《有限责任公司规范意见》和《股份有限公司规范意见》于1992年5月15

---

① 杨瑞龙. 论我国制度变迁方式与制度选择目标的冲突及其协调 [J]. 经济研究, 1994 (5).

第二章　中国国有企业改革 40 年：演进、目标与逻辑

日颁布；上海证券交易所创立于 1990 年 11 月 26 日，1990 年 12 月 19 日正式营业，深圳证券交易所成立于 1990 年 12 月 1 日；1992 年 10 月 26 日，国务院证券委员会、中国证券监督管理委员会成立。国有企业股份制改革最初是典型的需求诱致型的制度变迁方式，虽然在进行股份制改革时经过地方政府的有关部门批准，但这种审批只不过是取得没有法律依据的合法性而已，并不能改变实行股份制改革的国有企业负责人的"第一行动集团"的角色。股份制和公司制改革后来在面上的推广，既有企业或地方政府作为"第一行动集团"的需求诱致型制度变迁方式，也有自上而下的供给主导型的制度变迁方式。

（2）地方政府也是制度变迁主体。地方政府在诸如本地经济增长、财政收入、就业、社会稳定等利益的驱动下对于其所管辖的国有企业必然具有制度创新的积极性和主动性，从而成为国有企业改革中的制度供给者，有时也扮演着主动谋取潜在制度净收益的"第一行动集团"的角色。地方政府推动的制度变迁实际上也是需求诱致型制度变迁方式。

比如，山东诸城市对国有与集体中小企业的改革就是一种需求诱致型制度变迁方式，地方政府扮演了"第一行动集团"的角色。中央政府的供给主导型制度变迁方式在地方政府之后，而且在国有与集体中小企业改革的实施过程中，地方政府和企业对具体的操作在一定的范围内有着权变的做法与方式。在这种情况下，需求诱致型制度变迁方式与供给主导型制度变迁方式并存。

1992 年，诸城市对 150 家市属独立核算企业进行了清产核资，对其中部分企业进行了资产评估，发现企业亏损面高达 68.7%，亏损额高达 1.47 亿元，相当于当时全市 1 年半的财政收入。全市企业资产负债率达 85% 左右。为了解决当地企业生存与发展的问题，该市在市、乡国有与集体企业中全面推行以"先出售后改制、内部职工持股"为主要形式的股份合作制改革，被人们称为"诸城模式"。1994 年，浙江金华市委、市政府发布了《关于市区国有、城镇集体企业试行股份合作制的通知》等三个关于推动当地国有与集体企业改革的文件，大力推进企业改革。而在中央政府层面，提出"抓大放小"是 1995 年才开始。1995 年 9 月，中共中央十四届五中全会通过的《中共中央关于在制定国民经济和社会发展"九五"计划和 2010 年远景目标的建议》提出，要着眼于搞好整个国有经济，通过存量资产流动和重组，对国有企业实施战略性改组，搞好大的，放活小的。1999 年 9 月，中共中央十五届四中全会通过的《中共中央关于国有企业改革和发展若干重大问题的决

定》，再次提出要积极发展大型企业和企业集团，放开搞活中小企业。

再如，长沙市于1999年11月30日出台《关于加快国有企业改革和发展若干问题的意见》，要求对所属国有企业"界定产权"，并实行"两个置换"，即通过产权转让"置换"企业的国有性质，让企业走向市场；通过一次性经济补偿，"置换"职工的全民身份，让企业职工走向市场①。这也是一种由地方政府扮演"第一行动集团"的角色而实行的需求诱致型制度变迁方式。

对于国有企业改革"中央政府不设定统一的改革模式，只规定一些基本的原则，完全由地方政府来寻找最优的模式"②。在这种情况下，地方政府扮演了"第一行动集团"的角色。在中央政府的基本原则和总的方针指引下，地方政府和企业从所处的实际情况出发，发挥草根智慧③，探索着多种形式的国有中小企业改革的形式。比如，股份制改革、股份合作制、兼并和联合、出售拍卖、租赁承包经营、托管经营、剥离分立、引资嫁接、土地转换易地改造，等等。

（三）先增量改革后存量改革

中国的国有企业改革有明显的先增量改革后存量改革的轨迹，这是先易后难改革之路的主要表现之一。存量改革是指在现存各种资源中引入市场机制各种方式进行重新配置的过程；增量改革是指对现存资源不用市场机制的各种方式进行再配置，而是在增量的资源中引入市场机制方式进行配置。比如，实行经济责任制与承包经营责任制时，增量收益企业参与分成，利润包干，超额分成，或定额上缴，超收归企业；公有制企业之外允许非公有制企业设立与发展；在原有的公有制企业中存量资产不变，引入其他公有或非公有的主体，进行投资主体多元化的改革或混合所有制的改革；实行价格双轨制，存量产出实行计划价格，增量产出由市场定价；国有企业上市过程中，存量资产不动，只是企业股权比例发生变化，吸收新的其他投资主体的股权；用工制度改革中实行"新人新办法，老人老办法"；收入分配制度改革中采取两种收入分配制度，原有职工就高不就低，或原有的收入不变，增量收入按业绩发放，拉开差距，等等。

---

①③ 邵宁，熊志军，杨永萍. 国有企业改革实录 [M]. 北京：经济科学出版社，2014.
② 张军. 中国企业的转型道路 [M]. 上海：上海人民出版社，2006.

第二章 中国国有企业改革40年：演进、目标与逻辑

表2-4 中国国有企业改革"先试点、再推广"的实践历程

改革措施	试点	推广	形成政策或制度
扩权让利	1978年10月，重庆钢铁公司等6家国营工业企业率先进行扩大企业自主权试点；1979年5月，国家选择首都钢铁公司等8家企业进行扩大企业自主权的试点；到1980年上半年，试点的工业企业已达到6600家左右[①]	从1981年起，把扩大企业自主权的工作在国营企业中全面推开	1979年7月颁发《关于扩大国营工业企业经营管理自主权的若干规定》；1980年9月颁发《关于扩大企业自主权试点工作情况和今后意见的报告》
经济责任制	1980~1981年，各地方为落实财政上缴任务，在扩权试点的基础上，对工业企业试行了利润包干的经济责任制	1981年4月，国家肯定了工业企业实行经济责任制试点做法，决定在全国工业企业中推开	1981年10月颁发《关于实行工业生产责任制若干问题的意见》；1982年11月颁发《关于当前完善工业经济责任制的几个问题的报告》
利税改革	从1979年起，"利改税"的试点首先在湖北省光化县、广西壮族自治区柳州市、上海市和四川省的部分国营企业中进行，并于1980年第四季度起扩大范围[②]	1983年2月正式在全国范围启动第一步"利改税"；1994年9月国务院决定开始实施第二步"利改税"方案	1983年2月颁发《关于国营企业"利改税"实行颁发（草案）的报告》；1983年4月颁发《关于全国利改税工作会议的报告》和《关于国营企业利改税试行办法》；1984年9月颁发《关于在国营企业推行"利改税"第二步改革的报告》

[①] 辛迪诚．中国国有企业改革编年史（1978~2005）[M]．北京：中国工人出版社，2006．
[②] 刘佐．"利改税"：逼出来的改革[N]．中国财经报，2004-08-17．

续表

改革措施	试点	推广	形成政策或制度
承包经营责任制	1982年，国务院批准在首钢、二汽等8家大中型国有企业进行承包经营责任制的试点，并进一步对3.6万家工业企业实行了"定额上缴，超收归己"的改革	1987年国家决定从下半年起全面推行承包责任制	1988年2月发布《全民所有制工业企业承包经营责任制暂行条例》
股份制改革	1984年7月北京天桥百货股份有限公司的正式成立，1984年11月上海飞乐音响公司向社会公开发行股票，随后，广州等地也有少数企业进行股份制试点；20世纪80年代后期，国家开始允许有限度的股份制试点；1992年邓小平南方谈话后试点扩大	党的十五大提出"对国有大中型企业实行规范的公司制改革"以后开始推广股份制改造	1988年底发布《关于积极稳妥地推进国有企业股份制改革的指导意见》；1992年发布《股份有限公司规范意见》等14个引导股份制试点的配套文件；1993年颁布《公司法》和《股票发行于交易暂行管理条例》
建立现代企业制度	1994年国家选择了100家不同类型的国有大中型企业进行建立现代企业制度的试点，截至1996年底，100家试点企业的改革方案都已经批复并开始实施；各地区、各部门也选择了一部分企业进行试点，并取得了重大进展	党的十五大提出"力争到20世纪末大多数国有大中型骨干企业初步建立现代企业制度"以后开始推广建立现代企业制度	2000年发布《国有大中型企业建立现代企业制度和加强管理基本规范（试行）》；2001年3月发布《关于深化国有企业内部人事、劳动、分配制度改革的意见》
国有企业战略性改组	1996年起开始实施"抓大放小"方针，可以认为是战略性改组的前奏；2001年国家选择20家基础较好、技术开发能力强的企业集团进行战略性改组	2003年国资委成立后，国有企业战略性改组逐步深化，范围逐步扩大	2001年发布《关于发展具有国际竞争力的大型企业集团的指导意见》

第二章　中国国有企业改革40年：演进、目标与逻辑

续表

改革措施	试点	推广	形成政策或制度
全面深化改革	2013年起部分中央企业开始探索实施混合所有制改革； 2013年起部分地区探索推进全面深化国有企业改革（见表2-1）；2016年2月底，开展"十项改革试点"；2018年3月决定在2018~2020年实施"国企改革双百行动"；2018年12月28日，11家央企国有资本投资公司试点启动	2014年开始，全面深化国有企业改革范围开始扩大（见表2-1）	1+N； 2018年国资委发布《关于开展"国企改革双百行动"企业遴选工作的通知》

资料来源：笔者根据相关资料整理。

存量的改革涉及面更广，牵涉的利益主体更多，原有体制留存的问题更多，集聚的矛盾更尖锐，改革的难度更大；增量的改革涉及面相对较窄，牵涉的利益主体相对少，原有体制留存的问题也相对少。所以，增量的改革相对容易一些。增量改革有利于维持改革过程中稳定与速度两种要求之间的平衡①。

先易后难、先增量改革后存量改革或以增量改革带动存量改革是在改革复杂性面前的理性选择，从实践上看，总体来说这种方法论成功有效。尽管对增量改革能否必然引致存量的市场化改革有着不同的看法②，但存量的改革却是实实在在地发生了。增量改革与存量改革并不一定一成不变地先后发生，存量改革有的发生在增量改革之后，有的与增量改革同时发生，也有存量改革在先、增量改革在后的情况发生。增量改革与存量改革的关系可以概括为"增量做大，存量盘活"。

国有企业的组织制度改革就是一种存量改革。1988年4月13日，第七届全国人民代表大会第一次会议通过了《全民所有制工业企业法》，并于1988年8月1日起施行。原有的国有企业要按该法进行注册登记，按此法进

---

①② 杨瑞龙．中国改革五年展望——兼论我国制度变迁方式与制度选择目标的冲突及其协调[J]．学术月刊，1995（1）．

行调整。《公司法》颁布之后，有的国有企业吸收新的股份直接改组为股份有限公司或有限责任公司，有的国有企业吸收新的股份改组为股份有限公司或有限责任公司。从企业组织制度来说，无论是否吸收新的股份，都是一种存量改革；从股份构成来说，吸收新股份改组为股份有限公司或有限责任公司的属一种增量改革。在价格改革中，先从完全的计划价到价格"双轨制"是一种增量改革，再到基本上都由市场定价就属于存量改革了。国有企业的产权制度改革，就是存量改革与增量改革同时发生的；一部分大型、特大型国有企业进行独资或非独资的股份制改造，有的改组为股份有限公司挂牌上市，这是增量改革，一大部分国有中小型企业则通过改制出售、租赁、股份合作制等多种方式改为非国有企业，这就是一种存量改革。

六、"自适应"：国有企业改革的基本机制

国有企业改革的过程遵循"自适应"的国有企业改革基本机制。"自适应"概念来自复杂自适应系统（Complex Adaptive System）理论[1]，一般是指系统按照环境的变化来调整自身，以使其行为在新的或已经改变的环境下达到最优或至少是容许的特性和功能。"自适应"的核心是强调个体对环境的主动性与适应性，并把系统中的成员称为具有适应能力的主体（Adaptive Agent），这些主体能够与环境和其他主体进行交互作用。中国的国有企业改革是一项系统性工程，涉及中央政府、地方政府、企业、员工等多方利益主体，在运行上基本形成了各利益主体反复相互作用、依据环境变化而动态调整的"自适应"机制。这一机制成为推动中国国有企业改革持续推进、持续改善、持续创新的重要动力。中国国有企业改革的"自适应"机制本质上体现为充分发挥各利益主体的积极性、主动性和创造性，始终坚持"实事求是"的基本方法论，形成在各自微观层面的"微调机制"。"自适应"机制的这一本质表明，尊重群众的首创精神也是我们改革取得成功的经验之一，因为国有企业改革的具体措施与方案不是哪个人坐在书房里苦思冥想设计出来的。在具体实践中，"自适应"机制集中反映在三个方面：

（一）地方政府能够发挥积极性和主动性，根据当地实际情况推进国有企业改革

在西方新制度经济学中，制度变迁的主体有三种：个人、自愿联合团体

---

[1] 复杂自适应系统理论是世界上系统科学的前沿，由美国 SantaFe Institute 的 John H. Holland 于 20 世纪 90 年代中期最先提出，是继控制论、自组织理论后的第三代系统思想。

第二章 中国国有企业改革40年：演进、目标与逻辑

和中央政府，地方政府并没有在他们所认为的制度变迁主体之内。但是在中国，地方政府是连接中央政府的制度供给意愿与微观主体的制度需求的重要中介[1]，是解开自上而下的供给主导型制度变迁[2]所引致的"诺思悖论"的突破口[3]。地方政府参与制度创新"大大降低了改革演变成'爆炸式革命'的可能性"，"减弱了制度遗产对渐进式市场取向改革的约束"[4]。因此，地方政府在中国的经济体制改革这一制度变迁中发挥了独特的作用，对于国有企业改革尤为如此。

在长期的计划经济体制下，中国的地方政府只是中央政府的命令执行机关，很少有自主权，其积极性和创造性在很大程度上被压抑，很少能进行因地制宜的制度变迁。改革实施以后，通过向地方政府的行政性分权及中央与地方之间财政分配关系的调整，地方政府具有了独立的行为目标和行为模式，进而具有追求本地经济快速增长以及相应获利机会进行制度创新的动力，从而在向市场经济体制的渐进过渡中扮演着主动谋取潜在制度净收益的"第一行动集团"的角色[5]。具体到国有企业改革，由于地方经济的增长与当地国有企业的发展具有很大关系，地方政府在利益的驱动下必然具有制度创新的积极性和主动性，从而成为国有企业改革中的制度供给者。从实践来看，地方政府在国有企业改革中起到的制度创新作用表现在三个方面：一是积极开展中央政府授权的制度创新，即中央政府在明确了基本改革方向以后，地方政府发挥积极性和主动性，在坚持方向的同时，根据各地实际情况推进企业改革；二是自主性地开展制度创新，除了执行中央政府的国有企业改革方向外，一些地方政府在获取"超额收益"的驱动下，对国有企业改革

---

[1] 胡少华，纳鹏杰. 中国制度变迁方式转换的顺序及政府在制度变迁中的作用——兼与杨瑞龙教授商榷［J］. 云南财贸学院学报，2002（6）.

[2] 杨瑞龙，杨其静（2000）将中国的改革分为三种方式：自上而下的供给主导型制度变迁方式、中间扩散型制度变迁方式和自下而上的诱致型制度变迁方式，并提出供给主导型制度变迁方式的三个特点：一是权力中心凭借行政命令、法律规范及利益刺激，在一个金字塔型的行政系统内自上而下地规划、组织和实施制度创新；二是尽管潜在制度收益的出现会诱发微观主体的制度需求，但只有当权力中心的制度创新收益大于其成本时，实际的制度变迁才可能发生；三是权力中心为制度创新设置了严格的进入壁垒，即其他利益主体只有得到权力中心的授权才能进行制度创新。见杨瑞龙，杨其静. 阶梯式的渐进制度变迁模型——再论地方政府在我国制度变迁中的作用［J］. 经济研究，2000（3）.

[3][4] 杨瑞龙，杨其静. 阶梯式的渐进制度变迁模型——再论地方政府在我国制度变迁中的作用［J］. 经济研究，2000（3）.

[5] 杨瑞龙. 我国制度变迁方式转换的三阶段论——兼论地方政府的制度创新行为［J］. 经济研究，1998（1）.

的一些新做法也进行了尝试，并在取得成功后获得中央政府的肯定和进一步的推广，如扩权放利的试点首先是由四川省政府选取6家企业进行的；三是进行地方政府与微观主体合作博弈的制度创新①，与当地国有企业之间的相互依赖性使得许多地方政府成为企业的代言人，通过与上级在企业改革试点权的获得、自主权的扩大等方面讨价还价，鼓励和扶持企业的制度创新，推动企业改革的开展和深入。

在以上三种方式中，地方政府无论是作为国有企业改革的具体操作者、政策执行者还是政策推动者，其制度创新的做法都发挥了巨大的"示范"效应和强力的"带动"作用。以山东诸城的国有企业改制和产权改革探索为例，1992年诸城市委市政府通过调研发现，诸城的国有企业亏损现象十分严重，被调查的150家企业中有103家存在亏损，亏损面达到68.7%，亏损额高达1.47亿元（当年诸城全市财政收入仅1亿元）②。诸城市委市政府经过认真分析，认为亏损严重的主要原因是企业产权关系不明晰、利益关系不直接。于是，诸城市委市政府决定对市内的国有企业进行改制，并于1992年10月首先选择市机电厂进行股份制改革试点。在试点取得经验的基础上，诸城便在全市有序地全面推进，并因厂制宜，又创造了多种改制形式。经过三四年时间，除几家规模较大的企业未改制外，诸城改制企业达到272家，占全市企业总数的94.4%，其中210家企业实行股份合作制，占改制企业总数的77.2%，成为企业改制的一种主要形式③。诸城的中小国有企业改制做法取得了很大成功，企业纷纷扭亏为盈，全市工业利润快速增长，税金大幅增加。诸城的国有企业改制和产权改革做法很快形成了著名的"诸城经验"，对其他地方的国有企业产权改革产生了巨大的带动作用，其他地方政府纷纷组织"考察团""学习团""访问团""参观团"到诸城取经，并在结合当地实际基础上对中小国有企业进行了多种形式的产权改革。

（二）企业能够发挥主动性和创造性，制定和实施符合自身实际的改革方案

总体上来看，中国国有企业改革表现出自上而下的强制性制度变迁特点，但"这不过是对社会生活中早已存在的改革要求的一种承认"④。在自上而下强制推进改革的同时，作为权力中心的中央政府并没有排除自发性改

---

① 杨瑞龙.我国制度变迁方式转换的三阶段论——兼论地方政府的制度创新行为[J].经济研究，1998（1）.

②③ 李学根.学习"诸城经验"的几点认识[J].集团经济研究，1998（2）.

④ 张宇.中国渐进式改革的特征与经验[J].教学与研究，1998（7）.

革和微观主体的主动性与创造性，改革中提倡大胆创新、大胆试验，有意识地允许、特许或默许局部的"犯规"或"越轨"行为。尤其是随着改革的不断深入和社会主义市场经济体制的逐步完善，微观主体天然捕捉潜在制度收益的动机大大激发了追求制度创新的热情，自下而上的诱致型制度变迁时有出现。

从国有企业改革实践来看，随着中央政府和地方政府放权让利改革步伐的加快，作为微观主体的国有企业具有越来越多的独立利益，对于制度创新的需求越来越强烈，企业为了实现自身的利益最大化而在制度创新中发挥了空前的主动和创造性。这突出表现在两个方面：一是在统一领导下的国有企业改革中，当改革方向确定后，企业能够根据各自的情况制定和实施符合实际的方案，推进政府提出的改革思路，如在中央政府确定实行经济责任制时，对于"利润留成""盈亏包干"和"以税代利、自负盈亏"三种做法，各企业都根据自身实际情况进行了选择，其中大部分采用了"盈亏包干"的模式，快速推进了经济责任制的实施；二是一些企业对潜在制度收益的追求激发了它们自主性制度创新的行为，它们根据自身的实际情况，自行对一些新的制度做法进行了积极的试验与探索，并在取得成功后努力将这些做法"合法化"，从而进一步推动国有企业的改革创新。比如，在股份制改造过程中，很多企业创新性地实行了多种改革模式，形成了多种形式的混合制经济。事实上，与地方政府类似，国有企业自身无论是作为改革的具体操作者、政策执行者还是作为制度创新的推动者，其制度创新的做法对其他企业也具有很大的"示范"效应和"带动"作用。一些"先驱"国有企业的创新性成功做法后来都成为在全国推行的改革思路和政策就是很好的证明。

（三）员工能够在改革涉及自己切身利益时不断进行调整，总体上支持改革的推进

制度变迁本质上是各主体之间利益关系的调整，国有企业改革也不例外。员工作为国有企业的重要利益主体，其利益在国有企业改革过程中必然会受到不同程度和性质的影响。尤其是在国有企业实施以"双重置换"（所有权置换、身份置换）为内容的转制以后，他们长期以来事实上享有的在本企业终身就业、养老及其他福利待遇改变成按照企业需要和市场行情需要确定的合约化就业、纳入社会保障体系享受养老和福利待遇。在随后的改革中，国有企业实施的下岗分流进一步触及了员工的核心利益。

面对国有企业改革对自身利益所带来的影响，尽管许多员工开始时在思想上、心理上和感情上难以适应，但随着国有企业配套改革的实施、员工激

励制度的推进，并通过对员工的思想教育和情感沟通，大部分员工都能逐步调整自己的心理认识和行为方式，思想观念逐步向适应新体制转变的方向发展。特别是在改革需要个人做出某种利益牺牲时，员工都能表示理解和支持，总体上都支持国有企业改革的推进。根据上海、山东、沈阳等省市职工思想政治工作研究会的调查，对改革政策表示拥护支持的人员比例占绝大多数，坚信改革是国有大中型企业振兴之路，认为改革一定能取得成功的人数达70%以上[①]。张建华于2000年在南京、镇江、常州、宿迁等地的调研结果显示，有64.19%的员工赞成国有企业改革，有68.3%的员工对国有企业改革前景"很有信心"和"较有信心"[②]。员工支持改革的态度使他们更愿意在改革过程中发挥主动性和创造性，更愿意在国有企业发展过程中发扬主人翁精神，从而进一步推进中国国有企业改革和发展。根据山东省职工思想政治工作研究会的调查，70%左右的被调查者认为在国有企业中领导和工人都是企业的主人，80%以上的职工把自己致富的出路放在企业，认为自己与企业是利益共同体的职工达到60%，80%的职工回答对企业改革和生产经营非常关心，应积极献计献策[③]。

七、"顶层设计"：国有企业改革的基本建构

进入全面深化改革新时期以来，要全面对存量进行改革，任务更重、更艰巨、更困难，更加强调国有企业改革的顶层设计、分类推进。"顶层设计"与"先试点后推广""自下而上再自上而下"并不矛盾。"顶层设计"的基础是成功的改革经验与对改革目标的清醒认识。强调"顶层设计"是要突出国有企业改革的战略性，通过确保利益相关者在一定程度上共同参与决策，保证改革信息的透明和改革政策的可预期[④]。

"全面深化改革，所谓全面就是要统筹推进各领域改革，就需要有管总的目标，也要回答推进各领域改革最终是为了什么、要取得什么样的整体结果这个问题。"为了实现完善和发展中国特色社会主义制度，推进国家治理体系和治理能力现代化这一总目标，全面深化改革就不能是推进一个领域改革，也不是推进几个领域改革，而是推进所有领域改革。

全面深化改革是一项复杂的系统工程。习近平反复要求，加强顶层设计

[①][③] 刘德龙. 国有大中型企业职工对待改革心态及对策探析[J]. 学术交流，1998（6）.

[②] 张建华. 欣慰 困惑 企盼——当前国有企业改革中职工心态调查[J]. 中国职工教育，2000（1）.

[④] 胡敏. 改革属性和范式初析[J]. 改革，2017（1）.

第二章　中国国有企业改革 40 年：演进、目标与逻辑

和整体谋划，加强各项改革关联性、系统性、可行性研究，形成推进改革开放的强大合力。既加强顶层设计，又懂得摸着石头过河。对于顶层设计这一改革方法论，习近平指出，"推进局部的阶段性改革开放要在加强顶层设计的前提下进行，加强顶层设计要在推进局部的阶段性改革开放的基础上来谋划"①。

新时代国有企业改革的一个明显特点与经验就是采取了基于以往成功经验与教训、改革目标的顶层设计，分类推进与实施。经过 40 多年的国有企业改革，国有企业已经空前壮大，其规模、效益、国际地位与改革开放初的状况可同日而语，已经积累了许多经验，有过不少教训，改革的目标与方向已经十分明确，也存在着许多以往改革没有触及或难以改革的难点问题、重点问题。所以在这一阶段的改革采取了"自上而下的顶层设计—通过试点自下而上总结—由点到面地推广"的改革实施路径。

由于已经积累了丰富的经验，新时代的国有企业改革在强调顶层设计的同时，也坚持"摸着石头过河"。顶层设计不是无本之木，不是脱离实际，而是基于以往国有企业改革的经验与教训，基于对国有企业性质、地位、作用、目标及国有企业改革的方向的认识，基于在"过河"过程中的探索。

（1）《中共中央关于全面深化改革若干重大问题的决定》（以下简称《决定》）勾画了全面深化改革和深化国有企业改革的总体目标、任务和方向。

明确改革的总目标。《决定》提出：全面深化改革的总目标是完善和发展中国特色社会主义制度，推进国家治理体系和治理能力现代化。让一切创造社会财富的源泉充分涌流，让发展成果更多更公平惠及全体人民。这也是国有企业改革的总目标，国有企业改革的结果要能够更好地体现国有企业的性质与目标。

提出要立足实际进行改革。我国长期处于社会主义初级阶段，这是全面深化改革要立足的最大实际，要坚持发展仍是解决我国所有问题的关键这个重大战略判断，对所有制结构、产权关系、生产关系同生产力、上层建筑同经济基础关系的处理，不能偏离这个实际与判断。

重申基本经济制度。《决定》强调：公有制为主体、多种所有制经济共同发展的基本经济制度，是中国特色社会主义制度的重要支柱，也是社会主

---

① 贾玥．改革只有进行时没有完成时［EB/OL］．人民网，http://politics.people.com.cn/n1/2017/1012/c1001-29582139.html，2017-10-12．

义市场经济体制的根基。公有制经济和非公有制经济都是社会主义市场经济的重要组成部分，都是我国经济社会发展的重要基础。必须毫不动摇巩固和发展公有制经济，坚持公有制主体地位，发挥国有经济主导作用，不断增强国有经济活力、控制力、影响力。必须毫不动摇鼓励、支持、引导非公有制经济发展，激发非公有制经济活力和创造力。

强调产权保护。《决定》提出要完善产权保护制度。公有制经济财产权不可侵犯，非公有制经济财产权同样不可侵犯。国家保护各种所有制经济产权和合法利益，保证各种所有制经济依法平等使用生产要素、公开公平公正参与市场竞争、同等受到法律保护，依法监管各种所有制经济。

将混合所有制确定为基本经济制度的重要实现形式。《决定》将混合所有制经济确定为基本经济制度的重要实现形式。允许混合所有制经济实行企业员工持股，形成资本所有者和劳动者利益共同体。

提出要推动国有企业完善现代企业制度。国有企业属于全民所有，是推进国家现代化、保障人民共同利益的重要力量。国有企业总体上已经同市场经济相融合，必须适应市场化、国际化新形势，以规范经营决策、资产保值增值、公平参与竞争、提高企业效率、增强企业活力、承担社会责任为重点，进一步深化国有企业改革。要准确界定不同国有企业功能；健全协调运转、有效制衡的公司法人治理结构；建立职业经理人制度，更好发挥企业家作用；深化企业内部管理人员能上能下、员工能进能出、收入能增能减的制度改革；建立长效激励约束机制，强化国有企业经营投资责任追究；探索推进国有企业财务预算等重大信息公开；要合理增加市场化选聘比例，合理确定并严格规范国有企业管理人员薪酬水平、职务待遇、职务消费、业务消费。

支持非公有制经济健康发展。坚持权利平等、机会平等、规则平等，废除对非公有制经济各种形式的不合理规定，消除各种隐性壁垒，制定非公有制企业进入特许经营领域的具体办法。

(2)《中共中央、国务院关于深化国有企业改革的指导意见》（以下简称《指导意见》）对深化国有企业改革作了顶层设计。

《指导意见》明确：国有企业属于全民所有，是推进国家现代化、保障人民共同利益的重要力量，是我们党和国家事业发展的重要物质基础和政治基础。在肯定以往国有企业改革与发展成绩的同时，也指出了国有企业仍然存在的一些亟待解决的突出矛盾和问题，一些企业市场主体地位尚未真正确立，现代企业制度还不健全，国有资产监管体制有待完善，国有资本运行效率需进一步提高；一些企业管理混乱、内部人控制、利益输送、国有资产流失等问题突出，企业办社会职能和历史遗留问题还未完全解决；一些企业党组织管党治党责任不落实、作用被弱化。

《指导意见》就深化国有企业改革的指导思想、基本原则、主要目标作了规定，提出了具体的要求；对分类推进国有企业改革、完善现代企业制度、完善国有资产管理体制、发展混合所有制经济、强化监督防止国有资产流失、加强和改进党对国有企业的领导、为国有企业改革创造良好环境条件等提出了具体的规定与设计。

在"N"个涉及深化国有企业改革的文件中，对国有企业各具体领域的改革做出了具体的规定与设计。

八、"权变持续"：国有企业改革的基本定力

习近平在一次重要讲话中提出，要"始终牢记改革只有进行时，没有完成时"[①]。古往今来从未有过一个国家的国有企业或公有企业改革像中国国有企业改革一样持续了40年，且还不是完成时，而仍然是进行时。中国国有企业在改革中顺应历史潮流，与时俱进，积极应变，主动求变，与时代同行，这种改革的定力、耐力、决心在世界国有企业或公有企业改革史上只有中国有。根据国有企业改革进展与发展状况，外部条件的变化，改革与发展中尚未解决的问题和出现的新问题，发展中面临的一系列突出问题与挑战，权变地、持续地进行国有企业改革，而不是毕其功于一役，保持国有企业改革的定力和耐力，以使国有企业体现其性质，实现其目标。通过改革调整生产关系，以适应生产力的发展，不断缩小国有企业发展现状与其应该实现目标之间的差距。国有企业的发展之所以能够取得今天的成就，其原因之一就在于能够因地制宜地根据生产力的发展、根据发展条件的变化而通过改革做出相应的调整与改革，以适应生产力的发展条件、环境变化。

九、"改革、重组、管理"结合：国有企业改革的基本谋略

中国的国有企业改革并没有局限于国有企业本身，除了进行宏观经济制度的改革，为国有企业的改革与发展提供宏观环境与条件，还将国有企业改革与所有制结构的调整、国有经济的战略性重组、加强国有企业的管理等结

---

① 习近平：改革只有进行时，没有完成时［EB/OL］.http：//news.ifeng.com/a/20180815/59825130_0.shtml，2018-08-15.

合起来。

（一）国有企业改革与所有制结构的调整

国有企业改革的同时也是所有制结构调整的过程。国有企业改革与发展的同时也允许各种非公有制企业的存在与发展。1978年以来，在党的一些重要会议的决议或报告中，多次对所有制结构的调整问题提出要求（见表2-3）。一部分国有企业在改革中改制成了非公有制企业，或在国有企业中有了非公有的成分，从而形成了从单一的公有制结构向公有制为主体、国有经济为主导、多种所有制并存且共同发展的局面，调整了所有制结构。

国有企业以"增量"改革为主的模式使得所有制结构发生了深刻的变化，有效改变了国有经济"一统天下"的局面。以国民经济的主要部门工业为例，至1999年，国有及国有控股企业的工业总产值所占比重由1978年的77.6%下降至28.2%，而私营企业和其他经济类型企业的工业总产值则分别上升至18.2%和26.1%[1]，初步形成了以公有制为主体、多种所有制经济共同发展的格局。全国国有控股企业的资产占全部国有及规模以上非国有工业企业资产的比重从1998年的68.8%下降到2016年的38.5%；全国国有控股企业的所有者权益占全部国有及规模以上非国有工业企业所有者权益的比重从1998年的67.8%下降到2016年的33.6%；全国国有控股企业的主营业务收入占全部国有及规模以上非国有工业企业主营业务收入的比重从1998年的52.3%下降到2016年的20.6%；全国国有控股企业利润总额占全部国有及规模以上非国有工业企业利润总额的比重从2003年的36.0%下降到2015年的17.2%[2]。

所有制结构的调整打破了国有企业在众多竞争性领域所处的绝对性控制的地位，引入了竞争者，增强了国有企业的竞争力，也增强了中国的整体经济实力。民营企业已经成为中国社会主义市场经济的重要组成部分。到2017年，中国的民营企业近2500万家，它在国民经济中的作用和贡献可以用五个数字来概括，就是"56789"："5"是指民营企业对国家的税收贡献超过50%；"6"是指国内民营企业的国内生产总值、固定资产投资以及对外直接投资占比均超过60%；"7"是指高新技术企业占比超过了70%；"8"是指城镇就业超过80%；"9"是指民营企业对新增就业贡献率达到了90%[3]。

---

[1] 根据《中国统计年鉴》（2000）和《中国统计年鉴》（2005）的数据计算所得。
[2] 数据来源于Wind。
[3] 冉万祥．民营企业的作用和贡献可以用"56789"来概括［DB/OL］．新华网，http://www.xinhuanet.com//politics/19cpcnc/2017-10/21/c_129724207.htm.

第二章 中国国有企业改革40年：演进、目标与逻辑

（二）国有企业改革与国有资产战略性重组

国有企业改革也是与国有资产战略性重组结合在一起的。在国有经济分布过广，而在一些国有经济有优势的重点、关键领域力量又不够强大的情况下，1995年9月党的十四届五中全会正式提出调整国有经济布局，进行国有经济的战略性重组与调整。

从1995年开始，中国国有企业改革的思路开始发生重要转变，"整体搞活"的思路逐步取代了"单个搞活"的思路，占据主导地位。按照这一思路，1995年9月党的十四届五中全会明确指出，"要着眼于搞好整个国有经济，通过存量资产的流动和重组，对国有企业实施战略性改组。这种改组要以市场和产业政策为导向，搞好大的，放活小的，把优化国有资产分布结构、企业结构同优化投资结构有机结合起来，择优扶强、优胜劣汰"[1]。随后，"抓大放小"的改革思路开始付诸实践。1996年国家确定重点抓好在各行业、各领域起主导作用的300家大企业，1997年又扩大到512家。这些企业虽然数量只占独立核算国有工业企业的0.8%，但销售收入、实现利税分别占61%和85%，对国有工业增长的贡献率高达88%[2]。与此同时，各地开始采取包括出售在内的多种形式，加快放开搞活国有小型企业的步伐。

1997年党的十五大报告和1999年党的十五届四中全会出台《关于国有企业改革和发展若干重大问题的决定》，进一步提出从战略上调整国有经济布局和抓大放小的方针，要求从整体上搞好国有经济，发挥国有经济的主导作用。国有经济需要控制的行业和领域主要包括：涉及国家安全的行业、自然垄断的行业、提供重要公共产品和服务的行业，以及支柱产业和高新技术产业中的重要骨干企业。2002年，党的十六大在坚持继续调整国有经济的布局和结构的改革方向的基础上，进一步明确了中央企业的定位，即关系国民经济命脉和国家安全的大型国有企业、基础设施和重要自然资源等，由中央政府代表国家履行出资人职责。2003年，国资委成立，196家中央企业由原中央企业工委移交国资委管理。同年，党的十六届三中全会提出进一步推动国有资本更多地投向关系国家安全和国民经济命脉的重要行业和关键领域，增强国有经济的控制力。2006年底，国资委发布《关于推进国有资本调整和国有企业重组的指导意见》，明确了中央企业的重组目标和国有资本所应

---

[1] 辛迪诚. 中国国有企业改革编年史（1978~2005）[M]. 北京：中国工人出版社，2006.
[2] 林岗. 国有企业改革的历史演进及发展趋势[J]. 中国特色社会主义研究，1999（3）.

集中化的重要行业和关键领域。2007年，党的十七大提出，要深化国有企业公司制股份制改革，优化国有经济布局和结构，增强国有经济活力、控制力、影响力。在操作层面上，国有企业通过联合、兼并、改组等多种方式逐步向关系国民经济命脉的重要行业和关键领域集中，而在一般竞争性行业中则逐步退出。2011年中央企业"十二五"规划纲要提出，促进国有资本向关系国家安全和国民经济命脉的重要行业和关键领域集中。1995~2011年，国有及国有控股工业企业数从7.76万家减少到1.71万家，中央企业数量从2003年国资委成立以来的196家减少到2011年的117家。截至2011年底，中央企业近九成资产集中在石油石化、电力、国防、通信、运输、矿业、冶金、机械行业等少数行业①。

（三）国有企业改革与管理

国有企业改革过程中，没有将改革与管理割裂开来，更何况有些改革内容本身就是企业管理的一部分，比如三项制度改革，就是企业人力资源管理的变革。将改革与改善、加强企业管理结合起来，是中国国有企业改革的又一特点。改革开放以前，国有企业实际上不是真正意义上的企业，只是一种车间型的组织，那时的企业管理的体制环境就是计划经济。实行改革开放后的"六五"期间到"八五"期间，无论是"六五"期间的企业整顿，还是"七五"期间的管理升级，或是"八五"期间的管理现代化活动，从国有企业管理的内容看，主要不是面对市场竞争的管理，而是计划经济框架下的管理。

1992年7月国务院发布了《全民所有制工业企业转换经营机制条例》，政府职能转变与企业经营机制转换得以加快推进；党的十四大明确提出建立社会主义市场经济体制是中国经济体制改革的目标，尤其是此后相应进行的财税、金融、价格、外贸等体制的改革，使得市场化的进程得以加快。这对国有企业作为独立的市场竞争主体的企业管理的改善与重建起到了倒逼的效应。适应市场竞争者得以发展，不适应市场竞争者被淘汰，企业不得不进行面对市场竞争、适应市场经济条件的管理转型。

一个企业的绩效不仅取决于改革，还取决于包括管理在内的一系列变量。1992~1994年，存在重改革、轻管理的现象，由于企业自身经营管理不佳造成的亏损增加。此后，对改革与管理的结合引起了各方的重视，除国有企业自身注重加强面对市场的管理转型外，政府也采取了一系列行动，比

---

① 周子勋. 改革是央企的唯一出路[N]. 中国经济时报, 2012-06-04.

如，1995年2月，召开了全国企业管理工作会议；实施《"九五"企业管理纲要》；推广"邯钢经验"和"亚星经验"；将推进企业机制创新与管理创新紧密结合；推广许继集团"破三铁"的改革经验（人事、劳动、分配制度改革）；推进企业管理信息化工作；1999年提出了"三改一加强"，即改制、改组、改造和加强企业管理；等等。

第四节 国有企业改革的基本逻辑

一、改革范式与范式改革

邓小平在1978年12月13日指出，"现在，我们的经济管理工作，机构臃肿，层次重叠，手续繁杂，效率极低。政治空谈往往淹没一切。这并不是哪一些同志的责任，责任在于我们过去没有及时提出改革。但是如果现在不实行改革，我们的现代化事业和社会主义事业就会被葬送"[①]。习近平在庆祝改革开放40周年大会上的讲话中强调，"改革开放是我们党的一次伟大觉醒，正是这个伟大觉醒孕育了我们党从理论到实践的伟大创造。改革开放是中国人民和中华民族发展史上一次伟大革命，正是这个伟大革命推动了中国特色社会主义事业的伟大飞跃。"

目标、方向与达成目标和方向的措施构成了改革。改革是在既有基本社会制度的范围内，按照新设计的制度对经济、社会、文化和社会各个方面做出重大变革的过程，对不适应社会生产力发展的生产关系进行重大的调整，对不适应经济基础的上层建筑进行重大的调整，对资源配置方式、对利益格局进行调整。改革的目的是推动中国特色社会主义事业的发展。中国国有企业改革作为经济体制改革的中心环节与重要内容，其目的也是为了现代化事业和社会主义事业的更好发展，而不是别的。改革是在既有基本社会制度范围内对资源配置方式的自我革新、自我扬弃甚至是自我否定，从这个意义上而言，改革是一场自我革命。改革不同于改良，改良只是对资源配置方式或具体体制某些局部方面的小修小补、小调小整。

范式是一个特定共同体的成员所共有的信念、价值、技术等构成的整体，是团体承诺的集合，是共有的范例。这种科学实践的公认范例包括定

---

① 邓小平. 邓小平文选第二卷 [M]. 北京：人民出版社，1994.

律、理论、应用、规则、标准等[1]。不同范式采用不同的方式来框定研究范畴、确立研究问题、诠释经验数据、具体提出有意义的因果机制[2]。范式规定了共同体所研究的谜题和问题。当范式规定的方法不再能应付一系列反常现象，由此危机爆发并不断持续，直到一项新的科学成就诞生，重新指导研究，并被奉为新一代的范式。这种现象就是"范式转换"[3]。范式决定了核心研究问题、所使用的理论词汇、可接受的研究方法以及针对某个研究问题产生的研究成果的评估标准。当科学共同体被与日俱增的反常现象所困惑，便开始集中考虑新的研究问题，采用新的方式，以解释这些反常现象。一旦新的一组问题、假定和方式得到大多数人的支持，也就开启了新范式兴起的大门[4]。在此将这种现象称为范式改革。

对于中国国有企业改革的范式及范式改革，可以从多个方面进行观察。

（1）从理想主义与现实主义相结合的思维到理想主义的思维。无论是1978年以前对国有企业的改良，还是1978年以后的改革，遵循的都是理想主义与现实主义相结合的路线。国有企业改革的目的与整个经济体制改革的目的一样，是为了通过改革来推动中国的现代化事业和社会主义事业发展，是为了改善、巩固与发展社会主义公有制。国有企业改革的起因以及改革所采用的路径、方法、措施则是现实主义的、实用主义的，策略性、权宜性和权变性的。即使1978年以前对国有企业的改良也是如此。尽管那个时期对国有企业管理体制的各种调整与改良没有涉及政府与企业的关系的调整，也没有涉及所有权与控制权的改革，更没有涉及国有企业所有权的改革，主要只是涉及中央与地方对企业管理权限的调整以及企业领导制度的调整，但这种调整与改良的目的同样是巩固与完善社会主义公有制基础，而改良与调整的起因则是为了解决当时在计划经济体制下国有企业发展中遇到的急需解决的现实问题，比如提高经济效益，发挥地方政府的积极性，扭亏增盈，增加财政收入，采取具体措施则是对症下药式的，比如，改变"一长制"，向企业派出扭亏增盈工作小组，中央向地方政府放权，或中央向地方政府收权，等等。

1978年以后，无论改革的阶段如何划分，也无论采取了哪些改革措施，采用了哪些方法，其目的都是为了办好国有企业，为了中国的现代化事业的

---

[1][3][4] 托马斯·库恩. 科学革命的结构 [M]. 北京：北京大学出版社，2012.
[2] 鲁德拉·希尔，彼得·卡赞斯坦. 超越范式：世界政治研究中的分析折中主义 [M]. 上海：上海世纪出版集团，2013.

第二章 中国国有企业改革 40 年：演进、目标与逻辑

发展，为了社会主义公有制的巩固与发展，为了经济的发展①。国有企业改革所经历的扩权让利、两权分离与转换机制、制度变革和全面深化四个阶段中，从改革目的来看，从未偏离其理想主义目标，但诸如扩权让利试点、经济责任制、利改税改革、承包经营责任制、租赁制、出售转制等各种具体的改革措施，大多是以现实主义的试水式、权宜式、救火式的办法提出并实施的，是为了解决国有企业发展中的亟须解决的即期问题，而非要建立某种最终的目标模式②。因为这种权宜式、救火式的现实主义改革措施针对性很强，就是为了解决国有企业眼前存在的急迫问题而选取的，所以短期通常是十分有效的，比如，三年脱困，解决了一大批国有企业当时面临的困难，扩权让利，提高了企业与员工的积极性。然而，主要着眼于现实主义的应急式改革措施对理想主义的目标关注不足，对国有企业不能很好地体现其应有的性质及不能很好地实现其目标的根本原因认识不足，所以国有企业改革的每个阶段都遗留下一些旧问题并出现一些新的问题转由新一轮的改革去解决③。从国有企业的经营状况与绩效看，时好时差，起伏波动，且往往随着经济周期的变化呈现出一种周期性的起伏。

从国有企业改革的第三个阶段开始，无论是从国有企业改革的目的还是从国有企业改革目标模式看，国有企业改革的思维进入了一种理想主义的状态。这里讲的理想主义并不是脱离实际、脱离现实，而是指各项改革措施主要是为了实现改革的目标模式或走在改革的方向上，而非应急式、权宜式的现实主义或实用主义。在国有企业改革的前两个阶段，其经济体制背景是"计划经济为主，市场调节为辅""有计划的商品经济"，计划经济体制没做根本性的改变，资源配置的方式没做根本变革。国有企业改革并没有明确的目标模式，改革措施是在保持计划经济体制基本不变、保持企业所有权基本不变的条件下得以实施的。

1992 年 10 月的中共十四大报告明确提出经济体制改革的目标是建立社会主义市场经济体制。1993 年 11 月召开的党的十四届三中全会做出的《关于建立社会主义市场经济体制若干问题的决定》提出，以公有制为主体的现代企业制度是社会主义市场经济体制的基础。建立现代企业制度，是发展社会化大生产和市场经济的必然要求，是我国国有企业改革的方向。现代企业

---

① 邓小平曾经说过："贫穷不是社会主义"，"我们要赶上时代，这是改革要达到的目的"。习近平. 在庆祝改革开放 40 周年大会上的讲话 [M]. 北京：人民出版社，2018.
②③ 张文魁. 国有企业改革 30 年的中国范式及其挑战 [J]. 改革，2008（10）.

制度的基本特点是：产权明晰、责权明确、政企分开、管理科学。自此，国有企业改革的范式发生了转换，或发生了范式改革。

（2）经济体制从实际上的计划经济体制转向社会主义市场经济体制。国有企业改革在建立与完善社会主义市场经济体制的背景而不是在原来实际上的计划经济体制背景下展开，作为建立与完善社会主义市场经济体制的中心环节而进行，使得通过改革国有企业成为独立的市场竞争主体有了经济体制的基础。

（3）国有企业改革有了明确的目标模式和方向。企业股份制改造、国有企业上市或整体上市、国有企业公司制改革、国有企业混合所有制改革、国有企业分类及基于分类的监管与考核、国有企业的重组、抓大放小、转变增长方式、供给侧结构性改革、去产能、去杠杆、国有资产监督管理体制改革、政府职能转变，等等，各项改革措施与路径都是围绕着建立现代企业制度、改变资源配置方式、建立社会主义市场经济体制而展开的。尽管期间有些措施看似仍然是应急、权宜式的，比如，"三年脱困"[①]、去产能、去杠杆，但从采取这些措施的目的和效果看，却是为21世纪国有企业改革的深化打基础的。

（4）国有企业改革的主要变量从控制权转为所有权。在国有企业改革的第一、第二个阶段，控制权是主要的改革变量。党的十一届三中全会提出在国家统一计划指导下下放企业的经营管理自主权；党的十二大提出国有企业也要改革，实行经营管理上的责任制；党的十二届三中全会提出企业所有权同经营权是可以适当分开的；党的十三大提出把企业经营权真正交给企业，理顺企业所有者、经营者和生产者的关系。这一些作为指导性改革思路的决定，共同的特点是主要涉及国有企业控制权的改革。相较于1978年以前国有企业改良阶段那种只涉及与国有企业管理相关的中央与地方集权或分权的调整，不涉及国有企业控制权的调整，更不涉及国有企业所有权的调整，是一大进步，因为它离"使企业真正成为相对独立的经济实体，成为自主经营、自负盈亏的社会主义商品生产者和经营者"更近，也是必不可少的环节。

[①] 即党的十五大和十五届一中全会提出的，用三年左右时间，使大多数国有大中型亏损企业摆脱困境，力争到20世纪末大多数国有大中型骨干企业初步建立现代企业制度。为完成中央确定的这一艰巨的发展改革任务，各地、各部门和相关企业加大经济改革、企业改组、技术改造和企业管理力度，综合运用政策性破产、债转股、技术改造三大"撒手锏"，坚决实施鼓励兼并、规范破产、减员增效、下岗分流和再就业工程。到2000年，上述目标基本完成。

第二章 中国国有企业改革 40 年：演进、目标与逻辑

尽管 1987 年党的十三大提出小型全民所有制企业的产权，可以有偿转让给集体或个人；党的十四大提出股份制要积极试点，但真正使国有企业的所有权成为国有企业改革的主要变量的是 1993 年 10 月召开的党的十四届三中全会。这次会议做出的《关于建立社会主义市场经济体制若干问题的决定》明确提出：要建立适应市场经济要求，产权清晰、权责明确、政企分开、管理科学的现代企业制度，提出现代企业按照财产构成可以有多种组织形式，国有企业实行公司制是建立现代企业制度的有益探索。以公有制为主体的现代企业制度是社会主义市场经济体制的基础。国有股权在公司中占有多少份额比较合适，可按不同产业和股权分散程度区别处理。自此，国有企业所有权改革便从试点到推广、从增量到存量渐进得以实施。

作为国有企业改革的主要变量，所有权改革除了对国有企业进行股份制、公司制改革、实行投资主体多元化、发展混合所有制经济，还与国有企业的战略性改组、抓大放小、国有资产监管体制改革等结合起来。这可以从作为国有企业改革指导性思路的历次党的重要会议决定或报告中关于国有企业改革的意见中观察到。

1997 年党的十五大报告提出：公有制经济不仅包括国有经济和集体经济，还包括混合所有制经济中的国有成分和集体成分；国有经济起主导作用，主要体现在控制力上，要着眼于搞好整个国有经济，抓大放小，对国有企业实施战略性改组。1999 年党的十五届四中全会提出：要从战略上调整国有经济布局和改组国有企业，坚持有进有退，有所为有所不为。2002 年党的十六大报告提出：积极推行股份制，发展混合所有制经济；实行投资主体多元化。2003 年党的十六届三中全会提出：大力发展混合所有制经济，使股份制成为公有制的主要实现形式；建立归属清晰、权责明确、保护严格、流转顺畅的现代产权制度。2007 年党的十七大报告提出：深化国有企业公司制股份制改革，健全现代企业制度，优化国有经济布局和结构，增强国有经济活力、控制力、影响力；以现代产权制度为基础，发展混合所有制经济。2012 年党的十八大报告提出：要毫不动摇巩固和发展公有制经济，推行公有制多种实现形式；深化国有企业改革，完善各类国有资产管理体制，推动国有资本更多投向关系国家安全和国民经济命脉的重要行业和关键领域，不断增强国有经济活力、控制力、影响力。2013 年的党的十八届三中全会提出：积极发展混合所有制经济。2017 年党的十九大报告提出：经济体制改革必须以完善产权制度和要素市场化配置为重点，实现产权有效激励、要素自由流动、价格反应灵活、竞争公平有序、企业优胜劣汰；深化国有企业改革，发展混

合所有制经济，培育具有全球竞争力的世界一流企业。

（5）所有制结构从单一公有制到多种所有制并存，公有制经济为主体，非公有制经济为补充，再到多种所有制并存共同发展，到微观融合的混合所有制。企业层面的所有权改革是建立在宏观层面所有制结构改革基础之上的。非公有企业的出现与发展意味着作为增量的非公有企业所有权改革早于作为存量的国有企业的所有权改革。非公有企业的出现与发展为国有企业所有权改革提供了一个基础。

宏观的所有制结构改革几乎是与改革开放同时开始。改革开放初期的1978~1980年，中国的所有制基本上还是全民所有制与集体所有制两种，处于单一的公有制经济状态。这种局面很快被打破。温州的章华妹于1980年12月11日获得了由浙江温州市工商行政管理局颁发的中国第一张"个体工商户营业执照"[1]，成为改革开放后第一家合法的个体工商户；1984年4月13日，姜维获得了由国家工商行政管理局颁发的中国第一家私营企业的营业执照。1984年8月10日，姜维作为中国第一家私营企业与外商合资创办了光彩实业股份公司；1980年4月10日，中国第一家中外合资企业——北京航空食品有限公司被批准成立，同年5月1日在北京正式挂牌。首批被批准设立的中外合资企业还有中国迅达电梯有限公司、北京建国饭店、北京长城饭店、新疆天山毛纺织品有限公司、天津王朝葡萄酒公司等。自此开始，单一的公有制被打破，非公有制经济逐步得到发展，已经成为中国经济社会发展的重要力量。2018年11月1日，习近平在民营企业座谈会上表示，40年来，我国民营经济从小到大、从弱到强，不断发展壮大。截至2017年底，我国民营企业数量超过2700万家，个体工商户超过6500万户，注册资本超过165万亿元。概括而言，民营经济具有"56789"的特征，即民营经济贡献了50%以上的税收，60%以上的国内生产总值，70%以上的技术创新成果，80%以上的城镇劳动就业，90%以上的企业数量。在世界500强企业中，我国民营企业由2010年的1家增加到2018年的28家。民营经济已经成为推动我国经济发展不可或缺的力量，成为创业就业的主要领域、技术创新的重要主体、国家税收的重要来源，为我国社会主义市场经济发展、政府职能转变、农村富余劳动力转移、国际市场开拓等发挥了重要作用[2]。

---

[1] 温州市工商行政管理局颁发的工商证字第10101号营业执照上记载的开业日期为1979年11月30日。

[2] 习近平. 在民营企业座谈会上的讲话[M]. 北京：人民出版社，2018.

第二章 中国国有企业改革40年：演进、目标与逻辑

随着国有企业改革的推进，对所有制结构的认识有一个变化过程。1982年党的十二大报告提出要坚持国营经济的主导地位和发展多种经济形式；1987年党的十三大报告提出要在公有制为主体的前提下继续发展多种所有制经济，私营经济是公有制经济必要的和有益的补充；1992年党的十四大提出要以公有制经济为主体，个体经济、私营经济、外资经济为补充，多种经济成分长期共同发展；1997年党的十五大提出公有制为主体、多种所有制经济共同发展，是我国社会主义初级阶段的一项基本经济制度。党的十五大报告还明确提出了微观层面的混合所有制经济，指出：公有制经济不仅包括国有经济和集体经济，还包括混合所有制经济中的国有成分和集体成分；2002年党的十六大报告提出不能把公有制经济和非公有制经济对立起来，要积极推行股份制，发展混合所有制经济；2003年党的十六届三中全会提出要大力发展混合所有制经济，使股份制成为公有制的主要实现形式；2012年党的十八大报告提出要毫不动摇巩固和发展公有制经济，推行公有制多种实现形式；毫不动摇鼓励、支持、引导非公有制经济发展，保证各种所有制经济依法平等使用生产要素、公平参与市场竞争、同等受到法律保护；2013年党的十八届三中全会提出公有制为主体、多种所有制经济共同发展的基本经济制度，是中国特色社会主义制度的重要支柱，也是社会主义市场经济体制的根基；公有制经济和非公有制经济都是社会主义市场经济的重要组成部分，都是我国经济社会发展的重要基础，积极发展混合所有制经济；2017年党的十九大提出必须坚持和完善我国社会主义基本经济制度和分配制度，毫不动摇巩固和发展公有制经济，毫不动摇鼓励、支持、引导非公有制经济发展；经济体制改革必须以完善产权制度和要素市场化配置为重点，实现产权有效激励、要素自由流动、价格反应灵活、竞争公平有序、企业优胜劣汰；深化国有企业改革，发展混合所有制经济，培育具有全球竞争力的世界一流企业。

很明显，在1997年以前，虽然也允许发展非公有制经济，但在强调公有制经济为主体的同时，对于非公有制经济强调的则是"补充"，二者并不是处于平等的地位。党的十五大提出了社会主义初级阶段的理论，以此为基础，将公有制经济与非公有制经济置于同等的地位，并将公有制为主体、多种所有制经济共同发展作为中国社会主义初级阶段的一项基本经济制度。此后更是进一步明确不能把公有制经济和非公有制经济对立起来，要发展混合所有制经济，并将混合所有制的股份制作为公有制的主要实现形式。将对所有制结构的关注重点从宏观层面的所有制结构转到微观层面的产权结构。公有制经济与非公有制经济的平等性在党的十八大、十八届三中全会和十九大

得到进一步的确认。

习近平在民营企业座谈会上的讲话更加明确地确认了民营经济是我国经济制度的内在要素,是社会主义市场经济发展的重要成果,民营企业和民营企业家是我们自己人①。习近平在庆祝改革开放40周年大会上的讲话中也强调:"我们必须毫不动摇巩固和发展公有制经济,毫不动摇鼓励、支持、引导非公有制经济发展,充分发挥市场在资源配置中的决定性作用,更好发挥政府作用,激发各类市场主体活力。"②

(6)国有企业改革的方法论从以自下而上为主的"试错法"转为自上而下为主的"顶层设计"。在国有企业改革前三个阶段的基本方法论是"摸着石头过河"的试错法,"试错法"是一种"边干边学""在战争中学习战争"的方法,其基本要求就是"尊重事实、允许试错"。"试错法"强调不断从自身实践中学习和提高,正如邓小平同志在谈及初级阶段的社会主义时所强调的:"我们现在所干的事业是一项新事业。马克思没有讲过,我们的前人没有做过,其他社会主义国家也没有干过,所以,没有现成的经验可学。我们只能在干中学,在实践中摸索。"③ 中国的国有企业改革也是如此,是一项前无古人、后无来者的伟大事业,既不可能一蹴而就,又无现成的经验可循。因此,中国采取了试错、学习、调整、适应的"试错法"(Trial and Error),即邓小平所说的"摸着石头过河"。事实证明,中国国有企业改革采取"试错法"取得了良好效果,有效解决了改革推动者在体制转型过程中所面临的信息不足难题和有限理性问题,从而最大限度地减少或规避了改革过程的风险性和不确定性,达到改革平稳推进的目的。进入国有企业改革第三阶段后,虽然经济体制改革与国有企业改革的目标模式均已确定,改革进入一种理想主义状态,也有了"顶层设计"的一些特点,表现为"试错法"与"顶层设计"相结合,但从国有企业建立现代企业制度的具体方式、过程、路径看,仍然是以"试错法"为主。

比如,在1995年全面展开的百家企业建立现代企业制度试点中,对于涉及的一些难点、重点问题,各地各部门结合实际情况,大胆实践,努力尝试。在进行公司制改造时,采用不同的路径对企业进行改制。有的通过将中央和地方政府的"拨改贷"转为"贷改投",企业改制为多元投资主体持股

---

① 习近平. 在民营企业座谈会上的讲话 [M]. 北京:人民出版社,2018.
② 习近平. 在庆祝改革开放40周年大会上的讲话 [M]. 北京:人民出版社,2018.
③ 邓小平. 邓小平文选(第3卷)[M]. 北京:人民出版社,1993.

第二章　中国国有企业改革 40 年：演进、目标与逻辑

的有限责任公司或股份有限公司，如唐山碱厂；有的将国有企业改制为国有独资的集团公司，并由集团公司为投资主体，将一部分优质的生产经营主体改制为有限责任公司或股份有限公司，有的还成为了上市公司，如扬子电气、武汉锅炉、徐工集团、长春汽油机、西北轴承等；有的将原有的行业主管厅局改制为对国有资产进行控股的国有独资公司，如青岛益青、湖南物资；有的对企业实施解体，如上海无线电三厂。在企业增资减债、剥离社会职能、分流安置职工、职工参与改革、企业有序退出、转变政府职能等多个方面，也都进行了多种多样的尝试①。

"试错"的改革方法论在实践中表现出先自下而上、再自上而下的特点，这为最贴近企业实际的地方政府成为制度变迁主体，成为制度供给主体，成为"第一行动集团"，提供了可能性。

国有企业改革进入全面深化阶段后，其改革方法论是"试错法"与"顶层设计"相结合，以"顶层设计"为主。"顶层设计"的方法论在实践中呈现出先自上而下、再自下而上的特点。"顶层设计"方法论并不排斥"摸着石头过河"的"试错法"，它的基础是经过前几个阶段国有企业改革"试错"探索，取得了一定的成功经验，也有一定的教训，目标模式已经明确。在"全面深化"改革阶段对各种改革仍然坚持"试点—推进"、国有企业混合所有制改革中提倡"宜混则混，宜独则独，宜控则控"，国有企业改革"双百行动"中提出要充分考虑不同企业功能定位、行业特点、发展阶段、竞争程度等实际情况，有针对性地制定改革方案，"一企一策"，等等，都反映了这种"顶层设计"与"试错法"的结合。正如习近平在庆祝改革开放 40 周年大会上的讲话中所讲的："我们坚持加强党的领导和尊重人民首创精神相结合，坚持'摸着石头过河'和顶层设计相结合，坚持问题导向和目标导向相统一，坚持试点先行和全面推进相促进，既鼓励大胆试、大胆闯，又坚持实事求是、善作善成，确保了改革开放行稳致远。"②

"顶层设计"有利于国有企业向着既有的目标改革，保证国有企业改革的结果能够反映国有企业的性质，实现国有企业应有功能，达成国有企业存在与发展的目标。"顶层设计"能够体现改革的战略性，也能够在一定程度上保证国有企业改革的相关者参与性及各种信息公开、透明、可预期③。有

---

① 邵宁，熊志军，杨永萍. 国有企业改革实录 [M]. 北京：经济科学出版社，2014.
② 习近平. 在庆祝改革开放 40 周年大会上的讲话 [M]. 北京：人民出版社，2018.
③ 胡敏. 改革属性和范式初析 [J]. 改革，2017（1）.

利于尽可能地消除改革路径与方法的不确定性，相应地也在相当程度上大大压缩了地方政府成为国有企业改革的制度供给主体与成为"第一行动集团"的可能性与空间。

（7）国有企业改革的战略转型：从试图搞好所有的国有企业到搞好搞活国有经济；从着眼于宏观所有制结构到微观层面混合所有制改革；从各产业、各行业全面有为到抓大放小、有进有退、有所为有所不为，对国有企业进行战略性重组。

（8）国有企业改革绩效的评价：从国有企业经济绩效指标到分类考核、分类评价。在国有企业改革的前三个阶段，对于国有企业改革成效评价的标准就是国有企业的发展状况，而这种发展状况主要看国有企业总体与个体的各项经济绩效指标，比如，营业收入、实现利润、净资产收益率，等等。不是说不应该进行经济绩效的评价，而是说如果以这种评价标准来判断国有企业改革的成效，往往会陷入急功近利而忘记改革的目标，对于不同类型的国有企业而言也不尽合理。许多救火式、权宜式的改革措施出台，一些战略性的改革措施中止或半途而废，原因往往是这种现实主义的评价标准。

进入"全面深化"改革阶段以后，虽然并没有放弃对国有企业经济绩效的评价，但对国有企业改革成效的评价有了战略性的变化。首先，按各国有企业的特点进行了分类，并在分类基础上对国有企业进行分类考核与监管；其次，不以或不只是以某个国有企业短期经济绩效的高低作为判断企业改革成败的标准，而是考察企业有没有进行改革，有没有合规地改革，有没有按既定目标进行改革。这是一种战略主义、理想主义的改革评价。

事实上，建立现代企业制度或现代国有企业制度的预期是使市场机制在资源配置中起决定性作用，从企业制度上保证企业成为自主经营、自负盈亏、自我发展、自我约束的法人实体和市场竞争的主体。并不是也不可能保证企业一定能取得好的经济绩效和社会绩效，影响一个企业经济绩效和社会绩效的因素很多，企业制度只是其中一个因素。没有一种企业制度能够保证企业一定有好的绩效。

二、中国国有企业改革的实践逻辑

从实践的视角观察中国的国有企业改革，现实主义的国有企业改革缘由是国有企业的经济绩效极差，不能很好地满足人民群众日益增长的物质文化需要。国有企业改革的逻辑起点是改革与调整国有企业的生产关系，来促进国有企业的发展。

第二章　中国国有企业改革40年：演进、目标与逻辑

改革开放前，中国的经济虽然比起1949年的状况，已经取得了很大的成就，但整体经济实力还是十分薄弱，经济体制中存在着许多束缚经济增长的问题，以计划配置资源的方式严重影响了生产力的发展，尤其是国有企业的经济效益很差，亏损面广，亏损额大。"文革"刚结束的1976年，中国的GDP为2943.7亿元，比上年下降1.6%，人均GDP为316元[1]；1978年，全国有1/3的企业生产秩序不正常，管理混乱。全国重点企业主要工业产品中的30项主要质量指标中有13项低于历史最好水平，38项主要消耗指标中有21项没有恢复到历史最好水平；国营工业企业（当时的名称）百元工业产值利润率比好水平低1/3；独立核算的国营工业企业亏损面达24.3%，亏损额达37.5亿元[2]。

党的十一届三中全会公报指出了我国原有经济管理体制权力过于集中的严重缺点，提出要让地方和企业有更多的经营管理自主权；应该在党的一元化领导之下，认真解决党政企不分、以党代政、以政代企的现象[3]。

没能创造出更高的劳动生产率，没能使生产力以更高的速度向前发展，就经济方面来说，一个重要的原因，就是在经济体制上形成了一种同社会生产力发展要求不相适应的僵化模式。这种模式的主要弊端是：政企职责不分，条块分割，国家对企业统得过多过死，忽视商品生产、价值规律和市场的作用，分配中平均主义严重。这就造成了企业缺乏应有的自主权，企业吃国家"大锅饭"、职工吃企业"大锅饭"的局面，严重压抑了企业和广大职工群众的积极性、主动性、创造性，使本来应该生机盎然的社会主义经济在很大程度上失去了活力[4]。

当时各类城市企业已有100多万家，职工共达8000多万人。仅城市工业企业提供的税收和利润，就占全国财政收入的80%以上。企业是否具有强大的活力，对于我国经济的全局和国家财政经济状况的根本好转，对于到20世纪末工农业年总产值翻两番的奋斗目标的实现，是一个关键问题。而原有

---

[1] 国家统计局国民经济综合统计司. 新中国50年统计资料汇编[M]. 北京：中国统计出版社，1999.

[2] 辛迪诚. 中国国有企业改革编年史（1978~2005）[M]. 北京：中国工人出版社，2006.

[3] 中国共产党第十一届中央委员会第三次全体会议. 中国共产党第十一届中央委员会第三次全体会议公报[EB/OL]. 中国共产党新闻网, http://cpc.people.com.cn/GB/64162/64168/64563/65371/4441902.html.

[4] 中国共产党第十二届中央委员会第三次全体会议. 中共中央关于经济体制改革的决定[J]. 经济体制改革，1984（26）.

经济体制的种种弊端，恰恰集中表现为企业缺乏应有的活力[1]。

在国有企业改革的前两个阶段，现代企业制度的目标模式与方向并不明确，这一目标模式是随着改革中的"试错"摸索，尤其是随着对整个经济体制改革的市场化方向的明确而确立的。

国有企业改革的推进过程可以概括为问题导向、竞争倒逼、目标取向、应急式推进。

改革的现实主义思维决定国有企业改革是以问题为导向的。国有企业改革中的权变持续、渐进推进、先增量后存量、先试点后推广等特点都是以解决问题为导向的结果。权变持续要求因地制宜、因企制宜地遇到什么问题解决什么问题；渐进推进要求避免休克疗法式的改革，对于国有企业一些存在的问题要先易后难、先小后大、先简后繁、先点后面地进行改革；先改革增量、后改革存量实际上是先易后难，存量改革要打破原有的利益格局，远比增量改革要复杂得多，难度与各种阻力要大得多，那就先放一放，先绕过去，放在以后再改；先试点后推广也是通过针对需要改革的内容与问题先进行试点，在试点中总结经验与教训、发现需要改进的问题，然后再在面上推开。

无论改革的具体阶段对经济体制改革的目标体制如何表述，随着改革的推进，市场化的取向是十分明显的。所有权的增量改革，非公有制企业的出现、发展与壮大，对外开放使得中外合资企业、中外合作企业、外商独资企业进入中国市场，竞争性领域的国有企业在国内市场上面对着国内非公有制企业和各种外商投资企业的竞争，国有企业"走出去"，在国际市场上要与同行业的境外企业竞争。国有企业的竞争压力越来越大，尤其是近些年国际上"竞争中性"原则的提出与日益广泛地实施，对中国国有企业的竞争压力更是加大。这种竞争也倒逼着国有企业向着独立的市场竞争主体转化[2]，向着与非公有制企业公平竞争的方向转化，真正摆脱"父爱主义"和预算约束软化，倒逼着国有企业进行各项改革。

应急式推进是构成国有企业改革实践逻辑的重要动力之一。国有企业在改革与发展中遇到许多问题，有许多改革措施和改革的推进是由于即时性问题导向而形成的。这类改革措施有很多，比如，利改税、拨改贷、国有企业

---

[1] 中国共产党第十二届中央委员会第三次全体会议. 中共中央关于经济体制改革的决定 [J]. 经济体制改革，1984（26）.

[2] 杨瑞龙. 国有企业改革逻辑与实践的演变及反思 [J]. 中国人民大学学报，2018, 32（5）.

第二章　中国国有企业改革40年：演进、目标与逻辑

三年脱困时期的债转股、兼并破产、减员增效、下岗分流、再就业工程，等等。这种应急式改革通常表现为自上而下，制度变迁主体是中央政府。应急式推进的改革措施主要不是目标取向，而是应急救火，解决国有企业即时性问题，尽管有些改革措施可以为目标取向的改革提供一定的条件。

目标取向对国有企业改革的推进也起了实际作用。将社会主义市场经济体制作为经济体制改革的目标模式是在1992年党的十四大决定的，将现代企业制度作为国有企业改革的目标模式是在1993年党的十四届三中全会决定的。但这并不意味着在这之前的经济体制改革和国有企业改革没有目标。"计划经济为主，市场调节为辅""有计划的商品经济"，经济体制改革中事实上的市场化取向等，其实都是一种目标；在国有企业改革中，1984年党的十二届三中全会提出要使企业真正成为相对独立的经济实体，成为自主经营、自负盈亏的社会主义商品生产者和经营者；1992年党的十四大报告提出要使企业真正成为自主经营、自负盈亏、自我发展、自我约束的法人实体和市场竞争的主体，都是一种国有企业改革的目标；1993年党的十四届三中全会提出建立适应市场经济要求，产权清晰、权责明确、政企分开、管理科学的现代企业制度，当然是明确了国有企业改革的目标模式，但前面两种目标的提法实际上是达成现代企业制度的市场化表现形式。整个国有企业改革及与国有企业改革相关的改革过程中，目标取向成为越来越显性的特点，比如，价格双轨制、三项制度改革、公司制改革、股份制改造、国有企业的战略性重组、抓大放小、国有资产管理体制的改革，等等。进入改革的第四个阶段以后，目标取向推进改革的特点更为明显。

三、中国国有企业改革的理论逻辑

在实践中和理论上，中国的国有企业改革以及其中的所有权改革从来没有以全面的非公有制为目标。中国的国有企业改革所遵循的既不是西方主流经济学的理论逻辑，也不完全是马克思主义经典政治经济学的理论逻辑，而是中国化、时代化和大众化[①]的发展了的马克思主义政治经济学的理论逻辑。

按照西方主流经济学的理论逻辑，国有企业改革只能走非公有制这一路径，别无他途。按照马克思主义经典政治经济学的劳动价值论与剩余价值论的理论逻辑，一定要消灭私有制，建立公有制，并实行"有计划按比例"的计划经济。公有制是社会主义制度的生产关系、经济基础和本质属性。改变

---

① 习近平. 在庆祝改革开放40周年大会上的讲话 [M]. 北京：人民出版社，2018.

甚至放弃公有制就是改变社会主义制度本质。两种理论逻辑不是谁说服谁或谁对谁错的问题,而是做何选择、如何发展与创新的问题。

中国国有企业改革中从未动摇过的是选择了马克思主义政治经济学的理论逻辑,但在实践中发展了马克思主义的政治经济学理论。这种理论逻辑是:国有企业在中国的存在与发展是对马克思主义的实践,是社会主义本质特征、生产关系和经济基础;国有企业改革是在社会主义基本制度条件下进行的,保持中国社会主义制度不变是改革的前提条件;在社会主义制度下公有制的国有企业必须存在而且一定能够办好;国有企业之所以需要进行改革是因为生产关系不适应生产力的发展,没有满足人民群众日益增长的物质文化需要,具体表现是现实的国有企业实践没有达到举办国有企业的目标,经济效益比较差;资本主义可以有计划,社会主义也可以有市场,中国从实践出发要实行的经济体制是社会主义市场经济体制,社会主义市场经济体制的本质属性是公有制为主体,不是原有的排斥商品货币关系、排斥市场竞争关系、计划在资源配置中决定性作用的计划经济体制,也不是以私有制为主体的市场经济体制,而是以公有制为主体、市场在资源配置中起决定性作用的市场经济;公有制的实现形式可以多种多样,混合所有制、股份制也是公有制的实现形式;公有制为主体、多种所有制经济共同发展的基本经济制度,是中国特色社会主义制度的重要支柱,也是社会主义市场经济体制的根基;公有制经济和非公有制经济都是社会主义市场经济的重要组成部分,都是中国经济社会发展的重要基础。这就是中国国有企业改革的理论逻辑。

国有产权与市场经济的兼容存在逻辑上的障碍是两种理论逻辑得出的相似结论[1]。中国基于马克思主义生产关系要适应生产力发展的基本理论,提出了社会主义初级阶段理论,解释了社会主义市场经济体制下发展非公有制经济、国有企业进行产权制度改革以使公有产权与市场经济兼容、公有制多种实现形式的必要性,用此理论也能符合逻辑地较好解释为什么公有制经济与非公有制经济都是社会主义市场经济的重要组成部分。第一次明确提出"我国的社会主义制度还是处于初级的阶段"是在 1981 年 6 月党的十一届六中全会通过的《关于建国以来党的若干历史问题的决议》中;1987 年 10 月党的十三大报告提出了系统的社会主义初级阶段理论,该报告提出:我国正处在社会主义初级阶段。这个论断包括两层含义:第一,我国已经是社会主

---

[1] 杨瑞龙. 简论国有企业分类改革的理论逻辑 [J]. 政治经济学评论, 2015, 6 (6).

义社会，我们必须坚持而不能离开社会主义；第二，我国的社会主义社会还处在初级阶段，我们必须从这个实际出发，而不能超越这个阶段①。以为不经过生产力的巨大发展就可以越过社会主义初级阶段，是革命发展问题上的空想论。这是中国对马克思政治经济学理论的发展，它为实行改革开放、建设有中国特色的社会主义市场经济体制提供了理论依据。

---

① 沿着有中国特色的社会主义道路前进——在中国共产党第十三次全国代表大会上的报告（1987年10月25日）[J]. 党的建设, 1987.

第三章 国有企业在国民经济中地位作用的变迁

第一节 国有企业在国民经济中地位作用变迁的总体脉络

中国经济体制改革理论的一个重要突破，就是围绕着以经济建设为中心，放弃了计划经济模式，逐渐认识并突出市场机制在资源配置中的作用。既然中国不再实行计划经济，那么传统理论所坚持的"计划经济—国有企业"的逻辑基础也就不复存在（金碚，2000）。但是，中国实行社会主义经济制度并以公有制为社会主义经济制度的所有制基础，并没有发生根本性转变，国有企业作为公有制的一种重要实现形式，性质并不会发生质变。因此，改革开放40年来，国有企业控制国民经济命脉和对经济发展起主导作用的基本功能也没有发生根本性的转变，国有企业在国民经济中的地位作用，总体上具有一致性。但是，在不同的历史时期，国有企业在国民经济中的相对地位和作用，则会呈现出阶段性的特征。

国有企业改革是中国经济体制改革最重要、最复杂、最困难的部分。国有企业在国民经济中地位作用的变化，与中国40年改革开放的路径、战略和方向基本一致，主要沿着如下轨迹展开：一是宏观层面，在渐进式改革的过程中，国有企业改革按照国家经济体制改革在不同阶段的目标，采取了分阶段改革的战略。在不同的改革阶段，国有企业的功能作用都有相应的调整。总体而言，这些调整都是服从于国家经济体制改革的战略目标而采取的手段。二是微观层面，国有企业改革也是"摸着石头过河"的过程，即根据不同改革时期国有企业改革发展面临的突出问题，对国有企业的功能作用进行了权衡取舍，而且中央指导与地方实践相互补充。三是在机制上，我国国有企业改革的总体方向，是逐渐引入市场经济机制，建立和完善现代国有企业制度和监管制度，将国有企业变成践行国家发展战略和贯彻新发展理念的市场主体。

按照上述轨迹，我国国有企业在国民经济中的地位作用变化，大致可以分为三个阶段：一是在计划与市场关系探索阶段（1978~1993年）的国有企业地位调整，在提高国有企业活力的首要目标下，通过一系列"放权让利"的改革举措，试图保持和增强国有企业在促进国民经济改革发展中的作用；二是在中央确立建设社会主义市场经济体制时期（1993~2013年），在国有企业改革的制度创新中，如何在多种经济成分共同发展的基本经济制度下，保持和提升国有企业在国民经济中的控制力和竞争力；三是在全面深化改革时期（2013年之后），如何在以混合所有制为社会主义基本经济制度的时期，按照国有企业功能分类，对不同类型的国有企业的功能作用进行更为精准的界定，并采取差异化的手段深化改革。本章将按照国有企业改革的主要阶段，分析不同国家经济体制改革战略和现实情况之下，国有企业在国民经济中地位作用的探索、实践与优化。

第二节　计划与市场关系探索阶段的国有企业地位调整（1978~1993年）

中国经济体制改革一直围绕着计划与市场之间的关系展开，直接影响着国有企业的功能地位调整。针对二者之间关系的探索，始于改革之初。农村家庭承包联产责任制为中国经济的全面改革打开了突破口，也引发了对计划与市场关系的探索。国有企业作为公有制经济的重要形式，在对"公有制经济"的再认识和管理方式改革的历史过程中，被赋予了新的功能，其地位也出现了新变化。随着对国有企业认识的调整，相应的政策措施也相继出台，为后来国有企业的深化改革奠定了微观基础。

1978年，党的十一届三中全会在总结了我国社会主义经济建设的基础上指出，"我国经济管理体制的一个严重缺点是权力过于集中，应该有领导地大胆下放，让地方和工农业企业在国家统一计划的指导下有更多的经营管理自主权"。会议提出采取一系列的放权措施，充分发挥中央部门、地方、企业和劳动者个人四个方面的主动性、积极性、创造性，使社会主义经济的各个部门各个环节普遍地蓬蓬勃勃地发展起来。这一时期，出现了大量比较经济学和转型经济学的理论，对社会主义条件下如何引入市场机制进行了探讨。代表性的理论设计有"计划模拟市场""含市场的计划经济""宏观收入分配计划下的自由市场""可行的社会主义"，等等。这些理论对国有企业的功能定位有着不同的设计和改革思路。我国学者也提出了"体制模式与发展模式的'双模式转换'""以'价格改革'为中心进行综合配套改革的协调改革""'计划调节市场、市场调节企业'的有计划的商品经济运行模式"。经济体制改革,都不可避免地对公有制经济和国有企业功能定位的调整带来了直接的影响。

国有企业地位的变化,源于理论界对国有企业性质认识的重大变化。这一时期,关于国有企业的性质进行了激烈的讨论,同时取得了一些突破性的成果。党的十一届三中全会前后,以孙冶方、刘国光、董辅礽、蒋一苇、薛暮桥为代表的经济学家围绕国有企业的性质和地位,做出了重要的研究成果。例如,蒋一苇的"企业本位论"提出,社会主义生产的基本单位仍然是企业,而且是具有独立性的国有企业,社会主义经济体系只能是由这些具有独立性的企业联合而成;社会主义制度下应当政企分离,国家应从内外部采用经济政策、经济法规、经济计划和各种经济杠杆等经济手段对企业进行指导和监督,而不是作为经济组织内部的上层机构,直接指挥企业的日常经济活动(蒋一苇,1980)。1980年,薛暮桥在《关于经济体制改革问题的探讨》一文中,开门见山地提出,"过去我们国民经济管理体制的最大缺点,是用行政管理来代替经济管理,只有计划调节,缺少市场调节"(薛暮桥,1980)。他认为,资本主义和社会主义都是社会化大生产,各行各业、各企业间的相互关系非常复杂,只要存在商品生产和商品交换,就需要市场调节。"在资本主义没有充分发展的我国,建立社会主义制度以后,商品经济不但不能消灭,还要大大发展",同样需要计划调节。"当然,我们是社会主义国家,绝不能像资本主义国家那样采取自由放任主义。我们必须实行国民经济的计划管理。"

按照十一届三中全会提出的改革方向,先后在国有企业推进了扩大企业经营自主权、利润递增包干和承包经营责任制的试点,调整了国家与企业的责权利关系,进一步明确了企业的利益主体地位,调动了企业和职工的生产经营积极性,增强了企业活力,为企业进入市场奠定了初步基础。

"放权让利"成为提高企业的经济活力和企业进入市场的基本原理,构成了这一阶段国有企业改革指导原则。在此原则下,国有企业在国民经济中的作用和地位,从主体地位逐渐向主导地位转变(周叔莲,2000)。1978年10月,四川省选择重庆钢铁公司、宁江机床厂、成都无缝钢管厂、四川化工厂、新都县氮肥厂、四川第一纺织印染厂六家地方国有工业企业开始进行扩大企业自主权改革试点,确定了在增收基础上,可以留取一些利润留成,企业职工可以分配奖金,允许在国家计划之外,根据国家和市场的需要自主安排企业生产,多渠道销售产品,自行采购所需的物资,按照市场供求关系变化适度调整产品价格,还可以自行招工。这六家国有企业改革试点成为国有企业改革乃至整个城市经济体制改革起步的标志,为调动国家、企业和职工的积极性进行了有益的尝试。为了规范并加快扩大企业自主权试点工作,1979年7月13日,国务院颁发《关于扩大国营工业企业经营管理自主权的若干规定》《关于企业利润留成的规定》《关于开征国营工业企业固定资产税的暂行规定》《关于提高国营工业企业固定资产折旧率和改进折旧费使用办法的暂行规定》《关于国有工业企业实行流动资金全额信贷的暂行规定》五个文件。这是改革开放后中央政府发布的第一批关于国有企业改革的文件,为扩大经营权改革试点提供了政策依据,也为后续的经济责任制、"利改税"、承包经营责任制实践和政策形成提供了政策基础。

1984年10月,党的十二届三中全会确认了社会主义经济是有计划的商品经济,决定全面推进以增强企业活力为中心环节、以城市为重点的经济体制改革。国有企业改革是要使企业真正成为具有一定独立性的经济实体,即成为自主经营、自负盈亏的社会主义商品生产者和经营者,具有自我改革和自我发展能力,成为具有一定权责的法人。此后,国有企业改革转型实行国家所有权和企业经营权分离。1986年12月,国务院提出推行多种形式的经营承包责任制,允许企业经营者具有充分的经营自主权。到1987年底,全国78%的预算内企业实行了承包制,大中型企业的承包面达到82%;承包一年以上的大中型企业占64%,小企业也都基本上实行了承包或租赁方式,小型国营工业企业中,由集体或者个人经营、租赁或承包的企业占46%,大中型国营商业企业有60%以上也实行了承包经营责任制(邵宁,2014)。

1978~1993年,伴随着一系列放松管制、企业改制、招商引资等政策,全国工业企业的数量不断增加,从34.84万家增加至52.01万家。其中,国有工业企业数量从8.37万家增加至10.47万家,集体工业企业数量从26.47万家增加至38.33万家,占全部工业企业数量的比重略有下降,分别从24.0%和76.0%变为20.1%和73.7%。

在工业总产值方面,这一阶段全国工业总产值从1978年的4237.0亿元增长至48402.0亿元,增长了11.4倍。其中,国有工业企业总产值从3289.2亿元增长至22724.7亿元(见图3-1),增长了6.9倍,占全国工业总产值的比重从77.6%下降至46.9%;集体工业企业总产值占全国工业总产值的比重从22.4%增长至34.0%。仅从数据看,这一时期国有企业在工业经济中的相对地位有所下降。

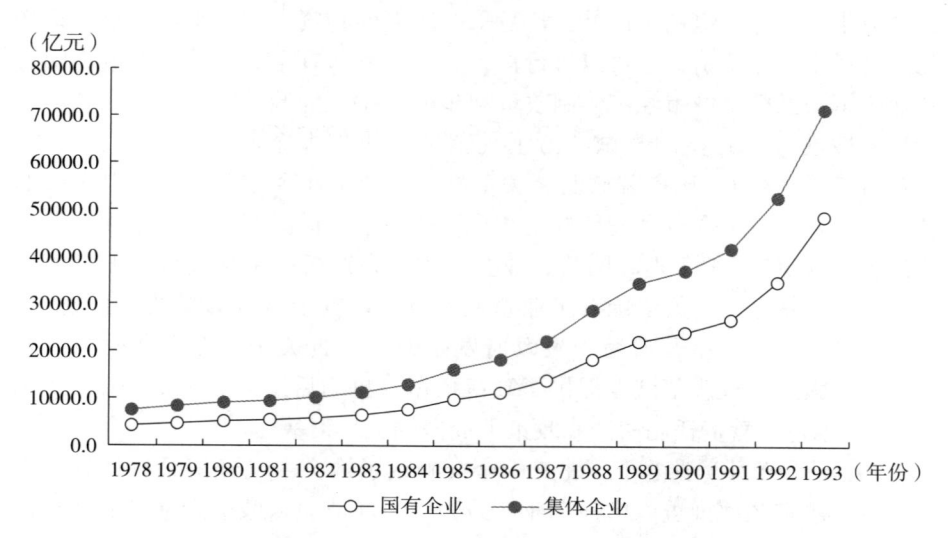

图 3-1 1978~1993 年全国工业总产值

资料来源：国家统计局. 新中国 60 年统计资料汇编.

根据 1985 年、1995 年两次全国工业企业的普查数据，对比这一阶段国有企业在国民经济中地位的变化。1985 年，国有企业占工业总产值比重为 63.47%（见表 3-1），在工业经济中占有绝对优势，与集体企业总产值合计占工业总产值的 85.59%，具有典型的计划经济公有制"一家独大"的特点。

表 3-1 不同所有制企业主要经济比重的比较

	1985 年		1995 年	
	工业总产值比重（%）	职工人数比重（%）	工业总产值比重（%）	职工人数比重（%）
国有企业	63.47	41.06	32.15	31.08
中央	16.99	9.25	11.18	7.6
地方	46.48	31.82	20.96	23.47
集体企业	22.12	28.62	35.45	39.59
县属企业	4.15	4.24	3.40	4.37
城镇集体	1.81	2.39		
乡办企业	7.14	12.08	11.91	10.59

续表

	1985年		1995年	
	工业总产值比重（%）	职工人数比重（%）	工业总产值比重（%）	职工人数比重（%）
村办企业	6.82	15.33	13.41	14.62
城镇合作经营企业			0.63	0.61
农村合作经营企业	1.56		2.03	2.95
股份制企业			3.39	1.76
外商投资企业	0.38		13.24	5.59
联营企业	0.83		0.81	0.59
私营个体企业	1.85		14.86	21.34

资料来源：根据中华人民共和国1985年、1995年工业普查资料整理。

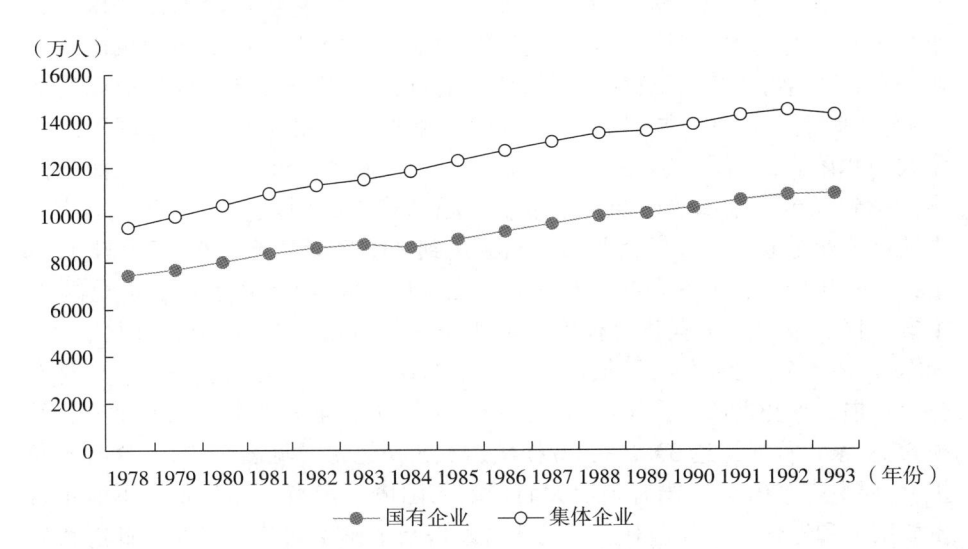

图3-2 1978~1993年全国城镇单位就业人员数

国有企业在国民经济中相对地位有所下降的一个重要原因是，经济体制放活市场后非国有部门的快速成长，对改善我国的所有制结构、增加劳动者就业机会、促进我国经济高速发展、活跃城乡市场均有较大的促进作用。同时，非国有经济的快速发展，对国有企业的市场地位构成了很大的挑战，一些国有企业的经营和发展，甚至生存面临巨大的压力，在一定程度上塑造了后来国有企业深化改革的现实背景。

第三节 建设社会主义市场经济体制的国有企业地位调整（1993~2013年）

进入20世纪90年代后，如何在社会主义制度下处理计划与市场的关系，面临着新的形势，需要对计划体制本身进行深层次的改革。国有经济调整的重点是如何在前一阶段国有企业的经营机制改革的基础上，深入地对国有企业制度加以改革，如何在法律上和政策上对非公有制经济部门给予评价。这一时期的改革、调整与发展，我国国有企业进行了战略性重组，更为强调国有经济在国民经济中的控制力，在建立社会主义市场经济的过程中，坚持不同经济成分共同发展。

经过上一阶段以扩大企业经营自主权、承包制为主要方式的放权让利改革，国有企业的经营活力不断增强。但是，承包制仍然没有改变国有企业政企不分的基本情况，只有强化没有约束，国家所有权不能约束出现企业经营权，导致出现了经营者利用私人信息，滥用经营自主权牟取私利的"内部人控制"问题，导致出现国有资产流失和小集团利益，全国国有企业大面积陷入经营困难。一些承包企业出现了较为严重的国有资产流失问题，越到承包制改革的后期，承包制问题暴露得越明显。1997年，国有独立核算工业企业中，亏损企业的亏损额达到831亿元，比1997年上升了12倍；亏盈相抵后实现的利润只有428亿元，比1987年下降了42%。全国31个省（区、市）的国有及国有控股工业企业相抵后，有12个省（区、市）为净亏损；多个行业部门亏损严重，其中纺织、煤炭、有色、军工、建材全行业亏损，形势严峻。全国国有及国有控股的16874家大中型工业企业，亏损6599家，亏损面达39.1%，亏损额达665.9亿元（见表3-2），并且不断扩大（邵宁，2014）。国有企业大面积陷入困境，相当一部分企业不能正常发放工资和退休金，与蓬勃发展的非公经济形成鲜明对比。当时按此趋势发展下去，中国国有企业将是一个全面瓦解和崩溃的形势。实践结果证明，仅仅依靠承包制并不能完全解决国有企业的问题，不能代表国有企业改革的方向，不能有效解决国有企业在国民经济中的地位作用问题，必须进行制度创新。

表 3-2　国有大中型工业企业基本情况

年份	1994	1995	1996	1997
企业数（家）	14517	15668	15763	16874
亏损企业数（家）	4220	5151	5885	6599
亏损面（%）	29.07	32.88	37.33	39.11
利润总额（亿元）	831.43	704.97	493.56	856.5
盈利企业盈利额（亿元）	1153.55	1145.41	1048.78	1522.40
亏损企业亏损额（亿元）	322.12	440.44	555.22	665.90

资料来源：邵宁. 国有企业改革实录（1998~2008）[M]. 北京：经济科学出版社，2014.

国有企业政策的调整阶段转换，源于这一时期计划与市场关系的再定位。建立社会主义体制的经济体制改革目标，于 1992 年 10 月召开的中共十四大确立下来。1993 年中共十四届三中全会通过了《关于建立社会主义市场经济体制若干问题的决定》，首次在党的文件中明确提出按照现代企业制度是国有企业改革的方向，即建立"适应市场经济和社会化大生产要求的、产权清晰、权责明确、政企分开和管理科学的现代企业制度"，要求通过建立现代企业制度，使企业成为自主经营、自负盈亏、自我发展、自我约束的法人实体和市场竞争主体。为了落实《关于建立社会主义市场经济体制若干问题的决定》，国家选择 100 家不同类型的国有大中型企业建立现代企业制度试点。

这一阶段，通过存量资产的流动和重组，对国有企业实施战略性改组，是搞好整个经济的重要抓手。对国有企业实施战略性改组的前提，是中央对我国经济制度进行新的定位。

在政策举措方面，主要是引入市场机制，以产业政策为导向，对国有企业实行"抓大放小"改革，优化国有资产的分布结构，择优扶强、优胜劣汰。截至 1997 年底，在抓大方面，国家集中抓的 1000 家重点企业，确定了分类指导的方案。在放小方面，大量中小型国有企业不搞一刀切，各地坚持"三个有利于"标准，结合地方、行业实际情况，采取改组、联合、兼并、股份合作、租赁、承包经营和出售等多种形式，使得大量国有小企业机制得以盘活，成为市场经营主体（邵宁，2014）。在地方实践方面，山东诸城、四川宜宾、黑龙江宾县、山西宿州、广东顺德、河南桐柏、江苏南通、福建宁德市等地取得了丰富的改革实践经验。

国企三年脱困时期，主要采取的改革措施包括：一是产业组织政策方面实行行业调整与改革政策，重点突破了亏损情况最为严重的纺织行业，在全国范围内开展了压锭限产，退出了大量过剩产能。同时对煤炭、冶金、有色金属、军工和制糖行业进行结构性调整，治理产能过剩，对行业经济效益的提升起到了积极作用。二是企业联合与重组政策，通过重建企业集团，改变国有企业集中度低、规模偏小的状况。三是兼并破产政策，疏通企业退出通道，实施破产，关闭部分企业，为"僵尸"国有企业退出市场找到出路。四是推行直接融资政策，采用以债转股的方式改善国有企业资产负债结构。五是通过国债贴息，支持国有企业进行技术改造，发挥金融的功能。经过一系列政策和改革措施的实施，扭转国有企业经济效益连续下滑的态势，大量过剩的生产能力和旧装备被淘汰，大部分亏损的国有企业实现了扭亏为盈，为国有企业效率状况得到了根本性改善，为国有企业持续健康发展打下了良好的基础。采取行政手段扭亏为盈，并没有改变资产配置方式的本质特征，国有企业深层次的体制问题需要深化改革。

1998~2002年，中国国有企业改革在两个方面实现了重大突破：一是通过国有中小企业改革，上百万家国有、集体中小企业改制退出了公有制序列，涉及职工4000多万人，国有经济和国有资本逐步向关系国民经济命脉的重要行业和关键领域集中，国有资本在一般加工工业和贸易业的比重明显下降，向国有大企业集中，逐步从一般竞争性行业退出。二是通过将国有大中型困难企业的政策性关闭破产，5000多家扭亏无望的困难企业退出了市场，安置职工近千万人，由此化解了大量转轨时期的结构性矛盾，市场经济优胜劣汰的机制开始发挥作用。

表3-3 国有企业亏损基本情况

年份	亏损额（亿元）	亏损面（%）	亏损率（%）
1990	348.76	27.55	47.33
1991	367.00	25.84	47.71
1992	369.27	23.36	40.83
1993	452.64	28.78	35.64
1994	482.59	30.89	36.79
1995	639.57	33.53	43.87
1996	790.68	37.7	63.51
1997	830.95	38.22	66.01

资料来源：邵宁. 国有企业改革实录（1998~2008）[M]. 北京：经济科学出版社，2014.

但是，在现实层面，国有企业脱困成了20世纪末国有企业改革制度改革的现实问题。当时全国数以十万计的国有企业不可能全面脱困，大量在竞争性行业的中小型国有企业缺乏自生能力，在逐渐走向成熟的市场竞争中缺乏竞争力（林毅夫和刘培林，2001；林毅夫，2002）。对此，党的十五大报告和十五届四中全会《关于国有企业改革和发展若干重大问题的决定》提出了要通过资产的流动和重组，从战略上调整国有经济的布局和结构。这种改组要以市场和产业政策为导向，搞好大的，放活小的，把优化国有资产分布结构、企业结构同优化投资结构有机结合起来，择优扶强，优胜劣汰。

这一改组，关键问题是重新设定国有经济在国民经济中的布局，把原来国有经济在国民经济中的主体地位改变为主导地位，"改变国有企业范围过宽、数量过多、比重过大的局面"（周叔莲，2000）。战略性改组是要发挥国有经济的主导作用，体现在控制关系国民经济命脉的重要行业和关键领域，包括涉及国家安全的行业、自然垄断的行业、提供重要公共产品和公共服务的行业，以及支柱产业和高新技术产业中的重要骨干企业。战略性改组也为国有企业经营管理的改革创造了更大的空间。回头来看，我国国有企业在微观层面建立现代企业制度和宏观层面对国有经济布局进行战略性重组是互为条件的。此后十年，调整国有经济布局和结构的任务取得了较大成就。一是行业垄断基本被打破，竞争格局初步形成，企业的生产效率都得到了较大的提高，自社会主义经济制度建立以来的国有企业量大面广和广泛覆盖的状况出现了明显的改变。1998年，全国共有23.8万家国有工商企业，到2003年锐减为14.6万家。销售收入从1998年的64685亿元增加到2007年的180000亿元，利润总额则增长了20倍。销售利润率从0.3%显著提升到9.0%（见表3-4）。

表3-4 国有企业盈利情况变化

年份	1998	2003	2007
数量（万家）	23.8	14.6	
销售收入（亿元）	64685	100161	180000
利润总额（亿元）	800	4852	16200
销售利润率（%）	0.3	3.0	9.0

经过这一时期的改革，我国国有经济的格局呈现出了崭新的变化。国有中小企业产权改革和身份转制取得成效，国有企业数量和国有职工数量都出

现了明显的下降，特别是地方国有中小企业改制面达到了80%。这些变化标志着国有企业的旧体系被瓦解，国有企业在国民经济中的地位作用出现了较大变化。根据国务院国资委的统计数据，到2006年全国各类型国有中小企业数量比1995年减少了2/3，从31.8万家降至2006年的11.6万家（见图3-3）。大量国有中小企业退出国有序列，对活跃市场经济、刺激市场竞争有积极的促进作用。但是，大量中小国有企业的退出并不意味着国有企业战略地位的下降，而是形成了产权清晰的市场主体。改革改制后，中小国有企业的资产总额从1995年的37375.79亿元增长到2006年的195081.9亿元，增长了5倍，企业平均资产规模从1175万元增长至16817亿元，增长了14倍以上。中小国有企业权益从1995年的9600.17亿元增加至2006年的68223亿元，增长了7.1倍。

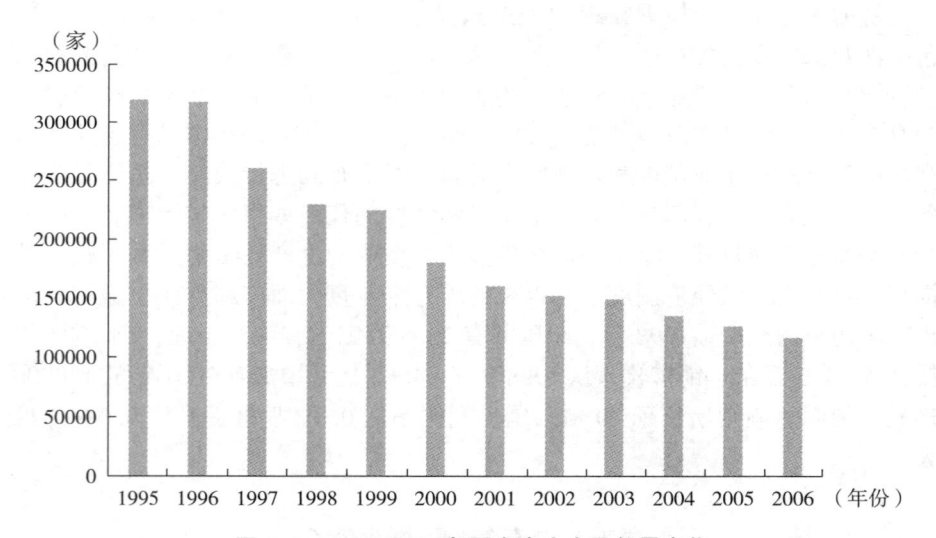

图3-3　1995~2006年国有中小企业数量变化

资料来源：国家统计局历年统计年鉴，2000~2005年国有企业财务决算摘要。

根据《中国统计年鉴》，在第二产业中，国有企业的数量从1998年的8.5万家减少到2009年的2.05万家，但资产总额和总产值却迅速提高，资产总额从1998年的7.5万亿元增加到2009年的21万亿元，总产值从1998年的3.36万亿元增长到2009年的14.66万亿元。在全部规模以上企业中，国有企业在第二产业中的比重逐步下降。1998~2009年，国有企业占全部企业数量的比重从39.22%下降到4.72%，工业总产值从489.63%下降到

26.74%，资产总额从68.84%下降到43.70%，利润总额从61.05%下降到36.04%，从业人员从60.49%下降到20.42%。仅从这些指标看，国有企业在第二产业的控制力在较大程度上减弱。从投资比重看，国有经济投资占比从1995年的50%以上下降到2009年的30%左右，非国有经济的投资占比不断增长（周耀东和余晖，2012）。

2002年1月，党的十六大报告提出深化国有体制改革的重大任务，明确要求中央和省（市、区）两级政府要设立国有资产管理机构，成立专门的国有资产管理机构，改变了原来多个部门分割行使国有资产所有者职能。2003年3月，央、地国资委成立后，统一了管人、管事和管资产的权力，我国国有资产管理体制改革进入了新的发展阶段。此后，大型国有企业吸收了社会资本、外资，实行了产权多元化，也可以上市募集资金，而且国资委鼓励大型国有企业整体上市，维持和增加了国有企业的综合实力。2006年，国务院国资委正式颁布《关于推进国有资本调整和国有企业重组的指导意见》，明确界定了国有企业涉及的主要行业和发展层次。对此，学术界对国有经济涉及的领域和控制力问题出现了争议，包括国有经济涉及的领域过宽是否会影响市场竞争；重要产业、自然垄断、国家安全和公共物品的领域有哪些；国有企业控制力和垄断的异同；如何对国有企业的控制力实施有效的约束；等等。可见，指导意见在实施层面还需要大量的技术性工作。

总体而言，这一时期国有企业改革促进了国有资本向少数关系国计民生的重要领域集中，有力地促进了国有资本对社会资源的控制力、影响力和带动力，促使国有企业向着大企业集团发展。从行业看，2003~2009年，我国国有企业控制力最强的领域，包括烟草，石油和天然气开采，电力，水，煤炭开采，石油加工和燃气6个行业，达到了国有垄断的程度；国有资本相对较强的行业，包括黑色金属冶炼、交通运输设备，有色金属开采和有色金属冶炼等基础工业；相比之下，机械装备制造、轻工业、电子电器以及医疗等工业行业是国有经济控制力一般和较弱的行业（周耀东和余晖，2012）。

2012年，国务院国资委监管的中央企业累计实现营业收入22.5万亿元，同比增长9.4%；实现利润总额1.3万亿元，同比增长2.7%；累计上缴税金总额1.9万亿元，同比增长13%；中央工业企业百元营业收入上缴税金7.6元，比全国规模以上工业企业高出3.1元。2013年，中央企业累计实现营业收入24.2万亿元，同比增长8.4%；上缴税费总额2万亿元，同比增长5.2%；累计实现利润总额1.3万亿元，同比增长3.8%。

1997年召开的党的十五大就明确提出，"国有经济起主导作用，主要体现在控制力上"。党的十五大还强调,"对关系国民经济命脉的重要行业和关键领域,国有经济必须占支配地位。在其他领域,可以通过资产重组和结构调整,以加强重点,提高国有资产的整体质量"。党的十五届四中全会进一步提出,"在社会主义市场经济条件下,国有经济在国民经济中的主导作用主要体现在控制力上,体现在对整个社会经济发展的支撑、引导和带动上"。党的十六大强调"国有经济控制国民经济命脉"。党的十六届三中全会第一次提出,"增强国有经济的控制力"。党的十七大从完善我国基本经济制度的要求出发,第一次提出"增强国有经济活力、控制力、影响力"。

多年来,全国企业国有资产总额、国有企业销售收入、国有企业资产总额等国有经济规模指标均实现持续快速增长,分别从2003年的7万亿元、10万亿元、20万亿元增长到2013年的29.6万亿元、47.1万亿元、104.1万亿元,分别增长了3.2倍、3.7倍和4.2倍。国有企业资产总额和销售收入增长速度明显快于企业国有资产总额的增长速度,国有资产在推动国有企业发展方面的引领和带动作用日益突出。2013年,全国国有企业上缴税金3.8万亿元,比2003年增长了3.9倍,占全国税收收入的34.6%。其中国务院国资委监管的中央企业,资产总额为34.9万亿元,净资产为12.8万亿元,国有权益为9.3万亿元,销售收入为24.2万亿元,实现利润1.3万亿元,上缴税金1.9万亿元,分别比2003年增长了3.4倍、2.7倍、2.3倍、4.7倍、3.5倍和4.4倍。国有企业改革释放出前所未有的巨大改革红利,国有经济的快速发展和显著变化,得到国内外的广泛关注和普遍认可。随着国有企业改革的逐步深入,国有企业在我国大企业竞争中占有举足轻重的地位,国有经济在国民经济中的竞争优势地位不断巩固,影响力不断扩大。2013年中国企业500强当中,国有企业继续占据绝对主导地位,国有和国有控股企业的数量共有310家,占总数的62%,实现营业收入占500强企业营业收入总额的82%,资产总额占500强企业资产总额的91%,实现利润占86%,上缴税收占92%,国有企业继续占据绝对主导地位。我国国有企业的竞争力逐年提高,尤其是国际竞争力得到显著提高,中国国有企业日益成为国际竞争的重要参与主体。目前,我国的大型国有企业主要分布在关系国家安全和国民经济命脉的重要行业和关键领域,大多是基础行业、支柱产业和高新技术产业中的排头兵企业,是我国企业参与国际竞争的重要基础和主要力量。国有企业特别是中央企业在电信、机械、海运、建筑、工程承包等领域已成为国际跨国公司的主要竞争对手,在高铁、航天、载人深潜等关键技术领域实现重大突破,竞争力大幅提高。世界企业500强中,1995年我国内地只有3家国

第三章 国有企业在国民经济中地位作用的变迁

有企业入围,最好名次是第207位;而2012年入围的中国内地国有控股企业已达64家,最好名次是第5位;到2014年入围世界500强的中国企业达到创纪录的100家,其中内地企业达到91家,而国有及国有控股企业达到84家,占内地入围企业总数的92%,最好名次更是排到第3位,首次进入前三甲,入围前十名的中央企业达到3家,国有企业的国际竞争力大大提升。

国有经济牢牢控制国民经济命脉。截至2011年底,在21个基础性和支柱性产业中,国有资本比重超过50%。在国防、金融、邮电、航空航天、铁路、能源等重要行业和关键领域占据绝对支配地位,在军工、电信、民航、石油及天然气开采和电力热力供应领域,国有经济都占90%以上,在航空航天、铁路等重要行业的比重甚至超过95%。截至2012年,在石油天然气开采业、电力热力生产供应业和水的生产供应业中,国有及国有控股企业主营业务收入占所在行业的比重分别高达89.4%、93.5%和69.2%;在石油加工和煤炭采选业中,国有及国有控股企业主营业务收入占本行业的比重分别为69.7%和59.2%;在交通运输设备、冶金、有色金属行业中,国有及国有控股工业所占比重在33.7%~44%。目前,在涉及国家安全和国民经济命脉的行业和重要矿产资源领域、提供重要公共产品和服务的行业,国有经济占据主导地位。国有经济在"走出去"开展国际化经营中发挥着领军作用。国有企业特别是中央企业采取多种方式"走出去",对外投资合作取得长足进展。中央企业对外直接投资和境外工程承包连续多年快速增长。中央企业在海外承建了一批标志性工程,获得了一批重要能源资源,建设了一批技术研发中心,输出了一批成套技术装备,带动了一大批中小企业集群式"走出去",为扩大国际市场份额、提升产业国际竞争力做出了积极贡献。中央企业已成为在国际竞争中与跨国公司同台竞技的重要力量,被一些发达国家视为最具威胁力的竞争对手。国有经济在结构调整和转型升级中发挥着引领作用,在建设创新型国家中发挥着排头兵作用。在推进传统产业改造升级中,国有企业带头淘汰落后产能,大力提高产业集中度,加强技术改造,提升产业层级,打造知名品牌。在培育发展战略性新兴产业中,国有企业加快发展高端装备制造、新一代信息技术、新能源、新材料等产业,建立产业联盟,加大攻关力度,率先实现规模化生产。国有企业注重发展生产性服务业,努力创新商业模式,实现从制造环节为主向研发设计和销售服务两端延伸的转变,引领结构优化与产业升级。国有经济在资本市场上的带动作用尤为突出。通过引进战略投资者、推行规范改制和境内外资本市场上市,大多数国有企业实现了产权多元化,成为国有控股(参股)公司,国有企业对社会资本的吸引、带动和支配能力不断提升。目前，全国国有企业公司制股份制改制面超过90%，中央企业及其下属企业改制面由2002年的30.4%提高到72.1%。石油石化、通信、运输、冶金等大型企业都已实现主业资产境内外上市。一大批大型国有企业先后在境内外资本市场上市，截至2012年底，中央企业在国内A股市场控股上市公司953家，占我国A股上市公司总数的38.5%，总市值的51.4%，并有43家企业集团实现了整体上市，在中国香港、纽约、新加坡等境外资本市场上市的中央企业控股的上市公司达78家，有力地推进了中央企业股权多元化，大大吸引和带动了各类社会资本投资。

第四节 全面深化改革与国有企业功能定位的调整方向（2013年以来）

党的十八大以来，我国进入全面深化改革时期，国有企业在国民经济中的地位与作用也面临战略性调整。对此，国有企业沿着中央全面深化改革的决定中关于国有经济国有企业的改革目标和路径进行探索和实践，学术界也围绕若干问题进行了有益的探讨（余菁和黄群慧，2017）。在诸多改革任务中，新时期国有经济的功能定位和战略调整，是诸多改革的逻辑起点。

党的十八大以后，准确界定不同国有企业功能，也是国有企业改革的重要任务，与新时代国有企业的功能定位密切相关。关于国有企业的分类改革，我国学者已有较长时间的探讨（杨瑞龙，1995），提出针对不同类型的国有企业选择不同的改革思路，如将国有企业分为商业类或者公益类，或者按照竞争类、功能类、公共服务类等方法划分国有企业。根据党的十八届三中全会报告和中央关于国有企业改革的指导意见，国有企业可以分为公益类、主业处于充分竞争行业和领域的商业类，以及主业处于关系国家安全、国民经济命脉的重要行业和关键领域，主要承担重大专项任务的商业类国有企业，对不同类型的国有企业在国民经济中的地位和作用，也出台了分类改革的意见。对于公益性国有企业，其战略性调整目标是退出盈利性市场业务领域、专注公共政策目标的实现，在此前提下，国有资本要加大对这类企业的投入，使其在提供公共服务方面做出更大贡献；对于界定为特定功能性企业的国有企业，战略性调整的总体方向是，主要依托国有资本投资运营公司这一运作平台，不断地主动退出那些竞争格局趋于成熟、战略重要性趋于下降的产业领域和环节，不断努力在提供公共服务、保障国家安全和符合国家战略要求的各种新兴产业领域发挥更大的功能作用；对于界定为一般商业性企业的国有企业，其战略性调整目标是完全剥离行政垄断业务，通过市场化手段增强企业活力和提高企业效率，同时建立国有资本灵活退出机制，逐步退出部分国有资本、放开竞争性业务，推进公共资源配置市场化，投向更符合公共服务和国家战略目标的企业。

党的十八届三中全会提出，以公有制为主体、多种所有制经济共同发展的基本经济制度，是中国特色社会主义制度的重要支柱，也是社会主义市场经济体制的根基。必须毫不动摇地巩固和发展公有制经济，坚持公有制主体地位，发挥国有经济主导作用，不断增强国有经济活力、控制力、影响力。报告提出，国有资本、集体资本、非公有资本等交叉持股、相互融合的混合所有制经济，是基本经济制度的重要实现形式，有利于国有资本放大功能、保值增值、提高竞争力，有利于各种所有制资本取长补短、相互促进、共同发展。允许更多国有经济和其他所有制经济发展成为混合所有制经济。国有资本投资项目允许非国有资本参股。允许混合所有制经济实行企业员工持股，形成资本所有者和劳动者利益共同体。此后，我国混合所有制改革一直在稳妥推进。2014年7月，混合所有制改革试点被纳入国资委"四项改革试点"，2015年8月24日，中共中央印发《关于深化国有企业改革的指导意见》对深化混合所有制改革提出了具体部署和推进原则。2015年9月23日，国务院印发《关于国有企业发展混合所有制经济的意见》。2016年2月26日和2016年8月2日相关部委分别印发《国有科技型企业有股权和分红激励暂行办法》《关于国有控股混合所有制企业开展员工持股试点的意见》，政策体系日趋完善。截至2016年底，中央企业混合所有制企业数占比已达到67.7%，一半以上的省级地方监管企业及各级子公司中混合所有制企业数量占比也超过50%。

围绕着"混合所有制"与国有企业功能作用的关系，存在一些争议。一是混合所有制改革是否造成国有资产流失，弱化国有企业的功能定位，一直是人们关注的焦点，在理论上和实践上存在较大争议，甚至成为混合所有制改革的主要障碍。为了稳妥推进混合所有制，应该坚持程序公正、交易公平、信息公开、法律严明的原则，更好地发挥第三方机构和内部员工的监督作用，通过交易追求股权最优配资，进而实现更大的国有资产保值增值，是正确认识混合所有制改革的基本取向。二是关于混合所有制改革是否要求所有的国有企业都进行改革。对此，一些学者认为混合所有制改革是为了完善我国基本经济制度，落脚点还是要有利于国有资本放大功能、保值增值、提高竞争力。

新发展理念赋予了国有企业功能定位的新内涵。针对完善国有资产管理体制，以管资本为主加强国有资产监管，改革国有资本授权经营体制，组建若干国有资本运营公司，支持有条件的国有企业改组为国有资本投资公司。报告明确提出了国有企业监管和授权经营体制的目标，是要服务于国家战略目标。该目标也体现了党的十八大以来，我国经济发展理念的变化，更为强调创新、绿色、共享等新的发展理念。我国国有企业在贯彻落实新发展理念方面，也有了新的功能定位，即更多投向关系国家安全、国民经济命脉的重要行业和关键领域，重点提供公共服务、发展重要前瞻性战略性产业、保护生态环境、支持科技进步、保障国家安全。

第四章　国有经济结构和布局的战略性调整

虽然广义的国有经济是指以经济资源归国家所有为基础的一切经济活动和过程，可以理解为国家所有的全部行政事业性和经营性资产及在此基础上衍生出来的经济活动，但一般论述国有经济战略性调整的"国有经济"，是在狭义层面上使用，主要是指经营性国有企业资产及其活动（黄群慧，2016）。改革开放40年来，在国家相关政策的引导下，伴随市场化改革进程的加快，我国国有经济总量不断增长，结构逐步优化。从国有经济结构和布局调整的演变脉络来看，突出表现为以下几个特征：调整动力由政府主导向市场主导转变，调整目标由数量优先向质量优先转变，调整方式由整齐划一向分层分类转变。剖析其背后深层次的逻辑与动因主要包括：促进国有企业运营效率与竞争力提升，推动垄断行业改革从而营造公平竞争环境，以及建立清晰产权关系和规范的治理结构。国有经济结构和布局的调整，在微观层面是通过国有企业组织和行为的演变来实现的。本章提炼总结了我国国有经济结构和布局调整的总体脉络，并系统回顾了我国国有经济结构和布局调整的四个阶段。

第一节　国有经济结构和布局调整的总体脉络

一、国有经济结构和布局调整的演变脉络

（一）调整动力由政府主导向市场主导转变

在经济管理体制改革以前的30年时间里，政府这只操纵经济活动的"有形之手"，以计划指令的形式，决定着生产经营活动的各个方面。企业的创立和终止都不是自主行为，与其他企业建立关联更非自主选择。从企业合并来看，有服务于社会主义改造的公私合营，有以提高生产组织化程度为目的的组建托拉斯，有以调整比例失调的生产建设规模为目的的"关、停、

并、转"，这些措施都是政府为调和经济基础和上层建筑之间的矛盾而进行的调整行为，是一种温和的改革。有些调整在短期内取得了良好的效果，然而，事实证明，当上层建筑对生产率提高形成终极制约时，温和改革的效果便不能持续。由此，体制方面的突破性改革成为生产力发展的必然选择。当计划体制对企业的束缚稍稍放松，市场的自发作用机制便开始发挥作用，20世纪80年代初期企业之间自发的横向经济联合便是市场发挥作用的证明。之后，随着改革的推进，越来越多的领域开始显现市场的自动调节作用。虽然，政府的退出会出现习惯性反复，如组建企业集团过程中的"拉郎配"现象，但总的趋势是政府对经济活动的直接干预越来越少，市场经济主体的战略性重组和并购日益活跃（黄速建，2009）[1]。

（二）调整目标由数量优先向质量优先转变

继"九五"时期末期围绕国有企业脱困目标推进国有资本战略性调整后，"十三五"时期，在经济新常态背景下，我国将围绕更好服务于国家战略目标实施新一轮的国有资本布局战略性调整。"十三五"时期，为了适应经济增速趋缓、结构趋优、动力转换的经济新常态，必须推进新一轮国有经济布局的战略性调整。当前国有经济存在总量大，但功能定位模糊、过于集中于重化工业、地方国有企业扩张较快、创新方向和效率还不能满足创新型国家的要求，面临国际"竞争性中立"的严峻挑战、自然垄断性行业有效竞争不够和竞争性行业产业集中度不高等问题。"十三五"时期的新常态下国有经济布局结构战略性调整的目标，应该重"质"轻"量"，不再纠结于国有经济占整个国民经济的具体比例高低的"数量目标"，而应更加看重优化国有经济布局、促进国有经济更好地实现其功能定位和使命要求的"质量目标"（黄群慧，2016）。具体需要基于功能定位分类推进国有经济战略性调整、基于国家战略性标准和公共服务性标准选择调整国有经济的产业布局、基于全面深化改革和优化市场结构双重目标来协同推进国有企业兼并重组。

（三）调整方式由整齐划一向分层分类转变

从中国企业组织结构调整和国有经济布局调整的演进历程来看，逐渐从早期整齐划一的调整方式转向分层分类的调整方式。新中国成立初期，政府对所有企业都采取了集中统一管理的方针，以建立以全民所有制为主的社会主义经济体系。改革开放以后，国家对国有企业实行了"放权让利"的改革，乡镇集体企业也获得了空前的发展，私营企业逐渐获得了合法地位。政

---

[1] 黄速建. 中国企业组织结构调整与企业重组60年[J]. 首都经济贸易大学学报，2009（4）.

府对国有企业的直接干预逐渐减少，对乡镇集体企业和私营企业则采取了引导的方针，及至后来国有企业和集体企业采取租赁制和承包经营责任制，政府进一步缩小了对国有企业和集体企业的经营干预。国有企业改革的深入，是不断推进"政企分开"的历程。在国有企业股份制改造完成、国有企业改革进入攻坚阶段以后，政府主导企业组织结构调整的范围集中到两个方面：一是旨在提高产业国际竞争力的国有大型企业集团组建；二是旨在刺激经济效率的垄断行业企业的横向、纵向组织结构调整。在后来的改革中，由于各个地区的国有经济发展参差不齐，不同类型的国有企业差异显著，政府分别针对中央企业和地方国有企业、具有不同功能定位的国有企业，采取了有针对性的改革思路和措施，企业改革的自主权也有较大程度的提升。

二、国有经济结构和布局调整的逻辑与动因

（一）促进国有企业运营效率与竞争力提升

在计划体制下，中国的经济发展是封闭的、内向的，对于整个国家而言，所有的企业都处于一个封闭的系统之内，企业的效率高低不是竞争的结果。在这样的系统之内，企业的组织结构调整能够得到社会化生产和规模经济的收益，但由于信息极不充分，这种调整很容易出现偏差导致系统失灵；而且，在封闭的系统之内，难免出现"零和困境"，例如，三线建设为西部工业基础的建立奠定了基础，却也影响了沿海工业的发展。改革开放以后中国的市场逐渐向外国开放，在获得资金和技术输入的同时，中国企业也暴露在开放的竞争环境之中，企业组织结构调整的目标不仅是提高产业的整体经济效率，还要提高中国企业在国际竞争中的地位，提高企业在竞争中获取外部资源的能力，因此，调整企业组织结构的重要目标就是提高整个产业的竞争性效率，改善因规模不足而导致的先天性竞争弱势，组建有竞争力的大型企业集团一直是确立市场经济体制以来的重要导向。

（二）推动垄断行业改革，营造公平竞争环境

改革开放以来，中国经济体制改革基本上是在竞争性行业进行的。与竞争性行业改革所取得的巨大成就相比，垄断行业改革相对滞后，制约着整个经济体制改革的深入进行。在邮政、铁路、市政基础设施等众多垄断行业领域，在很长一段时间内仍维持着政府垄断经营的体制。这种状况直接导致了一系列问题的产生，如垄断行业的国有企业管理理念陈旧、效率严重低下、技术进步缓慢等。更重要的是，自然垄断行业"巨无霸"享受许多特殊待遇，不利于营造一个公平竞争的市场环境。在这种背景下，2002年党的十六

大报告正式提出了"推进垄断行业改革，积极引入竞争机制"的命题。2007年党的十七大报告再次提出"深化垄断行业改革，引入竞争机制，加强政府监管和社会监督"的命题。只有逐渐打破垄断行业壁垒，促进国有资产的高效流动，才能进一步优化国有经济的结构与布局，才能加快构建社会主义市场经济体系下的良性竞争格局。

（三）建立清晰产权关系和规范的治理结构

基于科斯、诺斯等对制度的开创性贡献，经济学家越来越关注制度尤其是经济、政治和法律上的制度安排对经济增长的重要作用。物质和人力资本的积累及技术进步被认为只是增长的结果而非原因，决定经济增长的是一国的制度安排。在所有制度安排中，产权制度无疑是最为重要的，有效的产权保护制度是经济发展的首要条件。我国市场经济制度是在改革计划经济体制基础上逐步建立起来的，建立由市场配置资源的制度体系，最核心的内容就是实施产权制度改革。改革初期国有企业存在的很多问题，从根本上讲都是因为产权不清晰而导致的。只有产权明晰了，才有可能进一步建立有效的治理结构和治理机制。从实践来看，我国的产权制度改革始终是国资国企改革的主线，与国有经济结构和布局的调整紧密联系、互相促进。

第二节 由政府向市场过渡的企业组织结构演变（1978~1992年）

一、"放权让利"激发企业市场活力

改革开放初期，为了解决经济短缺问题，激发国有企业的发展活力成为改革的重点。通过决策层对国外经验的借鉴以及社会各界的深入讨论，大家将当时的体制弊端归结为企业管理体制的问题，即企业作为市场主体没有获得相应的经营权和收益权。20世纪80年代初，以蒋一苇提出的"企业本位论"为代表，扩大企业自主权的改革拉开帷幕。从实践来看，这一时期的改革探索首先在地方开展试点，并自下而上，通过中央指导在全国推广。经过多地多企多年的试点探索，1981年，国家开始在所有国营工业企业中全面推广扩大企业自主权改革。1984年，国务院下发了《关于进一步扩大国营工业企业自主权的暂行规定》，再次扩大了企业在生产经营计划权、产品销售权、产品价格权、物资选购权、资金使用权、生产处置权、机构设置权、人事劳动权、工资资金使用权、联合经营权共十个方面的自主权。

第一阶段的"放权让利"改革,虽然使得企业活力得到了一定的增强,但并未真正实现搞活企业的目标。改革过程自始至终都受到当时体制的掣肘,一些下放给企业的自主权被中间环节截留,同时由于政策设计的不合理还在一定程度上造成了经济混乱。因此,国家提出要将改革重点放在转变国有企业经营机制上。1984年召开的中共十二届三中全会明确提出将全民所有制企业所有权和经营权适当分开,改革的重心从"放权让利"转移到"两权分离"。通过这一时期的实践,国有企业基本上拥有了比较完全的经营权和一定的收益权。为了推动国有企业"两权分离"改革的落实,1986年国务院制定了《关于深化企业改革增强企业活力的若干规定》,着重提出推行多种形式的经营承包责任制,给经营者以充分的经营自主权。此外,我国还积极开展了转换企业经营机制的不同形式的探索,比如租赁制、股份制。

二、打破条块限制的横向经济联合

1984年10月,党的十二届三中全会提出有计划的商品经济的概念,中国从此进入以国企改革为中心环节的城市经济体制改革阶段。这一阶段,国有大中型企业的改革主要是实行承包经营责任制,国有小型企业实行租赁经营责任制。少数有条件的大型企业实行股份制试点,组建企业集团。股份制的推行,将企业所有权与经营权适当分离,大大缩小了政府干预经济活动的范围和程度,企业组织结构调整开始显现市场机制的作用。总体来看,这一时期影响企业组织结构调整的重大制度创新是企业与政府共同作用的结果。

为打破部门、地区之间的界限,各种形式的横向经济联合在20世纪80年代初开始兴起,各种类型的经济协作区也获得了空前的发展。早期的"横向联合"是"自发""自愿"选择的结果,它本质上是企业在自负盈亏前提下追求经济利益的自然选择。企业之间的联合主要是建立在契约而不是行政命令的基础上。随着经济联合体的发展,现实中也出现了一些违背经济规律进行企业联合的情况。为此,1986年国务院发布《关于进一步推动横向经济联合若干问题的规定》,进一步明确了发展横向经济联合的原则和目标。经过数年时间,在加工企业和原材料工业企业之间,生产单位和科研单位、大专院校之间,沿海企业和内地企业之间,各种经济类型的企业之间,以及技术先进与后进的企业之间,包括联营、合营或者资金、技术等方面的联合,都获得了发展。这些有计划的、自愿互利的经济联合体,有效地改善了资源配置效率,提高了企业的技术和管理水平,使工业生产持续稳定增长。

117

三、企业兼并热潮与企业集团发展

到了 20 世纪 80 年代中后期，某些行业已经告别了"短缺经济"时代，经济的条块分割所带来的重复建设导致了生产的相对过剩。随着市场竞争机制的逐步形成，一些长期资不抵债或微利经营的劣势国有企业面临"退出"或"盘活"的问题。在这种情况下，企业兼并成为资源优化配置的有效手段，企业之间的收购兼并迅速升温。1989 年 2 月，国务院体改办、财政部和国家计委发布《关于企业兼并的暂行办法》，明确提出企业兼并的目标是"实现生产要素的优化组合"，"使企业兼并有利于优化产业结构、产品结构和企业组织结构"。事实上，至 1989 年下半年，企业兼并的势头已经有所减缓，跨地区兼并更为困难，兼并的形式也由多样化变为以资产无偿划拨为主，有些省市出现了行政性"拉郎配"的现象，导致一些企业合并拖累了主体企业。这一时期，企业兼并是政府引导企业通过竞争机制实现资源优化配置的重要手段，是政府解决低效资源退出的有效途径，然而在现实中，行政手段对经济活动的过度干预造成了新的低效问题。

针对这一时期企业调整与改组存在的一些问题，基于一部分企业在发展横向经济联系和进行专业化协作时呈现出群体化、集团化的态势，20 世纪 80 年代中期以后，我国政府在 1987 年前后开始从政策层面推动建立企业集团的有关工作。企业集团是在企业横向经济联合的基础上发展起来的一种高级的企业组织形式，是企业间的横向经济联合从松散型、半紧密型的联合转向紧密型的联合，从局部的、短期的联合转向全面系统的、长期稳定的联合以及从单一企业、少数企业之间的联合转向群体化、集团化的联合的必然产物（黄速建、余菁，2008）。1987 年 12 月 16 日，国家体改委、国家经委下发《关于组建和发展企业集团的几点意见》，首次对企业集团的含义、组建原则、组建条件、内部管理及发展的外部条件作了规范。随后两三年间，全国掀起企业集团发展热潮。统计显示，1987~1989 年，我国经地市级以上政府批准并经工商部门注册的企业集团达 1630 个[①]。1991 年 3 月，全国企业集团工作会议上提出，我国要组建 100 个左右的大型企业集团。这一年底，我国一批大型企业集团开展试点工作，企业集团的发展迎来了一个新的机遇期，也由此促进了国有经济结构和布局的优化调整。

---

① 中国企业集团促进会. 国有企业改革政策演变［M］. 北京：中国财政经济出版社，2003.

四、股份制试点与国资证券化初探

实际上早在1984~1986年,北京、上海、广东等地的部分集体和国有中小企业就已经开始了股份制试点,之后国家在继续完善实施企业承包经营责任制的同时也在推广实施新的试点,据统计,到1992年底已有3700家股份制试点企业,其中有92家公开发行了股票。

20世纪80年代末,我国一些地区进行了国有企业产权转让的尝试。1988年,武汉、石家庄先后成立了产权交易市场,同年全国2856家企业兼并了3424家企业,产权转让使得绝大多数被兼并的企业都实现了扭亏。[①] 产权交易市场为早期的产权市场化流动提供了平台。20世纪80年代末90年代初,随着股份制改革的推出,一些公司开始向全国公开发行股票,出现了上海"老八股"和深圳"老五股",成为中国上市公司的雏形。

1990年12月,上海和深圳证券交易所先后开始营业,由此,真正意义上的中国上市公司诞生了。当年,只有8家上市公司,总市值为23.8亿元。但是,仅仅用了两年的时间,到1992年底,沪深两市已经有53家上市公司,总市值突破了1000亿元。大量国有企业实施股份制改造并成功上市,开启了早期的国有资产证券化的历程,也为国有经济的结构和布局调整奠定了重要基础。

第三节 现代企业制度驱动的国有企业战略性改组(1993~2002年)

一、确立建立现代企业制度改革方向

1993年11月,中共十届三中全会通过了《关于建立社会主义市场经济若干问题的决定》(以下简称《决定》),提出国有企业改革的方向是建立"产权清晰、权责明确、政企分开、管理科学"的现代企业制度,要求通过建立现代企业制度,使企业成为自主经营、自负盈亏、自我发展、自我约束的法人实体和市场竞争主体。为了落实《决定》精神,国家选择了100家不同类型的国有大中型企业进行建立现代企业制度的试点,截至1996年底,100家试点企业的改革方案都已经批复并开始实施。与此同时,各地区、各

[①] 国家经济体制改革委员会. 中国经济体制改革年鉴(1989)[M]. 北京:改革出版社,1989.

部门也选择了一部分企业进行试点，并取得了重大进展。

到 1997 年上半年，在地方的 2343 家试点企业中，已经有 540 家改造成股份有限公司，占 23%；改造成有限责任公司的企业 540 家，也占 23%；改造成国有独资公司的企业 909 家，占 38.8%；尚未完成改造的有 307 家，占 13.2%[①]。在已改制为公司的 1989 家企业中，有 71.9% 的企业已组建了董事会，63% 的企业成立了监事会，总经理由董事会聘任的已有 61%[②]。1997 年党的十五大以后，中央多次提出，用三年左右的时间，力争到 20 世纪末大多数国有大中型骨干企业初步建立现代企业制度。到 2000 年底，这一目标已基本实现。根据国家统计局调查总队对全国 4371 家重点企业（绝大部分为国有企业）[③] 的跟踪统计调查，截至 2001 年底，所调查的 4371 家重点企业中已有 3322 家企业实行了公司制改造，改造面为 76%，改制企业中非国有独资公司（即其他有限责任公司和股份有限公司）占改制企业的 74%[④]。

二、"抓大放小"增强国有经济控制力

1995 年开始，中国国有企业改革的思路开始发生重要转变，"整体搞活"的思路逐步取代了"单个搞活"的思路，居于主导地位。按照这一思路，1995 年 9 月党的十四届五中全会明确指出："要着眼于搞好整个国有经济，通过存量资产的流动和重组，对国有企业实施战略性改组。这种改组要以市场和产业政策为导向，搞好大的，放活小的，把优化国有资产分布结构、企业结构同优化投资结构有机结合起来，择优扶强、优胜劣汰"[⑤]。随后，"抓大放小"的改革思路开始付诸实践。1996 年国家确定重点抓好在各行业、各领域起主导作用的 300 家大企业，1997 年又扩大到 512 家。这些企业虽然数量只占独立核算国有工业企业的 0.8%，但销售收入、实现利税分别占 61% 和 85%，对国有工业增长的贡献率高达 88%[⑥]。与此同时，各地开始采取包括出售在内的多种形式，加快放开搞活国有小型企业的步伐。

[①] 于克信. 国有企业改革过程中的管理重组研究 [D]. 复旦大学博士学位论文，2004.
[②] 汪海波. 中国国有企业改革的实践进程（1979~2003 年）[J]. 中国经济史研究，2005（3）.
[③] 包括 514 家国家重点企业、181 家中央管理的国有重要骨干企业、93 家国务院确定的建立现代企业制度百户试点企业、121 家国务院确定的国家试点企业集团母公司以及 3000 多家省级重点与试点企业.
[④] 张卓元. 深化国企改革发展混合所有制 [J]. 中国科技产业，2003（12）.
[⑤] 辛迪诚. 中国国有企业改革编年史（1978~2005）[M]. 北京：中国工人出版社，2006.
[⑥] 林岗. 国有企业改革的历史演进及发展趋势 [J]. 中国特色社会主义研究，1999（3）.

1997年党的十五大报告和1999年党的十五届四中全会通过的《关于国有企业改革和发展若干重大问题的决定》，进一步提出从战略上调整国有经济布局和抓大放小的方针，要求从整体上搞好国有经济，发挥国有经济的主导作用。国有经济需要控制的行业和领域主要包括：涉及国家安全的行业、自然垄断的行业、提供重要公共产品和服务的行业，以及支柱产业和高新技术产业中的重要骨干企业。2002年，党的十六大在坚持继续调整国有经济的布局和结构的改革方向的基础上，进一步明确了中央企业的定位，即关系国民经济命脉和国家安全的大型国有企业、基础设施和重要自然资源等，由中央政府代表国家履行出资人职责。

三、战略性改组催生并购重组热潮

1992年10月，国务院证券管理委员会[①]和中国证监会成立，标志着中国资本市场开始逐步纳入全国统一监管，全国性市场由此形成并初步发展。中国资本市场的两家监管部门成立之后，启动了上市公司监管制度体系建设，制定了一系列的规章制度。与此同时，国有企业的股份制改革和发行上市逐步推进，市场规模、中介机构数量和投资者队伍稳步扩大。在此背景下，中国上市公司的队伍不断扩大。

基于搞活整个国有经济的目的和"抓大放小"的改革思路，1995年，中共十四届五中全会提出要加快存量资产的流动、重组，对国有企业实施战略性改组。1999年，考虑到国有经济的控制力，国家开始调整国有经济布局，并将其与推进国有企业战略性改组结合起来。这一时期，企业兼并破产以及通过资产重组建立企业集团风起云涌，不但并购重组数量增加，而且交易形式也趋于多样化。同时产权交易也日益活跃，全国各类产权交易市场数量迅速增加，沪、深证券交易所的成立也为产权交易提供了更为便捷的渠道。国有企业战略性改组催生了上市公司第一轮并购重组热潮，也促进了国有经济布局的调整与优化。在此背景下，我国上市公司总体规模实现迅速扩张，所在区域从个别城市覆盖到全国，公司数量和规模都有了显著提升。到2002年底，沪深证券交易所共有上市公司1224家，总市值超过4万亿元，而1993年底上市公司仅有183家，总市值还不足4000亿元。

[①] 1998年4月，国务院证券管理委员会撤销，其职能归入中国证监会。

第四节 国资体制改革推动的国有企业竞争力提升（2003~2012年）

一、国资委成立之后推动的国有资产整合与重组

2003年，国资委成立，196家中央企业由原中央企业工委移交国资委管理。同年，党的十六届三中全会提出进一步推动国有资本更多地投向关系国家安全和国民经济命脉的重要行业和关键领域，增强国有经济的控制力。2006年底，国资委发布《关于推进国有资本调整和国有企业重组的指导意见》，明确了中央企业的重组目标和国有资本所应集中化的重要行业和关键领域。2007年，党的十七大提出，要深化国有企业公司制股份制改革，优化国有经济布局和结构，增强国有经济活力、控制力、影响力。在操作层面上，国有企业通过联合、兼并、改组等多种方式逐步向关系国民经济命脉的重要行业和关键领域集中，而在一般竞争性行业中则逐步退出。2011年《中央企业"十二五"规划纲要》提出，促进国有资本向关系国家安全和国民经济命脉的重要行业和关键领域集中。1995~2011年，国有及国有控股工业企业从7.76万家减少到1.71万家，中央企业数量从2003年国资委成立以来的196家减少到2011年的117家。截至2011年底，中央企业近九成资产集中在石油石化、电力、国防、通信、运输、矿业、冶金、机械行业等少数行业①。

二、伴随垄断行业改革不断深化的中央企业重组

"十五"期间，垄断行业垂直一体化的垄断经营格局开始打破，市场竞争格局开始形成，标志着垄断产业的改革与重组迈出实质性步伐。"十五"期间，各行业纷纷结合自身的具体情况，经过企业兼并、重组，形成了一批大型企业集团。大规模的企业重组，对相关行业产生了重要影响。企业之间的联合重组采取了多种不同的形式。其中最引人注目的有两种形式：一是企业之间的战略联盟，二是跨国界进行的企业兼并收购。

日益深入的垄断行业改革取得了显著成效。以三大自然垄断产业为例，2003~2012，国有资本所占比重均呈现较大幅度的下降。其中，水的生产和供

---

① 周子勋.改革是央企的唯一出路［N］.中国经济时报，2012-06-04.

应业国有资本比重由 2003 年的 81.64% 降至 2013 年的 59.44%，国有资本处于绝对控股状态。2003~2009 年，电力、热力的生产和供应业国有资本的比重在 50%~58% 浮动，处于绝对控股的地位，但随后的两年里国有资本比重迅速降至 40.03%。2003 年开始，燃气生产和供应业国有资本的比重呈现下降态势，2003 年国有资本的比重高达 60.6%，2010 年已经降至 23.05%。

三、股权分置改革带动的国有上市公司兼并收购

我国证券市场在设立之初，对国有股流通问题总体上采取搁置的办法，在事实上形成了股权分置的格局。20 世纪 90 年代末，通过国有股变现解决国企改革和发展资金需求的尝试，开始触动股权分置问题。1998 年下半年到 1999 年上半年，为了解决推进国有企业改革发展的资金需求和完善社会保障机制，开始进行国有股减持的探索性尝试，但由于实施方案与市场预期存在差距，试点很快被停止。2001 年 6 月 12 日，国务院颁布《减持国有股筹集社会保障资金管理暂行办法》也是该思路的延续，同样由于市场效果不理想，于当年 10 月 22 日宣布暂停。2004 年 1 月 31 日，国务院发布《国务院关于推进资本市场改革开放和稳定发展的若干意见》，明确提出"积极稳妥解决股权分置问题"。2005 年 4 月，中国证监会发布了《关于上市公司股权分置改革试点有关问题的通知》，正式启动了股权分置改革。截至 2007 年底，沪深两市共 1298 家上市公司完成或者已进入股权分置改革程序，占应改革公司的 98%，股权分置改革在两年的时间里基本完成。

在资本市场发展与股权分置改革的推动下，我国上市公司并购重组活动日趋活跃。Wind 数据库显示，2007~2011 年，上市公司并购重组交易金额超过 4509 亿元，是前五年的 5 倍。上市公司并购重组交易金额在境内并购重组交易总额的平均占比，从 2002~2006 年的 27.55% 增加到 2007~2011 年的 42.39%；上市公司境外并购的交易金额占我国企业境外并购金额的平均占比，由前五年的 11.68% 增加到后五年的 18.62%。2006~2011 年，共有 146 家上市公司完成或者正在进行产业整合式重组，有 206 家国有控股上市公司进行或者完成战略性并购重组，有力地促进了国有经济布局调整与优化。截至 2012 年底，全国共有国有控股上市公司 953 家，占我国 A 股上市公司数量的 38.5%，市值合计 13.71 万亿元，占 A 股上市公司总市值的 51.4%。[①]

---

① 白天亮. 国有控股上市公司占 A 股市值过半 [N]. 人民日报，2013-01-11（001）.

第五节 国企分类改革背景下的国有资本优化配置（2013年以来）

一、基于功能分类的国有经济结构与布局调整思路

国有经济战略性调整，对应于宏观层面和微观层面的不同内涵。作为服务于国家发展战略以及对国有经济功能使命要求的改革举措，深入推进国有经济战略性调整，无论是要实现国有经济扩张，还是要实现国有经济收缩，最终都需要通过微观企业层面的战略性重组来实现。为此，深入推进国有经济战略性调整，应和党的十八届三中全会提出的准确界定国有企业功能、对国有企业实施分类改革相结合起来，通过对每家国有企业的使命和功能定位进行界定，并基于使命和功能定位来确实企业战略，再选择相应的公司治理模式和监管方式（黄群慧、余菁，2015）。只有在此分类管理的架构下，企业才能真正成为具体实现和推进各方面的战略性重组任务的有效市场主体。

具体来说，可以基于"使命"将国有企业分为三个大类（黄群慧、余菁，2013）：第一类是"公共政策性企业"，这类企业是国家保证实现社会公众利益的一种手段和工具，旨在弥补市场缺陷，其"国家使命"定位是以是否完成国家赋予的具体政策目标为核心考核指标的"公共政策"导向。这类企业数量有限，却是未来国有资产管理的重中之重。第二类是"一般商业性企业"，也就是人们常说的竞争性国有企业，其定位是以国有资产保值增值为核心考核指标的"市场盈利"导向。量多面广的国有中小企业和产业竞争度高的国有大中型企业，都属于这类企业。这类企业完全是营利性企业，处于竞争性行业，与一般商业企业一样，其生存和发展完全取决于市场竞争。第三类是"特定功能性企业"，这是具有混合特征的国有企业，既非纯粹的一般商业性企业，也非典型的公共政策性企业。其"国家使命"定位是巩固社会主义基本经济制度和在国民经济中发挥主导作用，包括"走出去"、促进经济发展方式转变、保证国家经济安全和主导经济命脉等具体功能，而这些功能的实现要求以企业自身发展和经营活动盈利为基础。这类企业有一定数量，且其具体情况千差万别。由于国有企业的功能定位存在差异，它们在国有经济结构与布局调整中的角色和思路也不尽相同，必须予以区别对待。

二、国有资产管理体制改革与国有资本的优化配置

国有资产管理体制是推进我国国有经济布局战略性调整的重要体制载体。一方面，国有经济布局的战略性调整要求国有资产管理体制发生相应的变化并与之相适应；另一方面，国有资产管理体制改革的深化又为国有经济布局的战略性调整提供了体制保障（黄群慧、余菁，2015）。党的十八届三中全会提出明确的要求："完善国有资产管理体制，以管资本为主加强国有资产监管，改革国有资本授权经营体制，组建若干国有资本运营公司，支持有条件的国有企业改组为国有资本投资公司"。结合上述要求，深入推进国有经济战略性调整，需要进一步完善国资管理体制，重点是通过发展国有资本投资公司和运营公司，实现三层次的国资管理体制改革。当前，组建国有资本投资运营公司在推进国资国企改革中的作用主要体现在两个方面：一方面，组建国有资本投资运营公司是实现以管资本为主，加强国有资本监管的重要举措；另一方面，国有资本投资运营公司也是优化国有经济布局和结构，提高国有资本配置效率的重要举措。

党的十八届三中全会颁布的《决定》明确了国有资本投资运营公司的功能定位，指出"国有资本投资运营要服务于国家战略目标，更多投向关系国家安全、国民经济命脉的重要行业和关键领域，重点提供公共服务、发展重要前瞻性战略性产业、保护生态环境、支持科技进步、保障国家安全"。这表明，国有资本投资运营公司的基本功能是为国家战略目标服务，其经营的领域也将做适当的调整，从目前的以一般竞争性领域为主向关系国家安全和国民经济命脉的重要行业和关键领域转移。2015年10月25日，国务院印发了《关于改革和完善国有资产管理体制的若干意见》，进一步阐明了改组组建国有资本投资运营公司的具体途径，同时提出国有资产监管机构应按照"一企一策"的原则，明确对国有资本投资运营公司授权的内容、范围和方式。目前，中央和地方层面组建和改组国有资产投资运营公司试点的工作已经陆续展开。中央层面，中粮集团、国投公司、神华集团、宝钢、武钢、中国五矿、招商局集团、中交集团和保利集团9家央企已被列为国有资本投资公司试点，诚通集团、中国国新控股已被列为为国有资本运营公司试点。地方层面，截至2016年7月，24个省级国资委已经改组组建了50家国有资本投资运营公司。

三、提升国有资本发展质量与发展混合所有制经济

深入推进国有经济战略性调整，实施既有布局收缩性质又有布局扩张性

质的战略性调整，这一改革方向不同于严格意义上的、完全彻底的私有化改革，需要形式更为宽泛的企业产权结构来支持相应的企业重组与改革。从这个意义上讲，深入推进国有经济战略性调整，自然而然就和积极发展混合所有制经济联系在一起了。发展混合所有制经济，与通常意义上的"私有化"有根本区别。现在强调的国有企业发展混合所有制经济，在性质上更侧重于增量改革，强调的是对未来的国有经济结构与秩序的动态优化与重构（黄群慧、余菁，2015）。在发展混合所有制经济的过程中，国有资本不是为了退出而简单退出，而是为了实现其更好地发展而主动选择的退出。要做到这一点，国有资本优化配置必须和国有经济总体布局和结构调整的方向性要求紧密结合在一起。

实际上，我国国有企业产权多元化改革贯穿着国企改革的整个进程，是改革的核心内容之一，并逐渐走向深化。为贯彻党的十八届三中全会精神，2015年8月，《中共中央、国务院关于深化国有企业改革的指导意见》（中发22号文）的印发，标志着新一轮国资国企改革的开启。其中，明确提出"国有资本、集体资本、非公有资本等交叉持股、相互融合的混合所有制经济，是基本经济制度的重要实现形式，有利于国有资本放大功能、保值增值、提高竞争力，有利于各种所有制资本取长补短、相互促进、共同发展。"在"1+N"政策文件体系中，混合所有制改革是国企改革的核心内容，《国务院关于国有企业发展混合所有制经济的意见》（国发54号文）是混合所有制改革的指导性文件。需要特别强调的是，发展混合所有制经济需要建立在对国有企业进行功能分类的基础上。除少数定位为公益性或公共政策类型的国有企业要保持国有独资形式外，其他特定功能类型或一般商业类型的国有企业可以采用股权多元化或混合所有制的企业制度形式。原则上讲，越是一般商业类型的国有企业、越是层级低的国有企业和越贴近高度竞争的市场的国有企业，它们越适合于发展混合所有制经济。

第五章 国有企业法律体系的演进

第一节 国有企业法律体系演进的总体脉络

一、国有企业法律体系演进的总体脉络

(一) 国有企业法律体系的界定与构成

国有企业法是调整国有企业在设立、存续和终止过程中发生的社会关系以及国家对国有企业进行管理过程中发生的社会关系的法律规范的总称（王新红，2015）。从国有企业法的含义可以看出，我国国有企业法一方面调整国有企业在设立、存续、终止过程中的权利义务关系，另一方面包含了国家对国有企业管理过程中的具体法律规范。

国有企业法律体系是以宪法为基础，所有国有企业法律规范有机联系的统一体。我国国有企业法律体系中主要包括以下几种法律规范：

1. 宪法

宪法是我国的根本大法，它对国有企业做了原则性规定，同时也是其他相关国有企业立法的依据。我国《宪法》第七条规定：国有经济，即社会主义全民所有制经济，是国民经济中的主导力量。国家保障国有经济的巩固和发展。《宪法》第一十六条规定：国有企业在法律规定的范围内有权自主经营。国有企业依照法律规定，通过职工代表大会和其他形式，实行民主管理。

2. 法律

1986年12月2日第六届全国人民代表大会常务委员会第十八次会议通过的《中华人民共和国企业破产法（试行)》是我国最早的与国有企业相关的法律，主要适用于企业破产案件，被2007年6月1日起施行的《中华人民共和国企业破产法》取代。1988年8月1日实施的《全民所有制工业企业法》，不仅适用于全民所有制工业企业，还在本法的第六十三条明确规定：

本法的原则适用于全民所有制交通运输、邮电、地质勘探、建筑安装、商业、外贸、物资、农林、水利企业。1993年通过的《公司法》是国有企业法律体系中的重要组成部分，2005年我国对于《公司法》进行了修改，并专门设立一节（第四节，第六十四至第七十条）对国有独资公司进行了规范。为加强对国有资产的保护，避免国有资产流失，发挥国有经济在国民经济中的主导地位，我国于2009年5月1日实施了《企业国有资产法》，这也是当前对于国有企业最主要的法律规范。

3. 行政法规

在国有企业的艰难改革探索中，我国也发布了一系列相关的法规：1986年发布《全民所有制工业企业厂长工作条例》《全民所有制工业企业职工代表大会条例》《中国共产党全民所有制工业企业基层组织工作条例》；1988年发布两个责任制条例：《全民所有制工业企业承包经营责任制暂行条例》《全民所有制小型工业企业租赁经营暂行条例》；1992年发布《全民所有制工业企业转换经营机制条例》；2000年发布《国有企业监事会暂行条例》；2001年发布《减持国有股筹集社会保障资金管理暂行办法》；2003年5月27日，国务院发布了《企业国有资产监督管理暂行条例》，值得注意的是，2008年我国颁布了《企业国有资产法》后，《企业国有资产监督管理暂行条例》依然有效，并于2011年进行了修订。

4. 规章制度

国务院各部委和有权制定规章的部门、各省级"人民代表大会"与省级人民政府以及具有制定权的市级人民政府，均可以在其职权范围内制定调整有关国有企业的规章。如2007年国务院国资委、中国证监会制定的《国有股东转让所持上市公司股份管理暂行办法》，北京市政府2004年制定的《北京市国有企业监事会暂行办法》等。

5. 司法解释及其他

在司法实践中，最高人民法院与最高人民检察院对国有企业相关案例作出相应的司法解释，如2005年最高人民法院作出的《关于在民事审判和执行工作中依法保护金融债权防止国有资产流失问题的通知》。在实践中，有些从理论上并不属于国有企业法，但是其中有许多规定与国有企业不能截然分开，例如2007年我国颁布的《反垄断法》，涉及企业兼并、股权收购以及企业经营管理人员兼任企业组织事宜。

最后需要说明的一点是，中国的国有企业改革是在中国共产党的领导下进行的。在国有企业法律体系中，党的相关政策是制定国有企业法律制度的指导思想与依据,为国有企业改革提供了有力支持,形成了具有中国特色的国有企业法律体系。

(二) 国有企业法律体系的演进过程

新中国成立后,国家组建了一批国营性质的公司,主要包括工业、建筑业、运输业等部门。20世纪50年代末期,我国又在工业部门组建了一批全国性和地区性的国有企业,试办了各种专业公司和联合公司。新中国成立后至20世纪70年代,国有企业几乎遍布了整个国民经济的各种行业,无论是工业、制造业还是服务业,根据相关数据统计,1979年,国有工业企业在全国工业总产值中所占比例达到了78.5%,其余的21.5%则是来自于集体工业企业(张文魁、袁东明,2008)。过度的计划经济下,我国国有企业的整体效益不佳,国民经济已经岌岌可危。在此情况下,国有企业改革逐渐展开。

与国有企业相关的法律规范虽然具有滞后性,但是其指引与强制作用使得我国的国有企业法律体系的演进与我国国有企业的改革发展具有一定的同步性。因此,国有企业法律体系的演进主要分为以下几个阶段:第一,放权让利,探索"两权分离"的阶段;第二,建立现代企业制度阶段;第三,完善国有资产管理体制与公司法人治理阶段;第四,国家出资企业阶段。

二、国有企业法律体系演进的逻辑动因

(一) 国家政治经济环境的变化

新中国成立初期,国家对于官僚资本公司采取没收政策,并将它们转为国有企业,在工业、建筑业、运输业、商业部门组建了一批国营性质的公司。20世纪50年代末到60年代初,我国又组建了一批全国性与地方性的托拉斯(张士元,2013),我国的国有企业经历了一个从无到有的过程。人们对于社会主义的认知有一定的局限性,认为公有制是社会主义的最主要或是唯一形式,我国实行严格的计划经济体制。在计划经济体制之下,政府在一定程度上变成了一个大工厂的指挥中心,各个产业、企业都是大工厂的分支机构。具体来说,企业在行政上分别隶属于中央、省、县三级政府(朱锦清,2013)。国务院按照不同的产业建立不同的部门去管理企业,比如冶金工业部、煤炭工业部等。属于中央管理的企业就由这些部门直接管理与领导,各个省、自治区、直辖市分别建立与中央各部门相对应的部门来管理相应的企业。因此,我国国有企业相关的法律、法规也经历了一个从无到有的过程,最初的国有企业的法律法规也来源于政策性或者指令性的文件。

计划经济是以公有制为前提的本身就是为了克服市场固有的风险而设计

出来的。新中国成立之初,我国的国民经济规模小,高度集中的计划经济体制有利于我国对于资源的集中配置和使用,有利于降低企业的交易成本,避免生产力的浪费,降低市场的不确定性风险,对于新中国成立初期我国比较薄弱的国民经济与落后的工业基础的迅速增长具有重要作用。1952~1978年,这一时期按照可比价格计算的社会总产值、工农业总产值和国民收入的平均增长率分别达到了7.9%、8.0%和6.0%。相较于1949年,1978年我国的国民收入中工业所占份额从12.6%上升到46.8%,农业份额由68.4%下降为35.4%,建筑业与运输业所占份额分别从0.3%和3.3%上升到4.1%和3.9%,商业所占份额由15.4%下降为9.8%。在工业发展的过程中,我国经济增长的速度和经济结构都呈现出良好的发展趋势,在此期间国有企业实现快速增长(马建堂、刘海泉,2000)。

计划经济在最初设计的理想状态下运作,应当是一种完美的模式。国家按照国民经济的客观需求安排生产,制定全国的经济计划,达到供需平衡。每个企业积极配合,根据国家的计划完成生产任务。国家计算运输与供应渠道,避免损耗。但是在现实中,计划经济的实施依赖于诸多因素,随着国民经济规模的变化,以及在经济活动中各种因素的不确定性,中央最后汇总的信息与现实会有较大的偏差。而企业在计划经济中扮演的只是一个执行者的角色,没有自主选择生产负荷市场需求的可能性,企业生产的目的是完成国家下达的生产任务。在这过程中企业只是为了完成既有的任务,不会积极地为利润最大化的目标努力经营,因此在面对外部市场压力时,就会面临被淘汰的结果。

并且,我国最初设立国有企业有强烈的应急特征。早期的国有企业旨在解决新中国成立初期亟待解决的实际问题,在设计理念与发展的思路上体现了很强的功利性与实用主义。因此早期的国有企业的制度、法规往往前后矛盾,政府对于国有企业一直在放权与收权之间徘徊不定,既想解决国有企业的生产积极性问题,又要根除国有企业的一些弊病。比如"利改税"政策,政府既想将一部分权力给企业,又试图通过高达55%的企业所得税与企业调节税来控制企业。这还体现在,国有企业改革过程中缺少相应的配套制度与法规改变既有状况。国有企业最初作为政府的执行部门,资金来源于国家的分配,国家对于国有企业承担无限连带责任。这种"兜底"式的模式很难激发国有企业的活力,国家财政不堪重负。在国企改革过程中,政府试图通过一系列手段下放权力与物质刺激来激发企业活力,但是由于没有相关政策与法律法规的跟进制定,使得最后其本质并没有什么变化。比如,我国的"拨改贷"是把国有企业生产所需资金由国家统一拨付改变为企业向银行贷款。"拨改贷"的提出，客观上建立了我国企业的融资市场制度，但是我国没有相应的政策明确具体事宜，使得国有企业的融资渠道依旧是一对一，国有企业的改革没有实际进展。

事实上，我国的国有企业改革的过程中，1993年之前都缺少对于国有企业在法律制度上的宏观、清晰的定位。政府制定实施了种种政策与法规，国有企业改革没有摆脱"放权—收权—放权"的政策循环。1979~1990年，我国国有企业法律体系主要是由国务院发布或者批转的法规、政策性文件构成，对于当时培养企业的自主性、积极性，激发企业活力，培育市场等起到了积极作用，但不能作为国企改革的长效性、体系性的政策保证。

(二) 国有企业战略布局的调整

我国国有企业自产生之日起就具有支撑国民经济的作用，早期国有企业遍布国民经济各个行业，国民经济在GDP中占据绝对主导份额。20世纪90年代中期，我国国有企业出现大面积的亏损，使国家意识到国有经济的主导作用应体现在控制力上，国有资本不应太分散。1997年召开的党的十五大提出，推进国有企业战略性改组。1999年党的十五届四中全会作出了《中共中央关于国企改革和发展若干重大问题的决定》提到，从战略上调整国有经济布局，推进国有企业战略性改组，提高国有经济的控制力。国有经济需要控制的行业和领域主要包括：涉及国家安全的行业、自然垄断的行业、提供重要公共产品和服务的行业，以及支柱产业和高新技术产业中的重要骨干企业。其他行业和领域，可以通过资产重组和结构调整，集中力量，加强重点，提高国有经济的整体素质。

国有企业战略布局的调整，一方面，国有资本在国家意志的主导下，向特定的领域、行业集中；另一方面，在其他领域，即除国有资本占主导控制地位的领域外，国有资本可以有序退出。

1999年党的十五届四中全会作出了《中共中央关于国企改革和发展若干重大问题的决定》还提出国有企业应当继续进行股份制改革，大力发展混合所有制经济。这也是我国第一次明确提出"混合所有制"的概念，对于推进国有企业改革指引了方向。混合所有制对于国有企业引入非国有资本、降低融资成本、扩大企业规模非常有利。2003年党的十六届三中全会作出的《中共中央关于完善社会主义市场经济体制若干问题的决定》提到，要大力发展国有资本、集体资本、非国有资本参股的混合所有制经济，实现投资主体的多元化，使股份制成为公有制的主要实现形式。2007年党的十七大报告中也提出，发展混合所有制经济。

为了促进改革，国家配套出台了一系列的政策、法规予以支持。1997年，中国人民银行和国家经贸委联合下发《关于支持国有亏损企业有销路、有效益产品生产的通知》，发布"封闭贷款政策"。封闭贷款政策主要是银行贷款给亏损的国有企业专款专用。1999年，我国实施了"债转股"政策。所谓债转股，是指国家组建金融资产管理公司，收购银行的不良资产，把原来银行与企业间的债权、债务关系，转变为金融资产管理公司与企业间的股权、产权关系。债转股政策旨在解决国有企业在发展过程中的债务问题，其实质是一种具有市场化形式而无市场化实质的政府扶持手段。1999年3月，国务院批准组建中国信达资产管理公司，进行剥离、处置银行不良资产，推动国企改革的试点工作。1999年9月2日，中国信达资产管理公司与北京建材集团共同签订了《北京水泥厂债转股协议书》。北京水泥厂也由此成为中国首家债转股试点企业。国家先后成立了中国信达资产管理公司、中国东方资产管理公司、中国长城资产管理公司、中国华融资产管理公司。债转股政策的实施，对于企业而言既不需要付息，又不需要还本，因此很多本应淘汰的国有企业借着债转股政策继续存活，由于缺少市场化的社会资本的进入，一直是国家资金进行补充，因此对于国有经济的发展作用并不是很明显（李翊楠，2016）。

随着国有企业战略布局的改变，国有企业法律体系的发展主要是配合国家意志进行调整。但是在此过程中也暴露出国有企业法律、法规的不完善、不明晰。比如在混合所有制改革过程中，国家并未建立完善、公开、透明的配套措施，导致在企业改革过程中出现大量的私人与国有企业内部控制人大肆瓜分国有资产、集体腐败的问题。

在深化国有企业改革的要求之下，构建有效的国有企业监管模式成为政府部门的重要工作。2002年党的十六大报告中提出：坚持完善基本经济制度，深化国有资产管理体制改革。在坚持国家所有的前提下，充分发挥中央和地方两个积极性。国家要制定法律法规，建立中央政府和地方政府分别代表国家履行出资人职责，享有所有者权益，权利、义务和责任相统一，管资产和管人、管事相结合的国有资产管理体制。2003年3月16日，国务院国有资产监督管理委员会（简称国资委）成立。2003年10月23日党的十六届三中全会审议通过《中共中央关于完善社会主义市场经济体制若干问题的决定》提出：完善国有资产管理体制，深化国有企业改革。建立健全国有资产管理和监督体制；完善公司法人治理结构；加快推进和完善垄断行业改革。

2003年国务院颁布《企业国有资产监督管理暂行条例》，对国有及国有控股企业、国有参股企业中国有资产的监督管理进行了规范。2009年《企业国有资产法》正式出台，标志着我国国有企业监管体制基本形成。

国资委成立后，在企业负责人薪酬、绩效考核制度、董事会监事会建设方面加强了管理与部署，对于国有企业公司化发展影响非常大。在此期间，国资委发布一系列相关的政策、法规：2003年，国资委发布《中央企业负责人经营业绩考核暂行办法》；2004年，国资委发布《中央企业负责人薪酬管理暂行办法》《中央企业负责人薪酬管理暂行办法实施细则》《关于中央企业建立和完善国有独资公司董事会试点工作的通知》；2006年发布《关于规范中央企业负责人职务消费的指导意见》《关于加强和改进国有企业监事会工作的若干意见》；2008年发布《中央企业负责人年度经营业绩考核补充规定》。

我国针对国有企业战略布局的改变，也相应制定了配套的法律、法规与政策措施便于改革的进行。我国的国有企业法律体系的发展演进也现实地体现了国有企业在改革过程中面临的问题。由于国有企业改革属于"摸着石头过河"，所以在改革过程中的立法、执法、司法同样也处于一种摸索状态，但是法律的预测、评价作用也会导致一些问题的发生，因此在国有企业法律的实践中依然会存在不完善的方面。

第二节 放权让利，探索"两权分离"阶段的国有企业法律制度变迁（1978~1992年）

一、放权让利，扩大企业经营自主权阶段

国有企业的改革是从政府对于企业放权让利开始的。1978年7~9月，国务院召开务虚会，会上许多经济学专家讨论引入市场机制，给予企业必要的独立性，实行独立的经济核算，提高劳动生产率与资金利用率。1978年11月25日，国务院批准财政部发布《关于国营企业实行企业基金的规定》，规定提出：从1978年起，凡是全面完成国家规定的八项经济指标以及供货合同的工业企业，可按工资总额的5%提取企业基金。企业基金主要用于职工集体福利和劳动竞赛奖金，不准用于主管部门机关本身的各项开支。企业基金在思想理论上具有重大意义，但是对于国企改革来说，步伐迈得非常谨慎。1978年12月，中共十一届三中全会召开，党中央作出了全党工作重心由"以阶级斗争为纲领"转向"以经济建设为中心"的决定。此次会议提

出了经济管理体制改革，强调大力发展生产力，提出改变当前经济管理体制权力过于集中的问题，下放权力，让地方与企业在国家统一计划指导下具有更多的自主。1979年4月，中央召开工作会议，提出"调整、改革、整顿、提高"方针，并提出相应的意见。1979年开始的扩大国营企业的生产经营自主权是在人、财、物、产、供、销各个方面全面扩权。扩大企业经营自主权的试点工作，从1978年下半年开始，四川率先选择重庆钢铁等六家企业试点，并制定了14条扩权措施。在扩权措施中明晰了企业应承担的责任，并赋予企业一定的自主权。1979年四川省出台了《四川省地方工业扩大企业自主权，加快生产建设步伐的试点意见》。四川的放权让利试点改革调动了企业经营者与生产者的积极性，构建企业激励机制，在全国产生了积极的影响。1979年，各省都开始了扩大企业自主权的试点，包括云南、四川、安徽、广东、上海、陕西、贵州等。中共中央及国务院及时总结了各地扩权试点的经验，1979年7月13日国务院颁布了五个给企业扩权的文件，责成各省各部委从工业、交通系统中选取部分企业进行试点。这五个文件的核心是《关于扩大国营工业企业经营管理自主权的若干规定》，其配套文件为：《关于国营企业实行利润留成的规定》《关于开征国营工业企业固定资产税的规定》《关于国营工业企业实行流动资金信贷的暂行规定》《关于提高国营工业企业固定资产折旧率和改进折旧费使用办法的暂行规定》。这些扩权文件为企业明确了十项权力，主要包括：在完成国家计划的前提下，允许企业按照生产建设和市场需要制定补充计划，补充计划所生产的产品，企业可以按照国家定价自销；实行利润留成，企业有权自行安排使用利润留成建立的生产发展基金、集体福利基金和职工奖励基金；逐步提高固定资产折旧率和企业的留成比例，实行固定资产的有偿占用制度；企业有权向中央和地方有关部门申请出口自己生产的产品，并按国家规定获得外汇留成；将流动资金的财政拨款改为全额信贷，有偿使用；企业具有按照国家劳动计划指标择优雇用职工，以及任免中层和中层以下的干部的权力。扩权文件下达后，1980年底，全国试点企业达到了6600家，占全国工业企业总数的16%，产值达到全国工业总产值的60%，利润更是高达70%（汪海波，1986）。据《人民日报》报道，上海印染厂实施利润留成当年第四季度（1978）就为国家多盈利178万元，第二年上半年，全厂全面超额完成国家计划，多盈利272万元。

1980年9月2日，国务院批转了《关于扩大企业自主权试点工作情况和今后意见的报告》，允许各地根据自身实际情况进行一些变通。1984年，国家为了深化放权让利改革，国务院颁布《关于进一步扩大国营工业企业自主权的暂行规定》，文件从生产经营、产品销售、产品价格、机构设置、人事劳动管理、工资奖金、联合经营等方面明确了国有企业应具有的生产经营计划权、产品销售权等十项自主权。

一系列扩权让利的改革，刺激了企业的积极性，繁荣了市场，同时也让国有企业职工的收入迅速增长。由于利润留成的原因，国有企业职工奖金在收入中的占比也越来越高。1984年全国职工发放奖金的总额是1978年的18倍。但是，国家并未从国有企业的放权让利中获益。1979年实施的五个扩权文件中的十项权利，只有一项落实得比较好，就是利润留成。利润留成之所以执行得比较好就是因为动力大，阻力小。然而，在物质利益的驱动下，企业与政府之间变成了一种讨价还价，国家财政的主要来源就是企业的利润上缴，有部分企业为了减少利润上缴，甚至开始虚构成本。1979~1980年，国家出现了300亿元的财政赤字。面对这种情况，国家在1981年发布了《关于实行工业生产经济责任制若干问题的暂行规定》，规定明确所有国有企业都必须首先保证财政上缴任务的完成，使国家财政收入能够逐年有所增长。实行经济责任制的单位，每年增长的利润，国家所得比例要高于企业。国有企业根据实际情况实施利润包干制度。

利润留成制度刺激了生产，但是有许多潜在的、根本性的问题没有解决。在利润留成中的基数确认、核定成本高昂等问题都直接影响国有企业的发展，难以持久形成激励。

二、利改税与拨改贷阶段

1983~1986年，我国分步骤地实行了利改税的税制改革。利改税，就是把国营企业上缴利润改为按国家规定的税种与税率缴纳税金，税后利润完全归企业支配。利改税的目的就是把国家与国营企业的分配关系通过税收的形式，通过法制化的手段固定下来。由于我国长期实施企业利润上缴的办法，一下子变成征税实施起来比较困难，因此利改税分成两步走：第一步，从1983年开始；第二步，1984年继续。

第一步利改税，我们称之为税利混合，即又征税又上缴利润，这也是针对我国国有企业现实的一种过渡性安排。1983年1月1日，我国开始实施了《关于国营企业利改税试行办法》。《关于国营企业利改税试行办法》对于国营大中型企业与小型企业进行了区别对待。凡有盈利的国有大中型企业，都按实现利润缴纳55%的所得税，余下利润一部分上缴，一部分留给企业。上缴的办法有四种：递增包干、固定比例、缴纳调节税、定额包干。对于国家政策新亏损企业，继续实行定额补贴或者计划补贴的办法，超亏不补，减亏分成，一定三年不变。为了更好地实施利改税政策，我国还发布了一系列的相关规定，如《关于国营工交企业实行利改税财务处理问题的暂行规定》《关于商业企业实行利改税财务处理问题的暂行规定》《关于对国营企业征收所得税的暂行办法》《关于国营企业实行利改税有关财政预算、金库报解等若干具体问题的处理办法》《关于按期开征国营企业所得税问题的通知》，等等。

第二步利改税是指1984年7月13日国务院发出的通知，从10月1日起全国推行利改税的第二步改革。1984年9月18日，国务院批转了《关于在国营企业推行利改税第二步改革的报告》《国营企业第二步利改税试行办法》。第二步利改税将工商税按照纳税对象划分为产品税、营业税、盐税，一个企业只交其中一种；将第一步利改税设置的所得税和调节税加以改进；增加了资源税、城市维护建设税、房产税、土地使用税与车船使用税。在国务院批转第二步利改税试行办法的同一天，国务院发布了中华人民共和国产品税、增值税、盐税、营业税、资源税、国营企业所得税六个条例草案（朱锦清，2013）。

利改税的目的是将国家与企业的分配关系通过税收固定下来，但是我国各个企业的情况都不相同，有的企业在利改税中暴富，有的企业破产。实践很快证明，利改税作为一项改革措施没有达到预期效果。但是，这场改革对于我国国有企业的发展是势在必行的，方向也是正确的，没有税收制度政企很难实现分开，市场经济也无法建立。1983~1986年我国实施利改税改革对于我国的税收制度具有奠基的意义。

此间，我国政府在利改税实施的同时实行了"拨改贷"，即政府对企业的固定资产的投资关系由财政的无偿拨款改为银行的贷款，这使国有企业的投融资机制发生了一个转变，但是由于政策本身设计的问题，也在某种程度上挫伤了国有企业的积极性。

三、承包经营责任制阶段

利改税改革失败后，国营企业的改革进入了承包和租赁的阶段。也是在这个阶段，"国营企业"改成"全民所有制企业"，后来又被称为"国有企业"。

承包制最早出现在1982年，首都钢铁厂和吉林一些企业实行了承包。当时农村的改革已经成果斐然，城市改革也想借用农村改革的经验，搞承包合同。1983年，全国县以上国有企业的60%都实行不同形式的承包制。所谓的承包经营责任制，就是在坚持企业的社会主义全民所有制的基础上，按照所有权与经营权分离的原则，以承包经营合同的形式，确定国家与企业的责、权、利关系，使企业做到自主经营、自负盈亏的经营管理制度。

1984年10月，党的十二届三中全会召开，通过《中共中央关于经济体制改革的决定》。《中共中央关于经济体制改革的决定》提出我国经济体制改革的重点由农村转向城市，并首次提出国有企业的"两权分离"理论。"两权分离"即所有权与经营权的分离，两权分离的提出对于国有企业改革具有重大意义。

值得说明的是，两权分离的提出对于国有企业法律体系同样有着重要的意义，20世纪80年代，我国企业立法兴起：1986年12月我国颁布《企业破产法》；1988年4月，我国颁布《全民所有制工业企业法》。《企业破产法》只适用于国有企业，因此也被称为《国有企业破产法》，这部法律提出了国有企业在市场中的退出机制，即破产清算，但是由于国有企业员工的安置问题非常敏感，因此在实施过程中非常难推行。而《全民所有制工业企业法》在我国国企改革中具有重要地位。该法第一次以法律的形式明确了国有企业是自主经营、自负盈亏、独立核算的商品生产和经营单位，确立了国有企业的法律形态、法律地位、相关的权利义务关系，同时还对国有企业实行承包、租赁进行了法律确认。

这一阶段主要发布的规范性文件包括：1986年12月5日国务院发布的《关于深化企业改革增强企业活力的若干规定》，决定在全国范围内推行企业经营承包制度；1988年2月27日国务院发布的《全民所有制工业企业承包经营责任制暂行条例》，对承包的具体内容作了详细规定；1992年7月出台的《全民所有制工业企业转换经营机制条例》等。

在大中型国有企业实行承包制的同时，我国国有小型企业和集体所有制企业开始实行租赁制。1985年，小型企业的租赁在全国推行，6万多家小型国营企业出租给集体或者个人。1988年6月5日，国务院发布《全民所有制小型工业企业租赁经营暂行条例》，此时租赁在全国早已推行，此条例的发布是对既定事实的一种认可与总结。

1990年，大部分国有企业签订的承包合同第一轮已经到期，基本上又续签了新的承包合同。在第二轮的承包合同履行过程中，承包制的弊端也逐渐显露出来，如承包期限导致的"短期行为"严重，企业往往只关注当下的利益，忽视企业的长期发展；承包合同在实际执行中变成了"包盈不包亏"；等等。

第三节　建立现代企业制度阶段的国有企业法律制度变迁（1992~2002年）

一、国有企业股份制的探索

国有企业的股份制改革早在1984年就开始试点，但是由于提倡股份制很容易被扣上"私有化"的标志，因此没有得到推广。1984年，北京天桥百货公司首次向社会半公开发行股票（郑振龙，2000）；1984~1985年，上海批准设立上海飞乐音像股份有限公司和上海延中实业股份有限公司。1985年广州批准了三家国营中小企业进行股份制试点。1986年，国务院发布《关于深化企业改革增强企业活力的若干规定》，里面提出可以选择少数有条件的全民所有制大型企业进行股份试点。1987年国务院发布《关于加强股票、债券管理的通知》，各个地方政府也同时发布政策推进国有企业股份制改革，比如深圳市发布《深圳经济特区国营企业试点的暂行规定》、太原市发布的《关于集体经济股份制试点指导方案》、福建省发布的《股份制企业暂行办法》《股票管理暂行办法》（李翃楠，2016）。

1992年5月15日，体改委等五部委联合制定《股份制企业试点办法》和两个附件《股份有限公司规范意见》《有限责任公司规范意见》。这些文件将股权按照投资主体的所有制属性分为国家股、法人股和个人股，并规定国家股与法人股不得随意流通，单个自然人持股不得超过总股本的5%。

国有企业股份制的探索与尝试，尽管政府是有目的地推行股份制，但是由于当时我国缺乏完善的法制环境，金融市场不发达以及体制与人们认知上的问题，股份制依旧无法明晰产权，并且推行股份制之后，企业主管依旧采取行政任命制，国家作为最大股东无法实现对经营者的管控，更多情况下股份制成为国有企业筹集资金或者为职工谋福利的途径而已。可见，国有企业对于股份制的探索并未解决国有企业发展中的问题。

二、《公司法》的颁布与现代企业制度的完善

经过多年的实践探索，我国经济体制逐步向市场经济转变，国企改革也开始向其本质方面进行探索与创新。1992年11月，中国共产党第十四届全国代表大会正式提出"市场经济"的口号，国有企业也迎来了新的改革契机。1993年11月，中国共产党十四届三中全会通过《中共中央关于建立社

会主义市场经济体制若干问题的决定》，将"市场经济"的口号具体化，并提出国有企业改革的方向是建立产权明晰、政企分开、权责明确、管理科学的现代企业制度。

1993年12月29日，我国颁布《公司法》。《公司法》规定了两类公司的形式：股份有限公司与有限责任公司。《公司法》中没有国家股、法人股、个人股的区分，再次确认了"同股同权、同股同利"的原则。《公司法》是国企改革过程中非常重要的法律。《公司法》颁布后，有大量国有企业按照法律要求登记注册，采取法律规定的形态：股份制有限公司或者有限责任公司，按照公司法要求建立了股东会、董事会、监事会等机构。1994年国家经贸委确立100家国有大型企业进行公司制改革试点。

《公司法》的颁布与市场经济制度的确立标志着我国国有企业改革路径的形成。这一阶段主要分为三个阶段：1992~1993年，在行动与理论层面为我国国有企业改革指明了新方向；1994~1997年，我国国有企业改革进入一个新阶段：建立现代企业制度试点，推行现代企业制度，探索国有企业减负，优化国有资产结构，建立与现代企业制度配套的相关制度与措施，使国有企业改革逐步完善与深化；1998~2002年，试图使大多数国有大中型企业摆脱亏损困境，使其建立现代企业制度。

我国国有企业改革的法律、法规主要集中在：1992年5月国家体改委等单位发布的《股份制企业试点办法》；国家体改委发布的《股份有限公司规范意见》《有限责任公司规范意见》；1993年11月14日，中共十四届三中全会通过的《关于建立社会主义市场经济体制若干问题的决定》；1993年颁布的《公司法》；1999年9月，中共中央十五届四中全会通过的《中共中央关于国有企业改革和发展若干重大问题的决定》等法律法规。

这个阶段需要说明的是，初期的公司化改革对于国有企业有明显的促进，但是90年代后期，市场经济的发展使多种经济成分发展迅速，市场竞争激烈领域的国有企业出现亏损并不断扩大。为保证我国的国有企业改革能够顺利进行，我国相继出台政策与规章扭转国企亏损的状态，比如1997年的《关于支持国有亏损企业有销路、有效益产品生产的通知》出台"封闭贷款"；1999年实施的"债转股"政策。

第四节 完善国有资产管理体制与公司法人治理阶段的国有企业法律制度变迁（2002年至今）

一、市场经济制度与国有资产管理体制的建立

市场经济的发展、国有企业改革和政府管理体制改革的深入程度是密切相关的。早期为了国有企业在改革过程中解决来自政府部门的不当干预，落实企业经营自主权问题，国家甚至撤销了行政部门主管国有企业的模式，这也使国有企业出现内部人控制的问题。2002年，中共十六大报告中提出了深化国有资产管理体制改革。报告中指出：改革国有资产管理体制，是深化经济体制改革的重大任务。国家要建立法律法规，建立中央政府和地方政府分别代表国家履行出资人职责，享有所有者权益，权利义务和责任相互统一，管资产和管人、管事相结合的国有资产管理体制。这意味着国家对于国有企业的管理逐步由行政管理向产权管理和资本管理转移。

2003年国务院颁布《企业国有资产监督管理暂行条例》，对国有及控股企业、国有参股企业中的国有资产的监督管理、企业负责人及重大事项的管理、国有资产监督管理机构的主要职责与义务作出了相应的规定。国务院专门设立了国有资产监督管理委员会，各省市、直辖市及所辖地州市也相应成立了国有资产监督管理机构。

2009年《企业国有资产法》的颁布，标志着我国国有资产管理法制化路径的实现。除以上国有企业相关的法律、法规、政策外，还有2003年9月9日，国务院制定了《国有企业清产核算办法》，2003年12月31日国资委和财政部联合发布的《企业国有产权转让管理暂行办法》，2003年10月，中共中央十六届三中全会通过的《中共中央关于完善社会主义市场经济体制若干问题的决定》，2004年国务院发布的《国务院关于推进资本市场改革开放和稳定发展的若干意见》等。

二、公司法人治理结构的完善

国有资产监督管理委员会（简称国资委）成立后，国有企业公司化的进程明显加快。为了规范国有企业的改革，2004年国资委下发《关于中央企业建立和完善国有独资公司董事会试点工作的通知》，此通知启动了我国国有企业董事会的试点工作。引入董事会，避免董事会与经理人员等的职责重

合，实行决策权与执行权的分离，使企业在运行过程中视角更全面，决策更加理性，符合股东利益，适合企业的长远发展。此次试点工作，国资委选择7家国有企业进行。2005年，国资委提出"以建立健全国有大型公司董事会为重点，抓紧健全法人治理结构、独立董事和派出监事会制度"，并于2006年发布《关于加强和改进国有企业监事会工作的若干意见》，由国资委代表国务院向国有企业派出监事会。

国有企业改革逐步深入，2008年10月28日，我国颁布了《企业国有资产法》，该法第五条明确规定：国家出资企业是指国家出资的国有独资企业、国有独资公司以及国有资本控股公司、国有资本参股公司。

2017年4月24日，国务院办公厅发布了《国务院办公厅关于进一步完善国有企业法人治理结构的指导意见》（以下简称《意见》）提出，我国当前多数国有企业已初步建立现代企业制度，但从实践情况看，部分企业尚未形成有效的法人治理结构，仍存在董事会形同虚设等问题。

《意见》从"理顺出资人职责，转变监管方式；加强董事会建设，落实董事会职权；维护经营自主权，激发经理层活力；发挥监督作用，完善问责机制和坚持党的领导，发挥政治优势"等五个方面，对主体权责加以明确规范，并提出：国有企业法人治理结构建立在国企委托—代理制的基础上，国有资产属于全体人民所有，由出资人机构履行出资人职责。

《意见》中明晰我国国有企业主要为国有独资公司、国有全资公司和国有控股企业。并明确国有独资公司不设股东会，由出资人机构依法行使股东会职权。《意见》中首次提出的国有全资公司（两个以上的国有企业其他国有投资主体，以往文件未有提及）和国有控股企业，则实行"出资人机构主要依据股权份额通过参加股东会议、审核需由股东决定的事项、与其他股东协商作出决议等方式履行职责，除法律法规或公司章程另有规定外，不得干预企业自主经营活动"。这为明确权责边界、确保董事会的独立性提供了前提和基础。

为规范董事会议事规则，防止出现一人决断的情况，《意见》明确提出"董事会要严格实行集体审议、独立表决、个人负责的决策制度，平等充分发表意见，一人一票表决，建立规范透明的重大事项信息公开和对外披露制度，保障董事会会议记录和提案资料的完整性，建立董事会决议跟踪落实以及后评估制度，做好与其他治理主体的联系沟通"。并详细规范必须把加强党的领导与完善公司治理统一起来，明确国有企业党组织在公司法人治理结构中的法定地位。

《意见》也对激发经理层的活力做出了明确部署，"建立规范的经理层授权管理制度，对经理层成员实行与选任方式相匹配、与企业功能性质相适应、与经营业绩相挂钩的差异化薪酬分配制度，国有独资公司经理层逐步实行任期制和契约化管理"。

《意见》的发布对完善现代企业制度、健全公司法人治理结构提供了方向和指引，但需要说明的是，我国国有企业改革的深入需要健全的法制环境为其保驾护航。

第六章 国有资产监督管理体制改革

第一节 我国国有资产监督管理体制改革的基本脉络

一、国有资产监督管理体制改革的基本脉络

(一) 监管主体的演进

1. "九龙治水"阶段

国有企业在改革之前,只是执行指令性计划的主体,隶属于行业主管部门管理并执行其下达的各种指令性计划。扩大企业自主权改革后,国有企业的运行受计划与市场的双重调节,指令性计划仍然存在,但在逐步收缩,相应地,行业主管部门的权力被削弱,但它的地位并未被动摇。

1988年,成立了隶属于财政部门的国有资产管理局,旨在行使国有资产的所有者职能,但由于行业主管部门的存在,国有资产管理局并未真正行使其职权,只是作为"账房先生",做了国有资产产权登记及资产评估等工作。随着改革的推进,指令性计划被取消,国有企业由受计划与市场双重调节走向完全由市场调节,成为真正的市场竞争主体,这时作为指令性计划下达者的行业主管部门自然就失去了存在的意义,在1998年的政府机构改革中被全部撤销,而隶属于财政部门的国有资产管理局也随之被撤销。

那么,如何来管理作为市场竞争主体的国有企业?当时采取的方式是政府多部门各司其职,共同管理。财政部门管企业财务,计划部门管投资,劳动部门管劳动工资,经贸委管企业生产及改革,监事会管企业财务及政策监督,即所谓"九龙治水"的体制。这种体制的设计更多的是对如何管理市场经济中的国有企业的一种探索,旨在更好地发挥企业作为市场主体的主动性,增强企业活力。但它的弊端也是明显的,也就是各管理主体职责不清,企业出了问题找不到真正的责任人。有些问题各管理主体又相互推诿无人解

决，企业有不同的问题要找不同的部门从而增加了企业解决问题的成本。因此，这种多部门管理体制就只能是作为一种过渡性的安排。

2. 国资委既做"出资人"又做"监管人"阶段

2002年10月，党的十六大提出，建立中央与地方分别履行出资人职责的国有资产监管体制。2002年11月召开的党的十六大明确提出了建立代表国家履行出资人职责的国有资产管理机构，建立中央与地方分别履行出资人职责的国有资产监管体制。2003年3月24日，国务院国有资产监督管理委员会正式成立，由国务院授权代表国家履行出资人职责，同时把国有企业监事会作为国资委的重要组成部分，实现所有者权益、权利、义务和责任相统一，管资产和管人、管事相结合的国有资产管理体制。

3. 国资委行使监管职能，国有资本运营公司履行出资人权利阶段

2015年9月中共中央国务院印发的《关于深化国有企业改革的指导意见》中指出，要改组组建国有资本投资、运营公司，国有资产监管机构授权国有资本投资、运营公司对授权范围内的国有资本履行出资人职责。这样的制度设计，将改变以往国有资产监督机构直接对所监管企业履行出资人权利的模式，而改由国有资本投资、运营公司来履行出资人权利，实现政府和市场之间的"界面"和"隔离带"。国有资产监督机构的指令主要通过国有资本投资、运营公司这一平台，通过规范的法人治理结构，以"市场化"的方式往下层层传导，规避政府对市场直接干预，真正实现政企分开。

（二）监管框架的演进

1. 国资委直接管理企业的两层架构阶段

2003年3月，国务院国有资产监督管理委员会成立，作为特设机构对中央企业履行出资人职责，行使出资人权力。这种出资人权力就是曾经分别由政府有关部门共同行使的管理国有企业的权力，即由原来的"九龙治水"变为国资委统筹负责。

2. 国资委、国有资本运营公司、国有企业的三层架构阶段

国务院国资委成立后，改变了过去所形成的国有企业大多由行业主管部门多头管理但却无人负责的格局，形成了当前"管人、管事、管资产相结合"的国有资产管理体制，但随着时间的推移，这种管理体制已经不能适应国有企业的发展，具体表现为政企不分、腐败频发、国有经济布局结构不合理、国有企业领导人员的"行政化"和由此带来的创新与活力不足等问题。因此，成立国有资本投资运营公司，以管资本为主加强国有资产监管，具有重要的战略意义。

国有资本投资运营公司的建立，改变了过去"国资委—国有企业"的两

层监管结构，在国资委与国有企业之间增设了一个"隔离层和屏障"，形成了"国资委—国有资本投资运营公司—国有企业"的三层监管体系，通过这个"隔离层和屏障"，促使政企分开，实现国资委出资人职能与监管者职能的分开，减少政府的寻租行为和对国有企业的直接干预。

(三) 监管方式的演进

1. 从统一监管到分类监管

从国企国资改革的实践可以看出，改革国有资产管理体制，首先要考虑国有企业改革及它所采取的形式。若国有企业改革没有实质性的变化，国有资产管理体制变革的空间则有限，即使变革有了大的动作，如果没有随之而来的国有企业改革的实质性变化，国有资产管理体制的变革也很难稳定。因此，我们首先要考虑的应该是国有企业改革要改成什么样，明确了改革的方向及实施的行动，我们才能以此去设计和改革国有资产管理体制。

国有企业分类是新时期深化国有企业改革的前提和基础。《指导意见》将国有企业划分为商业类和公益类，既考虑了国有企业首先是企业的一般特征，又考虑了我国国有企业应肩负的特殊使命和责任。通过界定功能、划分类别，实行分类改革、分类发展、分类监管、分类定责、分类考核，什么情况可以享受垄断，什么情况可以享受财政补贴，都必须要区分清楚。对企业来说，可以解决功能不清晰、定位不明确、发展同质化等问题；对出资人来说，可以使考核更科学、监管更精准、改革更有针对性；对市场来说，也会有一个更明确的预期导向，有利于使国有企业更好地与市场深度融合。国企分类，要高度重视监管者与经营者的分类，这里牵涉所有权与经营权的分开。人员分类管理双轨制，牵涉党管干部和职业经理人。对商业类企业的分类，将加快这些企业成为独立的市场主体。

2. "管企业为主"到"管资本为主"

国有资产监管机构作为政府直属特设机构，根据授权代表本级人民政府对监管企业依法履行出资人职责，专司国有资产监管，不行使政府公共管理职能，不干预企业自主经营权。推进国有资产监管机构职能由以管企业为主向管资本为主转变，要围绕增强监管企业活力和效率，准确把握职责定位，根据完善国有资产管理体制和职能转变的要求，科学界定国有资产出资人监管边界，在全面梳理国有资产监管机构职责的基础上，明确具体职责和权限，并按照权责一致、有权必有责、权责匹配的原则明确监管责任，建立"两个清单"，即权利清单和责任清单。建立"两个清单"有利于使国有资产监管工作明确权责、转变职能、优化流程、提高效率、接受监督。

二、国有资产监督管理体制改革的逻辑与动因

(一) 规范国有资本运作

遵循市场经济规律和企业发展规律,通过科学监管,使国有资本运作的规模、方式、路径、目标等符合国有资产监管的有关法律法规,符合国有资本的不同战略定位。

资本运作是资本配置的重要手段,规范有序的资本运作有利于提高资本配置和运行的质量与效率。产业资本发展到一定阶段,为追求更快地流动、加快配置到利润率较高或成长性较好的新兴产业,需要借助金融资本、资本市场来解决"心有余而力不足"的问题,因而与金融资本融合发展具有客观必然性。从企业内部看,专业的资本运作团队纷纷建立,资本或证券部门应运而生;从企业外部看,资本运作服务成为现代金融服务业的重要组成部分,专业投资运营公司如雨后春笋般大量出现,为推动产业资本优化配置、发展壮大发挥了重要作用。但资本大鳄在资本市场上兴风作浪引发的世界金融危机、资本推手在企业高杠杆并购中引发的债务和金融风险,也让人们看到失控的资本运作不仅导致玩火者自焚也会引发系统性风险。因此,国资监管部门应本着趋利避害的原则,一方面,从微观上鼓励国有企业积极利用资本市场放大国有资本功能,同时引导国有企业规范产融结合,追求长远收益,严控各类债务风险特别是高杠杆率风险,严禁国有资本脱实向虚、流入融资性贸易和"空转"贸易等业务以及海外的浮财、虚财等领域;另一方面,从优化国有资本布局和发展实体经济考虑,稳妥推进国有资本运营公司和投资公司试点,赋予其特定职能,与产业集团形成相辅相成的关系而非替代关系,比如,可以探索研究让国有资本投资公司主要承担国有资本向重要前瞻性战略性等新兴产业布局的任务,让国有资本运营公司主要承担一般竞争性领域国有资本的退出和低效无效资产的盘活、处置等任务,并设立相关配套投资基金、结构调整基金,提高国有资本配置和运行的专业化,形成国有资本流动重组、布局调整的有效平台,促进国有资本做强做大,同时健全国有资本运作机制,组织、指导和监督国有资本运作平台规范运营,促进国有资本做优做稳。

(二) 维护国有资本安全

通过科学监管,实现国有资产的保值增值,切实预防国有资产的流失,防范国有资本运营风险,维护国有资本的关键领域和重要行业的控制力。

维护国有资本安全、防止国有资产流失是出资人以管资本为主加强国有资产监管的重要职责,与促进国有资本保值增值具有同等的重要性。从过去

发生的危害国有资本安全、导致国有资产流失的案例来看，应特别加强两个方面的监管：一是对重大投资经营风险的管控，推动企业重点完善"三重一大"决策制度，防范与管控债务和金融风险，确保企业将经营决策全过程及投融资风险纳入内控体系，阻断发生颠覆性、致命性问题的通道。二是对违法违纪行为和违规经营投资行为的监督，充分发挥外派监事会在境内外国有资产监督体系中的重要作用，落实外派监事会纠正违规决策、罢免或者调整领导人员的建议权，赋予监事会追查违规资金流向的手段，查深查实查透国有资产流失重大问题；深化出资人监督协同，建立健全国有企业违法违规经营责任追究体系、国有企业重大决策失误和失职渎职责任追究倒查机制，加大对违法违纪行为查处和违规经营投资责任追究的力度，督促企业落实维护所属国有资本安全的主体责任，与出资人管理和监督一起，共同夯实国有资本做强做优做大的根基。

（三）提高国有资本回报

增强国有企业活力，提高企业经济效益，提升企业服务国家战略和社会发展的效率，提高国有资本回报水平。

资本回报是资本剩余索取权的实现形式，提高国有资本回报是实现国有资本权益的要求，也是积累壮大国有资本的必由路径。在社会主义市场经济条件下，提高国有资本回报不能以挤压劳动回报为代价，这是国有资本与非公有资本的重要区别，而应通过创新驱动、科技进步促进劳动生产率的提高来实现。从整体上看，国资监管部门应通过优化国有资本配置、提高国有资本运行效率推动提高国有总资本的回报率，为国家创造更多的财富。在社会主义市场经济建设初期，由于国有经济底子薄，国有资本回报主要用于转增资本，上缴收益低，长期不分红，出现了"以核养核""以电养电"等滚动发展模式，对于快速壮大国有资本规模、形成与国际资本同台竞争的实力功不可没。随着我国发展进入新时代，按照有关改革部署，国有资本回报除用于企业积累发展外，收益上缴公共财政比例在 2020 年提高到 30%，更多用于保障和改善民生；分批划转部分国有资本充实社保基金，划转比例统一为企业国有股权的 10%。此外，国有资本回报用于再投资，带头参与脱贫攻坚，截至 2017 年底，中央企业贫困地区产业投资基金已确定投资项目 41 个、投资总额近 100 亿元。这表明，国有资本回报及其使用体现了国有企业"以人民为中心"的发展理念，是实现共同富裕、全面建设小康社会的经济基础。

（四）管好国有资本布局

国有资本投资运营应当服务国家发展战略，更多地投向关系国家安全、国民经济命脉和国计民生的重要行业、关键领域和重要基础设施,更好地发挥国有经济的主导作用。以管资本为主推动国有资本合理流动优化配置,重点提出了推动国有资本合理流动、优化国有资本布局的原则、目标、方向、途径。

1. 原则

以市场为导向,就是要体现价值导向,尊重市场规律,充分发挥市场在资源配置中的决定性作用;以企业为主体,充分尊重和发挥企业的主体作用,减少行政干预;有进有退、有所为有所不为,体现了国有资本的流动性、优化调整的动态性和布局领域的选择性。

2. 目标

优化国有资本布局结构,增强国有经济的整体功能和效率,即意味着不仅着眼于单个企业的活力或局部的资本配置,而且应从国有资本布局优化、整体效能、整个国有经济的主导作用、国家战略和大局出发来考虑。

3. 方向——"三个集中"

落实党的十八届三中全会精神,结合中央和地方国有资本的战略定位,《指导意见》提出优化国有资本布局,要着力实现"三个集中"——向关系国家安全、国民经济命脉和国计民生的重要行业和关键领域、重点基础设施集中;向前瞻性、战略性产业集中;向具有核心竞争力的优势企业集中。

4. 途径——"三个一批"

清理退出一批。加大对不良资产、低效无效资产的清理力度,加快对效率低下、长期亏损、扭亏无望企业的退出力度,淘汰落后产能,化解过剩产能。做好退出工作,关键是要建立健全优胜劣汰的市场化退出机制,其中关键要解决人和资产退出通道问题,《指导意见》指出,要充分发挥失业救济和再就业培训等的作用解决好职工安置问题,这为人员的安置提供了保障;关闭破产是企业退出的重要途径,党的十八届三中全会特别强调了要完善企业破产制度,落实这一精神,《指导意见》特别指出,要切实保障企业依法实现关闭破产退出。

重组整合一批。推进国有资本布局结构调整,重组整合国有企业是重要的途径。企业之间的重组整合可以采用收购、兼并、合并、分立、托管等多种路径实现,鼓励国有企业之间以及与其他所有制企业之间以资本为纽带进行重组整合,强强联合、优势互补。企业内部的重组整合也是优化布局、提高国有资本效率的重要途径,其中合理限定法人层级,有效压缩管理层级,是提升内部资源整合效率的重要手段,应予以高度关注。根据国务院国资委下发的有关文件,中央企业的法人层级原则上应控制在三级以内。为适应境外法律和境外经营环境的需要，实现特定的目的，确需增加法人层级等特殊情况，也应实质性压缩管理层级。

无论清理退出还是重组整合，都会涉及资产处置，《指导意见》明确指出，要支持企业依法合规通过资本市场公允处理企业资产，实现国有资本形态转换，变现资本用于更需要的行业和领域。强调通过资本市场以公允价格处置，从制度上保证公开公平公正，切实防止国有资产流失。

创新发展一批。推动国有资本布局结构调整，要适应国际化、市场化、现代化的要求，创新发展一批国有企业。《指导意见》重点强调了管理创新、商业模式创新和技术创新三种创新，强调发挥国有企业在实施创新驱动发展战略和制造强国战略中的骨干和表率作用。关于管理创新：国有企业应积极借鉴国内外一切先进的管理模式，从管理创新中降成本、挖潜力、要效益。关于商业模式创新：近年来，国际国内创新商业模式层出不穷，对传统生产经营的思维和运营模式有较大的冲击，国有企业应充分认识到商业模式创新带来的机遇和挑战，结合实际吸纳借鉴各类新的商业模式，主动创新，走在前列。关于技术创新：要强化企业在技术创新中的主体地位，完善创新体系和体制机制，加大研发技改投入，重点突破一批制约国有企业发展的基础共性、核心关键技术。重视科研人才和高技能人才建设，造就一批领军人才和创新团队，建立健全科技人才和高技能人才对创新成果的利益分享机制，充分调动各类人才创新的积极性，营造"大众创业、万众创新"的氛围。

推动创新发展，《指导意见》还强调了支持国有企业开展国际化经营，加快培育一批具有世界水平的跨国公司。经过30多年的改革开放，国有企业的国际化发展已经进入新阶段。截至2014年底，共有107家中央企业在境外设立了8515家分支机构，分布在全球150多个国家和地区，国有企业在"走出去"中已经成为我国"走出去"战略的名副其实的领头羊和主力军。国有企业应准确把握形势，主动抓住"一带一路"的战略机遇，积极推进国际产能和装备制造合作，带动装备、技术、标准、品牌"走出去"，切实增强国际竞争力。

第二节　计划经济体制下国有企业管理阶段（1988年之前）

党的十一届三中全会召开之后，我国开始了改革开放的新时期，在经济体制上开始探索改革往高度集中的计划经济管理体制，市场规律和市场配置开始得到重视。在经济体制改革中,国有企业改革是经济体制改革的核心内容。随着国有企业改革的逐步深入,国有资产管理体制发生了巨大的变化。

一、政府各部门直接管理或经营国有企业

国有企业改革的主要目标是放权让利,赋予企业更多的经营自主权,探索所有权与经营权分开。1984年,党的十二届三中全会指出"所有权同经营权是可以适当分开的","政府部门原则上不再直接经营企业"。

高度集中的国有资产管理体制使国有企业失去了生机和活力。因此,改革最先就是从放权让利、扩大企业自主权开始的。1978年,国务院出台了《关于扩大国营企业经营管理自主权的若干规定》文件,规定国有企业可以拥有生产销售、资金运用以及职工福利等方面的自主权,开始重视并改善国家与国有企业的关系。

放权让利、拨改贷、利改税等改革措施具有一定的积极作用,这些改革措施在增加国有企业经营活力、调动企业职工生产经营积极性方面效果还是比较显著的,但是,国家作为国有企业的所有者遭受了不应有的利益损失,于是,人们便将改革的焦点放到企业经营机制的转换上。早在1984年,中国共产党第十二届三中全会就已经讨论并认为企业的所有权和经营权是可以适当分离的,这一观点也写进了会议通过的《中共中央关于经济体制改革的决定》。具有活力的企业必然是独立的利益主体,享有充分的自主权,而这是由适应市场需要的经营机制所决定的。因此,沿着所有权和经营权分离的思路探索国有企业的多种经营方式是国有企业改革的目标。

二、国有企业实行承包制

国有企业改革的主要方式是搞承包制,着眼于利润分成,在不改变企业产权制度的情况下,把国有企业搞活。这一阶段,国有企业逐渐从政府附属物地位中解脱出来,逐渐有了经营自主权。

承包制是一种生产经营的组织形式,是指发包人(所有者)与承包人通过达成一定的协议,将自己的财产交给承包人经营,并获取事先约定的收益,剩下的都归承包人所有,或者事先约定比例双方共同分享利润所得。在经营过程中,发包人对承包人的经营决策不予干涉或基本不予干涉。

承包制的出发点仍然是"调动积极性",增强微观激励机制,但它与"放权让利"的改革中出现的企业制度不同的是,它企图用以控制企业营运的激励机制,已经不限于收入分配,而在实际上给予了企业剩余索取权。这

样的企业制度是中国条件下的特殊产物，也可以说是在大一统的行政性资源配置体制下实行分权制的最高或最后的形式。

由于企业承包制存在上述缺陷，我国国有企业在普遍实行承包制以后，虽然短时间内取得过增产增收的效果，但总的说来并没有出现转机。到 20 世纪 80 年代末，国有企业有 1/3 明亏，1/3 潜亏，在困扰中越陷越深。因此，1990 年第一期承包到期后，由于承包制存在的缺陷，虽然从形式上看大多数企业仍然采用承包制，但已经普遍改为一年一定的"滚动式承包"，与实行一般的"放权让利、扩大自主权"没有太大的区别。

总之，国有工业企业的承包制虽然有其积极作用，能够调动生产经营者的积极性，但它存在明显的"内部人控制"的问题。实行企业承包制，只是在政企职责尚未分开、竞争性市场尚未形成、企业组织制度（包括产权制度）还没有可能进行根本变革的条件下给予企业某些自主权的一种过渡性办法，而不是我国大中型企业组织制度改革的根本出路。

20 世纪 80 年代后期，企业改革逐渐由承包制走向生产经营责任制、股份制等多种形式的探索阶段，客观上就要求解决国家如何管理国有资产的问题。

第三节　国有资产管理体制改革初步探索阶段（1988~1998 年）

这一阶段的主要特点是加强了国有资产的基础管理，进行了授权经营的探索，一些地方尝试建立新的国有资产管理体系。

一、国有资产管理局成立

1988 年 3 月成立国家国有资产管理局，统一负责国有资产基础管理，把国有资产基础管理职能从政府的行政管理职能和一般经济管理职能中分离出来，这是国家第一次成立专司国有资产管理的机构，是加强国有资产管理的重大举措。国家国有资产管理局存续了约十年，加强了国有资产基础管理和有关产权管理的理论研究和探索，完善了相关制度。

国家国有资产管理局的成立，标志着我国国有资产所有权管理职能与政府行政管理职能的分离，有利于政府职能转变和政企分开，有利于提高国有企业的管理效率。国有资产管理局的主要任务是代表国家行使所有者权利，监督管理国有资产，其职责包括贯彻国家各项方针政策，组织国有资产产权登记管理，参与国有企业投资收益的分配，会同国家相关部门参与发包、租赁等活动等。

二、国有资产管理体制初步建立

1991年，国家制定的国民经济和社会发展的"八五纲要"和"十年规划"中指出，建立合理的国有资产管理体制，将政府行政管理职能与资产所有者代表职能分开，强化专职管理，逐步建立从中央到地方的国有资产管理体系，代表国家专司国有资产所有者管理职能，保障国家资本收益。

三、国有资产统一所有，分级监管

1993年，党的十四届三中全会要求"对国有资产实行国家统一所有、政府分级监管、企业自主经营的体制，按照政府的社会经济管理职能和国有资产所有者职能分开的原则"，积极探索资产管理的合理形式和途径。1992~1994年，深圳、上海、武汉等地分别成立国有资产管理委员会，大体探索建立三个层次的国有资产管理和运营体系。当时的国有资产管理委员会多是议事机构性质，有的下设了常设机构即办公室，简称"国资办"，但并未实现管资产与管人管事相统一。

四、初步探索国有资产授权经营

20世纪90年代中后期，国家进行了国家授权投资的机构的试点及国家控股公司的试点，初步探索了国有资产授权经营。但由于种种原因，这些授权经营的探索并未深入下去，没有从体制上解决国家作为国有资产出资人如何行使出资人职权的问题。

第四节 国有资产管理体制孕育阶段（1998~2003年）

这一阶段主要是进一步推进政企分开，并在国有资产基础管理、分级管理、授权经营、集中监管、行业体制改革、加强监督等方面作了重要的有益探索，凸显了多部门管理的弊端，孕育着新体制的产生。

一、政企分开，统一监管

1998年，推动党政机关、武警部队与所办企业脱钩，客观上推进了这些脱钩企业的政企分开和统一监管。

1997年党的十五大报告再一次提出要"推进机构改革",认为当时"机构庞大,人员臃肿,政企不分,官僚主义严重,直接阻碍改革的深入和经济的发展,影响党和群众的关系",在这种背景下,新一轮行政体制改革的序幕在1998年被拉开了。

这次改革的目的,是解决机构庞大、人员臃肿、政企不分、官僚主义严重等弊端,进一步深化经济体制改革,促进经济与社会的全面发展与进步,密切党和政府同人民群众的联系,推进党和国家领导制度的改革。这次改革的目标是建立办事高效、运转协调、行为规范的行政管理体系,完善国家公务员制度,建设高素质、专业化的国家行政管理干部队伍,逐步建立适应社会主义市场经济体制的有中国特色的行政管理体制。

二、实行国家稽查特派员制度

1998年实行国家稽查特派员制度,加强了对国有大型企业的监督。随着行业部门的撤销,谁来管国有企业班子的问题凸显。

稽查特派员由国务院派出,代表国家对国有重点大型企业行使监督权力。稽查特派员对国务院负责,由国务院任免,一般由部级、副部级的国家工作人员担任,每个稽查特派员配助理4人,组成稽查员办事处,一般负责5个企业的稽查工作,每年到被稽查企业稽查;稽查特派员和稽查特派员助理的任期为3年,可以连任,但对同一企业不得连任。稽查特派员不参与、不干涉企业生产经营活动,其主要职责分为两个方面:一是通过财务稽查,发现问题,防止国有资产的贬值和流失;二是以财务分析为基础,对经营者的经营业绩作出评价。1999年成立了中共中央企业工作委员会,作为中共中央的派出机构管理163家企业的领导班子。同时,稽查特派员制度向外派监事会制度过渡。

三、多部门管理国有企业的"九龙治水"格局

这一阶段中央企业工委负责国有企业领导人管理,国家经贸委指导国有企业改革与管理,财政部负责管理国有资本金,劳动和社会保障部负责企业的收入分配管理,国家计委负责企业投资项目的审批,呈现多部门管理国有企业"九龙治水"的格局,其最大弊端就是国有资产出资人职责被肢解,主体责任不明、不落实,体制的缺陷孕育着新体制的产生。

第五节 新国有资产管理体制确立阶段（2003年至今）

为解决"九龙治水"问题，落实国有资产出资人主体责任，党的十六大明确提出，"建立中央政府和地方政府分别代表国家履行出资人职责，享有所有者权益，权利、义务和责任相统一，管资产和管人、管事相结合的国有资产管理体制"。

一、国有企业出资人代表的确立

2003年成立了国务院国有资产监督管理委员会，根据国务院授权履行国有资产出资人职责，依法对国有资产进行监督管理，标志着新的国有资产管理体制建立。国有资产监管机构作为出资人代表的体制的确立，解决了出资人缺位问题，结束了国资监管"九龙治水"的局面，明确了出资人的责任主体。

国务院国资委成立以来，按照"管资产和管人、管事相结合"的原则，围绕国有企业产权改革、清产核资、会计核算监督、企业经营业绩考核、三项制度改革、法律事务管理等方面制定了一系列的规章制度，不断完善国有资产监管中的各项基础工作，其出资人的地位和作用逐步到位。

二、国有资产监管制度体系的建立

国有资产监管制度体系，包括统计评价、产权管理、业绩考核、薪酬管理、规划投资、领导人员选任、监事会监督、国有资本经营预算等。

2003年，包括成立专职的国有资产监督管理委员在内的新一轮国务院机构改革方案得到十届人大一次会议的审议并通过。按照这一轮的国务院机构改革方案，国家将原来分散于国家经贸委、中央企业工委和财政部等各个部门的国有资产管理职能进行了整合，由新成立的国务院国有资产监督管理委员会代表国家依法履行出资人职责，统一行使国有企业监管职能，以克服国有资产"所有者缺位"导致的各种国企改革问题。在中央这一改革思路的指导下，各省、市也先后设立了相应的国有资产监督管理机构，逐步形成了包括国务院国资委、30个省（自治区、直辖市）国资委和260多个地市级国资委在内的专司国有资产监督管理与运营的"三级国有资产监管体系"。在这种管理体系中，中央与地方之间通过逐级授权，明确了各自管辖的国有资产的范围，并确立了各自享有的出资人权益和承担的出资人职责，不仅有利于发挥中央、省和市三级政府部门国有资产管理的积极性，整体上搞活国有企业，实现国有资产的保值和增值，而且有利于国家从宏观层面上保证国有资产管理的生产经营方向，以及国有企业重大决策经营权的行使等，实现各级政府间权、责、利的统一，以及管人、管事、管资产的统一。

三、国有资产经营公司的试点

中央企业开展国有资产经营公司试点，不少地方也组建了不同类型的资产经营公司。党的十八届三中全会的召开将国企改革又一次推向了深化改革的前沿，全会不仅提出要发展混合所有制经济，还提出了要组建国有资本运营公司和改组国有资本投资公司的建议。自 2015 年开始，国务院国资委在中央企业中相继选择了部分企业进行国有资本投资公司和运营公司建立的试点，同时地方国企也提出了要打造国有资本投资运营公司并进行了相应的尝试。

四、规范董事会建设的推进

通过公司法人治理结构依法行使国有股东权利。以资本为纽带，通过公司治理体现国有出资人意志。规范董事会建设，推进外部董事占多数的制度。董事会在公司治理中的作用、公司治理在企业发展中的作用都显著增强。

2004 年国资委推行的中央企业董事会试点工作是国有企业改革的重要组成部分，这项改革工作既是 1995 年现代企业制度试点的传承，也是建立规范的现代企业制度、公司治理机制的一次升华。2004 年 2 月，国务院国资委决定选择部分中央企业进行建立和完善国有独资公司董事会试点工作。2004 年 6 月，国务院国资委下发了《关于中央企业建立和完善国有独资公司董事会试点工作的通知》，中央企业董事会试点工作正式拉开序幕。从 2005 年 10 月 18 日第一批试点企业之一宝钢集团有限公司董事会试点工作会议召开，截至 2009 年底，共有 22 家国有独资公司开展了董事会试点工作。为了加快推进中央企业建立健全法人治理结构工作，国资委董事会建设工作从 2010 年进入建设规范董事会的阶段。

在规范董事会建设过程中主要取得了以下进展：完善了公司章程、董事会议事规则等一整套公司治理的规章制度；建立并完善了董事会、内部各专业委员会及董事会办事机构；实施并建立了外部董事制度；董事会中设立职工董事职位；推行了外部董事长制度；注重发挥了企业党组织的政治核心作用。

第七章 国有资本经营预算与财务管理制度改革

本章详细梳理了我国国有资本经营预算和财务管理制度改革的历史进程和总体脉络，归纳总结了国有资本经营预算和财务管理改革各阶段的演进逻辑和驱动因素，得出结论认为：①国有资本经营预算与财务管理制度改革，总体上呈现出改革开放初期探索起步发展（1978~1992年）、转型经济阶段深化改革发展（1992~2008年）、市场经济条件下多层次财务主体独立发展（2008年至今）三个阶段；②国有资本经营预算与财务管理制度改革的制度变迁过程，与政企不分到政企分开、政资分开，以及所有权和经营权分开的国有企业微观产权主体确立过程，和政府宏观财务、投资者财务和经营者财务三个层次的国有资本财务管理体制构建过程是相互交织、彼此促进的；③政府宏观财务层面的国有资本经营预算，在本质上反映的是国家与国有企业的利润分配关系，大致经历了从新中国成立初的统收统支，到改革初期的税利合一，到市场经济体制改革方向确立后的税利分流，以及税利分流框架下的国有资本经营预算等不同发展阶段；④中微观层面的国有企业财务管理制度变迁，与国有企业的独立市场法人主体地位确立过程密切相关，企业从计划经济宏观调控下的单个微观个体转变为市场经济条件下自主经营、自负盈亏的经济主体，继而发展到现代公司制的企业和企业集团法人主体，国有企业财务管理制度经历了从无到有、从初步建立到不断完善的过程；⑤国有企业财务管理制度更迭动力始于企业经济性质的转换和财务主体的变化，并受宏观财务管理体制和国家统一财务制度的制约，40年内我国国有企业财务管理制度以强制性变迁为主，这与西方国家企业内部财务制度渐进式、诱致性变迁历经上百年自然演进是截然不同的。

国有资本经营预算与财务管理制度，是协调处理政府与企业财务关系、规范政府与企业财务活动的相关法律法规和规章制度的统称。它是用于明确财务主体权利责任义务、协调处理财务主体财务关系、规范财务主体财务行为的基本准则与行为规范。由于国有企业独具中国特色的产权属性和发展历

第七章　国有资本经营预算与财务管理制度改革

史渊源，国有资本经营预算与财务管理制度超越了狭义上的西方企业内部财务管理制度的范畴，在我国涉及宏观政府出资者财务、中观经营者财务和微观运营者财务三个层次财务主体，是涉及政府、部门和企业等不同层次财务主体的综合性范畴。当前，国有资本经营预算主要规范宏观政府财务问题，国有企业财务管理制度主要规范中微观国有企业（集团）财务问题。本章对40年来我国国有资本经营预算与财务管理制度改革的历程进行梳理归纳，对国有资本经营预算和财务管理改革各阶段的演进逻辑和驱动因素进行了归纳总结，以期为进一步推进国有资本经营预算和财务管理制度改革提供有益借鉴。

第一节　我国国有资本经营预算与财务管理制度改革的总体脉络与演进逻辑

一、我国国有资本经营预算与财务管理制度改革的总体脉络

国有资本经营预算与财务管理制度，是伴随我国经济体制改革和国有企业改革进程而诞生的一套极具中国特色的财务管理制度体系。改革开放以来，国有资本经营预算与财务管理制度经历了从无到有、从初建到完善、从混同发展到独自演进的历史演进历程（见表7-1）。国有资本经营预算与财务管理改革的制度变迁过程，与政企不分到政企分开、政资分开，以及所有权和经营权分开的国有企业微观产权主体确立过程，和政府宏观财务、投资者财务和经营者财务三个层次的国有资本财务管理体制构建过程是相互交织、彼此促进的。

（一）国有资本经营预算与财务管理制度萌芽阶段（1949~1978年）

从1949年新中国成立到1978年党的十一届三中全会召开，是我国国有资本经营预算和财务管理制度的萌芽阶段。这一时期我国实行公有制为基础、高度集中统一的计划经济体制，社会经济资源的配置严格依照中央政府制定的经济计划进行，企业不是独立的经济实体和市场主体，企业所有权和经营权也尚未分离，现代意义上的企业组织并不存在。宏观财务层面的国有资本经营预算与财务管理制度发轫于计划经济时期政府与国有企业间的分配关系。这一时期政府与国有企业间的分配关系大致经历了统收统支制度、企业奖励基金制度、企业基金制度等不同演进阶段，但主要以国家统收统支为主。出于国家财政收支平衡、激励企业活力、减轻国企负

担等多种需要，政府与国有企业财务管理收益分配制度进行过多次调整，但国家与企业之间的分配关系始终无法理顺，国有企业财务管理利润分配制度并不成熟。微观层面国有企业财务管理权限极小。资金来源由国家计划供应，企业无筹资权；资金运用由国家计划安排，企业无投资权；成本费用开支报国家有关部门审核决定，企业无成本开支权；产品定价由国家确定、产品收入按国家计划分配，企业无定价权与分配权。现代企业独立经营所必须的资金筹集权和投资权、成本开支审批权、工资总额决策权、产品定价权和利润分配权等权利，均集中于国家相关部门。另外，国有企业也不承担财务责任。资金供应责任、资产损失报销责任、债务偿还责任和亏损弥补责任均由国家承担，企业不承担筹资、报损和补亏责任，仅负责完成国家下达的资金周转、成本降低、工资总额、利润额等考核指标。微观企业层面的财务管理工作严格来说属于会计核算和监督范畴，并不存在现代意义上的微观企业财务管理。

（二）国有资本经营预算与财务管理制度探索起步阶段（1978~1992年）

从1978年党的十一届三中全会开始，到1992年我国新中国成立以来首个《企业财务通则》颁布，属于我国改革开放初期国有资本经营预算与财务管理制度改革探索起步阶段。这一阶段以1984年10月党的十二届三中全会《中共中央关于经济体制改革的决定》为界，又可以细分为两个阶段：1978~1984年，是国有企业财务管理收益分配制度改革率先突破阶段，也是我国经济体制改革迈向计划经济为主、市场调节为辅的过渡阶段。这一时期国有企业财务管理改革的核心任务是从分配环节入手，探索建立"权、责、利"相结合的经济责任制。与计划经济管理体制的局部改革相适应，国有企业统收统支、统负盈亏的传统财务管理体制在收益分配领域率先突破，企业经营自主权逐步扩大。财务管理的重点是分配管理，财务管理方式以财务控制与考核为主。这一阶段财务管理收益分配制度改革的核心主要体现在：国家与企业分配关系的规范化、企业财务体制（主要指利润分配体制）多样化、成本费用管理法制化。1985~1992年，企业财务管理制度改革是在所有权与经营权相对分离的条件下，探索适应多种财产所有制、企业组织形式和企业经营方式的企业财务管理制度体系阶段。这一阶段是我国有计划的商品经济模式下企业财务制度体系最典型最庞大的阶段，也是企业财务体制最复杂最繁琐的阶段，因为不仅旧的财务制度体系没有完全放弃，同时又要针对经济发展和体制改革中新出现的财务事项及时补充制定新的制度规范，从而形成了按不同所有制、按不同行业、按不同经营模式、按不同财务事项分别制定财务制度的庞杂体系。这一阶段是有计划商品经济条件下企业财务管理制度建设的集大成阶段（丁学东、李国中，1996）。

（三）国有资本经营预算与财务管理制度改革深化阶段（1992~2008年）

从1992年我国首个《企业财务通则》的颁布和1993年11月党的十四届三中全会明确提出"国有资产经营预算"，到2006年《企业财务通则》的再次修订和2007年9月国务院《关于试行国有资本经营预算的意见》的颁布，是国有资本经营预算与财务管理制度改革的深化阶段。这一时期，我国正处于市场经济起基础作用的转型时期。政府的社会经济管理职能与国有资产所有者职能逐步分离，政企分开、政资分离，国有企业的所有权与经营权逐步分离；国有企业改革的重点是转换经营机制，建立现代企业制度，通过公司制改革和股份制改造，让国有企业成为同市场经济相适应的独立的市场主体和法人实体。这一阶段以2002年国有资产管理体制改革和2003年国资委的成立为标志界限，又可以细分为两个阶段：

第一个阶段是1992~2002年。在国家宏观财务管理层面，国有资产经营预算被正式提出，且在国有资产管理体制改革过程中"国有资产经营预算"演进为"国有资本金预算"；在中微观国有企业财务管理层面，初步形成了以《企业财务通则》为统帅、分行业财务制度为主体、企业内部财务制度为补充的企业财务制度体系，标志着与国际惯例初步接轨的适应社会主义市场经济体制要求的企业财务体系正式确立。第二个阶段是2002~2008年。2002年国有资产管理体制改革和2003年国资委的成立，标志着"政府国有资产管理机构—国有资本运营和投资机构—国有控股和参股企业"分层次的财务主体逐步确立，以出资者财务、经营者财务、专业财务为体系的国有资本财务管理体制初步形成。在国家宏观财务管理层面，国有资本经营预算制度逐步实施落地，形成了独具中国特色的国有资本经营预算制度；在中微观国有企业财务管理层面，西方企业内部财务管理制度大量引入并被借鉴吸收，筹资管理、投资管理、营运管理和分配管理呈现出系统化、专业化趋势，兼并重组、跨国财务管理、集团资金集中管理等新兴财务管理领域不断出现，国有企业集团内部支撑产业发展的独立性财务管理组织——财务公司开始逐步出现。

（四）国有资本经营预算与财务管理制度改革独立发展阶段（2008年至今）

以2006年《企业财务通则》的再次修订和2007年9月国务院颁布《关于试行国有资本经营预算的意见》为标志，国有资本经营预算与财务管理制度进入独立发展阶段（2008年至今）。这一时期，我国经济体制和国有企业改革进入深水区，市场经济开始起决定性作用。国有资本监管体制由"管企业"向"管资本"转型，以财务约束为主线的国有资本委托代理体制逐步建立，三级国有资本经营预算体系框架初步确立。国家宏观财务管理层面，国有资本经营预算制度在实施中不断完善，纳入国有资本经营预算的范围逐步扩大，国有资产收益上缴比重逐步提高；国有企业财务管理层面，国有企业财务管理制度体系进一步优化，国有企业财务管理进入专业化、规模化、公司化阶段，国有企业财务公司作为产业资本与金融资本有效融合的组织形式大量涌现，已成为支撑国有企业产业布局和结构调整的重要非银行金融机构组织形式。

表 7-1 国有资本经营预算与财务管理制度总体发展脉络

发展阶段	时间跨度	宏观背景	国有企业改革阶段	制度演进历程
制度萌芽阶段（1949~1978年）	从1949年新中国成立到1978年党的十一届三中全会召开	政企不分的计划经济时期	社会经济资源的配置严格依照中央政府制定的经济计划进行，企业不是独立的经济实体和市场主体，现代意义上的企业组织并不存在，企业所有权和经营权也尚未分离	并无严格意义上的国有资本经营预算与财务管理制度
探索起步阶段（1978~1992年）	从1978年党的十一届三中全会，到1992年我国首个《企业财务通则》的颁布和1993年11月党的十四届三中全会明确提出"国有资产经营预算"	改革开放初期有计划的商品经济转型阶段	经济管理体制改革逐步深入，正处于扩大自主权（放权让利）和转变经营机制（所有权和经营权两权分离）阶段	国有企业财务管理收益分配制度改革率先突破阶段；财务管理从利润分配逐步拓展到投资、筹资、营运管理等领域；形成了适应多种财产所有制、企业组织形式和企业经营方式的财务管理制度体系

第七章　国有资本经营预算与财务管理制度改革

续表

发展阶段	时间跨度	宏观背景	国有企业改革阶段	制度演进历程
深化改革阶段（1992~2008年）	从1992年我国首个《企业财务通则》的颁布和1993年11月党的十四届三中全会明确提出"国有资产经营预算"，到2006年《企业财务通则》的再次修订和2007年9月国务院《关于试行国有资本经营预算的意见》的颁布	改革转型时期市场经济起基础作用阶段	政企分开、政资分开成为主流，政府的社会经济管理职能与国有资产所有者职能逐步分离。2002年党的十六大确立了新型国有资产管理体制，2003年，代表国有资本出资人身份的国务院国有资产监督管理委员会成立。国家所有、分级管理、授权经营、分工监管的国有资产管理、监督、营运体系和机制逐步建立，形成了"政府国有资产管理机构—国有资本运营和投资机构—国有控股和参股企业"三个层次的国有资产监督、管理、运营体制	以出资者财务、经营者财务、专业财务为体系的国有资本财务管理体制初步形成；宏观国家财务层面独具中国特色的国有资本经营预算由提出到落地；中微观层面西方企业内部财务管理制度大量引入并被借鉴吸收，筹资管理、投资管理、营运管理和分配管理呈现出系统化、专业化趋势
独立发展阶段（2008年至今）	以2006年《企业财务通则》的再次修订和2007年9月国务院《关于试行国有资本经营预算的意见》的颁布为起点	改革深水区市场经济起决定性作用阶段	监管体制由"管企业"向"管资本"转型，建立以财务约束为主线的国有资本委托代理体制	三级国有资本经营预算体系框架初步确立；国家财务层面国有资本经营预算制度在实施中不断完善；国有企业集团公司财务管理制度体系进一步优化

资料来源：笔者收集整理。

二、我国国有资本经营预算与财务管理制度改革的演进逻辑与驱动因素

从制度变迁的演进逻辑来看，我国国有资本经营预算与财务管理制度改革具有强制性变迁的典型特征，它是由我国阶段性的经济体制改革和国有企业改革决定的，经济体制改革和国有企业改革的不同阶段，其决定了我国国有资本经营预算与财务管理制度改革也呈现出阶段性。适应经济发展不同阶段需要，则是我国国有资本经营预算与财务管理制度演进的内在动因。过去40年来，我国经历了由计划经济向市场经济、由短缺经济向产能过剩、由卖方市场向买方市场转变的不同经济发展阶段。随着财务主体逐渐从政企不分发展演进到政企分开、政资分开，所有权与经营权分离，多层次财务主体逐步出现，国有资本经营预算与财务管理制度由混同发展逐渐演化到独立发展阶段。

（一）强制性变迁是我国国有资本经营预算与财务管理制度改革的基本逻辑

我国国有资本经营预算与财务管理制度演进的历史过程，是与我国市场经济转型发展过程和国有企业改革进程紧密联系的，它具有典型的强制性变迁特征。党的十一届三中全会以来，国家经济管理体制从政企不分的计划经济时期起步，40年中大致经历了改革开放初期有计划的商品经济转型阶段、改革开放时期市场经济起基础作用阶段、改革深水区市场经济起决定性作用阶段等不同时期；在我国经济体制改革的不同时期，国家对国有企业的性质、地位和作用以及国家与国有企业关系的认识是不同的，国家与国有企业的关系，从最初的政企不分，过渡到政府向企业放权让利、企业所有权与经营权两权分离阶段，再发展到国有企业获得独立于政府的市场主体地位阶段，并进而演进到目前以产权关系为纽带的新型政企关系阶段。不难看出，40年来我国经济体制改革的阶段不同、国有企业改革也呈现出阶段性，与此相对应，每一时期我国国有企业经济管理体制也随之进行了调整，国有资本责、权、利等经济关系也不断调整，国有企业的独立市场主体地位由无到有、其责权利逐渐规范清晰、在这一过程中，基于财务主体由无到有，由模糊到清晰，由单一主体到分层次多主体的变化，我国国有资本经营预算与财务管理制度实现了从无到有的演变，并随着国家经济发展阶段不同、国有资本表现形式不同，而呈现出不同的表现形态和实现方式。

与我国经济体制改革和国有企业改革的阶段性相适应，我国国有资本经

营预算与财务管理制度改革总体上呈现出改革初始阶段政企不分混合发展（1978~1992年）、转型阶段政企分开不同主体探索发展（1992~2008年）、市场经济条件下政企多层次主体独立发展（2008年至今）三个阶段。市场经济体制改革和国有企业改革决定了我国国有资本经营预算与财务管理制度演进的基本方向、改革内容和节奏步伐，比如2002年国有资产管理体制改革和2003年国资委的成立，一方面使国家对国有企业的财务管理形成宏观财务管理和出资人财务管理两个领域，"政资分开"和"政企分开"使得各级国有资产管理机构与同级政府有关部门分别行使不同管理职能；宏观财务管理是指国家以社会管理者的身份对所有企业实施的财务管理，国家出资人财务管理是指国家以出资人的身份对国有企业实施的财务管理；另一方面使国有企业财务管理形成了出资人财务管理和经营者财务管理两个层次，改革开放以来，国家进行了一系列旨在为企业放权的改革和探索，强化了经营者财务管理，但出资人财务管理却一直未能到位，因而出现"内部人控制"现象，国有资产管理体制"两权分离"原则通过专门设立特设机构解决国有企业所有者缺位问题，这为进行国家出资人财务管理创造了条件。我国国有资本经营预算与财务管理制度历史变革呈现出强制性变迁特点，这与西方国家企业内部财务制度历经数百年发生渐进式、诱致性变迁是不同的。

总的来看，国有资本经营预算与财务管理制度变迁，是与政企不分到政企分开、政资分开，以及所有权和经营权分开的国有企业市场主体的确立过程是相互交织、彼此促进的，是和政府宏观财务、投资者财务和经营者财务三个层次的国有资本财务管理体制构建过程是相互交织、彼此促进的。当然，国有资本经营预算与财务管理制度也是支撑经济体制改革和国有企业改革的重要微观制度基础，其改革进程快慢及成效又制约着市场经济体制改革总体目标和国有企业改革目标的实现。

（二）适应经济发展不同阶段需要是国有资本经营预算与财务管理制度演进的内在动因

国有资本经营预算与财务管理制度在初始萌芽阶段由于财务主体政企不分而具有历史同源性。国有资本经营预算，在本质上反映的是国家与国有企业的利润分配关系。在不同的经济发展阶段，我国处理国家与国有企业财务管理收益分配关系的机制和制度是不同的。从新中国成立初的统收统支，到改革初期的税利合一，到市场经济体制改革方向确立后的税利分流，再到税利分流框架下的国有资本经营预算，国有资本经营预算制度从无到有、从初步创立到实施完善的发展历程，始终围绕着如何处理国家与国有企业的收益分配关系这一对矛盾。党的十一届三中全会以来，我国国有资本经营预算制度经历了国有资产经营预算初步提出（1992年）、由国有资产经营预算调整为国有资本金预算（1998年）、国有资本经营预算制度落地实施（2007年）等不同发展阶段。可以看出，每一阶段国有资本经营预算制度的表现形式，都是适应同时代经济发展特殊阶段的产物。适应经济发展的不同阶段，妥善处理国家与国有企业的收益分配关系问题，是国有资本经营预算制度演进的内在动因，这揭示了国家宏观财务管理制度演进的深刻历史渊源。

在微观国有企业财务管理制度层面，我国财务管理制度从无到有、从初步建立到修订完善的过程，也是适应同时期社会经济发展阶段需要的制度变迁过程。党的十一届三中全会到1992年以前，我国正处于计划经济向市场经济转型的过渡时期，经济体制改革进行了以放权让利为主线、以实行所有权与经营权和政企职责初步分离的国有企业改革探索。这一时期国有企业改革面临的主要问题是：如何承认企业相对独立的物质利益，如何扩大企业的理财自主权，如何明确企业的责任和义务？由此导致这一时期国有企业财务管理制度改革的主要着力点是以企业财务收益分配制度改革作为突破口，探索建立"权、责、利"相结合的经济责任制，因此在这一阶段我国国有企业财务管理制度按不同所有制、不同行业、不同经营形式、不同财务事项分别制定了庞杂的财务制度体系。1992年，邓小平同志南方讲话和党的十四大召开，确定了建立社会主义市场经济体制的总体改革目标。这一阶段国有资产经营管理体制改革的重点是转换经营机制，建立现代企业制度，让国有企业成为同市场经济相适应的独立的市场主体和法人实体。为了适应社会主义市场经济微观主体经济运行的需要，我国初步形成了以《企业财务通则》为统帅，分行业财务制度为主体、企业内部财务制度为补充的企业财务制度体系，与国际惯例初步接轨的企业财务制度体系正式确定。随着我国经济体制改革和国有企业改革的深化，特别是2001年我国加入世界贸易组织和2002年确立新型国有资产管理体制后，国家宏观经济体制、企业微观环境均发生了巨大变化。财务主体、财务规范对象和财务管理内容等均发生了较大变化，为了适应经济形势的需要，2006年，我国对1992年旧《企业财务通则》进行了全面修订，颁布了新的《企业财务通则》，并实施至今。不难发现，上述中微观层面国有企业财务管理的制度变迁，与我国由计划经济向市场经济、由短缺经济向产能过剩、由卖方市场向买方市场的经济体制转型不同发展阶段是紧密相关的，微观财务管理制度作为国有企业独立法人财产权和经营管理权的制度化表现形式，在不断变迁的国家统一财务制度框架下，大致经历了成本管理、财务核算、财务监督、财务控制、财务考核、筹资管理、财务预测、投资管理和财务决策等发展阶段。

第二节　改革开放初期国有资本经营预算与财务管理制度改革探索起步阶段（1978~1992年）

从1978年党的十一届三中全会召开到1992年《企业财务通则》的颁布，是我国国有资本经营预算与财务管理制度改革的探索起步阶段。这一时期国有资本经营预算与财务管理制度呈现出改革初始阶段财务主体政企不分的混合发展态势。1978年以前，我国处于计划经济时期，这一阶段并无严格意义上的国有资本经营预算与财务管理制度。1978~1992年，我国正处于有计划的商品经济向市场经济转型时期，国有企业改革随着我国经济管理体制改革逐步深入正处于扩大自主权（放权让利）和转变经营机制（所有权和经营权两权分离）阶段。我国国有资本经营预算与财务管理制度改革在这一时期可以划分为两个不同阶段：第一阶段为1978~1984年的国有企业财务管理收益分配制度改革阶段，这一阶段政府与企业之间的分配关系随着经济核算制和经济责任制的推行初步实现了规范化、法律化和固定化；作为国家与企业利润分配关系的延伸，国家颁布了有关企业成本管理、固定资产折旧方面的企业内部财务管理规章制度。第二阶段为1985~1992年国有企业财务管理制度建章立制的井喷阶段，这一阶段是在所有权与经营权相对分离的条件下，我国构建适应多种财产所有制、多种企业组织形式和企业经营方式的企业财务管理制度时期。综合来看，1978~1992年是改革开放初期我国国有企业财务管理制度的探索起步阶段，初步建立起了适应社会主义市场经济需要的国有企业财务管理制度体系。

一、国有企业财务管理收益分配制度改革率先突破阶段（1978~1984年）

从1978年党的十一届三中全会开始，到1984年10月十二届三中全会通过《中共中央关于经济体制改革的决定》为止，是我国国有企业财务管理收益分配制度改革率先突破阶段。这一阶段国有企业财务管理制度改革主要体现在收益分配制度领域，相应的财务管理方式主要以财务控制与考核为主。在财务控制方面，先后实行过企业基金提取比例控制、利润留成比例控制、利润承包上交比例控制等方式；在财务考核方面，国家重点考核企业实现利税与上缴利润指标，企业工资总额与上缴利税挂钩、企业经营者收入与全面完成各项承包指标挂钩。尽管当时国有企业通过"放权让利"经营自主权逐步扩大，但这一时期的财务管理体制仍未从根本上改变统收统支、统负盈亏的传统财务管理体制：企业70%左右的利润仍以上缴利润、上缴资金占用费和收入调节税的形式上交国家；企业进行扩大再生产所需的资金仍主要依赖于国家财政拨款与国家银行贷款；企业经营亏损补偿责任仍由国家承担。这一阶段财务管理收益分配制度改革的主要内容体现在三个方面：国家与企业分配关系的规范化、企业财务体制（主要是利润分配体制）多样化、成本费用管理法制化。

（一）"利改税"初步实现了国家与企业利润分配的规范化和制度化

在国家与国有企业财务收益分配关系方面，在探索"一户一率"的利润留成、盈亏包干办法与适用所有企业"千户一率（律）"的所得税制度之后，这一时期确立了两步走的"利改税"制度改革路径。"利改税"是指国家参与国有企业财务收益分配的方式由企业向国家上缴利润方式改为企业向国家缴纳所得税、调节税等税收形式，且国家与国有企业的利润分配关系以税收的法律形式固定下来，企业纳税后剩余的利润全部留归企业支配使用。"利改税"制度分为两步走：第一步自1983年起，以开征国有企业所得税（所得税率为55%）为中心，税后利润对不同规模、不同行业企业采取不完全相同的办法；第二步自1984年起，从税利并存逐步过渡到完全以税代利。尽管"利改税"将国家层次上的政治权力和财产权力混同归为政治权力，在强化国家政治权力时否定了上缴利润形式，没有解决我国国有企业利润分配制度的根本问题，但"利改税"在当时打破了国营企业不能征收所得税的禁区，对国营企业确立了所得税制度，实现了国家与企业利润分配关系的规范化和制度化。

（二）国有企业财务管理收益分配制度逐步多元化

这一时期国有企业财务管理收益分配制度逐步多元化，国有企业财务管理收益分配制度经历了企业基金制、多种形式的利润留成、盈亏包干、"以税代利"试点等多次改革。1978年以后，国有企业扩大经营自主权改革大都以企业利润分配为突破口，逐步扩大企业留利水平，使企业逐步拥有一定的可自行支配的财力。1979年开始实行企业基金制，1980年开始实行利润留成制，1983年开始实行"利改税"制度。随着收益分配制度逐步多元化，企业留利水平逐步提高，国有企业财务其他职能也日益萌发：企业拥有了一定的内部筹资权（留利用于生产经营活动），进行扩大再生产的投资权（新产品研究开发、技术更新改造），自销产品定价权，企业折旧基金、大修理基金的使用权等。企业获得利润自主支配权尽管还受到国家的制约（如形成各项基金的比例），但在具体开支项目上已有较大的灵活性，职工的工资与奖金也开始与企业经济效益相联系。企业利润分配制度多元化，有效地促进了国家向企业下放相关经营管理权限，有利于确立国有企业的财务责任主体地位。

（三）企业财务资金管理和成本费用管理法制化、制度化

在资金管理方面，这一时期企业资金管理制度朝着有偿化、规范化的方向改革，企业流动资金由过去财政和银行"双口供应"改为由银行统一管理，财政不再拨给企业流动资金，企业建立流动资金自我补充机制；同时，对企业占用的固定资金和流动资金开始收取占用费，对固定资产实行有偿调拨。1985年1月起，基本建设投资由拨款改为贷款（即"拨改贷"）在全国各行业全面推行，这为建立企业资本金制度、实现国家对企业投资的资本化作了必要而充分的铺垫和准备。在成本费用管理方面，作为利润分配关系的延伸，这一时期我国相继颁布了《国营企业成本管理条例》和《国营企业固定资产折旧试行条例》，改革了国有企业成本制度和折旧制度。同时，企业折旧基金由过去集中上交国家50%改为上交20%，直至改为企业全部留用，改革和规范了企业资金耗费或补偿职能。这一阶段财务管理内容改革虽然重点在实现分配关系的规范化，但已涉及企业筹资、投资、耗费、回收、分配等各项财务职能。

二、有计划商品经济时期企业财务管理制度改革大爆发阶段（1984~1992年）

从1984年10月党的十二届三中全会通过《中共中央关于经济体制改革的决定》，到1992年邓小平同志南方谈话和党的十四大召开确立社会主义市场经济体制总体改革目标，是我国在所有权与经营权相对分离的条件下，探索适应多种财产所有制、企业组织形式和企业经营方式的企业财务管理制度变革时期。这一时期由于旧的财务制度体系没有完全放弃，同时又要针对经济发展和体制改革中新出现的财务事项及时补充制定新的制度规范，从而形成了按不同所有制、不同行业、不同经营形式、不同财务事项分别制定财务制度的庞杂体系。这一阶段是我国有计划的商品经济时期企业财务管理制度集大成的阶段，且在一定程度上呈现出复杂繁琐、庞大无序的特征。

(一) 财务管理制度体系建设从无到有呈现井喷状态

这一阶段我国进行了以"两权分离"和"政企分开"为特征的国有企业改革,它把企业最终推到了独立商品生产者的地位,使企业有可能独立经营、自负盈亏。国有资产管理体制的历史性突破,导致原来以完成国家指令性计划为主的企业财务管理体制难以适应社会经济发展的需要;同时,客观上导致了国有企业财务管理制度体系的缺位,由此导致此阶段开展适应多种财产所有制、企业组织形式和企业经营方式的财务管理制度体系建设。这一时期,财务制度首先按全民、集体、私营、乡镇、外商投资、股份制等不同所有制来划分;其次按工业、交通、商业、粮食、外贸、建筑等不同行业来划分;再次是按承包、租赁、联营等不同经营形式来划分;最后是按筹资、投资、成本费用开支、折旧、利润分配、财务报告等不同财务事项来划分,结果形成了客观上存在的几十种企业财务制度和相应的财务报表,财务管理制度体系建设呈现井喷状态。这一时期,国外财务管理理论和方法逐步引入我国,一些国有企业学习国外企业逐步运用量本利分析、ABC管理法、价值工程、全面经济核算等方法取得了一定的效果,计算机信息技术在企业财务管理方面也开始起步应用。

(二) 政府与国有企业的财务收益分配制度进一步深化

在宏观财务收益分配制度层面,1985年之前,国有资本收益财务分配制度经历了企业基金制度、利润留成制度、利改税制度等改革历程,但始终未把政府的双重身份与收益分配恰当地结合起来,跳不出税利混流的旧框架,政企不分、政府直接经营企业或过分干预企业日常经营活动的问题长期难以解决。"利改税"之后,1985年全面推行承包经营责任制,利润包干上交在实行税前承包上交后,又改为税利分流、税后承包上交方式。在反思1983~1986年"利改税"和1987~1992年实行企业承包经营责任制的利弊得失基础上,"税利分流"理论被提出并率先在重庆市进行了试点。1988年始,我国开始进行税利分流制度改革,1994年在全国全面推行。在税利分流制度下,国家以双重身份参与企业收益分配。以政治权利者身份无偿地、强制地向所有经济成分企业征收所得税;以资产所有者身份参与国有企业税后利润"按资分配"。税利分流制度通过所得税税率由55%降到33%、税前还贷改为税后还贷、取消调节税等一系列举措,降低了税收在企业收益分配中的比重,同时重新引入部分税后利润上交机制,形成税收和利润分流渠道,达到规范的税收分配与非规范化的利润分配的统一。税利分流制度进一步顺了国家与企业之间的宏观财务分配关系,国家在国有企业中的政治职能和所有者职能逐渐分离，国有企业所有权和经营权也逐步实现分离，为统一税制、完善企业经营机制奠定了基础，也为进一步推行现代企业制度创造了条件。

(三) 财务管理制度改革领域拓展至投资、筹资等全领域

这一时期国有企业的财务管理制度改革主要围绕两条主线展开：①在企业经营权方面，为了保障企业自主权，允许企业实行承包、租赁等多种经营形式，国家针对不同的经营形式分别制定了相应的财务管理制度；②在企业所有权方面，坚持公有制为主体，国有经济为主导，鼓励多种成分共同发展、公平竞争，鼓励合理自愿的企业兼并和部分小型企业出售转让，国家针对私营、集体、外商投资等不同所有制形式和股份制企业、企业集团等分别制定了财务管理制度，同时分别制定企业兼并、企业出售等产权变动事项的财务处理办法。经过上述财务管理制度改革，这一时期国有企业逐渐获得了作为独立市场主体的相关财务管理职责权限，主要包括：①自1988年《全民所有制工业企业承包经营责任制暂行条例》颁布后，国有资本收益分配制度采用了承包经营责任制，利润包干上交。在实行税前承包上交后，又改为税利分流、税后承包上交方式。②企业实现的利润超过核定的承包利润部分，按规定留给企业建立积累基金、消费基金与后备基金，并按国家规定用途自行安排使用。③企业资金以国家供应为主，但可经国家批准以发行债券、股票、联营和内部积累方式筹集一部分资金；企业资金运用除限额以上的基本建设投资要经国家批准立项以外，其他可自行安排使用。④企业逐步开始享有产品定价权，在遵守成本开支范围前提下的成本费用开支权等。⑤在投融资方面，1992年《全民所有制工业企业转换经营机制条例》规定：企业享有投资决策权和筹资决策权，国有企业成为市场投资主体和筹资主体。⑥在企业财务责任划分上，1986年颁布的《中华人民共和国企业破产法（试行）》，从法律上明确了企业的独立财务主体责任，虽说在实际上企业不能完全做到自负盈亏，但企业承担亏损责任直至破产已具有一定的社会共识。

(四) 国有企业资产所有权代表专职机构在探索中成立

随着国家所有者职能从国家政治职能和一般经济管理职能中逐渐独立出来，国有企业监管体制随之发生重要变化，代表政府履行出资者职能的专职机构开始出现。从1986年开始兴起的企业拍卖转让，到1987年下半年出现的企业间兼并收购重组，以及企业集团、股份公司等企业组织形式的大量出现，都不可避免地触及到了国有资产管理体制改革下的企业产权管理问题。1988年初，国务院开始酝酿把国有资产的产权管理职能从政府的行政管理职

能和一般经济管理职能中分离出来，组建国家国有资产管理局，统一归口行使国有资产所有权管理职能。1988年5月国务院批准成立国家国有资产管理局，为国务院直属机构之一，归口财政部管理，这标志着宏观层面的国有资本财务管理专职部门成立。随后，各地政府部门也都开始实行政府两种职能分离，地方各级国有资产管理机构相继组建。全国各级国有资产管理部门这一时期在维护国家所有者权益、推进国有企业改革，乃至整个经济体制改革健康、有序发展等方面发挥了重要作用，特别在产权登记、国有股权管理及资产评估等方面，开辟了新的领域和天地，初步建立了出资人体系，丰富和发展了国有资本宏观财务管理的内容。

第三节　国有资本经营预算制度建立和财务管理制度改革的深化阶段（1992~2008年）

从1992年我国首个《企业财务通则》的颁布和1993年11月党的十四届三中全会明确提出"国有资产经营预算"，到2006年《企业财务通则》的再次修订和2007年9月国务院《关于试行国有资本经营预算的意见》的颁布，是国有资本经营预算制度建立与财务管理制度改革的深化阶段。这一时期，我国正处于市场经济起基础作用的转型时期。政府的社会经济管理职能与国有资产所有者职能逐步分离，政企分开、政资分离，国有企业的所有权与经营权逐步分离，宏观财务国有资本经营预算的财务主体与微观财务管理制度的国有企业主体由混同一体逐渐走向相互分离，最终演进到涉及宏观国家与中微观行业企业的多层次财务主体，国有资本经营预算与财务管理制度改革的演进发展轨迹因经济体制改革和国有企业改革影响而呈现出相互交织、彼此促进态势。这一阶段中期，2002年国有资产管理体制改革和2003年国资委的成立，一方面使国家对国有企业的财务管理形成宏观财务管理和出资人财务管理两个领域，另一方面使国有企业财务管理形成了出资人财务管理和经营者财务管理两个层次，这对国有资本经营预算与财务管理制度变革产生了重大影响。

一、独具中国特色的国有资本经营预算制度由提出到落地

国有资本经营预算，是国家基于出资人身份对政府在一个财政年度内经营性国有资本收支活动进行价值管理和收益分配的工具，它是政府对国有及国有控股企业加强间接管理和宏观调控而形成的具有鲜明中国特色的宏观财

务管理制度体系。国有资本经营预算在我国是政府预算制度的有机组成部分，是伴随着政府一般社会经济管理职能与国有资产所有者职能分离逐渐发展起来的，并在一定程度上继承和发展了国家与国有企业的财务收益分配制度关系。从 1993 年 11 月党的十四届三中全会在政策层面提出要"建立政府公共预算和国有资产经营预算"，到 2007 年 9 月国务院发布《关于试行国有资本经营预算的意见》，我国国有资本经营预算制度从提出到正式落地经历了较长时间的制度探索。

（一）国有资产经营预算到国有资本经营预算阶段（1992~2002 年）

20 世纪 90 年代初，我国明确提出探索建立国有资产经营预算，并将此写入了相关法律法规中。1993 年 11 月，党的十四届三中全会第一次明确提出"国有资产经营预算"，1994 年《预算法》规定我国政府预算按照复式预算编制，1995 年《预算法实施条例》明确提出国有资产经营预算是我国政府复式预算体系的重要组成部分，我国预算分为政府公共预算、国有资产经营预算、社会保障预算和其他预算四类。国有资产经营预算的提出，有利于区分政府的一般社会经济管理职能和国有资产所有者职能，为后来提出和建立国有资本经营预算制度奠定了良好的基础。相对于萌芽时期提出的建设性预算，国有资产经营预算能够单独反映国有资产的收支状况，在解决我国国有资本的产权归属和委托代理问题上迈出了关键一步。

由于国有资产包括经营性和非经营性的所有国有资产，两类不同性质的国有资产执行统一的经营预算制度操作难度较大，因此有必要把经营性国有资产和非经营性（非营利性）国有资产分开进行处理：经营性国有资产具有资本属性，追求保值增值，因此经营性国有资产经营预算演变成为国有资本经营预算，而非经营性国有资产纳入一般公共预算体系。1998 年，财政部"三定"方案再次提出改进预算制度，提出要逐步建立政府公共预算、国有资本金预算和社会保障预算制度，明确"国有资本金预算"的新提法，标志着国资预算理念从过去的国有资产经营预算向国有资本经营预算转变。2002年，党的十六大确立了新型国有资产管理体制，2003 年 4 月，代表政府履行出资人职能的国务院国资委正式设立，这为国有资本经营预算制度体系的建立奠定了制度保障和组织基础。

在实践层面，深圳、上海等城市是最早进行国有资产经营预算实践探索的城市。比如，1994 年，深圳市构建的"国资委（国资办）—国有资产经营公司—国有企业"三个层次的国有资产管理模式就包括了编制国有资产预算，1995 年深圳市颁布了《深圳经济特区国有资产管理条例》，1996 年深圳市又制定了《深圳市经营性国有资产收益预算编制暂行办法（送审稿）》。

（二）国有资本经营预算制度由提出到落地阶段（2002~2007年）

自2002年党的十六大确立了新型国有资产管理体制以后，国有资本经营预算政策体系逐步完善，各地积极开展国有资本经营预算实践探索。在政策制定层面，2003年10月，党的十六届三中全会明确提出"建立国有资本经营预算制度"，正式确立了国有资本经营预算制度在国有资产管理监督体制中的定位和作用。2005年，党的十六届五中全会发布的《中共中央关于制定国民经济和社会发展第十一个五年规划的建议》中明确要求，"加快建立国有资本经营预算制度，建立健全金融资产、非经营性资产、自然资源资产的监管体制，防止国有资产流失"。2006年11月，国务院常务会议研究了国有资本调整问题，明确指出要加快建立国有资本经营预算制度，统筹使用好国有资本收益。2007年9月，国务院发布了《关于试行国有资本经营预算的意见》，为国有资本经营预算制度的建设提出了一个框架性意见，标志着我国酝酿已久的国有资本经营预算制度由制度建设进入实施落地阶段。

在实践探索层面，中央层面国有资本经营预算由于缺乏稳定收入来源而长期处于"虚置"状态，故2003年党的十六届三中全会提出该制度时未能真正落地实施，直到2007年中央层面才正式进入落地实施阶段。地方层面，2002年新的国有资产管理体制实施后，各地国有资本经营预算开始积极探索，北京、江苏、云南、上海、深圳等地先后制定出台了有关国有资本收益管理办法，湖北、上海、深圳等地也组织试编国有资本经营预算。例如：北京国有资本经营预算以国资委为编制主体，预算资金实行财政专户管理；深圳市以国资委为编制主体，国有资本经营预算与公共预算分离；江苏、云南、湖北以财政部门为编制主体，国有资本经营收益纳入财政预算，接受人大监督。这一时期，随着国资委以国有资本出资人身份对国有企业监督管理的加强和国有企业盈利能力的提高，国有企业的利润分配和国有资本经营预算越来越受到学术界和政府部门的关注。

国有资本经营预算制度的正式实施，标志着独具中国特色的国有宏观财务制度的成功建立（见表7-2）。1998年我国确定构建公共财政框架以来，财政制度已经进行了多层面的公共化改革（部门预算、国库集中支付制度、政府采购制度、收支两条线等），但这些改革基本上还只是政府作为社会经济管理者身份进行的公共化改革，而对于国有资本，虽然在国有企业（政企分离的改革）和监管层面（政资分开的改革）进行了诸多改革试验，但对于国有资本财政，改革还远没有到位，明显制约了整个政府层面的公共财政建设。国有资本经营预算制度理念的确立和改革的成功实践,结束了长达13年国有企业只缴税不分红的历史,有效解决了国家与国有企业财务收益分配关系这一对历史矛盾。国有资本经营预算是反映和监督政府作为国有资本所有者身份的财政行为的制度形式,建立和完善国有资本经营预算制度,是国有资本财政的关键改革,是完善公共财政建设的重要内容。

表7-2 国有资本经营预算制度建立的发展脉络与历史沿革

时间	标志	核心内容
1993年11月	党的十四届三中全会《关于建立社会主义市场经济体制若干问题的决定》	国有资产经营预算在政策层面首次提出。为了规范国家与国有企业的财政分配关系,提出建立政府公共预算和国有资产经营预算,这是政策层面上首次提出建立国有资产预算。但尚未区分国有资产经营预算与国有资本经营预算,同时也缺乏国有资产经营预算概念、收入来源、支出方向等的具体界定和操作方式
1995年11月	国务院发布的《中华人民共和国预算法实施条例》	政府预算按照复式预算编制,分为政府公共预算、国有资产经营预算、社会保障预算和其他预算。这是国家法律法规层面首次提出国有资产经营预算
1998年3月	九届全国人大一次会议发布《关于国务院机构改革方案的决定》	中央政府机构调整,原国家国有资产管理局并入财政部。财政部"三定"方案中提出,要改进预算制度、强化预算约束,逐步建立起政府公共预算、国有资本金预算和社会保障预算制度。方案中的明确提法是"国有资本金预算"
2002年11月	党的十六大	决定对国有资产管理体制进行重大改革,建立"中央政府和地方政府分别代表国家履行出资人职责,享有所有者权益,权利、义务和责任相统一,管资产和管人、管事相结合的国有资产管理体制",这为建立国有资本经营预算制度奠定了体制基础
2003年10月	党的十六届三中全会	4月国务院国资委正式设立,代表政府履行出资人职能,实现了"政资分开";10月党的十六届三中全会明确提出要"建立国有资本经营预算制度"
2005年10月	党的十六届五中全会《中共中央关于制定国民经济和社会发展第十一个五年规划的建议》	明确要求"加快建立国有资本经营预算制度,建立健全金融资产,非经营性资产、自然资源资产的监管体制,防止国有资产流失"

续表

时间	标志	核心内容
2007年9月	国务院发布《关于试行国有资本经营预算的意见》	中国开始正式建立国有资本经营预算制度，标志着我国国有企业自1994年以来只交税收不交利润的历史已经结束，酝酿已久的国有资本经营预算制度进入实施阶段

资料来源：笔者收集整理。

二、国有企业财务管理制度体系由初次确立到修订完善阶段

从1992年我国首个《企业财务通则》颁布，到2006年《企业财务通则》的再次修订，标志着微观国有企业层面的财务管理制度体系由初次确立发展到了修订完善的深化改革阶段。1992年这一阶段的国有企业财务管理制度改革，是在建立社会主义市场经济体制改革的背景下进行的。1992年，邓小平同志南方谈话和党的十四大召开，确定了社会主义市场经济体制改革的总体目标，国有资产经营管理体制改革的重点是转换经营机制，建立现代企业制度，让国有企业成为同市场经济相适应的独立市场主体和法人实体，亟须建立微观企业层面统一的财务准则和财务制度体系。2006年《企业财务通则》的再次修订，是在2002年以来国有资产管理体制重大改革的背景下进行的。2002年国有资产管理体制的重大调整，使得1992年制定的我国国有企业财务管理制度体系不再适应企业财务管理的现实需要，从而引致2006年对《企业财务通则》的重大修订。

（一）国有企业财务管理制度体系初次确立阶段（1992~2002年）

1992年11月，我国颁布了新中国成立以来第一个适用于所有企业的《企业财务通则》，并于1993年7月正式实施。在此基础上，财政部归并了原先按照不同所有制、不同组织形式、不同经营方式和不同行业分别制定的互不通用的企业财务制度，统一制定了工业、交通、建筑施工、农业等十个分行业的企业财务制度。《企业财务通则》及以此为基础的分行业财务制度的出台，结束了原来杂乱零散的财务管理制度体系，初步形成了以《企业财务通则》为统帅、分行业财务制度为主体、企业内部财务制度为补充的企业财务制度体系，标志着适应社会主义市场经济体制要求、与国际惯例初步接轨的企业财务体系的正式确定。1992年颁布的《企业财务通则》和1993年全面实施的新企业财务制度，为现代企业制度的建立和社会主义市场经济体制的确立创造了基础性条件，标志着微观层面国有企业财务管理制度体系的

初步确立。

这次财务制度改革明确企业财务管理的基本任务是做好财务收支的计划、控制、核算、分析和考核，依法合理筹集资金，有效利用企业各项资产，努力提高经济效益。此次企业财务管理制度体系变革具体内容涉及面很宽，包括改革企业资金管理办法，建立企业资本金制度；改进固定资产管理和折旧制度；实行制造成本法以取代全部成本法，调整企业成本费用开支范围；坚持企业所得税制度，规范企业利润分配；建立新的企业财务报告制度，设计企业财务评价指标体系等。它是我国社会主义市场经济体制改革初期建立的各类企业财务活动必须遵循的基本原则和行为规范。

此次财务管理改革在许多方面打破了计划经济管理的框框，对促进现代企业制度的建立、创造企业公平竞争的环境、促进企业改革与发展、规范企业财务行为发挥了重要的历史作用。主要有四大基本特征：一是由过去主要针对国营企业，转向引导和规范全社会各类不同所有制企业财务活动，坚持公有制经济为主、国有经济为主导、多种经济成分公平竞争和共同发展；二是适应对外开放要求，将我国行之有效的做法同国外先进财务管理经验结合起来，使我国企业财务管理基本靠拢国际惯例；三是适应转变政府职能的要求，变过去的直接管理为主为间接管理为主，发展各种财务管理中介机构，保证国家对企业财务的宏观调控；四是不再搞零打碎敲式的单项改革，而是精心设计一揽子全面系统的企业财务改革。

（二）国有企业财务管理制度体系修订完善阶段（2002~2008年）

随着我国经济体制改革和国有企业改革的深化，特别是2001年我国加入世界贸易组织和2002年确立新型国有资产管理体制后，国家宏观经济体制、国有企业监管体制、企业微观内外部环境均发生了巨大变化。随着我国经济体制改革各项工作有序推进，1992年财务准则从形式到内容都远远落后于国有企业改革步伐，迫切需要彻底改革企业财务制度。

从财务主体来看，1992年财务制度仍然是主要针对国有企业，政企不分、政资不分，出资人职能与社会管理者职能混淆，没有区分出资人财务和经营者财务不同的功能和责任；财务管理制度的行业差异明显，对内外资企业也没有实行"国民待遇"。随着国有企业改革的逐步深入，到2002年新型国有资产管理体制时，政府的社会管理职能与出资人职能已经分离，公司制已经成为此时企业的主要组织形式，政府的企业出资人身份已经基本确立，新的治理结构也已经基本确立，基于出资人、经营者和从业者的国有资本财务管理体制初步形成。十多年来国有资产监管体制不断改革探索，形成了

"国资委—国有资本运营机构—国有企业"三个层次的国有资产监督管理运营体制,企业财务主体已经发生了重大变化,以出资者财务、经营者财务、专业财务为体系的国有资本经营预算与财务管理制度体系已经初步形成。除此之外,1992年财务制度颁布时非国有经济成分尚不发达,企业类型也较为简单,随着非国有经济规模和数量的扩大和企业类型的复杂化,到2006年时原有财务管理制度体系的适用性和有效性面临着严峻挑战。

从财务管理内容来看,这一时期企业市场主体意识增强,加强企业内部管理、改善企业经营摆在更加突出的位置,企业财务管理内容不断增加,现代财务管理观念不断更新。诸如边际收入、边际成本、边际利润、机会成本、现金流量、财务预算、货币时间价值、企业风险、财务杠杆等许多新概念随之出现,财务问题的定性分析方法和思路也发生了根本性变化。如何多渠道筹集资金,改善资本结构,优化投资组合、提高投资效率,合理分配股利,既保证及时足额地上缴国家税费,又要保护好投资者的经济利益,还要很好地兼顾企业的融资需求,这些都成了企业财务管理分析的主要内容。1992年的财务管理制度改革,是我国社会主义市场经济体制改革初期的阶段性改革,财务制度许多内容属于会计和税务范畴,财务与会计、税务制度交叉重复问题比较严重,随着会计制度和税务制度的不断完善,客观上要求企业财务制度进一步修改和完善。比如:税收制度方面,从1994年1月1日起,全国实行税制改革,《企业所得税暂行条例》统一了内资企业税制,允许企业存在财务与税务两个标准,其差异通过纳税调整解决;2000年5月,国家税务总局发布了《企业所得税税前扣除办法》,对企业纳税扣除事项做出全面规定,从而完全取代企业财务制度中涉及的税收职能。会计制度方面,1992年,我国颁布了《企业会计准则》,随后我国企业具体会计准则逐个发布,特别是2000年国务院颁布《企业财务会计报告条例》之后,财政部统一制定了《企业会计制度》。至此,原来由企业财务制度规定的涉及会计和税务方面的内容,此时全部纳入了税收制度及会计准则或会计制度之中,这对1992年制定颁布的《企业财务通则》及企业财务制度产生了重大影响。

在此背景下,为了适应经济形势的需要,财政部于2006年12月对旧《企业财务通则》进行了全面修订,颁布了新的《企业财务通则》,并于2007年1月1日开始实施。新《企业财务通则》适用于在中华人民共和国境内依法设立的具备法人资格的国有及国有控股企业。相对于旧通则,新通则转换了财务管理观念、还原了财务管理本质、顺应了产权制度改革、拓宽了财务管理领域。与修订前的旧通则相比,新通则转换财务管理观念,将由国家直接管理企业具体财务事项转变为指导与监督相结合,为企业的财务管理提供指引,企业根据通则和本企业的实际情况自主决定内部财务管理制度。新通则还原了财务管理的本质,企业财务制度不再对税收扣除标准和会计要素确认、计量做出规定,而是围绕与企业设立、经营、分配、重组过程伴生的财务活动,对资金筹集、资产营运、成本控制、收益分配等财务行为进行组织、协调、控制、评价和监督。新通则还顺应产权制度改革,清楚界定国家、投资者与经营者之间的财务管理职权与责任,促进企业完善内部治理结构,并拓宽财务管理领域,在继承现行有效规定的基础上,将企业重组、财务风险、财务信息管理作为财务管理的重要内容,以满足市场经济发展对企业财务管理的要求,增强企业财务管理的前瞻性。新通则实施后,我国初步建立了以《企业财务通则》为主体,以企业具体财务行为规范、财务管理指导意见、财政监管办法为配套的新型企业财务制度体系,实现了企业财务制度体系的改革创新。

第四节 21世纪以来国有资本经营预算与财务管理制度的独立发展(2008年至今)

以2006年《企业财务通则》的再次修订和2007年国有资本经营预算制度正式实施为标志,表明国有资本经营预算与财务管理制度改革进入了独立发展的新阶段。综合来看,国有资本经营预算是政府作为出资人对国有资本进行重新配置的重要制度安排,它是宏观和中观层面国家作为出资人管理国有资本的重要制度基础,它是国家间接管理宏观经济,重新调整经济布局,推进产业转型升级,引导经济社会健康发展的重要抓手和有效手段;而修订后的《企业财务通则》是国有或国有控股企业财务管理工作必须遵循的规章制度,它是财务管理在微观企业层面的基本遵循,属于典型的经营者财务层次,目前它与一般的企业内部财务制度在企业所有制上的差异已经逐渐缩小。随着政府公共管理职能和国有资产出资人职能分开,宏观国有资本所有者监督管理职能和微观国有企业经营管理职能分开,构想中的政府宏观财务、投资者财务和经营者财务三个层次的财务管理体制基本建立,国有资本经营预算与财务管理制度各自沿着不同的发展目标和演进逻辑开始独立发展。

一、国有资本经营预算制度进一步深化改革

国有资本经营预算是政府预算制度的有机组成部分,为解决政府与国有

企业的收益分配制度关系这一矛盾提供了最佳方案。2007年9月，国务院的《关于试行国有资本经营预算的意见》发布后，国有资本经营预算制度正式进入实施阶段。围绕国有资本经营预算管理，国家财政部、国资委等有关部门积极开展制度建设深化改革，目前已形成涉及预算编制管理、收入管理、支出管理、执行与绩效评价等预算管理各个环节的国有资本经营预算制度体系（见表7-3）。这既是我国国有资产管理体制改革的重要内容，也是我国推进预算体制改革和构建全口径预算体系的重要内容，还是我国国家宏观财务管理制度的重大突破。

2008年10月，国有资本经营预算从政策层面上升到国家法律层面。第十一届全国人民代表大会常务委员会通过的《中华人民共和国企业国有资产法》，专门就国有资本经营预算的收入来源、支出内容、编报主体、预算周期、责任主体等内容进行了详细规范。针对国有资本经营预算范围小、分红比例低等问题，财政部于2010年颁布了《关于完善中央国有资本经营预算有关事项的通知》，实行预算扩围的同时提高分红比例；2012年，纳入国有资本经营预算的企业范围进一步拓展，收入上缴比重进一步提高。针对中央企业利润上缴纳入国库时间晚、资金使用率低这一弊病，国资委于2013年4月发布了《关于做好中央企业年度国有资本收益申报工作的通知》，要求中央企业试点年度国有资本收益预收取工作，国有资本经营预算收入管理进一步完善。

2013年11月，党的十八届三中全会颁布的《中共中央关于全面深化改革若干重大问题的决定》提出：完善国有资本经营预算制度，提高国有资本收益上缴公共财政比例，2020年提到30%，并更多用于保障和改善民生。为落实这一要求，财政部在《关于2014年中央国有资本经营预算的说明》中提出，从2014年起，中央企业国有资本收益收取比例在现有基础上再提高5个百分点，并继续加大中央国有资本经营预算对国有经济结构调整及调入公共财政预算用于保障和改善民生支出的力度。2014年8月，我国新修订的《中华人民共和国预算法》重新界定了国有资本经营预算的定义，明确提出国有资本经营预算是对国有资本收益作出支出安排的收支预算。2016年3月16日，十二届全国人大四次会议审查通过了《中华人民共和国国民经济和社会发展第十三个五年规划纲要》，明确提出要建立覆盖全部国有企业、分级管理的国有资本经营预算管理制度。这些都使国有资本经营预算制度得以不断深化改革，从而有利于实现国有经济结构战略性调整布局，实现保障和改善民生的目标。

表 7-3 国有资本经营预算制度体系深化改革完善阶段情况

文件类别	发布时间（年份）	发布机关	文件名称
基础性制度体系	2007	国务院	《国务院关于试行国有资本经营预算的意见》（国发〔2007〕26号）
	2008	全国人大	《企业国有资产法》
	2010	财政部	《关于推动地方开展试编国有资本经营预算工作的意见》
	2010	财政部	《关于完善中央国有资本经营预算有关事项的通知》
	2011	财政部	《关于推动地方开展国有资本经营预算工作的通知》
	2012	财政部	《关于扩大中央国有资本经营预算实施范围有关事项的通知》
编制及核算管理	2007	财政部	《中央国有资本经营预算编报试行办法》（该文已废止）
	2007	财政部	《关于国有资本经营预算收支会计核算的通知》
	2008	国资委	《中央企业国有资本经营预算建议草案编报办法（试行）》
	2011	财政部	《中央国有资本经营预算编报办法》
	2012	财政部	《关于中央文化企业编制国有资本经营预算支出项目计划的通知》
收入管理	2007	财政部 国资委	《中央企业国有资本收益收取管理暂行办法》
支出管理	2011	财政部 安监总局	《中央国有资本经营预算安全生产保障能力建设专项资金管理暂行办法》
	2011	财政部	《中央国有资本经营预算企业离休干部医药费补助资金支出管理办法》
	2012	财政部	《关于做好中央文化企业国有资本经营预算支出管理工作的通知》
	2013	财政部	《中央国有资本经营预算重点产业转型升级与发展资金管理办法》
执行与绩效评价	2009	国资委	《关于做好中央企业国有资本经营预算执行工作有关事项的通知》
	2011	国资委	《关于做好中央企业国有资本经营预算支出执行情况报告工作有关事项的通知》
	2011	财政部	《财政支出绩效评价管理暂行办法》
	2012	财政部	《关于加强中央文化企业国有资本经营预算执行管理的通知》
	2012	财政部	《关于开展 2008~2011 年中央国有资本经营预算支出项目绩效评价工作的通知》
	2013	财政部	《关于开展 2012 年中央国有资本经营预算支出项目绩效评价工作的通知》

资料来源：根据财政部、国资委网站收集整理。

二、国有企业财务管理制度改革动态

2006年修订后的《企业财务通则》，清楚界定了国家、投资者与经营者之间的财务管理职权与责任，从政府宏观财务、投资者财务、经营者财务三个层次，构建了资本权属清晰、财务关系明确、符合企业法人治理结构要求的国有企业新型财务管理体制，构建了以《通则》为主体，以企业财务行为规范、财政资金监管办法为配套，以企业集团内部财务办法为补充的开放的新型企业财务制度体系，表明我国新时期适应社会经济发展的国有企业财务管理制度体系基本成熟。

从国有企业（集团）中微观财务管理来看，《企业财务通则》修订后，财政不再对国有企业财务进行直接管理，而是通过制定财务规章制度和财政财务政策，实施财务评价、监测财务运行状况等方式进行间接管理。在国有企业财务管理内容上，明确了资金筹集、资产营运、成本控制、收益分配、信息管理和财务监督六大财务管理要素；在财务管理运行机制上，要求企业建立由财务决策、财务控制、财务激励和财务监督四个方面构成的财务运行机制；在财务管理领域上，顺应市场经济发展对企业财务管理的要求，将企业重组、财务风险、财务信息管理作为财务管理的新增内容。新型企业财务制度，不仅是以国有股东身份针对国有资本的流动过程进行管理，而且是作为国有资本所有者和社会管理者，围绕企业财务管理要素对企业财务活动进行管理。如果说国有资本经营预算制度有效解决了国家与国有企业之间的国家宏观财务收益分配问题，那么2016年修订后的《企业财务通则》主要解决了多层次财务主体的财务管理制度构建问题。

2006年《企业财务通则》修订后，随着我国国有企业改革的进一步深化，以产权关系为基本纽带形成的大型国有企业集团成为现代国有企业的主流存在形式，为了避免众多成员企业各自为政，加强企业集团成员间的协同效应，实现企业集团整体发展战略，增强集团综合竞争力，财务集中管控模式越来越被国有大中型企业集团青睐，建立统一的内部财务体制、完善国有企业集团财务管理制度，逐渐成为国内财务学界的研究热点之一。传统以单一企业财务部为中心的财务管控模式，已越来越不适应现代市场经济的要求，设立资金结算中心、成立财务公司等新型财务管控模式，成为这一时期国有企业财务管理制度变革的主要内容。在此背景下，适应国有企业集团化、大型化需要的专业化财务管理组织——集团财务公司大量出现。财务公司是国有企业集团融合产业资本、金融资本实现财务管理专业化的产物，不仅可以充当企业的结算中心，还可以成为信贷中心、融资中心、投资中心，为国有大型企业集团的资金管理、财务管理发挥作用。

为规范企业集团财务公司行为，促进财务公司发展，中国人民银行早在 2000 年就颁布实施了《企业集团财务公司管理办法》；2004 年 9 月，中国银行业监督管理委员会修订了《企业集团财务公司管理办法》，明确了财务公司定位，降低了财务公司门槛，并对财务公司的风险控制提出了新要求；2006 年 12 月，中国银行业监督管理委员会再次修订了《企业集团财务公司管理办法》，缩短了投资集团财务公司的合格机构投资者的年限限制，进一步对财务公司的管理制度进行了及时修订完善。

当前，我国国有企业财务管理正处于传统"基础核算型"向现代"决策服务型"的转型阶段。在经济逆全球化和国际贸易摩擦风险增大的背景下，我国经济结构调整逐渐步入"深水区"，新常态下经济发展呈现出速度变化、结构优化和动力转换等新特点，企业财务管理的环境、内容和方法等发生了深刻变化，对国有企业的全面预算管理、投融资管理、成本精益管理、企业并购、跨国财务管理、破产清算等财务管理制度体系都提出了新挑战和更高要求，企业财务通则有必要顺应社会经济发展适时进行修订完善。

第八章 国有企业产权改革的进程

改革开放以来，国有企业改革一直是整个经济体制改革的中心环节，改革的内容主要集中在产权和公司治理两个方面。从理论上讲，产权的制度安排决定了企业组织管理的制度及其效率，合理的产权安排有利于形成有效的企业治理机制（哈罗德·德姆塞茨，1999），因此，产权改革是国有企业改革的基础和主线，而40年的改革探索与实践也表明建立现代企业制度，不进行产权改革是根本行不通的。

第一节 国有企业产权改革的演进与逻辑

产权，不同于所有权，根据《新帕尔格雷夫经济学大辞典》，它是一种通过社会强制而实现的对某种经济物品的多种用途进行选择的权利，包括财产的所有权、占有权、支配权、使用权、收益权和处置权等，其本质是界定人与人之间的关系。产权改革就是改变资源的所有权、使用权、收益权和转让权在界定、执行与流转方面的制度安排，使其更有利于实现最优配置（张卫东，2008）。

一、国有企业产权改革：演进阶段与主要成就

不少人认为，我国的国有企业改革一开始并未触及产权层面，直到十四大才明确提出产权清晰的问题。这种看法并不准确，根据产权和产权改革的定义，我国国有企业的产权改革实际上从1978年改革开放伊始就已开展，大体上可以划分为两大阶段：第一阶段是1978~1992年，以经营权改革为主题，主要内容包括扩大企业自主权、承包制等；第二阶段是1992年至今，以所有权改革为主题，主要内容包括建立现代企业制度、股份制改革、混合所有制改革等。根据改革主题实施的深度，还可以将这两大阶段再细分为四个阶段：①1978~1986年国家开始承认企业的使用权和收益权，并开始放权让利；②1987~1992年国家进一步转变企业经营机制，推进两权分离，此时

企业拥有比较完全的使用权和一定的收益权;③1993~2001年国家提出开启产权制度改革,并以此建立现代企业制度,该时期单一的国有所有权开始松动;④2002年之后企业进行股份制改造,所有权日益多元化,特别是2013年党的十八届三中全会提出分类改革的思想通过发展混合所有制经济将国有企业产权改革进一步引向深入。

经过40年的产权改革,我国的国有企业发展取得了巨大成就。在制度活力方面,通过公司制、股份制改革,初步建立起现代企业制度,多数国有企业已经成为自主经营、参与竞争的市场主体,成为市场经济体制下的"新国企"(黄群慧,2018)。在经营水平方面,随着经营机制的改革,国有企业日益成为适应社会主义市场经济的重要主体,企业的经营管理水平及其运作效率有了明显提升。在竞争力方面,由于体制机制的理顺,国有企业中已经涌现出不少优秀企业,通过自身跨越式发展在国际市场上拥有了一定的支配力和话语权,2017年我国入围世界500强的115家企业中绝大多数都是国有企业,集中在金融、能源、房地产、工程建筑等领域,在一定程度上具备了成为具有全球竞争力的世界一流企业的潜质。

二、国有企业产权改革:内在动因与理论机制

我国国有企业的产权改革一直遵循渐进式原则。改革开放初期,我国经济的重要症结之一就是国有企业低效率。从理论上讲,国有企业是国家将企业委托给企业管理人员经营,两者之间的信息不对称和利益不一致产生了委托—代理问题,因此,必须调整国家与企业责权利关系,如实行厂长负责制、在企业内部建立各种形式的经济责任制、实施承包经营责任制、税利分流等。这一时期的"放权让利"和"两权分离"就成为委托人在面临代理人参与约束和激励相容约束条件下最优化效用的明智选择。相关政策举措在明确国有企业利益主体地位、调动企业和职工的积极性等方面确实起到了一定的积极作用,但从某种意义上讲是"治标"而非"治本",因为,即使如此,国有企业的低效率仍然广泛且不同程度地存在,主要有两大表现:一个是棘轮效应,比如年终突击花钱以免来年被削减预算、努力程度有所保留等,该效应的本质是在重复的委托—代理关系中的动态承诺问题(Laffont and Tirole,1993)。另一个是预算软约束,比如政府补贴导致的内部成本外部化等,其本质是动态的激励机制问题,科尔奈(1986)概括出的这一现象在世界范围内,尤其是社会主义国家中长期普遍存在,Dewatripont 和 Maskin (1995) 将其看作是特定体制的内生特征。

产生以上问题的理论根源在于委托—代理理论是完全契约理论，而现实中由于存在资产专用性以及机会主义，在事前确定一个完全契约是非常困难的，因此，就存在剩余权利，包括剩余索取权和剩余控制权。剩余索取权对于促进资产的所有者充分发挥工作潜能、避免团队中的偷懒现象具有较强的激励，剩余控制权则有利于鼓励资产的所有者开展专用性投资，因此，哈特（1998）认为合理的选择是将剩余控制权和剩余索取权配置给同一个人。我国的国有企业在初步解决了"放权让利"和"两权分离"之后最根本的问题就是在某种程度上具有制度内生性的剩余控制权和剩余索取权配置的矛盾（赵志峰，2005）。一方面是实际的剩余控制权与剩余索取权配置分离。从法律上讲，国有企业属于全民，作为全民的代理人——政府成为实际剩余索取权的拥有者，而实际的剩余控制权则掌握在国有企业的高管或是上级主管官员的手中。两者的分离不仅使国有企业高管失去了努力工作获取剩余收益的动力，而且也导致了业绩压力的缺失，造成激励不相容。因此，20世纪90年代以来，我国产生了多轮产能过剩，不少地区出现了大量的"僵尸企业"，债务风险也愈演愈烈。另一方面是名义的剩余控制权和剩余索取权执行成本过高。法律赋予的国有企业名义剩余控制权和剩余索取权属于全民，但现实中由于程序链条相对复杂以及集体选择的困境，名义上的剩余控制权和剩余索取权很难真正执行，从而进一步强化了两者分离带来的负面后果。因此，在1992年党的十四大确立了建立社会主义市场经济体制的改革目标基础上，1993年党的十四届三中全会提出国有企业要构建产权清晰、权责明确、政企分开、管理科学的现代企业制度的要求，自此国有企业产权改革拉开了所有权调整的序幕。

总的来说，我国国有企业进行产权改革的必然性源自国有产权的基本缺陷，主要体现在两个方面：一是公共性。国有企业作为一种强制性的政策工具而存在，其主要职能在于实现宏观调控、产业发展、社会福利最大化以及保障国家安全等，因而，严重影响了产权的激励和约束。二是垄断性。公共性和投资主体的单一性产生了垄断性，虽然较好地保证了政策目标的实现，但是扭曲了要素价格，出现了资源错配，干扰了竞争秩序。这也成为我国开展对外经贸谈判过程中时常被关注的焦点问题。我国产权改革的目的就是解决国有产权基本缺陷导致的外部性问题。根据理论，产权作为主体对财产所拥有的一组权利，具有可分割性和可转让性，通过产权安排的调整优化可以约束和阻止逆向选择和道德风险，从而避免外部性侵害（Coase，1959）。

第二节 放权让利，激发国有企业发展活力（1978~1986年）

改革开放之前，我国与苏联一样实行的是高度集中的计划经济体制，国有企业缺乏经营自主权，依靠国家指令性计划进行生产，所有如资金、土地、人员等生产要素及产品均由国家统一分配、调拨和销售，盈亏也都由国家负责，这种对国有企业的行政式管理违背了市场规律，不但使得企业积极性明显受挫，而且也造成供需数量、结构出现矛盾，因此，国有企业长期处于低效率的运行状态，社会生产力的发展也受到严重制约。资料显示，1956~1977年，国有企业固定资产原值的增长幅度（9.2倍）远超利润总额增长幅度（5.5倍），投入—产出严重不匹配。[①]

一、扩大企业自主权：明确改革方向

为了解决经济短缺问题，激发国有企业的发展活力成为改革的重点。通过决策层对国外经验的借鉴以及社会各界的深入讨论，大家将当时体制弊端归结为企业管理体制的问题，即企业没有作为市场主体获得相应的经营权和收益权，[②] 因此，在改革的酝酿阶段，自上而下都将关注焦点集中在扩大企业自主权上。早在20世纪五六十年代，理论界就已经有不少经济学家提出过扩大国有企业自主权的观点，蒋一苇在1980年系统地提出了"企业本位论"思想，认为企业具有独立的经济利益，社会主义制度下应政企分离，国家不应该直接干预企业的日常经营活动，这些学术探讨为国有企业改革实践奠定了坚实的理论基础。

从实践来看，这一时期的改革探索首先在地方开展试点，并自下而上，通过中央指导在全国推广。扩大企业自主权的改革试点最初源于四川，1978年10月宁江机床厂、重庆钢铁公司、成都无缝钢管厂、四川化工厂、新都县氮肥厂、南充丝绸厂成为六家最先"吃螃蟹"的企业，在实现当年增产增收目标的前提下，允许企业提留少量利润和给职工发少量奖金。之后召开的党的十一届三中全会明确指出，我国经济管理体制的一个严重缺点是权力过

[①] 萧冬连. 国有企业改革的起步及其矛盾[J]. 中共党史研究, 2008 (1).

[②] 孙冶方1961年指出经济管理体制的中心问题是作为独立核算单位的企业的权力、责任和它们同国家的关系问题，也即是企业的经营管理权问题。参见孙冶方. 孙冶方全集（第2卷）[M]. 太原：山西经济出版社, 1998.

于集中，应该有领导地大胆下放，让地方和工农业企业在国家统一计划的指导下有更多的经营管理自主权，重视价值规律的作用，充分调动干部和劳动者的生产积极性，认真解决党政企不分、以党代政、以政代企的问题。自此，国家拉开了国有企业改革的序幕。从产权层面来看，国家此时已经开始承认企业应具有经营权和一定的收益权。1979年2月，在试点的基础上，中共四川省委制定了《关于扩大企业权利，加快生产建设步伐的试点意见》，四川的改革试点得到多地的效仿和中央的肯定。1979年5月，国家经委等部门牵头进一步选择首都钢铁公司、北京清河毛纺厂、天津自行车厂、天津动力厂、上海柴油机厂、上海汽轮机厂等京津沪的8个企业进行扩权改革试点。中央相继出台了一系列扩权让利的文件，1979年7月国务院颁布了《关于扩大国营工业企业经营管理自主权的若干规定》等5个文件，明确了企业应该具有生产计划权、产品销售权、利润分配权、劳动用工权、资金使用权、外汇留成权及固定资产有偿占用制度等。经过多地多企多年的试点探索，1981年，国家开始在所有国营工业企业中全面推广扩大企业自主权改革。1984年，国务院下发了《关于进一步扩大国营工业企业自主权的暂行规定》，再次扩大了企业在生产经营计划权、产品销售权、产品价格权、物资选购权、资金使用权、生产处置权、机构设置权、人事劳动权、工资资金使用权、联合经营权共十个方面的自主权。

二、利改税：创新让利形式

让利体现了国家对于企业收益权的承认。为了调动企业和职工的生产积极性，国家最初采取的是改变统收统支的制度，设立企业基金的办法。1978年4月，中央制定了《关于加快工业发展的若干问题》，正式提出设立企业基金。同年11月，国务院在《关于国营企业试行企业基金的规定》中进一步明确了企业基金的提取前提（完成年度计划指标）、规模比例（职工全年工资总额的0.5%~5%）以及主要用途（用于职工福利基金和奖金）。

随着扩大企业自主权改革的深入，后来逐步用"利润留成"替代了"企业基金"，即允许企业实行利润留成，减少企业上缴利润，赋予企业一定的收益权，并将资金的使用途径扩大到企业的生产经营活动。

利润留成在调动企业生产积极性的同时也出现了企业多占、财政难保等问题，山东率先在部分企业中试行利润包干。在山东探索经验的基础上，1981年，国家出台了《关于实行工业经济责任制的若干意见》，在全国迅速推广以利润包干分成为主要内容的工业经济责任制。核心思想是企业在完成国家上缴利润任务后，余下部分实行全额留成，后来逐步改为基数利润留成加增长利润留成，形成奖罚分明的激励机制。

但很快工业经济责任制的弊端也日益显现，主要表现在两个方面：一是企业利润基数难以科学、公平地确定；二是国家财政收入的稳定性受到严重影响。1983年，中央决定用"利改税"取代工业经济责任制。"利改税"的实行也经历了试点的过程，[①] 总体来说分为"两步走"：第一步从1983年1月到1984年9月，采用利税并存，主要对有盈利的国营企业征收所得税，大中型国营企业缴纳所得税后的利润剔除合理留成外以递增包干、定额包干、固定比例、调节税等形式上交国家，小型国营企业交纳所得税后自负盈亏，对于税后利润较多的再上交一部分承包费；第二步从1984年10月到1987年6月开始，全面过渡到以税代利，将国营企业需向国家上交的利润改为以11个税种的形式向国家纳税。

三、以"放权让利"为主题的产权改革初现成效

"放权让利"是我国国有企业改革的伊始，也是国有企业产权改革的初步探索，其本质是国家对于国有企业作为独立经济主体应具有一定的经营自主权和收益权的承认。虽然改革并不容易，面临来自地方、企业以及财政部门等多方的阻力，但是产权改革迈出的第一步还是取得了明显的积极效果，资料显示，1979年国有工业企业实现利税比1978年增长了10.1%，不但扭转了财政赤字，而且还使职工实际工资增长了7.5%。开展扩权试点的企业在产值、利润等经济业绩方面远超未参与试点的企业。[②] 坦率地说，即使初步探索产生了一定的积极成效，也依然无法忽视其内在弊端，即在传统行政集权背景下开展的"放权让利"改革未触及原有的所有权结构及相应的权利安排，资源配置仍然是在计划经济体制框架内进行，这使得"大锅饭"的本质并没有得到根本改变。内在弊端的存在导致改革措施很难做到最优，虽然"放权让利"的改革方向基本确定，但是"放"和"让"的程度引起了广泛的争论，经常处于不停的调整过程，企业无法形成稳定的预期，也没有真正活起来，例如"利改税"税率过高令企业难以承受，严重影响了生产积极性，1986年承包经营责任制又重新被重视起来。

---

① "利改税"在全面实行之前于1979年曾在湖北、广西、上海和四川等地的部分国营企业进行试点。

② 资料来源：一图纵览国企改革30年历程[EB/OL]．http://www.xinhuanet.com/finance/2015-09/14/c_128228150.htm.

第三节 两权分离，转变国有企业经营机制（1987~1992年）

第一阶段的"放权让利"改革，虽然使得企业活力得到了一定的增强，但并未真正实现搞活企业的目标。改革过程自始至终都受到当时体制的掣肘，一些下放给企业的自主权被中间环节截留，同时，由于"放权让利"本身与国家宏观计划管理之间的矛盾以及企业权、责、利结合的政策设计的不合理还在一定程度上造成了经济混乱。因此，国家提出要将改革重点放到转变国有企业经营机制上。1984年召开的中共十二届三中全会明确提出将全民所有制企业所有权和经营权适当分开，扩大企业自主权的改革告一段落。"两权分离"仍然是以企业经营权为主题的产权改革，通过这一时期的实践，国有企业基本上拥有了比较完全的经营权和一定的收益权。

一、"两权分离"："放权让利"的进一步深化

"放权让利"的改革实践让国家看到了宏观管理体制上的弊端，1984年党的十二届三中全会通过了《中共中央关于经济体制改革的决定》这一指导当时我国经济体制改革的纲领性文件，核心思想指出改革的基本任务是建立具有中国特色的、充满生机和活力的社会主义经济体制，促进社会生产力的发展，要在坚持社会主义公有制的基础上，自觉运用价值规律，有计划地发展社会主义商品经济，要逐步建立合理的价格体系，充分重视经济杠杆的作用。

党的十二届三中全会还进一步对国有企业改革提出了更为具体的要求，即增强企业活力，尤其是增强国营大中型企业的活力是经济体制改革的中心环节，要把全民所有制企业的所有权和经营权适当分开，使企业真正成为相对独立的社会主义商品的生产者和经营者。同时，建立多种形式的经济责任制，在社会主义全民所有制经济占主导地位的前提下，长期坚持发展多种经济形式和经营方式。

但是，80年代末我国出现了严重的通货膨胀，延缓了以"两权分离"为方向产权改革进程，有学者也将这一时期称为改革的徘徊期（丁孝智、季六祥，2005）。由于国有工业企业出现大面积亏损，"三角债"日益泛滥，1988年，党的十三届三中全会召开后我国进入了持续三年的经济整顿时期。这也进一步凸显了推动国有企业以所有权和经营权分离为主要内容的经营机

制转变的重要性。1991年，我国国民经济和社会发展"八五"规划中，再次明确企业经营机制转变的目标是实行政企职责分开，所有权和经营权适当分离，建立富有活力的国营企业管理体制和运行机制。1992年，国务院出台的《全民所有制工业企业转换经营机制条例》也再次确定了国有企业改革是经济体制改革的中心，并规定了企业应具有的经营权内容。

二、承包经营责任制的全面推行

为了推动国有企业"两权分离"改革的落实，1986年国务院制定了《关于深化企业改革增强企业活力的若干规定》，着重提出推行多种形式的经营承包责任制，给经营者以充分的经营自主权。1987年《政府工作报告》指出要根据所有权与经营权分开的原则，认真实行多种形式的承包经营责任制，使企业真正成为相对独立的，自主经营、自负盈亏的经济实体。对于不同行业和企业灵活确定合理的经营方式，如小型企业可以推行承包、租赁责任制；大中型企业可以根据企业的不同情况，实行多种形式的承包经营责任制，用签订合同的办法明确规定企业主管部门与企业经营者和职工集体之间的责、权、利关系。这一部署标志着承包经营责任制的全面推行。

承包经营责任制是通过合同的形式把国家与企业的责任、义务以及双方之间的分配关系确定下来，实行"包死基数，确保上缴，超收多留，欠收自补"的原则。由于承包经营责任制给予了企业较为完全的经营权和一定的收益权，企业的责、权、利得到了较好的结合，这对于原先国有企业的激励机制而言是一种完善。与20世纪80年代初"让利"大背景下确保财政收入的经济责任制相比，这一时期的承包经营责任制是一种企业管理模式，它由纯粹的承包上缴利润变成承包多项投入产出指标。1988年，国务院发布了《全面所有制工业企业承包经营责任制暂行条例》从承包经营责任制的内容、形式、合同、双方权利和义务、企业经营者、承包经营企业的管理等方面对承包经营责任制进行了进一步的规范。

为了配合承包经营责任制的开展，国家还进行了两项改革，分别是推行完善厂长负责制以及发展横向经济联合，鼓励建立企业群体和企业集团，但这两项改革并不属于产权改革的范畴。此外，除了承包经营责任制，我国还积极开展了转换企业经营机制不同形式的探索，比如租赁制、股份制。其背景就是承包经营责任制在取得了短暂的成功之后问题逐渐暴露出来。早在1984~1986年，北京、上海、广东等地的部分集体和国有中小企业就已经开始了股份制试点，之后国家在继续完善实施企业承包经营责任制的同时也在推广实施新的试点,到1992年底已有3700家股份制试点企业,其中,92家公开发行了股票。

这一时期一些地区如武汉、保定还进行了国有企业产权转让的尝试。1988年,武汉、石家庄先后成立了产权交易市场,同年全国2856家企业兼并了3424家企业,产权转让使绝大多数被兼并的企业都实现了扭亏。[①] 这一做法也得到了国家的重视和认可。

三、关于企业制度缺陷的反思

"两权分离"改革的本质属于对国有企业产权,主要是经营权的确认。与"放权让利"改革是计划经济体制框架内的局部调整相比,"两权分离"是计划经济与商品经济双重体制条件下对政府和企业关系的调整,在某种程度上理顺了国家与企业的责、权、利关系。企业也逐渐向自主经营、自负盈亏的经济主体方向发展,一个典型案例就是,随着1985年《企业破产法》草案的通过试行,1986年,沈阳防爆器械厂成为新中国第一家正式宣告破产的国有企业。

承包经营责任制是"两权分离"改革时期的主要形式,1987年在全国推行后有90%的国有企业(其中,大中型企业占95%)都实行了承包经营责任制。在推行初期,取得了明显成效,不但确保了国家财政收入的稳定增长,而且又调动了企业增产增收和职工劳动的积极性。从理论上讲,"两权分离"背景下的承包经营责任制与"放权让利"时期的"利改税"在本质上是相同的,都是用契约的形式来调整政府与企业的经营、分配关系,但这两种模式由于企业制度的缺陷都具有内生的不规范性和不稳定性。因此,随后在各地又开展了租赁制、股份制的试点,从企业制度层面将企业产权进一步明晰。同时,在武汉、保定等地一些企业还进行了产权转让的探索。这些为后来国有企业推进以所有权为主题的产权改革打下了重要基础。

第四节 产权明晰,促进现代企业
制度建设(1993~2001年)

改革开放以来的实践表明,仅仅围绕经营权进行广义上的国有企业产权改革,促进发展环境改善和经营机制转换,而不进行根本的制度创新和更深

---

① 国家经济体制改革委员会. 中国经济体制改革年鉴(1989)[M]. 北京:改革出版社,1989.

入的产权改革是无法真正搞活国有企业的。1993年,中央明确提出国有企业要建立现代企业制度,其基本特征就是"产权明晰,权责明确,政企分开,管理科学",其中,与后三者不同,"产权明晰"是党的十四届三中全会最新提出的,也是建立现代企业制度的前提和基础。自此至中共十六大近10年的时间,国家开始引导国有企业明确产权意识,并通过其他一些配套改革初步解决了国有企业参与市场竞争并优胜劣汰的问题。这一时期,国有企业除了拥有比较完全的经营权和收益权外,在所有权方面也开始有所松动,特别是一些小企业的产权可以采取多种形式,通过改组进行的产权转让也日渐增多。

一、从"两权分离"到现代企业制度的方向转变

经过长期的理论探讨和实践探索,1992年,中共十四大正式将经济体制改革的目标由有计划的社会主义商品经济转变为建立社会主义市场经济体制。1993年,中共十四届三中全会通过的《关于建立社会主义市场经济体制若干问题的决定》明确指出,以公有制为主体的现代企业制度是社会主义市场经济体制的基础,建立"产权明晰,权责明确,政企分开,管理科学"的现代企业制度,是发展社会化大生产和市场经济的必然要求,是我国国有企业改革的方向。建立现代企业制度的提出标志着我国国有企业改革正式进入真正意义上的产权改革阶段,即开启以所有权为主题的国有企业改革。

在酝酿国有企业改革方向的转变过程中,理论界针对社会主义市场经济的性质、实现形式以及国有经济的地位等展开了大讨论,并形成了至少三个方面的基本认识:一是社会主义市场经济必须坚持以公有制为主体、多种经济成分共同发展的方针。二是公有制在国民经济中的主体地位是就全国来说的,有的地方、有的产业可以有所差别,且主要体现在资产优势、国有经济控制国民经济命脉、对经济发展发挥主导作用等方面。三是提出混合所有制概念。随着国有产权的流动和重组,将会形成新的财产所有结构。这些认识为我国开启新一阶段的国有企业产权改革,建立现代企业制度做了良好的理论铺垫。

1997年,中共十五大报告再次明确了建立现代企业制度是国有企业的改革方向,并提出了推进思路:一方面加强国有企业的改组、改造及加强管理。着眼于搞好整个国有经济,抓好大的,放活小的,对国有企业实施战略性改组。另一方面实行鼓励兼并、规范破产、下岗分流、减员增效和再就业工程,形成企业优胜劣汰的竞争机制。

1999年，中共十五届四中全会通过了《关于国有企业改革和发展若干重大问题的决定》，进一步强调要通过继续推进政企分开、积极探索国有资产管理的有效形式、对国有大中型企业实行规范的公司制改革、面向市场着力转换企业经营机制来建立现代企业制度；要从战略上调整国有经济布局，将其同产业结构的优化升级和所有制结构的调整完善结合起来，坚持有进有退，有所为有所不为；要推进国有企业战略性改组，坚持"抓大放小"，放开搞活国有中小企业。

中共十四届三中全会、中共十五大以及中共十五届四中全会关于国有企业改革的精神是一脉相承的，不但确定了建立现代企业制度的国有企业改革方向，而且还逐步形成了以产权结构调整优化为突破口的推进思路。

二、多举措推动国有资本进入市场

建立现代企业制度的方向确定后，国有企业首先面临产权明晰的问题。根据我国法律，国有企业中的国有资产所有权属于国家，企业拥有包括国家在内的出资者投资形成的全部法人财产权。公司理论和发达国家的经验表明，现代企业按照财产构成可以有多种组织形式，有效实现出资者所有权与企业法人财产权的分离，有利于政企分开和转换经营机制。国有企业实行公司制，是建立现代企业制度的有益探索。为了推动产权明晰，国家广泛开展公司制改造，并遵循了"抓大放小"的思路。有观点认为，产权明晰在一定程度上涉及私有化的问题，难以推进，因而，国家转向推进企业治理的完善，实行公司制改造。事实上，公司制改造同样包含了产权改革的一些内容。

根据《关于建立社会主义市场经济体制若干问题的决定》的要求，具备条件的国有大中型企业，单一投资主体的可依法改组为独资公司，多个投资主体的可依法改组为有限责任公司或股份有限公司。1994年11月，国务院批准了100家企业进行现代企业制度试点，到1997年试点结束，有17家企业实现了投资主体多元化。2343家地方试点企业中有1989家转为公司制企业，其中540家转为股份有限公司、540家转为有限责任公司、909家转为国有独资公司。1999年，中共十五届四中全会进一步明确对于适合实行股份制的国有大中型企业特别是优势企业要通过规范上市、中外合资和企业互相参股等形式，改为股份制企业，发展混合所有制经济，重要的企业由国家控股。

由于20世纪90年代中期大中型国有企业占有了一半以上的国有资产，

因此，对于一般小型国有企业，国家采取了放活政策，鼓励实行承包经营、租赁经营，或改组为股份合作制，也可以出售给集体或个人。小企业的放开搞活意味着其产权可以采取多种形式，单一的国家所有权已经开始松动。

在开展公司制、股份制改造试点的同时，为了给国有企业解困，国家还启动了企业"优化资本结构"试点，积极推进试点城市国有企业兼并破产，降低切换国有债务。后来，还进一步出台了兼并重组、债转股等举措，如2000年国家对580家国有大中型企业进行债转股改革，降低企业资产负债率。

基于搞活整个国有经济的目的和"抓大放小"的改革思路，1995年，中共十四届五中全会提出要加快存量资产的流动、重组，对国有企业实施战略性改组。1997年，中共十五大进一步明确了大中型企业和小型企业实施战略性改组的基本路径，即以资本为纽带，通过市场形成具有较强竞争力的跨地区、跨行业、跨所有制和跨国经营的大企业集团；采取改组、联合、兼并、租赁、承包经营和股份合作制、出售等形式，放开搞活国有小型企业。1999年，考虑到国有经济的控制力，国家开始调整国有经济布局，并将其与推进国有企业战略性改组结合起来，要求这一过程中充分发挥市场机制作用，综合运用经济、法律和必要的行政手段。在涉及产权变动的企业并购中要规范资产评估，防止国有资产流失，防止逃废银行债务及国家税款，妥善安置职工，保护职工合法权益。

三、认识的深化与实践的困境

上一阶段的国有企业产权改革是以两权分离理论为基础的，因此，强调权责明确、政企分开、管理科学，并围绕经营权、收益权等开展了一系列改革。但实践表明，在当时背景下基于两权分离理论的改革无法使企业真正做到自主经营、自负盈亏，更谈不上自我发展、自我约束，因此，搞活企业并将其发展成为独立经济主体的目标难以实现。随着思想解放和建立市场经济体制的明确，学者们根据西方产权理论，围绕中国国有企业改革中的实际问题，如产权如何明晰、如何流转等展开了大量的讨论，国家也意识到搞活国有企业必须开启产权改革，这是思想理论上的一次飞跃，确立了国有企业改革新的方向。

这一时期，企业兼并破产以及通过资产重组建立企业集团风起云涌，不但并购重组数量增加，而且交易形式也趋于多样化；同时产权交易也日益活跃，不但全国各类产权交易市场数量迅速增加，而且产权交易还有了更为便捷的渠道，即沪、深证券交易所的成立。

但实事求是地说，该时期的国有企业产权改革还存在着很多问题，比如形式单一、交易混乱和政府主导。更重要的是，由于产权改革面临来自多方的阻力和可能的政治风险，改革实践最终将工作重心放在了企业管理与治理方面，产权改革进程依旧迟缓。

第五节　权责统一，推动建立现代产权制度（2002年至今）

2002年，中共十六大的召开标志着国有企业产权改革步入到一个新的时期。这一时期的国有企业改革以所有权多元化为中心，并通过所有权改革逐步建立健全国有资产管理体制和现代公司治理。随着对所有制、产权等认识的加深，以及对产权改革的意义趋于达成共识，这一时期的改革开始触及产权制度的根本性问题，国家围绕国有企业所有权相继出台了一系列改革举措。根据改革内容，这一时期的改革还可以进一步细分为两个本质相同的阶段：一是2002~2012年，以股份制改革为主要内容；二是2013年以来，中共十八届三中全会提出了分类推进，引导混合所有制改革的新要求。

一、明确产权改革在国有企业改革中的核心地位

2002年，我国国有企业发展的内、外部环境已经发生了巨大变化，为了盘活和管理好巨额国有资产存量，党的十六大指出，一方面要改革国有资产管理体制，另一方面要进一步探索公有制特别是国有制的多种有效实现形式，除极少数必须由国家独资经营的企业外，积极推行股份制，发展混合所有制经济。2003年，中共十六届三中全会通过的《中共中央关于完善社会主义市场经济体制若干问题的决定》明确提出"建立健全现代产权制度，产权是所有制的核心和主要内容，包括物权、债权和知识产权等各类财产权。建立归属清晰、权责明确、保护严格、流转顺畅的现代产权制度，有利于维护公有财产权，巩固公有制的主体地位；有利于保护私有财产权，促进非公有制经济发展，有利于各类资本的流动和重组，推动混合所有制经济发展；有利于增强企业和公众创业创新的动力，形成良好的信用基础和市场秩序。"这首次将产权制度提升到如此高度，自此国家明确了产权改革在国有企业改革中的核心地位。这时的产权是狭义上的，主要指的就是企业所有权。

2007年，中共十七大进一步指出，要深化国有企业公司制股份制改革，

第八章 国有企业产权改革的进程

健全现代企业制度，优化国有经济布局和结构，增强国有经济活力、控制力、影响力；并以现代产权制度为基础，发展混合所有制经济。2012年，中共十八大再次明确要推行公有制的多种实现形式。总的来看，中共十七大、中共十八大延续了中共十六大确立的产权改革地位、方向以及股份制这一主要形式。

2013年，中共十八届三中全会通过的《中共中央关于全面深化改革若干重大问题的决定》再次强调了产权在所有制中的核心地位，必须健全归属清晰、权责明确、保护严格、流转顺畅的现代产权制度，完善产权保护制度。同时，还提出要积极发展混合所有制经济，允许更多国有经济和其他所有制经济发展成为混合所有制经济，国有资本投资项目允许非国有资本参股，允许混合所有制经济实行企业员工持股，形成资本所有者和劳动者利益共同体。这标志着该时期国有企业产权改革有了新的内容。

二、多形式开展国有企业产权改革

2003年，中央提出要使股份制成为公有制的主要实现形式。事实上，股份制在改革开放初期就已经出现，1994年《公司法》的出台将股份制合法化，直到中共十六大召开之后股份制才在全国全面推行，这对国有企业产权改革的深入具有重要意义。为了推进股份制改革，国家制定了很多举措，如允许企业出售、引进战略投资者、MBO（管理层收购）、试行经理人股票期权、员工持股、上市等。其中，最为广泛采用的是MBO，这是公司的经理层利用借贷所融资本或股权交易收购本公司的一种行为，从而引起公司所有权、控制权、剩余索取权、资产等变化，以改变公司所有制结构，通过收购使企业的经营者变成了企业的所有者。由于转让的相对成本和方案实施成本较低，同时又能保证对管理层和员工的激励与约束，MBO当时盛极一时，但容易致使国有资产流失，因此，在改革过程中广受质疑，不久便被财政部叫停。改制上市是另一种主要方式，2006年，IPO（首次公开发行）实现了全流通，并恢复了资金申购制度，中国工商银行、中国建设银行、中国石油、中国神华等国有企业成功上市。这一时期，通过主辅分离和改制一批国有大中型企业实现了兼并和资产重组，国有经济布局进一步集中和优化，与1998年相比，2006年底全国国有企业数量减少了一半，但却控制了重要行业和关键领域超过80%的市场份额。

在新的历史时期，中央审时度势提出要积极发展混合所有制经济。混合所有制同样不是新生事物，早在20世纪90年代初就已经产生混合所有制的初始形态。我国推行混合所有制具有一定的现实基础，2012年我国混合所有制工业企业数量占规模以上工业企业单位数的比例超过1/4，资产、利润、主营收入等经济指标占比均在2/5左右。从理论上讲，股份制与混合所有制并不相同，后者可以以前者为主要实现形式。当前，国家提出发展混合所有制经济一方面是为了明确国有经济的功能定位，通过分类改革，优化布局，发挥国有经济的主导作用；另一方面可以将国有企业的规模、人才等优势与民营企业的体制机制优势结合起来，增强企业的竞争优势。

为了推进混合所有制发展，2014年，中石油引入社会资本，率先开展混合所有制经营，同年，国家开发投资公司、中粮集团、中国医药集团总公司、中国建筑材料集团有限公司、中国节能环保集团公司、新兴际华集团有限公司6家央企成为首批国资"四项改革"试点。2015年中央制定了《关于深化国有企业改革的指导意见》，要求推进国有企业混合所有制改革，切实保护混合所有制企业各类出资人的产权权益，杜绝国有资产流失；鼓励非国有资本投资主体通过出资入股、收购股权、认购可转债、股权置换等多种方式，参与国有企业改制重组或国有控股上市公司增资扩股以及企业经营管理；鼓励国有资本通过投资入股、联合投资、重组等多种方式入股非国有企业；探索实行混合所有制企业员工持股。之后，国家又相继出台了《关于国有企业发展混合所有制经济的意见》和《关于鼓励和规范国有企业投资项目引入非国有资本的指导意见》，进一步明确了发展混合所有制经济的原则和路径。总的来看，发展混合所有制经济主要采取了两种方式：一是兼并重组。2013年以来，通过强强联合、优势互补、吸收合并、共建共享，推动了对28家中央企业重组整合，这一过程可以采取多种形式，比如中船集团正在加快推进债转股的步伐。二是员工持股。2016年，国家先后出台了《国有科技型企业股权和分红激励暂行办法》和《关于国有控股混合所有制企业开展员工持股试点的意见》，并开展了首批10家央企所属子企业员工持股试点，包括宁夏神耀科技有限公司（筹）、中国电器科学研究院有限公司、欧冶云商股份有限公司、上海泛亚航运有限公司、中国茶叶有限公司、中外运化工国际物流有限公司、中节能大地环境修复有限公司、中材江西电瓷电气有限公司、建研软件有限公司（筹）、中铁工程设计咨询集团有限公司，成效初步显现。

三、加快推进以混合所有制为主要内容的产权改革

自2002年开始，我国逐步进入国有企业产权改革的攻坚阶段，产权制

度的核心地位开始确立，同时，对国有企业产权改革的认识和价值取向也发生了实质性的改变，比如开始触及产权制度的根本性问题，更加强调产权改革过程的市场化与法制化等。在2013年之前，股份制改革一直是我国推进国有企业产权改革的主要方式和内容，在调整国有企业产权制度的同时，也实现了国有经济布局和结构的优化。这一时期产权改革引起的最大争议就是国有资产的大量流失，全社会对此展开了深刻反思。

经过多年股份制改造，虽然很多国有企业早已变成混合所有制，但政府干预仍无处不在，行政化垄断体制未真正打破，准入限制未真正放开。为了结合国有企业和民营企业的优势，促进国有资本放大功能、保值增值、提高竞争力，2013年，中共十八届三中全会提出了分类改革的新思路和混合所有制改革的新内容。截至目前，混合所有制改革取得了一些初步成效，但进展依然较为缓慢，全社会仍然存在对混合所有制的误解以及由此产生的顾虑，比如将混合所有制改革等同于私有化，认为混合所有制必然带来国有资产的流失等，从而反对混合所有制改革。事实上，混合所有制的本质是多元持股，并不是私有化，它也并不一定会导致国有资产的流失，关键在于完善国有企业产权交易机制，并实现交易过程的公开、公正与透明。因此，未来应加快推进混合所有制经济发展，首要任务就是做好产权的界定、执行与保护，以及产权交易机制的完善。

第九章　国有企业治理结构演进

公司治理的概念最早出现在西方发达国家，是以出资者与经营者分离、分立及整合为基础，连接并规范股东、董事会、经理层相互之间权利、利益、责任关系的一种法律、文化和制度性安排的有机整合①。作为企业组织边界内部的一种制度安排，公司治理是围绕公司目标来设定的利益相关者之间的权利分配和制衡机制体系，能够起到化解冲突、协调关系、保障稳定发展的作用。公司治理解决的是股东、董事会、经理层及监事会之间的权责利划分的制度安排问题，并通过形成一整套包括正式或非正式的、内部的或外部的制度或机制安排来协调公司与所有利益相关者之间的关系，以保证公司决策的科学化，有效维护公司的合法利益。国有企业在促进国家经济增长、维持社会稳定、推进产业结构的调整与升级，以及提高国际市场竞争力等方面发挥着重要作用。随着国家层面经济体制改革的推进，以及社会主义市场经济体制的建立与完善，国有企业制度改革也成为支撑国家社会经济发展的重要内容之一。这也使得关于国有企业公司治理的问题成为理论研究和实践关注的热点，其治理结构和机制也一直伴随着经济体制改革的逐步演化而持续变革（秦瑞齐，2002）。经过近40年的国有企业制度改革，国有企业公司治理已经实现了"从无到有，从有到优"的重大转变，为国有企业深化改革的继续推进奠定了重要基础。

第一节　国有企业治理改革的演进历程和必要性

国有企业是在国家与社会各种力量之间的互动过程中被创造出来的一种特殊的社会组织。国有企业在我国的国民经济中，无论是其数量还是地位都具有相当的分量，不论是过去，还是现在，以至将来一直都是我国国家经济

---

① 在以往的研究中，学者们将公司治理分为内部治理和外部治理两种类型，在本章的研究中主要是研究内部治理。

的命脉。结合中国国情探索一条具有中国特色的国有企业改革路线，不仅事关改革开放的全局，而且也具有重要的战略意义（鲁桐、党印，2015）。在传统的计划经济体制下，国有企业更多的是体现为完全的国家意志，在经营活动中实行的也是"统收、统支和统配"。自1978年国家启动改革开放以来，国有企业改革一直是我国经济体制改革的重要内容之一。国有企业以建立现代企业制度为目标，先后历经了放权让利、实行承包经营责任制、股份制试点等不同阶段，通过持续构建、完善和优化国有企业公司治理结构，在体制、机制和结构等方面取得了较大进展，有力地促进了国有经济布局调整，形成了国有资产管理体制，增强了国有企业的影响力、竞争力和控制力。

一、我国国有企业公司治理变革的阶段历程

Newman（2000）指出，相较于西方国家，新兴经济国家的制度变迁具有本质的不同，其中的结构和内涵都存在较大差异，存在于不同历史阶段中，并且反映着特定的时代性背景和特征。中国既是世界上最大的发展中国家，也是最为典型的新兴经济国家，通过经济体制改革取得了令世界瞩目的发展成绩。针对以公司治理为对象的国有企业改革制度变迁的研究，必须立足于历史情境和现实问题，才能得出具有指导性的建议和方案。经过40年的持续改革，我国国有企业已经从传统的计划经济体制下的附属物，逐步向市场经济体制下的现代企业转变（黄群慧，2018）。在国有企业公司治理制度变迁的过程中，并不存在以往的可以借鉴的经验，更多的是采取"摸着石头过河"——探索式渐进改革的思路。基于黄群慧（2018）提出的"新型国有企业"演变路径，根据国有企业在推动公司治理制度改革过程中出现的拐点（Points of Inflection）事件，可以将公司治理变革的过程划分为四个主要阶段：

启动改革（1978~1992年）。在此阶段中，主要以扩大国有企业自主经营权为主要内容，改革的关键词包括放权让利、经济责任制、利改税、承包经营责任制、租赁经营和股份制等。国有企业是计划经济体制的产物，从1978年开始的制度改革提出要发展多种经济成分的企业，降低国有企业比重。在政策制定和实施上，先后强调"引入市场竞争机制""以市场调节为辅的计划经济""有计划的商品经济""国家调节市场和市场调节企业的经济""计划经济与市场调节有机结合的经济"等改革理念，采取了放权让利、扩大自主经营权、推行以承包责任制为主要形式的多种经营方式，有效

促进了国有企业经营机制的转换，对后续导入市场经济体制起到了基础性作用。

建章改制（1992~2003年）。在此阶段中，主要以建立现代企业制度为主要内容，改革的关键词包括抓大放小、三改一加强、政策性关闭破产、债转股和再就业等。从1992年开始，国家提出经济体制改革目标是建立社会主义市场经济体制，取消计划经济体制，并强调"保持公有制的主体地位"等。针对前期国有企业存在的非经济因素干扰太大，不是真正的经济利益主体，没有真正的经营自主权等问题（邓荣霖，2011），国有企业改革的目标被设定为：建立"产权明晰、权责明确、政企分开、管理科学"的现代企业制度，通过产权多元化、上市等来推行公司化改制，从名义法人转变为真正法人，同时采取了国有企业民营化，让国有企业逐渐从竞争性领域撤出等多种措施。

国资监管（2003~2013年）。在此阶段中，主要以建立新的国有资产管理体制为主要内容，改革的关键词包括政资分开、主业管理、业绩考核、薪酬管理、规范董事会和国有资本经营预算等。从2003年开始，以国家国资委成立为分水岭，开始提出"防止国有资产流失，实现国有资产保值增值"的国有企业发展思路，尤其强调继续调整国有经济布局和改革国有经济管理体制两项重大任务。随后，国家国资委提出国有企业要"做大做强"，并加强对一些资源型领域的控制，例如，在石油、天然气、电力等领域实现全产业链发展。与此同时，还推动了大规模的并购重组，将196家中央企业重组为116家，并为每个企业设定了业务领域，要求企业必须在特定的业务领域形成显著优势，努力建设具有国际竞争力的世界一流企业。

深化改革（2013年至今）。在此阶段中，主要以分类深化国有企业改革为主要内容，改革的关键词包括管资本、混合所有制经济、职业经理人、国有企业功能和公司法人治理结构等。以2013年党的十八届三中全会提出深化改革为起始点，在国家层面明确提出"经济体制改革是全面深化改革的重点，核心问题是处理好政府和市场的关系"，确立了"让市场在资源配置中起决定性作用"的改革目标，稳妥地从广度和深度上推进市场化改革，推动资源配置依据市场规则、市场价格、市场竞争实现效益最大化和效率最优化。为了推动国有企业深化改革，2015年国家开始推行国有企业分类管理，根据职能将国有企业分为经营类和公益类两类，采取了差异化管理和评价措施，对国有企业公司治理也提出了新的期望和目标。

二、国有企业治理改革的逻辑与动因

国有企业推动公司治理制度改革的逻辑主线是"面向市场,政企分开,成为具有自主经营权的市场主体"。其中,面向市场是强调国有企业需要按市场规律办事,以市场需求为导向来进行资源配置,基于"利润可获,风险可控,市场化可持续"的理念来开展日常经营管理活动;政企分开是针对在国有企业履行委托代理责任的过程中,会涉及诸多的利益主体,包括中央政府、部委、国家所有权管理机构、地方政府到多层级董事会、管理层,导致其中的关系错综复杂(鲁桐、党印,2015),为此需要确定治理结构和机制来有效理顺其中的复杂关系,进而确保有效的决策和管理,提升国有企业的经营管理效率和效益;成为具有自主经营权的市场主体是指通过公司治理制度的建立、完善和优化,让市场力量在国有企业的经营管理活动中发挥主导作用,让国有企业获得自主经营权、能够自主确定的资源使用权,拥有一部分收入享有权,推动市场经济的有效运行。基于该逻辑,国有企业公司治理制度改革一直是以建立"产权清晰、权责明确、政企分开、管理科学"的现代企业制度为主要内容,围绕建立、完善和优化公司治理的结构和机制两个方面来展开,其中治理结构主要涉及公司架构的制度安排,包括股东、董事会、经理层和监事会;治理机制则涉及公司利益相关者关系,包括用人机制、监督机制和激励机制。

国有企业之所以推动公司治理制度改革主要是内外部因素共同作用的结果。从外部因素来看,随着对外开放程度的增加,国有企业亟须通过学习、运用国外先进的管理经验来帮助提升和完善现有的管理制度体系,才能提高国有企业的效率和效益。发达国家的企业已经经过了长期的发展经验积累,形成了较为完善的管理制度体系,涵盖了从公司治理到具体的业务运营等各方面的管理制度。通过建立和完善公司治理制度,国有企业可以更好地与国际市场接轨,整合资源并进行资源优化配置,提高综合竞争力,支撑经营管理活动的持续进行。随着国有企业综合实力的提高,很多国有企业开始进入国际市场实行跨国经营。然而国际市场的商务环境、法律法规、人文习俗等方面与国内有很大不同,特别是部分发达国家在公司治理等方面的要求比国内要高很多,为此需要在制度层面与国际准则保持一致。尤其是部分国有企业开始采取并购、合资、参股、上市、新建等方式进入国际市场时,更需要采取国际认可的公司治理规范制度体系来运作。

从内部因素来看,国有企业在履行其特殊使命的同时,也出现了一些治理上的现实问题，给企业发展带来了负担和包袱，例如，管理机制的低效和不完善，公司内部缺乏有效的监控机制，相关利益主体间未能相互制衡，董事会结构和运作方面还很不规范，监事会监督乏力（徐海根，2002）；企业内部存在严重的"内部人控制"问题，部分管理人员寻求自身利益的最大化；未能充分调动国有企业经营者和职工的劳动积极性，不能实现"能上能下、能进能出"的人员流动机制。从根本上来说，主要还是由于国有企业内部未能形成制度化管理，没有建立起符合现代公司要求的企业制度体系，造成了企业内部相关利益者之间的权责利未能实现统一。为了更好地与国家层面推行的市场机制改革保持同步，国有企业必须以现代企业制度作为改革的基本目标，积极建立和完善公司治理制度体系。

第二节 启动国有企业经营改革（1978~1992年）

国家层面推动的经济体制改革是一项系统工程，尤其是在没有以往经验可以吸取的背景下，主要是通过"边试边改"的探索式改革来进行。在导入市场经营理念的经济体系初步形成阶段，国有企业治理改革的主要内容是调整国家与企业的责权利关系（毛元斌，2008），推动所有权与经营权分离，逐步由行政型治理向经济型治理演进，具体表现为经营目标从行政目标向经济效益目标演进，资源配置由计划向市场演进（李维安，1996）。通过一系列改革措施的推进和实施，进一步增强了国有企业的活力，扩大了企业的自主经营意识，为后续改革奠定了基础。

一、初步构建法律制度体系

国家层面的制度改革必须有相应的法律基础和体系来提供保障和支持。为了更好地推动国有企业治理结构改革工作的开展，国家层面也先后出台了一系列的文件、政策、法律、法规。1979年，国务院颁布了《关于扩大国营工业企业经营管理自主权的若干规定》，明确了国有企业在社会经济活动中的定位，放开了企业的发展空间，在增加企业活力的同时，也对相关行为进行了约束。1982年，全国人大制定的《宪法》第十六条规定："国营企业在服从国家的统一领导和全面完成国家计划的前提下，在法律规定的范围内，有经营管理的自主权"，以及1988年制定的《全民所有制工业企业法》第二条规定："企业的财产属于全民所有，国家依照所有权和经营权分离的原则授予企业经营管理"，从法律层面确定了国有企业的法人地位，以及所有权和经营权分离的经营原则，为扩大国有企业的自主经营权提供了法律依据，并明确赋予了国有企业 13 项经营自主权。此后，为了进一步提升国有企业的发展活力，国务院还颁布了《国营工业企业利润留成试行办法》《关于国营企业利改税试行办法》《全面所有制工业企业承包经营责任制暂行条例》《国营企业成本管理条例》《关于进一步扩大国营工业企业自主权的暂行规定》等一系列法规（陈珂、聂会敏，2010），给予企业一部分新增收益的支配权以及减少企业上缴利润的红利（汤吉军、年海石，2013），用经济效益手段推动了国有企业激励机制改革，规范和完善了企业经营承包责任制。由此开始，国有企业逐渐由依靠政府行政指令进行生产的"产品车间"向能够与市场对接的"商品生产者"进行转变。

二、推动经营权与所有权分离

为了打破传统计划经济中高度集权性质的国有国营体制，在这一阶段，国有企业改革的重点任务之一是探索所有权和经营权两权分离的企业经营机制，通过逐步扩大经营自主权来调动企业生产经营的积极性。随着社会中开始到导入商品经济的理念，一些国有企业也开始推动内部的制度变革与之相匹配。在国家层面开始提出，国有企业可以实行经营承包，领导机制可以实行厂长（经理）负责制，确立了厂长（经理）在企业中的重要地位。通过对国有企业的放权让利，厂长（经理）开始成为国有资产的受托人（汤吉军、年海石，2013）。在具有优秀能力的第一代企业家的带领下，一些国有企业能够通过自主经营行为，引导企业针对商品经济社会的特点来开展经营活动，在社会上进行合理的资源配置，并根据当时的主要社会矛盾来进行商品生产，不仅满足了群众的物质需求，而且也极大提升了企业的经营效率。在随后的 1991 年全国"第八个五年规划"中也明确提出，"企业经营机制转变的目标是实行政企职责分开，所有权和经营权适当分离，探索公有制的多种有效实现形式，建立富有活力的国营企业管理体制和运行机制"。通过一系列的改革探索工作开展，国有企业治理结构中的"委托—代理"关系初见雏形，不仅有效维护了国家作为企业所有者的权益，也维系了企业内部各利益相关者之间的平衡，使所有权与经营权分离成为可能（陈清泰，2009）。

三、实行多元经济责任制

1981 年 4 月，国务院正式提出在国营企业中建立和推行经济责任制，在保持国家所有权的前提下，可以探索多种形式的经济责任制，即国家对企业实行经济责任制和企业内部实行经济责任制。前者是处理好国家和企业之间的关系,包括允许企业实行承包经营责任制和厂长负责制,通过对生产关系进行调整,将国有企业的部分剩余索取权和控制权分配给承包经营者,从而充分调动了国有企业领导者的积极性;后者则是重点处理好企业内部不同利益者的关系,通过调动企业内部职工的生产积极性来增强企业活力,提升企业经营的效率和效益。1986年,国务院颁布了《关于深化企业改革增强企业活力的若干规定》,提出国有大中型企业要推行多种形式的承包经营责任制,给经营者以充分的经营自主权,进一步创新了经营者和管理者的激励制度。从国家提出实施经济责任制的初衷来看,的确是符合当时我国国情的一种新型经济管理制度,既理顺了国家和企业的关系,又理顺了企业内部的经济关系,使国有企业成为独立经营、自负盈亏的商品生产者和经营者,并让国有企业领导和员工能够充分享受到治理改革带来的红利。然而在后续执行中也出现了一些负面影响,经济责任制虽然在短期内刺激了企业盈利,但是没有产权制度改革作为基础来加以配套支撑,固化了原有的企业制度形式,导致一些改革工作陷入停顿,甚至困境中。

第三节　建立现代企业制度（1993~2002年）

在1993年11月党的十四届三中全会发布的《中共中央关于建立社会主义市场经济体制若干问题的决定》中,明确提出"建立适应市场经济要求,产权清晰、责权明确、政企分开、管理科学的现代企业制度"。同年12月,全国人大制定通过了《公司法》,为国有企业向公司化改制提供了法律保障,国有企业也进入了以建立现代企业制度为方向的治理结构改革阶段,加快了国有企业转变成市场经济竞争主体的步伐。

一、实行政企分开的市场化运作机制

国有企业既是参与市场经济活动的微观主体,也是划分政府与市场边界的关键连接点,使得国有企业改革成为促进经济市场化的关键所在（宋政谦,2014）。在当时的经济环境中,关于国有企业的定位并不十分清晰,出现了一大批"官办企业",以及企业挂靠政府部门的现象,使得国有企业改革工作陷入困境。为此,在国家层面开始提出通过政企分开来明确政府和国有企业在市场经济中的定位和职能,将政府与国有企业由原来的行政隶属关系改变为产权纽带关系（蒋黔贵,2012）。其中,政府的职能是通过制定政

策来指导国有企业发展，包括制定规划、市场规则、企业规则、大小企业关系的规则等，以及减轻企业的政策性负担。同时，充分发挥市场机制在社会资源配置中的基础性作用，塑造国有企业在市场经营活动中的主体作用，使国有企业成为社会生产力发展的载体和市场经济活动的主体（邓荣霖，2011）。1997年以后，国家层面通过改制工作的开展，逐步撤销政府工业行业管理部门和行政性总公司，消除了政府和国有企业的直接联系，形成了一批以集团公司为主体的中央企业（孔陆泉，2012）。在经过公司化改造后，国有企业开始由政府附属变为独立经营主体，分离企业办社会的职能，得到了法人地位，逐步实现了所有权与经营权相分离，企业直接面向市场，自主决策经营活动，真正成为依法自主经营、自负盈亏、自担风险、自我约束、自我发展的独立市场主体（袁东明，2015）。

二、建立和完善法人治理结构

公司法人治理结构是公司制的核心，建立和完善公司法人治理结构是国有企业建立现代企业制度的核心和必然要求。1993年制定的《公司法》规定了公司制企业法人治理结构的基本框架，随后国有企业开始按照《公司法》的制度要求进行公司制改造。在国有企业法人治理结构中，最重要的任务是处理好国家股东、董事会和经理层三者的关系，并通过明确董事会的权利与责任、公司管理层的报酬，才能形成内部管理控制体系等诸多内容，进而协调公司内的所有者、经营者、员工和公司等相关利益者关系。在一些国有企业公司制改造过程中，通过建立规范的法人治理结构，国有企业进一步健全了股东大会、董事会、监事会等法人治理结构，同时还建立了职工代表大会，使得所有者、经营者和其他利益相关者三者分权制衡的企业法人治理结构的基本框架在大多数转制国有企业中初步形成。在此法人治理结构制度体系中，董事会居中心地位，是掌握企业发展战略和方向，以及制约经营者的主要手段，使得提高董事会质量也成为建立公司治理结构的核心任务。此后党的十六大报告中也进一步明确指出，国有大中型企业要按照现代企业制度的要求，继续实行规范的公司制改革，完善法人治理机制。

三、推动产权制度改革，实现产权主体多元化

产权制度改革是国有企业制度改革的重要内容之一。国有企业由于历史的原因，一直存在产权结构单一的现实情况，导致其难以成为真正的市场主体，未能进行完全意义上的自主经营、自负盈亏和自我决策。推动国有企业

形成多元股东结构,有利于形成规范的公司法人治理结构,放大国有资本的功能,以及提高国有经济的控制力、影响力和带动力(蒋黔贵,2012)。1997年9月,党的十五大提出要"调整和完善所有制结构","公有制实现形式可以而且应当多元化","要着眼于搞好整个国有经济,抓好大的,放活小的。对国有企业实施战略性改组"等战略导向,为国有企业产权制度改革指明了发展方向。通过产权主体多元化改革,可以有效解决以往存在的政企不分的问题,将政府从直接干预企业经营中剥离出来,以间接管理模式代替传统的直接管理(张佳康,2013)。在国有企业产权制度改革的过程中,一直是围绕股权多元化、股权结构合理、所有者与经营者分开的内容来进行,这既是国有资产管理体制改革的重要方向,也是国有企业公司治理制度创新的重要内容。尤其在产业主体多元化过程中,通过促进国有资本、集体资本、非公有资本等交叉持股,可以促进国有企业与市场的有效接轨,进一步提升企业的管理运营效率(卢俊,2014),同时在公司内部也逐渐形成经营者持股、技术人员持股、员工持股,实现用制度激励人、留住人和管理人。

第四节 国有企业公司治理改革(2003~2012年)

以2003年国资委成立为标志,国有企业制度改革进入以国有资产管理体制改革推动国有企业改革发展的关键时期,重点强调以实现国有资产保值增值为目标,着力打造管资产和管人、管事相结合的国有资产管理体制,有效解决了以往的国有经济管理部门林立、机构臃肿、监管效率低下的问题(黄群慧,2018)。在企业层面,大多数国有企业都按照《公司法》进行了改制工作,在完善公司法人治理结构方面进行了探索,开始引入外部独立董事来提升经营管理的效益。

一、建立国有资产管理体制

国有企业公司治理的重点在于国有资产的管理和运营,其中既要保持国家对资产的所有权,又要使国有资产的运营充满活力。这将能够加快调整国有经济的战略布局,收缩国有经济战线,既有利于坚持公有制,又有利于政府真正转变职能(范恒山,2002)。自2003年开始,国务院先后颁布了《企业国有资产监督管理暂行条例》《地方国有资产监管工作指导监督暂行办法》《关于推进国有资本调整和国有企业重组的指导意见》等一系列政策文件来重点推进国有资产管理体制改革。新的国有资产管理体制坚持了"国家所有、分级代表"的原则，各级地方政府也相继成立了国有资产监督管理委员会，逐步形成中央政府和地方政府分别代表国家履行出资人职责，享有所有者权益、权利，义务和责任相统一，管资产和管人、管事相结合（黄群慧，2018）。国资委对资产、对人和事的管理只管到派驻董事和监事，严格划分管理监督的责任边界，最大程度确保资产保值增值，不出现资产流失的情况。同时，国资委不再直接介入国有企业的日常经营管理具体活动中，给国有企业经营提供更大的自主发展空间。

二、从企业治理转向公司治理的演变

随着公司制、股份制在国有企业的推行，建立有效的公司治理结构实际上已成为国有企业改革的主要任务。国有企业公司治理制度的建立和完善既是国有企业制度改革中的短板，又是深化国有企业改革的重要抓手。自2003年开始，国务院先后发布了《关于规范国有企业改制工作的意见》《关于进一步规范国有企业改制工作的实施意见》等一系列政策文件，有力地推动了国有企业改制工作的开展。与此同时，国家国资委还先后制定发布了涉及企业改制、产权转让、资产评估、业绩考核、财务监督等内容的100多个规章和规范性文件，逐步形成了国有资产监管法律规章体系和具有中国特色的国有资产监督管理体系（孔陆泉，2012），为国有企业从企业治理向公司治理转型和建立现代企业制度提供了法律依据。从2004年6月开始，国家国资委开始进行国有独资企业董事会试点工作，包括建立外部董事制度，实现决策层和执行层分开，董事长与总经理分设，以及建立国有企业外派监事会制度等。在党的十六届三中全会发布的《关于完善社会主义市场经济体制若干问题的决定》中，特别针对完善公司法人治理结构也提出了明确且具体的要求：按照现代企业制度的要求，规范公司董事会、监事会和经营管理者的权责，完善企业领导人员的聘任制度等。通过加强国有企业公司治理制度改革，充分发挥了国有企业各要素主体的能动性，厘清国有资产所有者代表政府、股东会、董事会、监事会、经理、职工代表大会、党委之间的权利边界，从而形成权责分明又统筹协调的治理机制。然而部分国有企业在执行过程中还是存在一些不足，未能完全形成权力机构、决策机构、监督机构和经营管理者之间的制衡机制。例如，一些董事会的作用发挥得不好，不能完全根据市场化机制来选择经营管理者；向国有企业派驻监事会是为了打破"内部人控制"，确保"两权分离"，但是监事会往往处于信息弱势地位，导致监事责任并不到位，甚至形同虚设。

三、引入独立董事制度

独立董事通常独立于任一股东，由于其不在公司内部任职、与公司或公司人员没有经济的或家庭的密切关系等原因，能够不受任何利益的局限，从而更好地维护公司的权益。引入独立董事制度是国有企业按照国际准则来推动公司治理改革的一项重要制度创新和举措，是在原有二元制的基础上，逐步借鉴了英美公司治理的做法（胡鞍钢、胡光宇，2004）。1999年3月，国家经贸委、中国证监会联合下发了《关于进一步促进境外上市公司规范运作和深化改革的意见》，要求境外上市公司设立独立董事。2001年9月，国家经贸委会同有关部门起草的《国有大中型企业建立现代企业制度和加强管理的基本规范（试行）》提出，"董事会中可设独立于公司股东且不在公司内部任职的独立董事"。这些制度文件的出台，为国有企业引入外部董事，保证董事会决议的独立性、合理性，减少内部人控制提供了指导。从前期的运作情况来看，一些国有企业已经开始在董事会成员中吸收适当数量的独立董事，并且逐步提高非执行董事在董事会中的比例，使董事会的工作事务不再受经理层的控制。尤其是在国有企业的大部分海外上市公司中都设置了独立董事，并且发挥了不可替代的作用，为国有企业海外战略发展提供了相当的支持，提高了公司治理的国际化水平。然而在执行过程中也存在一些现实问题，例如，部分独立董事属于党政领导干部退休后的荣誉设置，部分独立董事在5家以上上市公司兼职，很难有足够的时间和精力来为企业提供支持，加上我国对独立董事的报酬一直没有明确的标准（高明华，2015），导致独立董事在企业决策和监督中成为"花瓶"和处于"虚位"。

第五节　国有企业公司治理优化（2013年至今）

2013年，党的十八届三中全会发布了《中共中央关于全面深化改革若干重大问题的决定》，在确立市场机制在资源配置中起"决定性作用"的改革基调的同时，也提出需要进一步推动国有企业深化改革，包括积极发展混合所有制经济，完善国有资本管理体制，以管资本为主加强资产监管，推动国有企业完善现代企业制度，健全协调运作、有效制衡的公司法人治理结构，以及促进高层管理者市场化运作，指明了在今后一段时期内国有企业公司治理改革的方向和任务。2015年9月，国务院印发的《中共中央、国务院关于深化国有企业改革的指导意见》就如何完善国有企业现代企业制度与市场化经营机制以及国有资产管理体制等问题指出了方向，提出在全面完成公司制改革的基础上推动公司治理机制的优化是国有企业改革的重要内容，包括积极推进股份制改革，引入各类投资者实现股权多元化；全面推进规范董事会建设，切实落实董事会职权，使董事会真正成为企业的决策主体；推行职业经理人制度等（肖亚庆，2017）。

一、推进规范董事会制度建设

公司制是现代企业制度的有效组织形式，是建立中国特色现代国有企业制度的必要条件。然而推进国有企业"改制"只是改革的第一步，在后续工作中还需要通过不断地改革，促进国有企业完善现代企业制度，健全公司法人治理结构等。其中，最为重要的任务之一就是建立规范的董事会，增强董事会决策能力和整体功能。国有企业董事会制度改革的目标是充分发挥董事会的决策作用、监事会的监督作用、经理层的经营管理作用、党组织的政治核心作用，建立健全权责对等、运转协调、有效制衡的公司治理机制。董事会制度改革的重点也在于依法赋予董事会重大决策、选人用人、薪酬分配等权力，保障经理层的经营自主权，同时加强董事会内部的制衡约束，董事对董事会决议承担责任，以及对董事的考核评价和管理。针对独立董事运作中前期存在的问题，2013年10月，中组部发布了《关于进一步规范在企业兼职（任职）问题的意见》，其中针对党员干部在上市公司就任独立董事制定了具体规范性文件。此后，2017年7月国务院办公厅印发了《中央企业公司制改制工作实施方案》，要求按照《全民所有制工业企业法》登记、国务院国有资产监督管理委员会监管的中央企业（不含中央金融、文化企业），全部改制为按照《公司法》登记的有限责任公司或股份有限公司，加快形成有效制衡的公司法人治理结构和灵活高效的市场化经营机制。根据国家要求，国家电网、中国移动、中国电信、中铁建总公司等大型中央企业开始转制成为有限责任公司，公司董事长作为公司出资人代表，由履行出资人职责的国资委直接任命。但是，最为显著的变化是总经理开始由任命改为提名，将任命权交给董事会，这也是国有企业推动公司治理优化、改革授权经营体制的实质内容。

二、试点职业经理人制度改革

2013年，党的十八届三中全会的《中共中央关于全面深化改革若干重大问题的决定》中提出，国有企业深化改革的方向和重点之一在于"合理增加市场化选聘比例，意在取消国有企业及其高管的行政级别"。从国家政策的具体落地和执行来看，关键点是通过建立与现代企业制度相适应的职业经理人制度来推动干部人事制度改革，进一步规范和限制政府对国有企业管理者的行政任命（汤吉军、年海石，2013）。从2014年开始，国药集团、中广核等国有企业已经开展职业经理人试点，通过公开招聘、竞争上岗等市场化方式来打破单一的行政配置方式，建立企业经营层的合理流动机制，形成具备国际水准的职业经理人制度，并为职业经理人选拔、激励、监督提供客观依据和标准（邵挺，2013）。通过推动职业经理人制度改革，国有企业及其各子公司可以进一步完善现代企业制度，优化治理结构，改革经营管理者的身份，打破国有企业"干部"终身制，形成良好的委托代理责任机制，其中国有企业董事会作为委托方，职业经理人作为代理方，董事会在市场竞争中选择合适的职业经理人，实现组织内部的责权利相统一。在具体操作中，国有企业可以利用市场机制来优化人才配置，有利于在企业内部建立有效的经营管理机制，提高企业自主经营的自由度，让企业能够从市场中选择合适的人才，建立特定的人才选拔、评价和晋升渠道，强化管理人员实现能上能下，员工能进能出。

三、引入混合所有制

引入混合所有制既是国有经济深化改革的重要内容，也是国有企业制度创新的现实要求。作为所有制结构调整和完善过程中出现的一种新形式，混合所有制主要是通过提高市场资源配置效率来实现深化国有企业改革、促进经济发展和完善基本经济制度的目的。混合所有制的实现形式是积极引入民营资本、外国资本，促进投资主体和产权多元化，并按照出资比例形成一个新的股权多元化或产权多元化公司，加上员工持股计划，让更多的利益相关者来推动国有企业发展。作为国有企业的一种资本组织形式，混合所有制并没有要改变国有企业的公有制性质，主要是通过吸收、融合其他社会资本来改善、扩大和优化现有的国有资产，更大程度地实现国有资产的保值增值功能。在国家政策的指导下，大部分的中央企业及其子企业已经开始引入非公资本来形成混合所有制企业，且多数国有企业已经通过股份制改造，实现了股权多元化，以及国有资本、集体资本、非公资本等交叉持股、相互融合等态势，具有了混合所有制的性质。目前，大部分国有企业正在进行股权多元化改革，并逐步发展成为混合所有制企业，例如，通过合资经营、战略合作、整体上市、资产重组、破产转型等形式来进行多样化资本运营。这种以多元化为内核的混合所有制发展形式也使得国有股权的比例逐步降低,吸引着更多的社会资本来促进国有企业的变革和发展。同时,在此模式下的国有企业也在逐渐引入外部的新理念、新运营模式,以及国际化、专业化的人才队伍等修正、完善现有国有企业的公司治理结构和内部运行模式,有效提升了国有企业的市场竞争力和国际化程度,使得国有企业的控制力、市场活力得到进一步增强。

四、坚持党的领导,完善监督机制

中国国有企业公司治理的改革创新不能完全照搬西方企业完全市场化的做法,而是需要根据中国特有的国情来展开,其中很重要的一个特征就是坚持党的领导,探索将企业党组织内嵌到公司治理结构的有效方式,明确和落实党组织在公司法人治理结构中的法定地位,从而将党管干部原则与董事会依法选择经营者有机结合起来,做到组织落实、干部到位、职责明确、监督严格,从而不断健全完善中国特色现代国有企业制度。加强党组织对国有企业的领导和监督管理,有利于充分发挥其决策机构、执行机构、监督机构各自的作用,有利于进行制衡监督。通过将国有企业党建与公司治理融合,既使国有企业适应了市场经济的发展,又能完成党交给的任务(张湄玲,2016)。在当前一些国有企业的具体执行中,通常采取的是党政干部"双向进入、交叉任职"的体制,即党委会和董事会相互交叉、有机结合,党委(组)成员通过法定程序进入董事会和经营层;董事会、经理层中的党员,依照党章及有关规定和程序进入党委(组)。董事会讨论重大事项时,党员董事必须按照党委(组)形成的决议表决。同时,国企党委会成员还要尽可能地进入纪委会成员和进入监事会,进一步提升党组织对国有企业的监督职责。我国新修订出台的《公司法》也提出,国有企业要根据党的要求建党组织,完成党布置的政治任务,以法律制度的形式为执行提供保障。

第十章　国有企业投融资体制改革和债务重组

第一节　国有企业投融资体制改革的总体脉络与逻辑

一、国有企业投融资体制改革的总体脉络

（一）起步阶段（1978~1987年）

1978年以前，在传统高度集中的计划经济体制和集权主导型投融资体制下，国有企业实行统收统支、统负盈亏的财务管理制度，投资决策、项目审批、资金筹集与使用及投资管理等各环节，都是由政府来决定，国有企业只是按计划行事的主体。而国有企业投资所需资金，主要是通过财政拨款方式来运作的，政府实际上是真正且唯一的投资主体。随着搞活市场、放活经济的推进，企业开始要求自主经营权，投资需求逐渐加大，原有的依靠国家财政拨款投资的体制不再适应经济发展的需要。为了提高国家财政资金投资效益和加强投资管理，根据计划商品经济的要求，我国对企业的投融资体制开始实行放权让利式的改革。其主要内容包括：①出资方式的演变。为了提高国家财政预算内基本建设投资效益，加强投资管理，1979年8月国务院批转了国家计委、国家建委、财政部《关于基本建设投资试行贷款办法的报告》及《基本建设贷款试行条例》，决定开始试行基本建设投资"拨改贷"的规定。随后各专业银行纷纷开办了长期投资贷款业务，企业投资的资金来源中国家预算内拨款份额日益减少，而银行信贷和企业自筹资金日趋增多。②投融资管理体制的演变。在传统的投资体制中，国家通过指令性计划和行政机制控制企业的投资项目及其他经营活动，投资的决策主体和经营主体均不承担投资风险。从1979年开始，逐步简政放权，落实投资经营管理责任。在投资计划管理中，1984年，国务院先后颁布了《关于改革建筑业和基本建

设管理体制若干问题的暂行规定》和《关于改进计划体制的若干暂行规定》，推进了投资分权化，主要是向地方政府下放固定资产投资的审批权限和简化项目审批程序。在投资项目的管理上，1979年国务院颁发了关于国营企业扩大自主权的5个文件，主要包括实行利润留成制度、开征国营企业固定资产税、提高固定资产折旧率和实行流动资金全额信贷等规定。1983年3月出台了《基本建设包干经济责任制实行办法》，实行多种形式的企业投资承包责任制。

（二）稳步推进阶段（1988~1991年）

1988年7月，国务院发布了《关于印发投资管理体制的近期改革方案的通知》，掀起了投资体制改革的高潮。该方案在总结前几年改革经验教训的基础上，明确提出"对投资活动的管理，必须符合有计划商品经济的要求，把计划和市场有机地结合起来。一般性建设投资放给企业或市场，重大的长期性建设投资，必须依靠国家计划调节，但要彻底消除大锅饭的弊端，建立中央与地方的分工负责制和投资包干责任制，在建设项目的选定、设计、设备供应和施工中运用市场机制和竞争机制，并建立起新的宏观调控体系"。该方案进一步扩大了企业的投资决策权，使企业明确成为一般性建设项目的投资主体。在该方案的指引下，我国的企业投融资体制改革得到了稳步推进，主要措施有：①对重大的长期建设投资实行分层次管理，初步划分中央和地方的投资范围，加重地方政府的重点建设责任。②扩大企业的投资决策权，使企业成为一般性投资建设主体。③建立基本建设基金制，保证重点建设有稳定的资金来源，成立投资公司，用经济办法对投资进行管理。④简政放权，改进投资计划管理，对投资活动实行多种计划管理形式，减少国家计委对投资活动的直接管理。⑤实行招投标制度，充分发挥市场和竞争机制的作用。⑥进一步扩大债券发行规模，建立上海和深圳两个证券交易市场，为企业开辟了新的融资渠道。到1991年底，基本建设投资资金的来源结构中自筹资金、国内贷款和利用外资三者的比率分别为35.29%、24.91%和11.34%，投资主体与资金来源多元化格局已显雏形。

（三）全面深化阶段（1992~2001年）

1992年中共十四大明确地把建立社会主义市场经济体制作为我国经济体制改革的目标模式，而企业改革是整个经济体制改革的核心内容，因此，此阶段对投融资体制的改革主要是围绕有利于增强企业活力来进行。这一阶段企业投融资体制改革的主要内容有：①企业投融资决策权方面，1992年，国务院在发布的《全民所有制工业企业转换经营机制条例》中具体明确了企业享有投资决策权和留用资金支配权。②企业投融资方式方面，1993年，中共十四届三中全会通过的《中共中央关于建立社会主义市场经济体制若干问题的决定》提出将投资项目划分为竞争性、基础性和公益性三类，明确中央政府、地方政府和企业的投资范围、投资方式和融资渠道，明确企业是基本的投资主体，企业在投融资活动中占主导地位。③企业投融资责任与风险约束方面，1999年，中共十五届四中全会通过的《中共中央关于国有企业改革和发展若干重大问题的决定》要求国有企业建立投资风险约束机制，严格执行项目资本金制度和项目法人责任制，做到谁决策谁承担责任和风险。④企业投融资管理方面，2001年，国家计委宣布取消第一批五大类投资项目审批，包括城市基础设施建设项目、不需要中央投资的农林水利项目、地方和企业自筹资金建设的社会事业项目、房地产开发建设项目和商贸设施项目。

（四）力求突破阶段（2002年至今）

我国的企业投融资体制在经过前三个阶段的一系列改革后，基本形成了投资主体多元化、资金来源多渠道、投资方式多样化、项目建设市场化的新格局。但现行的投融资体制还存在不少问题，尤其是企业的投融资决策权没有完全落实，市场配置资源的基础性作用尚未得到充分发挥，政府投资决策的科学化、民主化水平有待进一步提高，投融资宏观调控和监管的有效性需要增强。党的十六大确立了国资国企"分级所有、政资分开"的体制性基础，揭开了企业投融资体制深层次改革的序幕，2004年7月国务院颁布了《国务院关于投资体制改革的决定》，这是自1978年中国改革开放以来投融资体制改革取得突破性进展的重要标志。具体措施有：①改革项目审批制度，落实企业投资自主权。对于企业不使用政府投资建设的项目，一律不再实行审批制，区别不同情况实行核准制和备案制。②扩大大型企业集团的投资决策权。③鼓励社会投资。放宽社会资本的投资领域，允许社会资本进入法律法规未禁入的基础设施、公用事业及其他行业和领域。鼓励和支持有条件的各种所有制企业进行境外投资。④进一步拓宽企业投资项目的融资渠道。允许各类企业以股权融资方式筹集投资资金，逐步建立起多种募集方式相互补充的多层次资本市场。2013年11月，中共十八届三中全会通过了《中共中央关于全面深化改革若干重大问题的决定》，明确要求"完善国有资产管理体制，以管资本为主加强国有资产监管，改革国有资本授权经营体制，组建若干国有资本运营公司，支持有条件的国有企业改组为国有资本投资公司"，此外，这一文件还明确提出要深化投资体制改革，确立企业投资主体地位，要求"企业投资项目，除关系国家安全和生态安全、涉及全国重

第十章　国有企业投融资体制改革和债务重组

大生产力布局、战略性资源开发和重大公共利益等项目外，一律由企业依法依规自主决策，政府不再审批"。2015年，国务院发布《关于国有企业发展混合所有制经济的意见》，"鼓励非公有资本参与国企混改，有序吸引外资参与国企混改，鼓励国有资本以多种方式入股非国有企业"，实现国有企业产权多元化。

二、国有企业投融资体制改革的逻辑

（一）投融资体制的分权化

我国的企业投融资体制改革呈现出由集权主导型向分权主导型转变的特点，体现在投融资决策中的中央集权与地方分权的关系以及国家（包括中央和地方政府）与企业的关系方面。具体而言，在投融资体制中的中央与地方的关系方面，传统高度集中的计划经济体制模式认为，企业是政府行政部门的附属物决定了投融资体制改革的方向是在中央与地方政府之间进行权利分配和调整，在投融资体制改革的起步阶段，中央政府简政放权，一些基本建设投资项目的管理和审批权逐步下放到地方政府，财政上实行"分灶吃饭"的地方财政包干体制。在投融资体制中的国家与企业的关系方面，企业与国家关系是经济体制改革重点，从党的十二届三中全会提出"要使企业真正成为相对独立的经济实体"到《全民所有制工业企业转换经营机制条例》提出"使企业适应市场的要求，成为自主经营、自负盈亏、自我约束、自我发展的商品生产和经营单位，成为独立享有民事权利和承担民事义务的企业法人"，呈现出以企业自主权的扩大为主线的投融资体制改革特征。

（二）投融资体制的市场化

企业投融资决策主体地位的确立，必然要求企业投融资体制改革为市场化方向。国有企业是企业，而非行政事业单位，增强国有企业活力，有利于提高其竞争力，实现保值增值和做强做优做大，而增强活力的前提是依法落实企业法人财产权和经营自主权，企业投融资体制改革的核心是处理好政府和市场的关系，使市场在资源配置中起决定性作用和更好地发挥政府作用。在企业投融资体制改革过程中，企业的投融资主体地位逐步得到了回归，政府投资行为得到了进一步规范，投融资主体的责任约束机制得到了进一步强化，我国基本上形成了计划调节与市场调节相结合的投融资体制。然而，由于受传统计划经济惯性思维的影响，市场机制还远未发挥资源配置的基础性作用。

第二节　国有企业投资体制的变迁

一、中央政府主导的自上而下的供给主导型阶段（1979~1987年）

为了提高国有企业投资效率，化解日益矛盾的中央财政危机，中央政府凭借其行政权力和法定垄断地位，对国有企业投资体制实行了自上而下的以纵向推进、增量承包、试点推广为特征的分权化改革。具体改革措施包括：①1979年4月，原国家建设委员会要求在基本建设中实行合同制，从而使建筑施工企业成为相对独立于政府的经济主体。②1979年6月，原国家计划委员会、国家建设委员会、财政部决定在北京钢铁设计总院等18家设计单位试点，将设计费从原来国家预算事业经费拨款改为从基本建设投资中提取，并从1983年开始全面推行设计取费做法。③1979年7月，国务院颁发了扩大国有企业自主权的五个文件，试点国有企业利润留存制度，并规定国有企业可以利用留利的大部分进行再投资。④1979年8月，国务院批准了《关于基本建设投资试行贷款办法的报告》和《基本建设贷款试行条例》，从而拉开了国有企业投资从财政无偿拨款向银行贷款转变的改革大幕，并从1985年开始全面实行"拨改贷"政策。⑤1979年7月，国务院决定试办深圳、珠海等4个经济特区，全国人民代表大会五届二次会议通过《中华人民共和国中外合资经营企业法》；1981年国务院颁布《技术引进和设备进口工作暂行条例》；1983年9月，中共中央和国务院发布《利用外资计划管理试行办法》《中华人民共和国中外合资经营企业实施条例》，这意味着我国正式建立了与国有企业并立的涉外投资主体。⑥1984年9月，国务院颁发了《关于改革建筑业和基本建设管理体制若干问题的暂行规定》，同年10月，国务院批转了原国家计划委员会《关于改革计划体制的若干规定》，决定除大中型生产性基本建设项目仍由原国家计划委员会或国务院审批外，其余由地方审批；除资金规模在3000万元以上（能源、交通、原材料行业在5000万元以上）的项目仍由国家计划委员会审批，2亿元以上的项目由国家计划委员会核报国务院审批外，其余项目均由地方审批。⑦1981年在国营施工企业试行经济责任制，1982年试行工程招投标制度，1983年出台《基本建设项目包干责任制试行办法》，开始全面推行建设项目投资包干责任制。通过上述国有企业投资体制改革举措，不仅在一定程度上实现了投资决策权的纵向下放，从而使原先高度集中的计划投资管理体制出现松动，而且由于"拨改贷"、投资经营管理责任制、招投标竞争机制的引入，使投资责任主体趋于明确，从而提高了国有企业的经营效率。

二、地方政府作用凸显的中间扩散型阶段（1988~1991年）

随着"放权让利"改革和"分灶吃饭"财政承包制度的施行，地方政府不仅获得了较大的资源配置权，而且也获得了相对独立的投资决策审批权。在此背景下，1988年6月，国务院审批了原国家计划委员会的《关于投资管理体制近期改革方案》，该方案系统地提出了我国投资管理体制改革的基本思路：一般性建设投资由企业和市场决定，重大的、长期性建设投资由国家计划调节。该方案明确提出要"建立中央与地方的分工负责制以及投入产出挂钩的投资包干责任制"，要求对重大的长期的建设投资实行分层次管理，加重地方的重点建设责任。其中，面向全国的重要建设工程由中央或中央为主承担，区域性的重点建设工程和一般性的建设工程由地方承担，实行中央与地方政府两级配置、两级调控的管理体制。通过本阶段改革，地方政府已经逐渐取代中央政府成为国有资本投资主体，原先高度集中的投资管理体制已被多元化、多层次的投资体制取代，呈现出投资主体多元化、投资决策分散化、资金来源多样化的基本投资格局。

三、以企业为主体的投资体制初步形成阶段（1992~2003年）

1992年中共十四大提出建立社会主义市场经济体制这一经济体制改革目标，与之相适应，我国国有企业投资体制改革也步入了高潮期。这主要表现在：①推行基本建设项目业主责任制。1992年11月，原国家计划委员会印发了《关于建设项目实行业主责任制的暂行规定》，要求全民所有制单位新开工项目原则上都要实行项目业主负责制，已开工的在建项目也要积极创造条件实行。②按投资项目类型确立投资主体。1993年11月，中共十四届三中全会发布的《关于建立社会主义市场经济体制的若干问题的决定》将投资项目分为竞争性、基础性和公益性三种类型，竞争性项目投资由企业自主决策，基础性项目建设鼓励和吸收各方投资参与，地方政府负责地区性的基础设施建设，公益性项目建设则要广泛吸收社会各界资金，根据中央和地方事权划分，由政府通过财政统筹安排。③建立项目招投标制度和稽查制度。为推进投资市场化改革进程，国务院要求所有国家投资与基础设施投资项目的勘察设计、工程施工、主要设备和材料采购、工程监理等业务都要实行公开招标制度，作为体制上的配套，还要求所有工程建设项目推行合同管理制，并且从1998年开始对所有重大投资项目实行稽查特派员制度。通过本阶段的投资体制改革，企业已经逐步确立起了投资主体地位，而政府只在公益性和部分基础性产业领域以投资主体的身份出现。

四、社会主义市场经济投资体制建立与完善阶段（2004年至今）

2004年7月，国务院发布了《国务院关于投资体制改革的决定》（以下简称《决定》），《决定》是我国改革开放以来有关投资体制的最全面、系统、权威的改革方案，具体措施为：①明确深化投资体制改革的目标：通过深化改革和扩大开放，最终建立起市场引导投资、企业自主决策、银行独立审贷、融资方式多样、中介服务规范、宏观调控有效的新型投资体制；②改革项目审批制度，落实企业投资自主权，强化企业在投资活动中的主体地位，对于非政府投资建设的项目，一律取消审批制，取而代之地实行核准制和备案制；③合理界定政府投资范围，明确政府的宏观调控和管理职能；④鼓励社会投资，明确规定除法律法规禁止的行业和领域外，其他行业和领域社会资本都可进入；⑤进一步拓宽企业投资项目的融资渠道，允许各类企业以股权融资方式筹集投资资金，逐步建立起多种募集方式相互补充的多层次资本市场。进一步地，继《决定》提出充分发挥市场配置资源的基础性作用后，中共十八届三中全会提出围绕使市场在资源配置中起决定性作用深化经济体制改革，深化投资体制改革，确立企业投资主体地位，企业投资的项目，除关系国家安全和生态安全、涉及全国重大生产力布局、战略性资源开发和重大公共利益等项目外，一律由企业依法依规自主决策，政府不再审批。通过本阶段的投资体制改革，企业的投资主体地位得到强化和落实。

第三节 国有企业融资体制的变迁

一、财政主导的融资阶段（新中国成立至1980年）

在这一阶段，由于我国实行统收统支的计划经济体制和高度集权的财政管理体制，政府既是最大的筹资主体，也是最大的投资主体，而国有企业只是政府筹集资金的主要渠道和供应资金的基本对象。社会生产的大量盈余留在国有企业，并以国有企业利润上缴的形式形成国家最主要的财政收入来源，然后，国家通过计划手段将这些财政收入配置到需要投资的行业或领域，形成国有资本。具体而言，企业的固定资产投资全部由财政拨款，国家对企业核定经常性的流动资金定额，定额内的流动资金也由财政拨付，只有少部分季节性、临时性的补充流动资金才由企业自筹或者向银行贷款解决。虽然政府按计划供应资金的过程也是国有企业筹集资金的过程，但是国有企业始终处于从属、被动地位，无自主决策权可言，是国家行政机关的附属物和政府职能的延伸。因此，在此阶段，我国国有企业融资必然以财政融资为主，自筹和银行贷款只占很小的比重，这种结构特点可以从财政在国家基本建设投资中所占比重得到充分反映，具体如表10-1所示。

表10-1 财政资金在国家基本建设投资总额中所占的比重

时期	"一五"计划期 1953~1957年	"二五"计划期 1958~1962年	1963~1965年	"三五"计划期 1966~1970年	"四五"计划期 1971~1975年	"五五"计划期 1976~1980年
比重（%）	90.3	78.3	88.1	89.3	82.5	77.2

资料来源：中国统计年鉴（1986）[M]．北京：中国统计出版社，1986．

二、银行主导的融资阶段（1981~1995年）

中共十一届三中全会之后，我国启动了以"放权让利"为特征的经济体制改革，实行了以包干制为特征的分级财政管理体制，并掀开了行政性财政分权改革的历史篇章。这种经济体制改革彻底改变了国民收入在政府与居民之间的分配格局，居民在国民收入中的分配比例大幅度上升，并产生强烈的储蓄需求。与此同时，作为财政承包制的必然结果，政府给国有企业的财政分配不断压缩，特别是随着两项"拨改贷"制度的施行，国有企业的基本建设、更新改造投资以及新增流动资金由国家拨款改为向银行贷款。居民的储蓄需求和国有企业贷款需求，促使了1979~1984年四大国有商业银行和1985年之后交通银行、中信银行、华夏银行等商业银行的相继诞生。然而，此阶段我国的信贷资源仍以计划配置为主，其本质是对此前财政无偿拨款资金配置模式的替代，但是，企业所筹集的资金却从无偿转变为有偿。在财政之门逐渐关闭，资本市场尚未形成气候的情况下，我国国有企业融资结构必然呈现银行信贷比例畸重的局面（见表10-2）。

表 10-2　全社会固定资产投资资金来源构成情况（1981~1995年）

年份	国家预算内资金 总额（亿元）	国家预算内资金 比重（%）	国内贷款 总额（亿元）	国内贷款 比重（%）	利用外资 总额（亿元）	利用外资 比重（%）	自筹和其他资金 总额（亿元）	自筹和其他资金 比重（%）
1981	269.8	28.1	122.0	12.7	36.4	3.8	532.9	55.4
1985	407.8	16.0	510.3	20.1	91.5	3.6	1533.6	60.3
1990	393.0	8.7	885.5	19.6	284.6	6.3	2954.4	65.4
1995	621.1	3.0	4198.7	20.5	2295.9	11.2	13409.2	65.3

资料来源：中国统计年鉴（1998）[M]．北京：中国统计出版社，1998．

三、多元化融资阶段（分税制改革之后）

从1992年中共十四大提出建立社会主义市场经济体制开始，特别是随着1994年分税制改革方案的施行，我国国有企业融资结构从以银行信贷为主的阶段逐步过渡到银行信贷、财政投入、股票、债券并存的多元化融资阶段，其典型特征是证券（尤其是股票）融资不再是被边缘化的次要融资方式，而是逐渐成为国有企业重要的资金来源方式。2007年的政府工作报告强调我国要推进多层次资本市场体系建设，扩大直接融资的规模和比重。中共十八届三中全会明确提出完善金融市场体系，健全多层次资本市场体系，推进股票发行注册制改革，多渠道推动股权融资，发展并规范债券市场，提高直接融资比重。正是资本市场的快速发展促使国有企业融资结构呈现直接融资与间接融资并举，股票融资、债务融资与企业自筹结合的多元化融资格局。

第四节　国有企业债务重组模式的变迁与逻辑

一、国有企业债务重组模式的变迁

（一）行政主导模式

1. "贷改投"为主的财政注资方式

"贷改投"政策始于20世纪80年代中后期，其制度背景是80年代初期实行的"拨改贷"政策。实行"拨改贷"政策的初衷是通过对资金来源的改变，使国有企业由无偿使用财政拨款转变为有偿使用银行贷款，以负债经营来加强企业责任心,用信贷机制来约束企业对资金的占用,以达到提高资金使用效率和企业经济效应的目的。但是由于国有银行执行了财政职能,企业产权又不清晰,存在产权虚置问题,财政对企业的"亏欠"就外化为企业对银行的显性负债,而且这种负债呈现出逐年升高的趋势,银企债务出现危机的苗头。因此,为维持企业的持续经营,国家对"拨改贷"中形成的基本建设投资贷款和各种财政性贷款转化为国家资本投入企业。此外,1995年实行城市企业"优化资本结构"试点,又开始在试点城市以实施国有工业企业补偿生产经营资金的办法来解决国有企业债务问题。

2. 行政性清理三角债

针对80年代末90年代初盛行的企业之间互相拖欠货款和其他资金的现象——"三角债",中央政府和各地方政府组织各部门和专业银行对"三角债"进行大规模清理。1990年,国务院专门成立了清理"三角债"领导小组,各地方政府也相继成立了清理"三角债"办公室,采取"企业主动收款,银行协助清理,多方筹集资金,结合商业票据"的原则清理拖欠。

3. 债转股

在1997年亚洲金融危机的国际大背景下,为化解由中国金融机构的不良资产和国企债务危机所导致的金融风险,政府通过债转股方式化解银行债务危机,将国家开发银行和四家国有独资商业银行的一部分贷款剥离给四大金融资产管理公司,金融资产管理公司将银行对企业的债权转为公司对企业的股权。其中,国家开发银行的一部分贷款直接转为对企业的股权。1999年,中共十五届四中全会通过的《中共中央关于国有企业改革和发展若干重大问题的决定》明确提出"结合国有银行集中处理不良资产的改革,通过金融资产管理公司等方式,对一部分有产品市场,发展有前景,由于负债过重而陷入困境的重点国有企业实行债转股,解决企业负债率过高的问题"。

4. 行政性兼并收购

1989年2月,国家体改委、国家计委、财政部、国家国有资产管理局印发的《关于企业兼并的暂行办法》中规定了企业兼并的主要形式:承担债务式、购买式、吸收股份式、控股式。其中承担债务式兼并是债务重组的主导模式,这一债务重组模式下的兼并往往是以解决亏损企业问题为目的,政府以行政手段促使"优势企业"兼并"劣势企业",并以承担债务和解决职工安置问题为条件。1991年一汽承债式兼并吉林轻型车厂、长春轻型车厂、长春轻型发动机厂和长春齿轮厂为典型案例。此外,"优化资本结构试点"中的兼并也是以行政性手段来治理国有企业债务问题。

（二）市场主导模式

上市国有企业债务重组模式为典型的市场主导模式。中国资本市场的快速发展，为国有企业债务问题治理提供了制度创新平台，上市国有企业债务问题治理，多采取在资本市场上以产权交易的方式进行资产重组和债务重组。特别是上市国有企业中的 ST 公司和 PT 公司，它们绝大多数已常年亏损，甚至已资不抵债。为了化解财务危机，上市国有企业为免于退市保住壳资源，在地方政府的政策支持下，采取资产置换、股权转让和并购重组等方式进行债务重组。

二、国有企业债务重组模式变迁的逻辑

（一）融资体制的变迁

在高度集中的财政管理体制下，国有企业实行统收统支的财务管理制度，盈利上交、亏损补贴，企业资金筹措与使用主要通过财政统收统支的单一渠道实现，国家对国有企业的经营活动后果承担无限责任。为了增强国营企业使用资金的成本意识，减轻国家财政对国营企业的负担，自国家推行两个"拨改贷"以来，中国国有企业从国家无偿获得的财政资金转变为企业必须支付利息的有偿贷款，国有企业融资体制由财政主导转变为银行信贷主导。伴随着四大国有商业银行对企业的放款迅速上升，而企业诸多经营理念与方式没有改善，最终导致国有企业财务状况不断恶化，国家为化解国有企业债务危机，往往采用行政主导的方式来解决债务问题。随着社会主义市场经济体制的建立与完善，市场在资源配置过程中起着决定性作用，具有现代企业制度的上市国有企业的融资结构呈现多元化格局，在市场竞争机制的作用下，一些经营不善的国有上市公司将会出现常年亏损，甚至资不抵债的财务状况，上市国有企业多通过产权交易市场进行债务重组。

（二）"抓大放小"战略

20 世纪 90 年代以来，国有经济获得了较快的发展，截至 1996 年底，我国 29.1 万家国有工业企业的法人资产总额已达到 9.6 万亿元，1990~1995 年，国有工业企业的总产值从 13064 亿元增加到 31220 亿元，平均每年增长 18.4%。但国有经济的发展具有明显的数量型粗放扩张的特征，国有企业的亏损增加很快，亏损面不断扩大，亏损额越来越多。据有关资料分析表明，1988~1995 年，在亏损的国有企业中，大型企业的亏损额虽然最大，但亏损面最小，亏损率最低；相反，小型企业的亏损额虽然小于大型企业，但亏损面最大，亏损率也高于大型企业。1995 年 9 月，中共十四届五中全会通过的

第十章 国有企业投融资体制改革和债务重组

《中共中央关于制定国民经济和社会发展"九五"计划和2010年远景目标的建议》对国有企业改革提出了实行"抓大放小"战略，通过存量资产的流动和重组，对国有企业实施战略性改组，搞好大的，放活小的，择优扶强，优胜劣汰，形成兼并破产、减员增效机制。区别不同情况，采取债转股、政策性关闭破产、改组、联合、兼并、股份合作制、租赁、承包经营和出售等形式放开搞活。到2000年末，国有企业基本实现脱困，并逐步转变企业经营机制，初步建立现代企业制度。

第十一章 地方投融资平台的改革与发展问题

地方投融资平台以政府信用为依托，通过平台公司开展投融资活动，是政府参与市场活动的重要载体。投融资平台通过大量的公益性投资形成了大量的公共资本，对地方经济社会发展做出积极的贡献，并成为当前我国国有企业改革和发展的有益探索，与此同时，受内外部因素的影响，地方投融资平台的快速发展也带来了巨额的地方政府债务，并形成了政府直接参与市场的新问题。近年来，随着国家不断加强对地方投融资平台的清理以及转型发展的推动，地方投融资平台逐渐成为地方国有企业新的运营形态。重新审视地方投融资平台的发展历程，总结地方投融资平台发展的规律，对于现阶段促进地方投融资平台的改革和发展具有重要的启示意义。本章对地方投融资平台的发展脉络、改革历程、发展现实以及当前存在的主要问题展开分析。

第一节 我国地方投融资平台改革与发展脉络

地方投融资平台既包括地方融资平台，也包括地方投资平台，但在实践和理论上往往将三个概念交替使用。地方投融资平台在现实中表现出多样化的组织形态，有各种类型的综合性投资公司，如建设投资公司、建设开发公司、投资开发公司、投资控股公司、投资发展公司、投资集团公司、国有资产运营公司、国有资本经营管理中心等，以及行业性投资公司[①]，如交通投资公司、能源投资公司等，但从投资主体来看，地方投融资平台主要是地方政府、相关职能部门及机构独资、控股或者混合所有制改造的地方国有企业。按照2010年国家发展改革委办公厅《关于进一步规范地方政府投融资平台公司发行债券行为有关问题的通知》（发改办财金〔2010〕2881号）的

---

① 根据2010年7月财政部、发展改革委、人民银行、银监会下发的《关于贯彻国务院关于加强地方政府融资平台公司管理有关问题的通知相关事项的通知》（财预〔2010〕412号）的相关描述。

第十一章 地方投融资平台的改革与发展问题

界定,地方政府投融资平台公司(以下简称地方投融资平台),是指由地方政府及其部门和机构等通过财政拨款或注入土地、股权等资产设立,从事政府指定或委托的公益性或准公益性项目的融资、投资、建设和运营,拥有独立法人资格的经济实体。地方投融资平台的产生和发展与中国的政治经济体制紧密相关,在推进基础设施建设、工业化进程、城镇化进程以及市场化进程中起到了重要的作用,也对整合地方政府资产、重塑国有企业形态等方面具有重要的推动作用,但由于投融资平台与地方政府的紧密关系,其引致的地方政府债务成为局部和系统风险的重要因素,其直接参与市场竞争不利于市场的健康有序发展,因此,规范和推进地方投融资平台的改革和发展成为中国政治经济体制改革的重要内容。

一、我国地方投融资平台改革与发展的演进脉络

自 20 世纪 80 年代,上海、广东开始探索地方政府投融资,地方投融资平台迅速向全国扩张,成为我国改革开放后国有企业的新形态。随着政策措施的不断修改和完善,加之我国市场经济体制的不断完善,地方投融资平台的运行方式也从早期的政府主导朝着市场化运行的方式转变,而平台企业自身的转型和发展冲动则成为现阶段驱动其发展的根本动力。

(一)发展路径演进:从区域创新到全面推行

地方投融资平台实践和理论的探索来源于对日本财政投资体制的借鉴和学习,早期为寄希望于能够解决能源、交通、原材料、机电轻纺、农业、林业等行业资金不足而做出的尝试和改革。而作为中国改革开放的前沿地区,例如广东、上海等地,在差别化的政策支持下探索地方投融资平台的设立和运行并获得了巨大的成功,这也为后来各地投融资平台的成立和运行形成了显著的示范效应,也提供了后来者学习和创新的样本。随着 1997 年亚洲金融危机的到来以及 2008 年金融危机的爆发,为应对经济危机推行的积极的财政政策助推了投融资平台的发展,加之分税制改革、投融资体制改革等的持续推进,尤其是《关于进一步加强信贷结构调整促进国民经济平稳较快发展的指导意见》(银发〔2009〕92 号)政策的出台,为各地方投融资平台的快速发展和"遍地开花"创造了良好的环境,地方投融资平台实现了从区域探索到全国推行的演化,形成了省、市、县级投融资平台共同发展的态势。

(二)运行方式演进:从政府主导到市场化运行

地方投融资平台主要承担着地方政府投融资功能,尤其是以其作为融资载体在解决财政资金不足问题方面发挥了重要的所用,与此同时,地方政府

为保证对重大项目和公益性项目投资的可控性以及服务的保障性，地方投融资平台的投资和运营功能凸显。在投融资平台成长和运营的过程中，政府始终扮演者主导者的角色，这是政府实现其意图的重要方面。不可回避的是，由于政府的主导者角色，地方投融资平台的建设和运行存在诸多的问题，例如带来地方政府债务偏高、平台治理结构不健全、运营效率偏低、风险管理问题突出等，这迫切要求推动地方投融资平台的改革。与之相对应的是，随着投融资体制改革和国有企业改革的不断深化，提升自身的市场竞争力成为投融资平台生存和发展的根本。为提升投融资平台的运行效率和运行水平，推动市场化发展成为地方投融资平台改革的方向，逐步弱化地方政府及相关部门对平台的干预，提升平台的综合实力和市场竞争力成为改革的基本目标。从近年来地方投融资平台的发展方向来看，培育和夯实其核心能力、提升其市场竞争力成为基本态势，这也是当前我国地方投融资平台转型和发展的基本方向。

（三）改革动力演进：从外力驱动到自我驱动

分税制改革直接引致了地方政府探索新的融资方式，直接促生了地方投融资平台的快速发展，两次金融危机后积极的财政政策加速了地方投融资平台的发展，也推动了地方政府债务的快速攀升。地方投融资平台改革，首先是为了防范地方政府债务的扩大和蔓延，但随着国有企业改革新政策的不断出台、金融市场的快速成长、市场化改革的不断深化，地方投融资平台自身面临着严峻的生存挑战，企业治理结构不健全、风险管理水平偏低、企业效益乏善可陈等问题显著，这迫切要求地方政府和投融资平台在中央政府强制性的制度框架下，主导探索适合地方投融资平台发展的改革路径。为此，各地在国家整体政策框架内，结合本地投融资平台运行的基本态势，制定具体化的改革方案，探索适合自身的地方投融资平台发展模式，致力于推动地方投融资平台的改革和转型发展。

二、我国地方投融资平台改革与发展的逻辑与动因

总体来看，地方投融资平台的发展和改革历程，本质上是市场力量和地方行政力量"交织"的结果，政策的变化迫使地方政府探索新的融资渠道和载体，地方投融资平台以其适配性成为地方政府实施意图的重要选择，而地方投融资平台在实践中的成功则进一步使其成为改革开放后，尤其是两次金融危机后实施财政政策的重要载体。地方投融资平台快速发展后出现了一系列问题，政府的强制性干预和投融资平台自身发展的内在动力共同作用，促

进了当前背景下投融资平台的转型发展。

（一）地方政府竞争过程中投融资平台的"遍地开花"

改革开放后，给予地方政府和地方国企更大的自主权成为投融资体制改革的总体趋势，但分税制改革却加重了地方政府的财政压力，受中央成立产业投资公司和改革前沿地区投融资平台发展的启发，地方政府官员在考核的压力下，为加大基础设施投资实现经济增速的"比较优势"，纷纷成立地方投融资平台来承担地方基础设施建设的融资、投资和运营功能。总体来看，投融资体制改革为地方政府和国有企业获取更大的经营自主权创造了良好的制度环境，分税制改革迫切要求地方政府寻求新的融资渠道，而地方政府竞争则为地方投融资平台的发展注入了内生动力。在此背景下，地方政府纷纷成立投融资平台，将政府可控制的土地储备金等国有资产注入平台之中，利用政府信用和财政收入保证投融资平台的有序运转，借以解决地方财政"入不敷出"问题，并逐步将投资和运营作为平台的基本功能，提升平台在推动地方投资方面的积极作用。

（二）与宏观经济周期相对的投融资平台"反周期"增长

我国地方投融资平台的两次发展高潮，分别出现在1997年亚洲金融危机和2008年全球金融危机之后。为了应对经济下滑的风险，国家层面出台了一系列经济刺激政策。投融资平台由于在融资和投资方面的国有优势，自然成为地方政府应对经济衰退、保持地方经济增速的重要手段。1997年亚洲金融危机之后，以国家开发银行为代表的金融机构，利用平台对接国家资金，推进城市基础设施建设和探索政府投融资体制改革的短短几年时间，在全国范围内催生了2000多家从事不同业务、组建方式各异的平台公司，并开始进行大量的融资和城市投资[1]。2008年，为应对金融危机，国家出台了"四万亿"的一揽子刺激政策，并在地方形成显著的示范和刺激作用，地方投融资平台数量、融资规模快速增长。银监会的统计数据显示，到2009年5月末，全国各省、区、直辖市合计设立8221家投融资平台公司，其中县级平台公司高达4907家。另据中国人民银行对2008年以来全国各地区政府融资平台贷款情况的专项调查，截至2010年末，全国共有地方政府融资平台1万余家，较2008年末增长了25%以上，其中，县级（含县级市）平台约占70%。[2] 总结来看，投融资平台在两次金融危机背景下都表现出逆势增长，

---

[1] 丁伯康. 城投第三次发展浪潮：转型是关键[N]. 中国城市报，2015-10-19.
[2] 中国人民银行货币政策分析小组. 2010年中国区域金融运行报告[R]. 2011-06-01.

这与中国整体增长目标下的财政政策和货币政策紧密相关,其中,反周期的财政政策都会促进平台的增长,而逆周期的货币政策会抑制平台的增长。

(三)市场竞争和管制压力下的投融资平台改革与转型

地方投融资平台兼具国有企业、金融主体、市场主体等多种特征,随着平台数量和规模的快速增长,其成长过程中也出现一系列问题:一方面,随着地方政府对投融资平台的过度依赖,地方政府债务快速增长、区域性金融风险预警达到阈值;另一方面,平台在政府的行政式管理方式之下,公司治理、风险管控、企业运营等方面存在诸多短板,随着经济发展进入"新常态",平台的运营存在较大的风险,且可能带来新的政府债务和地方社会问题。为防范上述风险,中央政府和相关部门密集出台了一系列政策文件,寄希望于剥离平台与政府的"强联系",化解地方政府债务,提升平台的生存和发展能力。与此同时,随着金融市场的逐步开放,尤其是民间资本的快速发展、新的投融资渠道(如互联网金融、风险投资等)不断发展,解决大项目建设的资本来源不断增加,地方政府投融资平台面临生存的压力和发展的困境,迫切需要不断转型,这是平台改革转型的内在动力。由于外部管制环境的强制性要求、市场竞争的日趋激烈、自身生存和发展的诉求等各种因素的交织,平台的改革和转型发展已是必然。

第二节 地方投融资平台的理论探索与尝试(改革开放至 1993 年)

改革开放之前,我国实行计划经济,中央和地方在统收统支的财政体制下开展经济活动和社会事务,地方政府的投资直接取决于中央财政安排。随着 1978 年以后改革的深化,为发挥各地政府的积极性,中央开始对"统收统支"的财政体制予以改革和探索。1979 年,国务院下发《关于试行"划分收支、分级包干"财政管理办法的若干规定》,规定自 1980 年起我国财政收支分配原则为"划分收支、分级包干";1985 年,国务院下发了《关于实行"划分税种、核定收支、分级包干"财政管理体制的规定的通知》,财政收支的原则演变为"划分税种、核定收支、分级包干"。在此背景下,地方政府在一定程度上获得了税收和投资的自主权,建立地方政府"可控"的投融资主体成为现实中的理性选择,理论界和实践界在地方投融资平台领域展开了一些探索。

第十一章 地方投融资平台的改革与发展问题

一、理论探索

随着改革开放后我国经济体制改革的不断推进，国家和个人、企业收入分配格局的改变，财政收入在全部 GDP 中的比重不断下降，而此时国家在投资性支出方面的资金需求难以得到有效满足。基于此，如何获取新的投资资金来源弥补财政支出的不足已成为理论界和实务界关注的重点议题。早在 20 世纪 80 年代，国内学者结合日本投融资体制的实践考察，提出了我国投融资体制改革的相关建议，诸如设立特别会计制度，增加集资方式和渠道（陆百甫，1986[①]；傅仲宝，1989[②]），国家通过信用手段筹集资金和通过信贷方式供应财政资金（赵从显，1988）[③]，建设资金运行和管理体系（齐海鹏和付伯颖，1993）[④] 等。朱家良（1993）提出在建立政府投融资机制中"地方政府占有重要地位"，[⑤] 国家计委投资研究所课题组（1993）[⑥] 在总结 14 年投融资体制改革经验的基础上，提出构建"以企业投资为主，以市场调节投资行为和以投资主体决策自主、风险自负为基础，政府实行间接调控的资本要素配置机制和管理制度"，提出了产业开发投资由政府投资公司经营管理，地方投融资平台理论呼之欲出。李金早（1994）[⑦] 提出了实行财政、金融、投资改革三位一体的投融资体制改革，推进和完善项目业主责任制。桂世镛（1994）[⑧] 在总结 1978~1993 年 15 年投融资体制改革经验的基础上，提出了中国投融资体制改革未来的方向，例如合理划分各类投资主体的投资范围、规范各类投资项目的融资方式、建立项目法人投资责任制和银行贷款投资责任制，强化投资者的自我约束、改进和完善投资宏观调控体系和管理制度、建立投资市场中介机构和服务体系等建议，这对于当前我国地方政府投融资平台的发展依然具有重要的参照意义。总结这一阶段的理论探

[①] 陆百甫. 日本经济发展与资金的筹集、管理和运用——访日考察纪要 [J]. 管理世界，1986（2）.
[②] 傅仲宝. 日本财政投融资体制对我国投资管理的启示 [J]. 计划经济研究，1989（1）.
[③] 赵从显. 日本财政投融资制可供我国建立财政信用体制的经验 [J]. 兰州商学院学报，1988（2）.
[④] 齐海鹏，付伯颖. 建立我国财政投融资体系的思考 [J]. 财经问题研究，1993（9）.
[⑤] 朱家良. 按照市场经济要求建立政府和企业的投融资机制 [J]. 浙江学刊，1993（1）.
[⑥] 国家计委投资研究所课题组. 转向市场经济的中国投资体制改革 [J]. 经济研究，1993（11）.
[⑦] 李金早. 日本财政投融资体制的运作方式与特点 [J]. 世界经济，1994（1）.
[⑧] 桂世镛. 中国的投融资体制改革 [J]. 中国工业经济研究，1994（6）.

索，尽管未明确提出政府投融资平台的概念，但如何扩大和创新投融资方式得到了研究者的重要关注，且对于后期的投融资平台建设和运行给出了对标对象和较为明确的原则性建议。

二、实践尝试

政府投融资平台的实务领先于理论的研究和探讨，且在中国的改革前沿地区得到了检验和发展。在20世纪80年代城市化发展初期，一些地方政府为了在财政有限的前提下加快推进城市化进程，开始设立了一些"城投公司""市政公司"等实体，主要承担着投资的功能，这是地方政府投融资平台的雏形。早在1986年，为吸引外资和促进国内改革开放区的发展，国务院在《关于上海市扩大利用外资规模的批复》（国函〔1986〕94号）中就明确了上海市单独实施自筹自支自还的筹资政策，开辟了地方政府自筹资金的先河。1988年，国务院《关于广东省深化改革扩大开放加快经济发展请示的批复》（国函〔1988〕25号）明确了广东作为改革开放前沿地区应改革投资体制，建立国有资产管理体系和经营机制，以实现国有资产的增值和收益的扩大，并要求对广东的固定资产投资计划实行单独管理，即"国家按照以资金来源制约投资规模的原则，允许广东在实行信贷资金'切块'管理、财政包干以及对外借款自求平衡的条件下，自主安排固定资产投资规模，报国家计委列入全国固定资产投资计划。投资项目的计划任务书，投资总额在2亿元以上的需经国家计委核报国务院审批，其余凡属资金、原材料、动力、运输、外汇等能自行平衡的，由省审批"。1992年7月，上海城市建设投资开发总公司的设立，开创了中国地方政府借用投融资平台启动地方融资的先河。之后，全国多地地方政府逐步仿照上海模式，通过组建自己的投资公司，希望借鉴现代企业制度的管理体系和模式，实现自主经营、自负盈亏。

与地方投融资平台起步发展相对应的是，为保证重点行业投资的资金供给和发挥投资主体的投资活力，1988年，国务院发布了《关于投资管理体制的近期改革方案》（国发〔1988〕45号），明确了对重大的长期的建设投资实行分层次管理，加重地方的重点建设责任，实行中央、省区市两级配置，两级调控，允许地方政府参与到投融资体系中，实现了单一的中央投资模式转变为中央与地方共同投资和共同调控的模式，并明确了扩大企业的投资决策权，使企业成为一般性建设的投资主体。为适应投资体制改革的需要，明确了"成立投资公司，用经济办法对投资进行管理。设立中央一级的能源、交通、原材料、机电轻纺、农业、林业六家国家专业投资公司，负责管理和经营本行业中央投资的经营性项目（包括基本建设项目和技术改造项目）的固定资产投资"。这为地方后续设立专业的投资公司，即以公司形式设立地方投融资平台提供了范本和蓝图。

国家计委的数据显示[1]，自1978年实行投融资体制改革后的15年间，除财政外吸纳了5亿元的资金。截至1992年底，国有单位投资占总投资比重已由1978年的95%下降为65%，其中财政性投资（国家基建基金的一部分）比重由80%下降为11%，各级地方政府、部门、企业自筹投资比重为41%，银行贷款投资比重和利用外资投资比重分别达到22%和11%，它们已经成为中国固定资产再生产的重要资金来源。

第三节 政策鼓励下的地方投融资平台崛起与快速发展（1994~2009年）

与上一阶段为激发地方政府投资活力和自主性不同，随着分税制改革的推进、财税体制的改革、投融资体制改革的不断深化以及地方政府官员的"投资竞赛"，加之两次金融危机的爆发，政府对地方投融资平台的支持和促进政策不断出台，地方投融资平台迎来了快速的发展阶段。其在解决地方政府财政收入不足、促进基础设施建设以及保障经济增长等方面发挥了极为重要的作用，且平台的融资功能凸显，也成为投融资平台的主要现实表现形式。

一、分税制改革对地方政府投融资的直接驱动

改革开放后，我国财政体制改革经历了从"分灶吃饭"到"包干制"再到分税制的变化（贾康和白景明，2002）[2]，这是中国不断探索政治经济体制改革的产物。从实施"包干制"至1993年实行分税制改革之前，中央财政收入占全国财政收入的比重不断下降，其比重从40.5%下降到22%[3]。为此，1994年中央实施分税制改革，其核心内容是扭转改革之前中央财政收入占比过低的问题。通过分税制改革，中央财政收入基本稳定在财政收入的50%以上，如图11-1所示，这为中央政府能够有效地集中国家资源投入全

---

[1] 桂世镛. 中国的投融资体制改革[J]. 中国工业经济，1994 (6).
[2] 贾康，白景明. 县乡财政解困与财政体制创新[J]. 经济研究，2002 (2).
[3] 国家统计局.

国性公共产品的投资领域、极大地促进整体经济的快速发展创造了良好的条件。但与此同时，分税制改革也带来了地方财权和事权的不匹配问题，中央财政取得了相关财权后，地方事权并未随之上移，甚至还出现了中央政府进一步下放事权的现象，地方政府仅靠财政收入难以维系运作的需要，财力较为紧张。此外，在我国行政考核机制主要以经济发展为考核重要指标的背景下，地方政府不得不依靠举借隐形债务扩展财力，这导致地方政府债务融资的风险进一步加大。

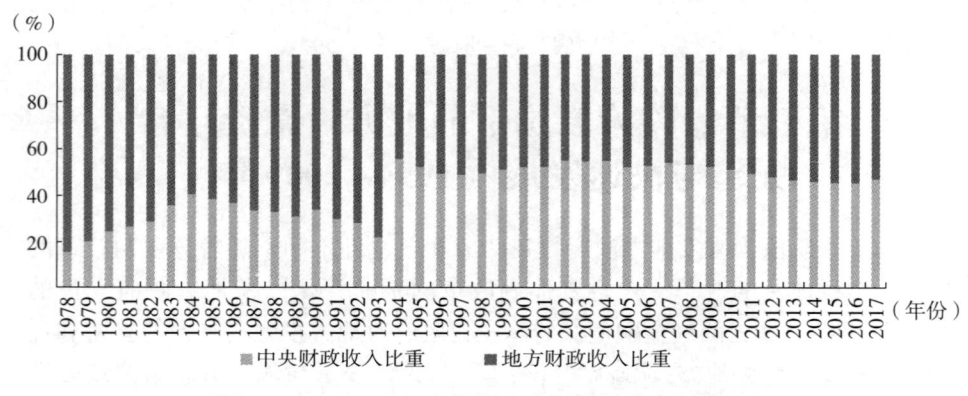

图 11-1　1978~2017 年我国中央和地方财政收入比重

资料来源：国家统计局。

为防范分税制改革后地方政府大举借债导致地方政府债务的扩大化，1994 年和 1995 年我国分别出台了《预算法》和《担保法》，明确禁止地方政府通过发行债券获取资金，也堵塞了地方政府通过提供担保获取银行贷款的可能①。为此，地方政府在投资"竞赛"的冲动下（王芳和陈曦，2013）②，不得不通过探索新的融资手段解决其资金严重不足的问题，在不违背《预算法》的条件下，部分地方政府早期融资主要是将政府掌握的部分有价值的资产抵押给银行以获得银行间接融资，但此途径在中国人民银行、银监会等部门的介入下面临违规的巨大风险，地方政府投融资平台这一主体随之应运而生。政府通过将资产作为出资注入投融资平台，再以投融资平台这一公司主

---

① 《预算法》规定：地方各级预算按照量入为出、收支平衡的原则编制，不列赤字，除法律和国务院另有规定外，地方政府不得发行地方政府债券。《担保法》规定：国家机关不得为保证人，但经国务院批准为使用外国政府或者国际经济组织贷款进行转贷的除外。

② 王芳，陈曦. 地方政府债务形成的"赤字竞赛"假说 [J]. 财政研究，2013 (7).

体进行融资，获得的资金直接投入到政府的项目建设之中。投融资平台的出现，使得地方政府兼顾了行政管理者与市场参与者双重身份，投融资平台的初始投入往往是政府掌握的一级土地拆迁收入或其他能够进行外部融资的公共资产，投融资平台据此向金融机构贷款或募集债务资金，用于市政投入。因此，地方政府投融资平台的出现，其目的是解决地方政府在融资过程中的"主体不适格"问题，也是地方政府广泛筹集建设资金的一种创新做法，是以"类公司化"的运作方式来开展基础设施建设和提供公开服务的载体。

二、以经济发展为核心的官员考核体系的诱导

投融资体制改革为激发资本市场活力，尤其是地方投融资主体活力创造了良好的环境，而分税制以及与之相匹配的政府发行债券和担保借款通道的堵塞却在一定程度上打消了地方政府的投资积极性。但是，中国特殊的政治体制，尤其是地方政府在 GDP 导向下的绩效考核方式，以及地方的政治竞标赛（余泳泽和杨晓章，2017）[1]使得地方政府官员极为重视投资，而获取投资所需的资本成为地方政府需要予以关注的重要内容，因此，地方政府具有不断探索和创新投融资模式的冲动。1988 年中央一级成立能源、交通、原材料、机电轻纺、农业、林业六家国家专业投资公司的建设，以及上海、广东地方投融资模式的成功，对各地成立投融资平台形成了示范效应。

国家统计局的数据显示，1992 年全社会固定资产本年资金来源及全社会固定资产投资中自筹和其他资金来源分别为 8080.1 亿元和 5049.95 亿元，到 2003 年分别达到 58616.3 亿元和 41284.76 亿元，分别增长了 6.25 倍和 7.18 倍，自筹和其他资金来源在全部资金来源中的比重从 62.65% 增加到 70.43%。在地方政府"投资竞赛"的背景下，地方投融资平台在促进固定资产投资方面发挥了极为重要的作用，其自身也得到了快速的发展。

---

[1] 余泳泽，杨晓章. 官员任期、官员特征与经济增长目标制定——来自 230 个地级市的经验证据［J］. 经济学动态，2017（2）.

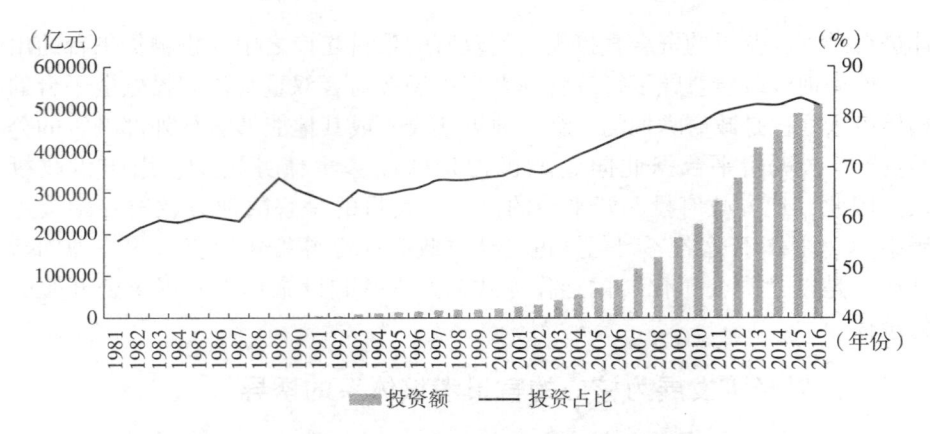

图 11-2　1981~2016 年全社会固定资产投资中自筹和其他资金来源及其在全社会固定资产本年资金来源中的比重结构

资料来源：国家统计局。

三、投融资体制改革的持续深化促进地方投融资平台的发展

分税制改革和地方投资竞赛的驱动，加之政策对地方政府直接融资的禁止，受国有企业发展模式的启发，成立独立的投融资平台公司，以企业作为政府实施投融资的主体机构也就成为各地政府的"优选"。与此同时，随着我国投融资体制改革的不断深化，投融资改革的市场化进程不断推进，企业在投融资过程中的主体地位得以确立，为地方投融资平台的建立和运行创造了良好的政策环境。1995 年，国务院批转国家体改委《1995 年经济体制改革实施要点的通知》（国发〔1995〕21 号）提出，"要发挥市场机制对投资活动的基础调节作用，逐步将一般加工工业和竞争性基础产业的建设项目推向市场。国有经营性投资项目都要明确投资主体，建立和实行法人投资责任制，即对项目的筹划筹资、开发建设、生产经营、归还贷款本息和资产保值增值全过程负责。"2003 年中共十六届三中全会通过了《中共中央关于完善社会主义市场经济体制若干问题的决定》，提出深化投资体制改革，要求"进一步确立企业的投资主体地位，实行谁投资、谁决策、谁收益、谁承担风险。国家只审批关系经济安全、影响环境资源、涉及整体布局的重大项目和政府投资项目及限制类项目，其他项目由审批制改为备案制，由投资主体自行决策，依法办理用地、资源、环保、安全等许可手续。对必须审批的项目，要合理划分中央和地方权限，扩大大型企业集团投资决策权，完善咨询论证制度，减少环节，提高效率。健全政府投资决策和项目法人约束机制。国家主要通过规划和政策指导、

信息发布以及规范市场准入，引导社会投资方向，抑制无序竞争和盲目重复建设"。在此背景下，政府投资设立的各类投融资公司等实体如雨后春笋般出现，对盘活地方政府资产、促进基础设施建设、解决财政收入不足等问题做出了积极的贡献。2004年7月国务院出台《关于投资体制改革的决定》（国发〔2004〕20号），提出了非经营性政府投资项目加快推行"代建制"，并明确了可以特许经营、投资补助等多种方式，吸引社会资本参与公益事业和公共基础设施项目建设，而对于具有垄断性的项目，试行特许经营，对于已经建成的政府投资项目，具备条件的经过批准可以依法转让产权或经营权，以回收的资金滚动投资于社会公益等各类基础设施建设。这一政策促使各地方政府许多城建、城投公司得到了快速发展，促进了地方投融资平台的发展。2005年《国务院关于2005年深化经济体制改革的意见》（国发〔2005〕9号）要求"完善和规范企业投资项目的核准制和备案制，真正落实企业投资自主权；规范政府投资范围和行为，提高政府投资决策的科学化、民主化水平，实行政府投资项目公示制度，尽快建立政府投资责任追究制度；完善适应新形势要求的投资宏观调控体系，建立健全投资监管体系"。至此，企业在市场中的投资自主权真正得以落实，市场化的投融资机制也基本形成。

四、两次金融危机后财政政策驱动下的"发展热潮"

不断深化的投融资体制改革、财税改革是地方投融资平台发展的政策诱因，而1997年和2008年两次金融危机则直接推动了地方投融资平台的快速发展。1997年，亚洲金融危机爆发，为应对金融危机，在刺激消费、拉动内需的同时，中央政府实施了积极的财政政策，地方政府也通过加强基础设施建设刺激经济。为了解决资金不足问题，地方政府充分发挥了投融资平台的融资功能，满足了项目建设资金的需求。而以国开行为主的金融机构则在推动地方投融资平台的发展过程中发挥了重要的作用，地方以财政收入、土地收益等作为偿债来源，开展"组织增信"，实施"打捆贷款"[①]，促进了地方

---

① 打捆贷款，是指以国有独资或控股的城市建设投资公司为承贷主体，以财政出具的还款承诺作为偿债保证，将一城市或区域的若干基础设施建设项目组合成一个整体项目，向银行或其他金融机构贷款的一种融资方式，是商业银行与地方政府融资平台合作的初始模式。这一模式为国家开发银行的首创，金融危机后在全国快速发展，但随着其带来的投资增长过快、货币供应量偏高、信贷投放过快等问题的出现，2006年国家发展和改革委员会、财政部、建设部、中国人民银行、中国银行业监督管理委员会五部门联合下发了《关于加强宏观调控 整顿和规范各类打捆贷款的通知》（银监发〔2006〕第27号），对打捆贷款进行了严格的规定。

投融资平台数量、融资规模的快速增长。随着地方投融资平台的快速增长，地方政府借助平台的贷款快速扩张，为防范贷款快速扩张后的经济过热倾向，2006年国家发展改革委等五部门出台了《关于加强宏观调控整顿和规范各类打捆贷款的通知》，要求"各级地方政府和政府部门应严格遵守有关法律规定，禁止违规担保；整顿和规范银行各类打捆贷款，切实防范贷款项目的信用风险和法律风险"。自此，地方投融资规模受到一定限制。

2008年，面对突如其来的国际金融危机，我国紧急启动经济刺激计划以应对挑战，地方政府要落实中央政策需要大量的融资工具支持，基于现实考虑，中国人民银行、银监会下发《关于进一步加强信贷结构调整促进国民经济平稳较快发展的指导意见》（银发〔2009〕92号），为地方投融资平台的发展给出了"法定身份"，该意见明确指出"鼓励地方政府通过增加地方财政贴息、完善信贷奖补机制、设立合规的政府投融资平台等多种方式，吸引和激励银行业金融机构加大对中央投资项目的信贷支持力度。支持有条件的地方政府组建投融资平台，发行企业债、中期票据等融资工具，拓宽中央政府投资项目的配套资金融资渠道"。中央政府允许地方政府在建立投融资平台后，享有对其拥有的国有资产进行自主处理的权利，以解决地方政府财力与公共设施项目投资的资金缺口问题。在国家刺激性政策的推动下，各地的地方政府投融资平台在不到一年的时间里，呈现了平台数量以及融资规模的快速增长态势。来自银监会的统计数据显示，到2009年5月末，全国各省、区、市合计设立8221家投融资平台公司，其中县级平台高达4907家。另据中国人民银行对2008年以来全国各地区政府融资平台贷款情况的专项调查，截至2010年末，全国共有地方政府融资平台1万余家，较2008年末增长了25%以上，其中，县级（含县级市）平台约占70%。[①] 地方投融资平台除了数量上快速增长外，其作为融资主体在银行贷款中的比例不断上升，据时任中国银监会主席刘明康在银监会2010年第二次经济金融形势分析通报会议上介绍，至2009年末，地方政府融资平台贷款余额为7.38万亿元，同比增长70.4%，占一般贷款余额的20.4%；全年新增贷款3.05万亿元，占全部新增一般贷款的34.5%，更加接近世界公认的警戒线60%；从地方平台公司贷款债务与地方政府财力对比看，债务率为97.8%，部分城市平台公司贷款债务率超过200%。

---

① 中国人民银行货币政策分析小组. 2010年中国区域金融运行报告 [R]. 2011-06-01.

第四节 投融资平台的规范治理与转型发展（2010年至今）

伴随着2008年金融危机后一揽子扩张型财政政策的出台，地方政府投融资平台的数量和融资规模快速增长，加之投融资平台形成的债务存量，地方政府信用扩张迅速累积为投融资平台的高额债务，受整体经济增速下滑的影响，投融资平台的债务偿付能力难以得到有效的保障。与此同时，由于投融资平台是在政府主导下的运营模式，其治理结构、风险管理、偿债能力存在较大的缺陷，这些债务已成为引发区域性和系统性金融风险的重要因素。据国家审计署2011年公布的《全国地方政府性债务审计结果》[2011年第35号（总第104号）]显示，截至2010年底，全国地方政府性债务余额107174.91亿元，其中：政府负有偿还责任的债务67109.51亿元，占62.62%；政府负有担保责任的或有债务23369.74亿元，占21.80%；政府可能承担一定救助责任的其他相关债务16695.66亿元，占15.58%。从债务覆盖率来看，截至2010年底，全国只有54个县级政府没有举借政府性债务。其中，融资平台公司、政府部门和机构、经费补助事业单位是政府负有偿还责任债务的主要举借主体，分别举借40755.54亿元、30913.38亿元、17761.87亿元。[1] 为防范政府债务持续扩大，避免系统性和局部性金融风险的爆发，我国中央政府及各部门制定了一系列政策措施，推动地方投融资平台的改革和规范化治理，也为投融资平台在新时期的转型发展创造了良好的条件。总体来看，这一阶段为解决地方投融资平台快速增长带来的地方政府债务剧增的问题，在政策导向上总体采取了"疏堵结合、以堵为主"的策略（李圣军等，2014）[2]，而为解决投融资平台治理结构、风险管控和运营水平的问题，促进地方投融资平台的转型则采用市场化的总体原则。

一、清理融资平台公司债务，尤其是防范地方政府债务风险

自2010年以来，为防范地方投融资平台可能引发的政府债务危机，国务院和发改委、银监会、财政部、中国人民银行等部门密集出台多项制度措施，政策的总体基调是对地方投融资平台加强清理，严格限制新增地方投融

---

[1] 中华人民共和国审计署办公厅. 全国政府性债务审计结果 [R]. 2013-12-30.
[2] 李圣军，孙寿义，李伟新. 地方融资平台演变历程及治理模式 [J]. 国际金融，2014 (4).

资平台，割裂地方投融资平台与政府的"强联系"并防范地方政府债务的快速增长，总体上采取的是"围堵"的方式。具体方式上，要求严禁地方政府违规担保，全面清理地方投融资平台，严格控制向地方投融资平台新增贷款，严控地方投融资平台准入门槛等。2010年，国务院出台《关于加强地方政府融资平台公司管理有关问题的通知》（国发〔2010〕19号），提出"地方各级政府要对融资平台公司债务进行一次全面清理，并按照分类管理、区别对待的原则，妥善处理债务偿还和在建项目后续融资问题"。这一政策也为地方投融资平台的后续发展指明了基本基调。在此基础上，国家发展改革委办公厅下发《关于进一步规范地方政府投融资平台公司发行债券行为有关问题的通知》（发改办财金〔2010〕2881号）提出"防范投融资平台公司债券融资风险"，防范投融资平台债务向证券市场转移。之后，财政部、发展改革委、中国人民银行、银监会下发《关于贯彻国务院关于加强地方政府融资平台公司管理有关问题的通知相关事项的通知》（财预〔2010〕412号），中国银监会下发《关于加强融资平台贷款风险管理的指导意见》（银监发〔2010〕110号）、《关于切实做好2011年地方政府融资平台贷款风险监管工作的通知》（银监发〔2011〕34号），财政部等四部门出台了《关于制止地方政府违法违规融资行为的通知》（财预〔2012〕463号）、《关于加强2012年地方政府融资平台贷款风险监管的指导意见》（银监发〔2012〕12号），国土资源部、财政部、中国人民银行、中国银行业监督管理委员会下发《关于加强土地储备与融资管理的通知》（国土资发〔2012〕162号），这一系列制度的出台，为各地清理投融资平台、削减地方政府债务指明了方向。

基于此，各地围绕清理地方投融资平台和防范地方政府债务风险采取了一系列措施和手段。一是债务管理制度不断完善。截至2013年6月底，有23个省级、298个市级、1736个县级（分别占省级、市级、县级总个数的63.89%、76.21%和62.49%）出台了综合性的政府性债务管理制度。二是债务风险控制机制初步建立。截至2013年6月底，18个省级、156个市级、935个县级建立了债务风险预警制度；28个省级、254个市级、755个县级建立了偿债准备金制度，准备金余额为3265.50亿元。三是地方投融资平台偿债能力增强。与2010年相比，2012年省市县融资平台公司平均每家资产增加13.13亿元，利润总额增加479.98万元，平均资产负债率下降4.90个百分点。通过多方举措的实施，有力地遏制了地方政府债务的快速增长。中华人民共和国审计署办公厅发布的《全国政府性债务审计结果（2013年12月30日公告）》显示，截至2013年6月底，省市县三级政府负有偿还责任的债务余额

105789.05亿元，比2010年底增加了38679.54亿元，年均增长19.97%。其中：省级、市级、县级年均分别增长14.41%、17.36%和26.59%。[①]

> **专栏11-1 地方政府融资平台贷款情况分析**
>
> 地方政府融资平台是由地方政府及其部门和机构等通过财政拨款或注入土地、股权等资产设立，承担政府投资项目融资功能，并拥有独立法人资格的经济实体。2008年以来，地方政府融资平台在加强基础设施建设和应对国际金融危机中发挥了积极的作用，但平台数量增长过快，贷款规模迅速扩张，相关运营问题逐步显现，潜在风险引起关注。《国务院关于加强地方政府融资平台公司管理有关问题的通知》（国发〔2010〕19号）等政策文件陆续出台后，我国地方政府融资平台清理规范工作全面推进。中国人民银行对2008年以来全国各地区政府融资平台贷款情况的专项调查显示，截至2010年末，全国共有地方政府融资平台1万余家，较2008年末增长了25%以上，其中，县级（含县级市）平台约占70%。总体来看，地方政府融资平台贷款主要呈现以下特点：
>
> 一是东部地区平台个数较多，中部、西部地区县级平台占比较高。地方政府融资平台个数与地方经济发展程度密切相关，通常地方经济发展程度越高，则地方政府融资平台个数越多。东部地区经济发达，地方政府融资平台个数占全部地方政府融资平台总数的比重接近50%。虽然中部地区、西部地区地方政府融资平台数量相对较少，但县级平台占比较高。中部地区的湖南、江西两省县级平台占比均超过70%，西部地区的四川、云南两省的县级平台占比近80%。
>
> 二是平台贷款增速稳步回落，公益性项目贷款平稳收缩。各地区地方政府融资平台清理规范工作有效推进，2010年地方政府融资平台贷款持续高增长态势有所缓解。与上年末相比，2010年末多个省市地方政府融资平台贷款增速回落明显，由50%以上降至20%以下。按照国务院文件规定，依靠财政性资金偿债的公益性项目融资平台公司得到重点清理规范，贷款平稳收缩。
>
> 三是贷款方式以抵押、质押为主，5年期以上贷款占比超过50%。金融机构对地方政府融资平台贷款的风险管理政策从原先过度依赖地方政府信

---

① 中华人民共和国审计署办公厅. 全国政府性债务审计结果 [R]. 2013-12-30.

用逐步向落实抵押、质押担保措施转移。调查结果表明，当前对地方政府融资平台发放的贷款以抵、质押方式为主，采取信用方式发放的贷款占比有所下降。重庆市60%的平台的贷款方式为抵、质押担保，其中，土地使用权抵押的贷款占比超过20%。地方政府融资平台贷款期限较长，5年期以上的贷款比重超过50%，这主要是因为轨道交通等基础设施项目建设、完工及运营后还款所需要的融资期限相对较长。

四是贷款主要投向公路与市政基础设施，土地储备贷款集中情况有所缓解。五成以上地方政府融资平台贷款投向公路与市政基础设施。分地区看，东部地区地方政府融资平台贷款主要投向市政基础设施，用于公路建设贷款占比低于中部、西部、东北地区。部分省份地方政府融资平台贷款向土地储备集中的情况有所缓解，四川、山西、江西、宁夏等地的土地储备贷款2010年末余额较上年末有所减少。

五是平台贷款在人民币各项贷款中占比不超过30%，国有商业银行和政策性银行成为贷款的供给主力。调查结果表明，2010年末，各地区政府融资平台贷款占当地人民币各项贷款余额的比例基本不超过30%，国有商业银行和政策性银行成为地方政府融资平台贷款的供给主力，政策性银行是西部地区地方政府融资平台贷款的主要提供方。各地方政府也积极探索地方政府融资平台运作与监管的新模式，其中，"上海模式""昆明模式""重庆模式"具有较强的代表性。上海是最早成立政府投融资平台公司的省（市）之一，在早期的发展中积累了相当丰富的经验，上海的基建规划和投融资方向采取"三统一"的管理模式，即由发改委、财政局、银行三方共同协商制定，在推进筹资多元化的同时，合理控制负债水平，根据行业性质制定差异化投融资机制，不断提高融资管理的效率，强化对投融资风险的系统性控制。昆明率先开创政府债务信息披露机制、推动债务清理并制订偿还计划，形成统一的债务保全方案，实现各市级投融资平台公司项目产生的现金流能够全部覆盖其自身贷款本息。"重庆模式"中以渝富公司为投资主体，通过八大建设性投资集团投向具体项目，形成了政府主导、市场运作、社会参与的多元化投资格局，以盘活存量资金，吸引增量资金。

资料来源：中国人民银行货币政策分析小组.2010年中国区域金融运行报告［R］.2011-06-01.

二、支持投融资平台规范发展，防范区域性金融系统风险

随着政府债务的有序清理，引导地方投融资平台更加规范发展，防范地方投融资平台经营不善所引致的区域性金融风险成为政策的重要关注点。为此，国务院以及相关部门制定了一系列政策措施，在税收减免、允许地方政府发债、采用资产证券化、直接的财政扶持等方面出台了相关规定，为地方投融资平台规范发展创造了有利的条件。一是减税。2011年9月7日，财政部和国家税务总局联合下发《关于专项用途财政性资金企业所得税处理问题的通知》（财税〔2011〕70号），对企业从县级以上各级人民政府财政部门及其他部门取得的应计入收入总额的财政性资金，在满足特定条件时允许免征所得税，这极大地减轻了以财政资金为主要收入来源的地方投融资平台的税收压力。二是允许地方政府发行债券，缓解地方投融资平台的资金压力。早在2011年10月17日，财政部下发《关于印发〈2011年地方政府自行发债试点办法〉的通知》（财库〔2011〕141号），允许上海市、浙江省、广东省、深圳市开展地方政府自行发债试点。2014年5月，在财政部主导下，部分省市开始地方政府债券自发自还试点；8月，人大常委会表决通过新《预算法》，以法定的形式赋予地方政府发行债券的权力，从根本上破解了地方政府对地方投融资平台融资的高度依赖性；10月，国务院出台《关于加强地方政府性债务管理的意见》（国发〔2014〕43号），对地方政府融资机制和债务管理提出了明确要求，财政部随后拟定《地方政府性存量债务清理处置办法（征求意见稿）》，对政府性存量债务的分类清理和融资平台的转型处置提出了细化方案，之后又公布了《地方政府存量债务纳入预算管理清理甄别办法》，为进一步化解地方债务、以发行债券消化地方投融资平台债务创造了条件。2015年3月12日，财政部下发《地方政府一般债券发行管理暂行办法》（财库〔2015〕64号），进一步规范地方政府一般债券发行等行为。截至2017年12月末，全国地方政府债务余额为164706亿元，其中，一般债务103322亿元，专项债务61384亿元；政府债券147448亿元，非政府债券形式存量政府债务17258亿元。2017年1~12月全国累计发行地方政府债券43581亿元，其中，一般债券23619亿元，专项债券19962亿元；按用途划分，新增债券15898亿元，置换债券27683亿元。[①] 允许地方政府发行

[①] 中华人民共和国财政部预算司.2017年12月地方政府债券发行和债务余额情况［EB/OL］. http://yss.mof.gov.cn/zhuantilanmu/dfzgl/sjtj/201801/t20180117_2797514.html，2018-01-17.

债券,是新修订的《预算法》的重大突破,它对于破解地方政府信用资源过剩和收入不足的矛盾意义重大,是化解地方投融资平台融资规模持续高涨的重要措施。三是实施资产证券化。2012年5月17日,中国人民银行、银监会和财政部联合下发《关于进一步扩大信贷资产证券化试点有关事项的通知》(银发〔2012〕127号),鼓励金融机构选择符合条件的经清理合规的地方政府融资平台公司,以贷款等多元化的信贷资产作为基础资产,开展信贷资产证券化。四是加大对投融资平台的直接扶持。审计署报告显示,各地按照国务院要求,通过增加注册资本、注入优质资产、改制重组和完善法人治理结构等方式,提高融资平台公司的资产质量和偿债能力。与2010年相比,2012年省市县融资平台公司平均每家资产增加13.13亿元,利润总额增加479.98万元,平均资产负债率下降4.90个百分点。[①]

三、以改革和制度设计推动投融资平台的市场化转型

党的十八大以来,党和政府进一步深化经济体制改革,投融资体制改革作为经济体制改革的重要内容,与金融体制改革、财税体制改革、国有企业改革紧密联系,也因此成为新一轮改革的重要关注点。党的十九大报告将现代金融纳入产业体系,强调进一步加大对实体经济的支持,并将防范系统性金融风险作为改革的"三大攻坚战"之一,也明确深化投融资体制改革,发挥投资对优化供给结构的关键性作用,提出调整中央和地方财政关系、构建完善的预算制度、全面实施绩效管理、深化税收制度改革、健全地方税体系。

为推动地方投融资平台在新时期的发展,2014年4月30日,国务院批转发展改革委《关于2014年深化经济体制改革重点任务意见的通知》(国发〔2014〕18号),进一步要求规范政府举债融资制度,建立以政府债券为主体的地方政府举债融资机制,剥离融资平台公司政府融资职能,对地方政府债务实行限额控制,分类纳入预算管理,推行权责发生制的政府综合财务报告制度,建立考核问责机制和地方政府信用评级制度,建立健全债务风险预警及应急处置机制,防范和化解债务风险。为此,2016年7月5日,中共中央国务院发布《关于深化投融资体制改革的意见》(中发〔2016〕18号),明确要求"加快地方政府融资平台的市场化转型",至此,地方投融资平台从之前的清理、规范发展阶段朝着转型发展阶段转变。

---

① 中华人民共和国审计署办公厅. 全国政府性债务审计结果〔R〕. 2013-12-30.

第十一章 地方投融资平台的改革与发展问题

围绕国家推动地方投融资平台转型发展的要求，地方政府结合自身的实际情况，出台了一系列具体的实施意见和措施，如表11-1所示。例如，浙江省明确要求"组建若干千亿级专业化融资平台，加快完成地方融资平台重组整合为国有资本运营集团，推动投融资平台存量资产证券化"；江苏省要求"推动融资平台成长成为独立运作、自担风险的市场化投融资主体"；吉林省"推动融资平台采取'融、投、建、管'一体化模式整合重组加快市场化转型"；青海省"加快完成地方融资平台重组整合为国有资本运营集团，推动投融资平台存量资产证券化"；等等。

表11-1 部分省市推动政府融资平台改革的主要政策性要求

序号	省份	具体要求
1	浙江	组建若干千亿级专业化融资平台，加快完成地方融资平台重组整合为国有资本运营集团，推动投融资平台存量资产证券化
2	江苏	推动融资平台成长成为独立运作、自担风险的市场化投融资主体
3	吉林	优化整合政府融资平台，不断重组优化平台资产结构，推动融资平台采取"融、投、建、管"一体化模式整合重组加快市场化转型
4	湖北	推动地方政府融资平台市场化转型，加快建立规范的地方政府举债融资机制，依法依规发行省级政府债券，用于公共领域重点项目建设
5	内蒙古	加快全区各级政府融资平台的市场化转型，推动有经营性收入的融资平台公司加快转型为市场化经营主体
6	青海	鼓励各地通过依法注入优质资产、引入战略投资者等措施，加快完成地方融资平台重组整合为国有资本运营集团，推动投融资平台存量资产证券化
7	北京	加快本市政府融资平台的市场化转型
8	上海	拓宽政府性项目融资渠道，建立市级政府融资平台公司资金平衡机制
9	甘肃	加强省级政府投融资平台管理，促进市场化转型。在妥善处理投融资平台公司政府存量债务的基础上，关闭"空壳"类公司，推动实体类公司转型为自我约束、自我发展的市场主体。由企业承担的公益性项目或业务，政府通过完善价格调整机制、注入资本金、安排财政补贴、政府购买服务等方式予以支持，严禁安排财政资金为投融资平台公司市场化融资买单。由投融资平台公司转型的企业按照市场化原则融资和偿债，消除政府隐性担保，实现风险内部化，其举借的债务不纳入政府债务
10	河北	推进政府融资平台转型，引入社会资本对国有及国有控股投融资机构进行混合所有制改革，提高市场化水平

243

续表

序号	省份	具体要求
11	山东	按照分步推进原则，将具备条件的省属国有企业改建为省级国有资本投资运营公司，根据发展需要，以国有资本投资运营公司为平台，整合各类财政资金，设立用好城镇化发展基金、基础设施建设基金、政府出资产业投资基金等各类基金，促进投资机构和社会资本进入。加快地方政府融资平台的市场化转型，鼓励各地通过依法注入优质资产、引入战略投资者等措施，推动地方融资平台重组整合为国有资本运营集团，推动投融资平台存量资产证券化

资料来源：根据各省发布的《关于深化投融资体制改革的实施意见》及相关文件整理。

四、探索地方投融资平台的生存空间和未来机会

在新的投融资体制改革及相关政策压力下，地方投融资平台的转型发展已成为必然，但对于绝大多数地方投融资平台来说，由于长期以来对政府行政指令的高度依赖，其转型方向和未来发展空间不明。因此，迫切需要在现有政策框架内，探索地方投融资平台未来可能的生存空间和发展机会。

首先，按照国有企业改革的整体思路，继续深化地方投融资平台"分层分类改革"。早在2010年，《国务院关于加强地方政府融资平台公司管理有关问题的通知》（国发〔2010〕19号）中就明确了将地方投融资平台采取分类管理的方式，新的一轮国有企业改革也提出了对不同产业属性的国有企业采取分层分类改革的整体框架，结合省市县不同层级地方投融资平台的层次性、经营业务领域特征，需要针对省级投融资平台、市级投融资平台以及县级投融资平台采用不同的改革和转型方式。对于县级平台，其自身规模相对较小、平台综合竞争力较弱，可以继续从事公益性产业投融资；对于省市级投融资平台，其总体规模相对较大，综合竞争力相对较强，按照股份制改革、发展混合所有制改革的基本思路，完善治理结构，将其培育成为具有国际竞争力的大型企业集团，成为具有独立市场地位的投资公司或者资产管理公司；省市级平台可以积极参与到县级平台的混合所有制改革中，提升平台的活力和效率。

其次，按照混合所有制改革的基本框架，打造具有竞争力的市场主体。党的十九大提出要继续推进国有企业改革，推动大型国有企业公司制股份制改革，大力发展混合所有制经济，推进国有经济战略性调整和国有企业并购重组，着力培育一批具有国际竞争力的大企业，完善各类国有资产监督管理制度，加快解决国有企业办社会负担和历史遗留问题。随着改革的逐步深化，在省市投融资平台改革和转型发展过程中，要将区域间的横向联合和合并作为重

第十一章 地方投融资平台的改革与发展问题

要手段，推动同行业，例如城市投资集团、建设投资集团实施合并重组，组建跨区域的投资基金和管理基金，培育具有全球竞争力的世界一流企业。

最后，不断创新业务运作方式，实现业务拓展和自身转型发展。随着地方投融资平台，尤其是省市级地方投融资平台市场化进程的加快，探索新的业务以及发掘现有业务的发展潜力是地方投融资平台转型发展的必然举措。2015年7月，湖南省发展与改革委员会和国家开发银行湖南省分行发布《关于印发〈省直管县经济体制改革试点县（市）政府投融资平台改革创新转型发展实施方案（试行）〉的通知》，提出加快转换政府投融资平台的功能定位和发展方向，加强市场化运作和政府引导，以创新运营模式、融资模式，积极推广PPP、基金合作、融资租赁、资产证券化等为着力点，通过政府性债务剥离、资产重组和股权结构调整优化，打造新型混合所有制市场主体，使其发展成为国有资本投资运营的主体、PPP合作模式的政府授权载体。从全国来看，根据财政部政府和社会资本合作中心数据，截至2017年9月末，财政部全国PPP综合信息平台项目库合计14220个，累计投资额17.8万亿元，[①] 这为地方投融资平台探索新的业务创造了良好的机遇。此外，随着新技术的涌现和市场的快速发展，新产品、新商业模式、新市场的出现，地方投融资平台需要利用其资本、人才以及积累的学习效应，提高前瞻性水平，积极探索在新的业务领域的发展。

总结来看，地方投融资平台的改革与发展，是与我国整体经济体制和政治体制改革紧密相连的，地方投融资平台的发展对于地方经济社会发展做出了巨大的贡献，但也伴随着一些不可回避的问题和发展困境。在党和政府的积极推动下，国家和相关部门出台了一系列促进地方投融资平台改革发展的政策文件，如表11-2所示，加之地方投融资平台自身的不断探索和创新，其已成为中国新时期地方国有企业的核心主体，承担着重要的历史使命和社会责任，不断推动地方投融资平台的改革和发展也将继续成为中国国有企业改革和发展的重要议题。

表11-2 有关投融资平台方面的政策一览表

序号	政策	发布时间	相关内容描述
1	《国务院关于上海市扩大利用外资规模的批复》	1986年	经中国人民银行批准后，上海市可向国外筹集商业贷款和发行债券。上海市扩大利用外资规模后，所借外债均由上海市负责偿还

---

① 资料来源：财政部政府和社会资本合作中心，http://www.cpppc.org/。

续表

序号	政策	发布时间	相关内容描述
2	《国务院关于广东省深化改革扩大开放加快经济发展请示的批复》	1988年	国家按照以资金来源制约投资规模的原则,允许广东在实行信贷资金"切块"管理、财政包干以及对外借款自求平衡的条件下,自主安排固定资产投资规模,报国家计委列入全国固定资产投资计划。投资项目的计划任务书,投资总额在两亿元以上的需经国家计委核报国务院审批,其余凡属资金、原材料、动力、运输、外汇等能自行平衡的,由省审批
3	《国务院关于印发投资管理体制近期改革方案的通知》(国发〔1988〕45号)	1988年	总的原则是,面向全国的重要建设工程,由中央或中央为主承担;区域性的重点建设工程和一般性的建设工程,由地方承担。即实行中央、省区市两级配置,两级调控。中央一级成立能源、交通、原材料、机电轻纺、农业、林业六家国家专业投资公司,负责管理和经营本行业中央投资的经营性项目(包括基本建设项目和技术改造项目)的固定资产投资。国家专业投资公司是从事固定资产投资开发和经营活动的企业,是组织中央经营性投资活动的主体,既具有控股公司的职能,使资金能够保值增值,又要承担国家政策性投资的职能。经营性投资由国家计委切块给各专业投资公司,由投资公司按计划承包新增生产能力,自主经营。非经营性投资,小型项目,财经、文教部门的,按核定的基数包给部门,中直、国务院其他部门的,按归口管理部门切块分配,投资切块后,一定几年不变;大中型项目仍按项目安排
4	《国家基本建设基金管理办法》	1988年	国家专业投资公司安排的经营性投资,由各专业投资公司与建设银行签订借贷合同(不包括国家规定免还基金本息的投资);其他经营性建设项目投资,由建设单位和建设银行签订借贷合同
5	《国务院关于实行分税制财政管理体制的决定》(国发〔1993〕85号)	1993年	按照中央与地方政府的事权划分,合理确定各级财政的支出范围;根据事权与财权相结合原则,将税种统一划分为中央税、地方税和中央地方共享税,并建立中央税收和地方税收体系,分设中央与地方两套税务机构分别征管;科学核定地方收支数额,逐步实行比较规范的中央财政对地方的税收返还和转移支付制度;建立和健全分级预算制度,硬化各级预算约束

第十一章 地方投融资平台的改革与发展问题

续表

序号	政策	发布时间	相关内容描述
6	《国务院批转国家体改委1995年经济体制改革实施要点的通知》（国发〔1995〕21号）	1995年	进一步转变计划管理职能，改进计划编制方法，注意计划、规划与经济体制改革的衔接和配套。要发挥市场机制对投资活动的基础调节作用，逐步将一般加工工业和竞争性基础产业的建设项目推向市场。国有经营性投资项目都要明确投资主体，建立和实行法人投资责任制，即对项目的筹划筹资、开发建设、生产经营、归还贷款本息和资产保值增值全过程负责。要逐步建立投资项目资本金制度，投资者必须用自有资金，按规定比例和限额对项目投入资本金。要建立项目登记备案制度，及时掌握投资项目的有关信息
7	《中华人民共和国担保法》	1995年	国家机关不得为保证人，但经国务院批准为使用外国政府或者国际经济组织贷款进行转贷的除外
8	《中共中央关于完善社会主义市场经济体制若干问题的决定》	2003年	进一步确立企业的投资主体地位，实行谁投资、谁决策、谁收益、谁承担风险。国家只审批关系经济安全、影响环境资源、涉及整体布局的重大项目和政府投资项目及限制类项目，其他项目由审批制改为备案制，由投资主体自行决策，依法办理用地、资源、环保、安全等许可手续。对必须审批的项目，要合理划分中央和地方权限，扩大大型企业集团投资决策权，完善咨询论证制度，减少环节，提高效率。健全政府投资决策和项目法人约束机制。国家主要通过规划和政策指导、信息发布以及规范市场准入，引导社会投资方向，抑制无序竞争和盲目重复建设
9	《国务院关于投资体制改革的决定》（国发〔2004〕20号）	2004年	通过深化改革和扩大开放，最终建立起市场引导投资、企业自主决策、银行独立审贷、融资方式多样、中介服务规范、宏观调控有效的新型投资体制
10	《国务院关于2005年深化经济体制改革的意见》（国发〔2005〕9号）	2005年	全面落实《国务院关于投资体制改革的决定》（国发〔2004〕20号），尽快制定和完善各项配套政策措施。完善和规范企业投资项目的核准制和备案制，真正落实企业投资自主权；规范政府投资范围和行为，提高政府投资决策的科学化、民主化水平，实行政府投资项目公示制度，尽快建立政府投资责任追究制度；完善适应新形势要求的投资宏观调控体系，建立健全投资监管体系（发展改革委牵头）

续表

序号	政策	发布时间	相关内容描述
11	国家发展和改革委员会等五部门《关于加强宏观调控、整顿和规范各类打捆贷款的通知》（银监发〔2006〕第27号）	2006年	各级地方政府和政府部门应严格遵守有关法律规定，禁止违规担保；整顿和规范银行各类打捆贷款，切实防范贷款项目的信用风险和法律风险
12	人民银行、银监会《关于进一步加强信贷结构调整促进国民经济平稳较快发展的指导意见》（银发〔2009〕92号）	2009年	鼓励地方政府通过增加地方财政贴息、完善信贷奖补机制、设立合规的政府投融资平台等多种方式，吸引和激励银行业金融机构加大对中央投资项目的信贷支持力度。支持有条件的地方政府组建投融资平台，发行企业债、中期票据等融资工具，拓宽中央政府投资项目的配套资金融资渠道
13	《国务院关于加强地方政府融资平台公司管理有关问题的通知》（国发〔2010〕19号）	2010年	地方各级政府要对融资平台公司债务进行一次全面清理，并按照分类管理、区别对待的原则，妥善处理债务偿还和在建项目后续融资问题
14	《国家发展改革委办公厅关于进一步规范地方政府投融资平台公司发行债券行为有关问题的通知》（发改办财金〔2010〕2881号）	2010年	继续支持符合条件的投融资平台公司通过债券市场直接融资；防范投融资平台公司债券融资风险；规范融资担保行为；确保公司资产真实有效；强化募集资金用途监管；认真履行中介机构职责；完善还本付息监督与管理；加强发债企业信息披露
15	《财政部、发展改革委、人民银行、银监会关于贯彻国务院关于加强地方政府融资平台公司管理相关事项的通知相关事项的通知》（财预〔2010〕412号）	2010年	融资平台公司债务经清理核实后按以下原则分类：融资平台公司因承担公益性项目建设运营举借、主要依靠财政性资金偿还的债务；融资平台公司因承担公益性项目建设运营举借、项目本身有稳定经营性收入并主要依靠自身收益偿还的债务；融资平台公司因承担非公益性项目建设运营举借的债务

续表

序号	政策	发布时间	相关内容描述
16	《中国银监会关于加强融资平台贷款风险管理的指导意见》（银监发〔2010〕110号）	2010年	严格落实贷款"三查"制度，审慎发放和管理融资平台贷款；准确进行融资平台贷款风险分类，真实反映和评价贷款风险状况；加强对融资平台贷款的监管，有效缓释和化解融资平台贷款风险
17	《中国银监会关于切实做好2011年地方政府融资平台贷款风险监管工作的通知》（银监发〔2011〕34号）	2011年	按照"逐包打开、逐笔核对、重新评估、整改保全"十六字方针，以降旧控新为目标，进一步做好地方政府融资平台贷款风险监管工作，主要内容包括：严格加强新增平台贷款管理；全面推进存量平台贷款整改；切实强化平台贷款的规制约束；统一实施平台贷款现场检查；严格监测整改为一般公司类贷款的风险；依法加大平台贷款问责处罚力度等
18	《关于制止地方政府违法违规融资行为的通知》（财预〔2012〕463号）	2012年	严禁直接或间接吸收公众资金违规集资；切实规范地方政府以回购方式举借政府性债务行为；加强对融资平台公司注资行为管理；进一步规范融资平台公司融资行为；坚决制止地方政府违规担保承诺行为
19	《中国银监会关于加强2012年地方政府融资平台贷款风险监管的指导意见》（银监发〔2012〕12号）	2012年	遵循"政策不变、深化整改、审慎退出、重在增信"的总体思路，以缓释风险为目标，以降旧控新为重点，以现金流覆盖率为抓手，继续推进地方政府融资平台贷款风险化解工作。其主要内容包括：严格监控，及时化解到期风险；分类处置，切实缓释存量风险；严格标准，有效控制新增贷款；审慎退出，加强退后动态管理；完善制度，深化平台贷款管理；明确职责，强化监管约束
20	《国土资源部、财政部、中国人民银行、中国银行业监督管理委员会关于加强土地储备与融资管理的通知》（国土资发〔2012〕162号）	2012年	列入名录的土地储备机构可以向银行业金融机构贷款。贷款用途可不对应抵押土地相关补偿、前期开发等业务，但贷款使用必须符合规定的土地储备资金使用范围，不得用于城市建设以及其他与土地储备业务无关的项目。本通知下发前名录以外的机构（含融资平台公司）名下的储备土地，应严格按照本通知的要求逐步规范管理
21	《关于加强2013年地方政府融资平台贷款风险监管的指导意见》（银监发〔2013〕10号）	2013年	遵循"总量控制、分类管理、区别对待、逐步化解"的总体原则，以控制总量、优化结构、隔离风险、明晰职责为重点，继续推进地方政府融资平台贷款风险管控

续表

序号	政策	发布时间	相关内容描述
22	《国务院关于加强地方政府性债务管理的意见》（国发〔2014〕43号）	2014年	明确政府和企业的责任，政府债务不得通过企业举借，企业债务不得推给政府偿还，切实做到谁借谁还、风险自担。地方政府举债采取政府债券方式。没有收益的公益性事业发展确需政府举借一般债务的，由地方政府发行一般债券融资，主要以一般公共预算收入偿还。有一定收益的公益性事业发展确需政府举借专项债务的，由地方政府通过发行专项债券融资，以对应的政府性基金或专项收入偿还。剥离融资平台公司政府融资职能，融资平台公司不得新增政府债务。地方政府新发生或有债务，要严格限定在依法担保的范围内，并根据担保合同依法承担相关责任
23	《国务院批转发展改革委关于2014年深化经济体制改革重点任务意见的通知》（国发〔2014〕18号）	2014年	规范政府举债融资制度。开明渠、堵暗道，建立以政府债券为主体的地方政府举债融资机制，剥离融资平台公司政府融资职能。对地方政府债务实行限额控制，分类纳入预算管理。推行权责发生制的政府综合财务报告制度，建立考核问责机制和地方政府信用评级制度。建立健全债务风险预警及应急处置机制，防范和化解债务风险
24	《中共中央、国务院关于深化投融资体制改革的意见》（中发〔2016〕18号）	2016年	根据发展需要，依法发起设立基础设施建设基金、公共服务发展基金、住房保障发展基金、政府出资产业投资基金等各类基金，充分发挥政府资金的引导作用和放大效应。加快地方政府融资平台的市场化转型。加快地方政府融资平台的市场化转型
25	《关于印发〈地方政府性债务风险分类处置指南〉的通知》《财预〔2016〕152号》	2016年	融资平台公司等债务单位举借的债务，由签订借款合同的债务人（贷款借款人）依法承担偿债责任
26	《关于进一步规范地方政府举债融资行为的通知》（财预〔2017〕50号）	2017年	全面组织开展地方政府融资担保清理整改工作。进一步规范融资平台公司融资行为管理，推动融资平台公司尽快转型为市场化运营的国有企业，依法合规开展市场化融资，地方政府及其所属部门不得干预融资平台公司日常运营和市场化融资。地方政府不得将公益性资产、储备土地注入融资平台公司，不得承诺将储备土地预期出让收入作为融资平台公司偿债资金来源，不得利用政府性资源干预金融机构正常经营行为。金融机构应当依法合规支持融资平台公司市场化融资，服务实体经济发展。进一步健全信息披露机制，融资平台公

续表

序号	政策	发布时间	相关内容描述
26	《关于进一步规范地方政府举债融资行为的通知》（财预〔2017〕50号）	2017年	司在境内外举债融资时，应当向债权人主动书面声明不承担政府融资职能，并明确自2015年1月1日起其新增债务依法不属于地方政府债务。金融机构应当严格规范融资管理，切实加强风险识别和防范，落实企业举债准入条件，按商业化原则履行相关程序，审慎评估举债人财务能力和还款来源。金融机构为融资平台公司等企业提供融资时，不得要求或接受地方政府及其所属部门以担保函、承诺函、安慰函等任何形式提供担保
27	《关于坚决制止地方以政府购买服务名义违法违规融资的通知》（财预〔2017〕87号）	2017年	不得以任何方式虚构或超越权限签订应付（收）账款合同帮助融资平台公司等企业融资

资料来源：笔者整理。

第十二章 国有存续企业的改革

20世纪90年代以来，为了进一步加快国有企业改革，满足企业上市的条件以及尽快地让国有企业能够上市融资，解决企业资金短缺的问题，国有企业普遍将核心业务及优良资产进行剥离、重组、改制从而在国内外证券市场上市，由此形成的以集团公司或母公司的形式存在的未上市企业，被称为国有存续企业。

第一节 国有存续企业的改革总体脉络

一、国有存续企业改革的总体思路

（一）分立式改制中的主辅分离

1992年10月，党的十四大报告明确提出，要建立和完善社会主义市场经济体制。1993年11月，党的十四届三中全会通过的《中共中央关于建立社会主义市场经济体制若干问题的决定》指出，我国国有企业的改革方向是建立"适应市场经济和社会化大生产要求的、产权清晰、权责明确、政企分开和管理科学的现代企业制度"，使企业成为自主经营、自负盈亏、自我发展、自我约束的法人实体和市场竞争主体。1995年9月，党的十四届五中全会提出"要着眼于搞好整个国有经济，通过存量资产的流动和重组，对国有企业实施战略性改组。这种改组要以市场和产业政策为导向，搞好大的，放活小的，把优化国有资产分布结构、企业结构同优化投资结构有机结合起来，择优扶强、优胜劣汰"。

这一时期，制约国有企业发展的两个重要因素，一是资金短缺的问题。随着高度集中的计划经济向市场经济转换，国有企业的资金来源不再是单一的财政资金，银行贷款和股市融资等自筹资金逐步成为国有企业的主要资金来源。但由于存在体制性障碍等原因，银行贷款在企业资金中占了较大比重，为数众多的国有企业自有资本率低，对银行贷款信赖度大，资本负债率较高。在这样的背景下,利用资本市场,理顺国有企业的融资渠道,成为推进国有企业改革的重要途径。二是落后的经营管理体制不符合现代企业制度的要求,制约了国有企业的发展。与此同时,民营企业、外资企业的快速发展,与国有企业形成了较大的市场竞争。如果国有企业继续背着沉重的包袱,必将被市场经济淘汰。基于上述两点,我国开始了国有企业改制的历程,改制的模式主要有整体式改制和分立式改制。

整体式改制是指拟改制企业以全部资产进行重组,设立新公司,原主体企业注销,其负债由新公司承担。这种模式适用于中小型国有企业或整体资产质量较好、历史遗留问题比较少或解决较彻底、企业"办社会"负担较轻、企业职工的住房制度改革及离退休职工养老制度改革市场化程度较高的国有企业。整体改制的优点是:原主体企业在改制前重组时不需要进行资产剥离,企业原有的组织体系得以保留,改制程序较为简单、改制时间较短,改制后无关联交易问题;缺点是:由于重组时未剥离不产生效益甚至是负效益的非经营性资产及企业富余人员,往往会降低改制后企业的盈利能力及其上市融资时对投资者的吸引力。

相对整体式改制而言,分立式改制指拟改制企业对资产进行剥离重组,分别设立两个或两个以上的公司。根据原主体企业是否注销,分立式改制又分两种操作方式:一种是新设分立,又称解散分立,即主体企业将其资产分割成两个或两个以上的部分,新设立两个或两个以上的法人实体,原主体企业注销,原主体企业的债务分别由新公司按有关协议承担。另一种是派生分立,又称存续分立,即主体企业将其部分资产或业务剥离出去,注入新设立的公司;其余部分资产或业务仍然保留在存续的原主体企业内,原主体企业作为新成立公司的母公司保留法人资格;分立前原主体企业的债务分别由分立后的新公司和存续企业按有关协议承担。分立改制模式适用于企业规模大、业务领域分布广泛、企业"办社会"负担重、富余人员数量多、历史遗留问题多的大中型国有企业。其优点是:改制后的主体企业易于上市融资;缺点是:资产剥离、重组时的工作难度大,矛盾突出而复杂,改革难以深入彻底,遗留问题多,主体企业及母公司(控股股东)之间关系不规范、隐患多。

由于分立式改制后的主体企业易于上市融资,对于亟须解决资金短缺的国有企业来讲非常适合,这一时期,很多国有企业选择了分立式改制方式。根据国有企业改制时对待剥离重组的资产的分类依据的不同,分立改制可以分为侧重于主辅分立的模式,侧重于产业分立的模式和侧重于区域分立的模式。资产规模大、历史遗留性问题多、办社会负担重、富余人员数量多的大中型国有企业，都将侧重于主辅分立的改制模式视为其顺利上市融资的有效途径[①]。即将国有企业中盈利能力强的经营性资产、核心资产、主要业务进行改制重组，使其在境内外证券市场上市，从而达到融资和改制的双重目的。而其他盈利能力差、非经营性的资产、辅业则继续保留，以集团公司或母公司的形式存在，成为国有存续企业。这导致了国有存续企业的天然劣势。

（二）推进消化历史遗留问题

由于具有先天缺陷，存续企业从产生之日起，就存在一些突出问题。国有存续企业改革，重要的一条主线就是要不断推进解决国有存续企业资产、人员、业务等方面存在的问题。从资产情况看，存续企业资产数量及质量明显劣于其控股的上市公司。主要表现为：非经营性资产在国有存续企业资产中的比重大；不实、不良资产及有疑问的资产量大、比例高，历史遗留的待解决的虚列、挂账资产数量多；权属证不齐全的土地、房产和长期投资总额巨大，管理不清；还有大量的可能形成潜在资产流失的账外资产、难以控制和闲置的资产；资产负债率高，偿债能力差。相比于已上市的企业，国有存续企业人均资产拥有量明显偏低，持续运营的自生能力不足。不少国有企业（集团）主业或核心业务上市后，其资产规模迅速扩张，而存续企业却步履维艰，不断拉大与上市企业在人均资产拥有量上的差距。从人员情况看，富余人员比重大，人员结构性冗余与结构性短缺并存。离退休人员、下岗职工、改制企业的富余人员、非生产性人员在全体员工中所占比例过高，人员分流工作压力大。相应地，企业的人工成本以及离退休人员费用、职工住房等各项费用占总成本的比例明显高于已上市企业，且这类支出呈刚性特征。从业务特性看，依附于主业的辅助业务或附属业务发展前景差。一是基本没有盈利能力的"办社会"职能。二是对专业技术能力要求较高的主业生产运营的辅助性业务；有一定专业技术含量，但主要呈现劳动力密集型特点的主业生产运营的辅助性业务；基本没有专业技术含量、盈利能力一般甚至较差的"三产"和"多种经营"服务型企业。三是与其控股的上市公司关联的新兴业务。随着证券监管力度的加大、公司治理的进一步规范化，控股股东与上市公司进行必要的关联交易难度加大，程序较复杂，新兴业务挑战较大。

---

① 李艳梅. 国有存续企业机制问题研究 [D]. 首都经济贸易大学硕士学位论文, 2005.

（三）重构核心竞争力

国有存续企业改革必须标本兼治。推进消化历史遗留问题是标，重构核心竞争力是本。解决国有存续企业业务结构不合理、缺乏核心业务的问题是解决国有存续企业可持续发展的关键性问题。因此，国有存续企业改革应弯道超车，抓住新一轮产业变革的历史契机，通过管理创新、科技创新、文化创新，努力培育新的支柱产业和主要业务，形成持续推动企业发展的核心竞争力，把国有存续企业"做大、做强、做优"。

二、国有存续企业改革的逻辑与动因

（一）国有企业总体改革与市场化

存续企业是国有企业改革的产物，也是市场经济发展的必然结果。一方面，从其产生原因来讲，国有企业从计划经济向市场经济体制转轨过程中，由于债务沉重、社会化职能太多，必须"轻装上阵"方能适应激烈的市场竞争，因此选出优良资产改制重组新建新企业，留下了弱势的、负担较重的存续企业。这是国有企业改革过程中的一个重要措施，也是我国实施渐进式改革战略的重要手段，对国有企业改革具有重要意义。另一方面，从其本身发展历程看，存续企业为了生存，本身也在人事、业务、经营等方面不断改革创新，不断消化存量，不断提升自身发展能力，是市场化改革的一个缩影。

（二）矛盾集中化与坚持问题导向

由于存续分立改制上市的方式是"把难题挂起来再说"，分离出原有国有企业的一部分优质资产或从原国有企业原有的完整的生产过程中分离出某个生产环节组成股份有限公司上市，融资成功了，但被"挂起来"的问题并没有相应地得到有效解决。国有存续企业矛盾集中，普遍存在资产质量差、盈利能力弱、富余人员分流负担重、办社会包袱重、关联交易数额庞大、运作极其不规范且危及上市公司治理等问题。

国有存续企业要想发展，无法绕开这些客观存在的问题，因此国有存续企业改革的重要动因就是解决这些历史遗留的问题，摆脱包袱，妥善处理好人员、资产和业务问题。

（三）经济新常态与增强国有企业活力

党的十八大以来，我国经济进入新常态，国有企业改革不断深化，主动适应和引领经济发展新常态。国有存续企业紧紧抓住契机，以提高国有资本效率、增强国有企业活力为中心，完善现代企业制度，做强做优做大，不断增强国有经济活力、控制力、影响力、抗风险能力。国有存续企业作为国有企业的重要组成部分，按照国有企业改革的总体部署，不断深化改革，积极适应经济新常态。

第二节 存续企业的产生（20世纪90年代至2001年）

一、国有企业改革的直接推动

党的十四大及十四届三中全会强调"建立现代企业制度""对国有企业进行公司制改造"，国有企业改革步入以制度创新为主的新阶段，中小型国有企业率先实践。党的十四届五中全会和党的十五大明确提出，"着眼于搞好整个国有经济，抓好大的，放活小的，对国有企业实施战略性改组"及"使大多数国有大中型骨干企业在本世纪末初步建立现代企业制度"的改革目标。1998年进行的政府机构改革，打破了我国长期在计划经济体制下依托专业经济部门实施宏观经济管理的架构，撤销了一大批政府专业经济管理部门和中央直属的行政性公司，由这些部门和公司直接管理的大型国有企业重新划分了归属。其中，一部分行业内的大型国有企业经改组后直属国务院领导。随着改革的不断深化，自20世纪80年代股份制改造试点以来适用于大量中小型国有企业的核心资产剥离重组、改制乃至上市融资的模式，在90年代中后期，逐步被照搬或沿用到大中型国有企业乃至特大型国有企业。党的十五届四中全会通过了《中共中央关于国有企业改革和发展若干重大问题的决定》，提出要"对国有大中型企业实行规范的公司制改革"。以中国石油集团公司、中国石化集团公司、中国移动集团公司为代表的垄断性行业的特大型中央企业（集团）先后按照国务院的有关部署开展了重组改制、境内外上市的有关工作，即所谓中央企业海外上市。中央企业海外上市时普遍采用了存续分立式的改制上市方案，资产规模巨大、人员数量众多、管理难度大、矛盾突出的存续企业问题是这一方案的必然产物。尽管这一方案在特定时点上技术性地满足了各中央大型企业（集团）重组优良资产尽快且顺利在海外上市融资的一时之需，但究其实质，将非核心业务、大量低盈利能力的资产及阻碍中央企业（集团）深化改革的主要矛盾"隔离""遗留"在存续企业中的做法，除了将特大型国有企业（集团）改革所必须直面的各种难点问题浓缩、集中到存续企业之外，并没有从根本上解决国有企业存在的问题。

二、上市融资的利益驱动

我国国有企业存在的问题在很大程度上来源于国有企业的资本获取方式，即所谓"国家融资""政资合一"的财产制度所诱发的"所有者缺位""政企不分"等一系列问题。随着市场经济体制改革的不断深入，国有企业自筹资金逐步成为国有企业的主要资金来源。在上述背景下，培育和发展资本市场、理顺国有企业的融资渠道，成为推进国有企业改革的重要途径。20 世纪 90 年代中期，我国资本市场得到了快速发展，为国有企业改制上市提供了便利条件。改制上市被作为具备一定规模的国有企业深化改革和筹集资金的重要手段，扩充了企业自有资本金、降低了资产负债率，并通过配股等方式不断从股票市场筹集后续资金，从根本上摆脱了对国家投资过度依赖的不利局面。但与此同时，由于上市产生的国有存续企业却更加举步维艰。

第三节 存续企业的艰难转型（2002~2011 年）

一、系统推进解决历史遗留问题

20 世纪 90 年代的国有存续企业改革，更多的是每个企业"单打独斗式"的改革，进入 21 世纪后，国有存续企业的问题不断积累，从分布在独立的、单个的国有存续企业微观管理问题，转变为不同行业的、数量众多的国有存续企业普遍面临的管理难题。作为特定时期国有企业在条件不完备的情况下进行不彻底改革的必然产物，存续企业的改革与发展应该被作为国有企业改革向纵深推进的重要内容，纳入统一的政策引导、支持及规范的范围。一是政策体系逐渐完备。以 2002 年底八部委出台的《关于国有大中型企业主辅分离辅业改制分流安置富余人员的实施办法》为标志，各级政府部门开始为推进主辅分离、解决存续企业发展的问题创造有利条件和提供配套政策。《关于进一步推进国有企业分离办社会职能工作的意见》，以及国资委成立后印发的《企业国有资产监督管理暂行条例》《关于进一步明确国有大中型企业主辅分离辅业改制有关问题的通知》《规范国有企业改制工作意见》《企业国有产权转让管理暂行办法》等一系列政策，为规范、加快推进辅业改制，在税收、社会保障、债务重组等方面提供了较为系统的配套优惠政策。二是改革以增强国有经济整体效率为出发点，在保证主业规范化、市场化、高效率运作的前提下，侧重于通过搞活、放活辅业来从根本上解决国有企业改革的瓶颈问题。相对于前一阶段的改革，这一阶段中辅业改革的内涵、范围、举措都有明显的突破。三是主辅分离、改制分流，强调的不仅仅是在业务关系上的分开和独立，最终目的是要从产权、财务、资产和人员等方面解开主业与辅业之间藕断丝连的、非市场化的关系纽带。其操作要点是"两个置换"，即通过国有企业产权和国有企业职工身份的双重置换，转变原来单一的国有股本构成，实现投资主体多元化，转变其全民所有制企业职工身份，使国有企业的主业和辅业都能全面嵌入产品市场和要素市场（融资、用人）的市场机制硬约束之下。

二、严格控制存续企业的增量

从宏观层面看，国有资产管理部门从出资人、监管者的角度，对国有企业稳健改革的战略要求及上市融资的短期需要进行利弊权衡。改制不充分、不具备条件的企业暂缓上市。从公司上市制度来讲，对拟上市公司的审核力度和深度不断加强。从微观企业层面来看，各国有企业（集团）的管理层正确认识国有企业改革的路径，不再盲目追求、急于上市。

三、加快消化存续企业存量

这一时期，国有存续企业加快市场化改革，分阶段、分步骤消化存续企业存量。一是以业务分类重组为国有存续企业改革的主线。通过归核战略，明确国有存续企业的核心业务，有条件的企业对工程技术服务和生产服务这类优势业务进行再次重组，重点支持其发展壮大。在进一步分离国有存续企业承载的过多的社会职能的同时，进一步对辅助生产、生活后勤和各种"多种经营"企业进行优化重组和股权多元化改革，使之成为自负盈亏的法人实体，并逐步从各企业（集团）的全资子公司"退化"为国有控股的、参股的，直至国有资本完全退出、无股权关系的独立企业法人。二是股权多元化作为国有存续企业改革的主要途径。积极引入战略投资者，加快存续企业的产权制度改革，用足国家及企业内部的相关优惠政策，成熟一个、改革一个，循序渐进，不断引入外部市场力量，稳步推进和实施各项改革工作。

第四节 存续企业的深化改革（2012年至今）

党的十八大以来，国有企业改革不断深化。党的十八届三中全会明确提出完善国有资产管理体制，以管资本为主加强国有资产监管；深化国有企业

第十二章　国有存续企业的改革

改革，不断增强国有经济活力、控制力、影响力、国际竞争力、抗风险能力。党的十九大强调："要完善各类国有资产管理体制，改革国有资本授权经营体制，加快国有经济布局优化、结构调整、战略性重组，促进国有资产保值增值，推动国有资本做强做优做大，有效防止国有资产流失。深化国有企业改革，发展混合所有制经济，培育具有全球竞争力的世界一流企业。"2015年9月，中共中央国务院印发《关于深化国有企业改革的指导意见》，标志着以市场化为取向的国有企业改革更加深入。这一时期，国有存续企业作为国有企业的重要部分，被纳入国有改革总体布局中。一是推进分类改革，明确了国有企业分类改革、发展、监管和考核的基本原则、思路和路径，完成了功能界定分类。二是现代企业制度不断健全，大部分国有存续企业建立了规范的董事会，决策、执行、监督机制进一步完善。三是混合所有制改革稳妥实施，引入非国有资本参与国有企业改革，国有资本功能不断放大。四是国有存续企业负责人选聘和薪酬制度、履职待遇、业务支出管理进一步规范，历史遗留问题取得突破性进展。

第十三章 国有企业三项制度改革历程

在 40 余年的经济体制改革中，国有企业的劳动、人事和分配制度发生了巨大的变化。计划经济体制下的国有企业，是国家的生产单位，不是企业。职工是劳动者，也是全民所有制企业的所有者，与企业之间不存在雇佣关系。随着扩大企业经营自主权、经营责任承包、公司化改造以及国家管理体制的变更，国有企业和员工之间建立起了雇佣劳动关系，基本形成了以市场为导向、以岗位管理为基础的劳动用工机制，基于绩效考核的用人机制和薪酬机制。

第一节 国有企业三项制度改革总体脉络与逻辑

一、改革的总体脉络

40 年来，国有企业三项制度改革的进程分为三个阶段：第一阶段为 1978~1991 年。这一阶段，为适应国有企业扩大经营自主权和实行经营责任承包制的需要，政府开始探索国有企业劳动、人事和工资制度改革的路子，通过放权让利的办法使企业在劳动用工、利润分配上拥有了一定程度的自主权。改革措施也相继实行：在劳动制度方面试行劳动合同制、优化劳动组合；在人事制度方面破除身份界限、探索企业干部聘任制；在分配制度方面实行奖金与企业利润留成挂钩、工资与企业经营效益挂钩浮动、岗位工资制等多种分配形式。这些措施着眼于在用工、人事和分配制度中引进竞争机制来解决劳动力配置效率问题，突破了原有劳动人事分配管理模式的束缚，调动了企业和职工的积极性，增强了企业的活力，为以后建立现代企业劳动人事分配制度奠定了基础。

但是，在改革中也暴露出一些问题，较显著的有"工资侵蚀利润"，即企业将大部分盈利用于发放奖金和补贴，造成企业发放的奖金和补贴越来越多，而完成国家下达任务的情况却越来越差（吴敬琏，1999）；劳动合同制

第十三章 国有企业三项制度改革历程

试点采取"老人老办法，新人新办法"，导致原有职工不受合同管理，国有企业依然冗员严重，经营效率低下。究其原因，是因为计划经济体制下形成的企业制度的基本框架没有被改变，国有企业还不是自主经营、自负盈亏、自担风险、自我约束、自我发展的市场主体。要解决国有企业效率问题，必须使企业转变成为真正意义上的市场主体，因此，必须进行企业制度改革，转换企业经营机制。

第二阶段为1992~2002年。1992年中共十四大提出建立社会主义市场经济的要求。1993年中共十四届三中全会决定在国有企业建立"产权明晰、权责明晰、政企分开、管理科学"的现代企业制度。从此国有企业改革从放权让利、实行经营责任承包制进入转换经营机制的新阶段。国有企业三项制度改革的重点也转向了制度层面，目的是进一步调整国家、企业和职工之间的经济利益关系，引导企业建立与市场经济条件相适应的劳动、人事、分配机制，增强企业市场竞争能力，提高企业经营效益。同时加强社会保障体系建设，完善养老保险、失业保险等配套措施，为国有企业三项制度改革创造外部制度条件。

"破三铁"是此阶段的标志性改革措施。在计划经济体制下，国有企业形成了职工就业终身制、干部任职终身制和平均主义分配制度，被形象地称作"铁饭碗""铁交椅"和"铁工资"。"破三铁"，就是破除"铁饭碗""铁交椅"和"铁工资"式的劳动、人事、分配制度，建立"职工能进能出、干部能上能下、工资能升能降"的机制，为企业走向市场扫清障碍，奠定基础。在此过程中国有企业实行了全员劳动合同制、干部竞争上岗制、推行岗位技能工资制等做法。这些做法颠覆了国有企业职工的固定概念，涉及职工的切身利益。20世纪90年代中期，国有企业加快实施减员增效、战略性改组，出现了大量的下岗失业劳动者，对社会稳定带来了极大影响。为了保障下岗失业劳动者的基本生活和促进再就业，政府出台了"再就业工程"措施，要求建立再就业服务中心，向下岗职工提供基本生活保障和再就业服务。再就业中心等社会保障体系的建立，降低了国有企业分流安置富余职工的成本，同时向下岗失业劳动者提供三年的基本生活保障和再就业服务，一定程度上减少了减员增效对劳动者造成的冲击。经过艰难改革，多数国有企业通过一次性补偿，清除了职工的全民所有制身份，解除了职工对企业的依赖，使他们以劳动者身份走向了市场，国有企业的负担因此得到减轻，劳动力配置得到优化。

第三阶段为2003年至今。进入21世纪以后，随着社会主义市场经济体制的建立，国有企业改革的重点从转换经营机制转向建立健全现代企业制度。政府在调整国有经济布局和结构、建立国有资产管理监督体制、完善企业法人治理结构、垄断行业改革等方面加快了改革力度和步伐，同时也出台了一系列法律和措施来促进国有企业完善劳动、人事、分配制度，更有效地满足现代企业制度的要求。这一阶段以落实三项制度改革为基础，着重在市场化用工制度、经营者选任机制、经营者和科技人员激励约束机制等方面进行了改革。一是在劳动用工中强化了合同化管理，普遍建立了全员竞争上岗制度，综合依据经营战略和劳动力市场决定劳动力配置，探索多渠道分流安置富余职工途径。二是在经营者任用机制上规范了国有企业经营者任用体制的基本框架，加强了业绩考核与薪酬的联动性，同时将"党管干部"原则与市场化配置经营者相结合，探索更有效的选聘方式。三是在经营者和科技人员激励约束机制方面探索年薪制、股票期权等薪酬制度，建立经营者和科技人员的收入分配激励和约束机制，形成向关键岗位、重要岗位和从事创新劳动的职工倾斜的分配格局。但是随着强调收入向经营者与科技人员倾斜，在国有企业出现了经营者收入快速增长，但职工工资多年不涨的现象，或者垄断行业的平均工资远高于其他行业的现象。2015年以后，中共中央以及国家有关部门相继出台了关于深化国有企业劳动用工和收入分配制度改革的指导意见，对国有企业经营者将实行与选任方式相匹配、与企业功能性质相适应、与经营业绩相挂钩的差异化薪酬分配办法，健全与激励机制相对称的经济责任审计、信息披露、延期支付、追索扣回等约束机制。

二、改革的逻辑

三项制度的改革，是对历史现实正确判断的必然结果，其核心任务是融合市场经济体制国家实践和中国特色社会主义思想的正确判断，其实施方法体现了辩证唯物主义的基本原则。

（一）三项制度改革的必要性

首先，三项制度改革是国有企业改革历史进程中的必然要求。三项制度改革紧随国有企业改革进程向前推进。三项制度改革从放权、调整利益关系、改变分配办法与用工形式开始，经过"破三铁"、下岗分流富余职工，到完善市场化用工制度、探索经营者任用机制、经营者与科技人员激励约束机制，一步一步向制度核心层面纵深推进，适应了同期国有企业改革的要求。其次，三项制度改革是转变企业经营机制的重要途径。三项制度改革在转换企业经营机制过程中具有十分重要的地位和作用。劳动、人事和分配制度改革是提高经营效益、增强国有企业活力的重要内容。国有企业资源配置效率低下的重要原因之一是不合理的劳动、人事和分配的决策机制。再次，三项制度改革是建立社会主义市场经济体制的客观需要。中国经济体制改革的目标是建立社会主义市场经济体制，使市场机制在资源配置中发挥基础性作用。因此，企业必须改革三项制度，形成对劳动力市场信号反应灵敏和快速决策的能力，否则将无法适应市场经济优胜劣汰的基本规律。最后，三项制度改革也是建立现代企业制度的需要。现代企业制度建立在产权明晰、权责明晰、政企分开、管理科学的基础上，因此，必须改变计划经济体制下国家直接进行劳动力配置和分配的行政式管理模式，建立以市场为导向、以岗位管理为基础、以增强竞争力为目标的劳动、人事、分配机制。

（二）三项制度改革的核心任务

一是改变劳动关系的性质。计划经济体制下，劳动者既是全民所有制的所有者，也是生产工人，是国家行政体系的组成部分。三项制度改革，明确了国家是全民所有制经济的代表，企业是国资委管辖的经济实体，而劳动者通过市场进入企业，企业和劳动者之间的关系是两个独立主体之间的雇佣劳动关系。雇佣劳动关系是市场经济条件下劳动关系的基本形式，是以资本为核心、以劳动为从属的雇佣劳动关系。二是改变劳动者的管理办法。将原有的由政府直接管理转变为企业依照自身经营状况自行决定，企业与劳动者按照法律缔结、解除及调整劳动合同。

（三）三项制度改革的方式方法

三项制度改革采取了渐进方式，具有三方面的特点：第一，从增量到存量的方式。初期改革以扩大用工权、促进内部流动、加强物质激励来调动企业和职工的积极性，增强企业活力与效率，着眼点在于用企业收益增量来刺激职工，提高激励系统的有效性。其逻辑是：职工的报酬和贡献有了联系，或者岗位和表现有了联系，就有了动力和压力来改进经营管理，企业就会有效率。后来认识到这样的物质刺激具有局限性，如果职工的就业或岗位受终身制的保护，没有下岗失业形成的市场压力，就会缺乏不断提高自身素质、钻研技术、提高劳动生产率的动力。因此，改革的重点便转向了原有劳动力配置的调整优化，通过全员劳动合同制、下岗分流、竞争上岗、薪酬与业绩考核联动等办法来增强职工的竞争意识，适应市场经济的优胜劣汰规律。第二，先试点后推广的方式。三项制度改革是一个不断试错纠错的过程。很多重大改革措施都是先在小范围内试点，然后才推广到全国。比如，劳动合同制最初仅在部分企业实行，并且只针对新招收的工人。试点大约经过了5年时间，才把范围扩大到所有企业和全体职工。这是为了尽量减少因改革失败带来的负面影响。如果在改革中出现问题，因为涉及范围小，通过纠错可以把负面影响控制在最低程度。从实践结果来看，这种做法确实有道理，对保证改革的平稳推进起到了重要作用。第三，内部制度改革与配套制度跟进相结合。三项制度改革的顺利推进，需要外部制度环境的支持。比如，改革了社会保障体系，建立了由企业、职工和政府共同分担的社会化的、地方统筹的养老、医疗和失业保险制度，为国有企业三项制度改革的顺利推进创造了外部制度环境。

第二节 突破计划经济体制的桎梏（1978~1991年）

这一时期，三项制度改革的主要措施，包括在劳动用工制度改革方面实行劳动合同制，推行优化劳动组合、合同化管理等；在人事制度改革方面实行企业干部聘用制、破除身份界限等；在分配制度改革方面实行企业工资总额与经济效益挂钩、推行岗位工资制等多种工资分配形式。这一时期的改革特点，是在原有计划经济体制中寻找改进的空间。

一、试行劳动合同制

中国在计划经济体制下采用全国统一招收的办法把每年新增的劳动力"包下来"，然后再统一分配到企业，逐步形成了"统包统配"的劳动力用工制度。企业无权自行招用劳动力，而是由国家下达用工指标，企业按指标数量招工；劳动者无权选择职业，而是由国家统一分配安置就业。劳动者一旦进入企业，即成为固定工，终身归属于企业，一切服从企业的行政领导安排。这种"统包统配"即"铁饭碗"式的计划就业制度（固定工制度），使企业与劳动者之间的劳动关系固定化，企业的劳动力沉淀越积越大，人工成本不断增长，效益却每况愈下，但劳动者则稳坐"钓鱼台"，日渐丧失追求劳动效率的动力（赵履宽等，1998）。

1978年开始的国有企业改革，以放权让利为突破口，把由政府管控的部分经营管理权力下放给企业。1979年，国务院发布《关于扩大国营企业工业企业经营管理自主权的若干规定》，规定企业有权按国家劳动计划指标择优录用职工，并决定奖惩方式，对于那些严重违反劳动纪律、破坏规章制度、屡教不改、造成重大经济损失的职工，企业可以将其开除；企业可在定员、定额内根据需要决定机构设置、任免中层和中层以下管理干部。这使得企业在劳动力的招用、管理、优化等方面有了一定的选择权。1986年，国务院发布《国营企业实行劳动合同制暂行规定》《国营企业招用工人暂行规定》，引入劳动合同规范企业与员工的劳动关系及权利与义务，双方都有了自由选择权。国有企业采用"老人老办法，新人新办法"，即原有的职工保留固定工身份，而新员工则签订劳动合同。

同时政府开始推行承包经营责任制，促进国有企业政企分开、所有权和经营权分离。为了提高职工积极性、增强企业活力，政府要求国营企业在新招工人中推行劳动合同，合同期满后企业可根据需要延续或终止合同。具体来讲，无论是5年以上的长职工，还是1~5年的短期工和定期轮换工，都要签订劳动合同。这意味着企业与劳动者之间的劳动关系，不再通过行政命令和行政计划来决定，而由具有法律约束力的经济契约来规范、稳定和协调。企业职工中不再有固定工、短期工、轮换工等身份界限，所有职工的权益都将受到法律保障。这意味着固定工制度的终结，是对计划经济体制下的劳动用工制度的重大改革。这个措施旨在通过劳动合同制从数量和质量两方面优化劳动力资源配置，将市场机制引入企业的劳动力管理之中。

有资料显示，截至1992年底，全国有6万多家企业、3000多万职工实行劳动合同制和优化组合（中国人民大学《企业活力》调研组，1994）。劳动合同制使职工体会到了就业竞争的压力，对约束少数后进职工起到了作用，但由于采取"新人新办法、老人老办法"，原有职工仍然实行固定工制度，因此对提高企业效率的作用不明显。20世纪80年代后期，有企业开始把劳动合同制和上岗竞争制结合起来，科学合理设置岗位，根据考核结果对职工进行双向选择和择优聘用，使工作效率和经济效益明显改善。但是大多数企业中的富余人员主要还是内部消化，大部分冗员不能走出企业，进入市场，"职工能进不能出"的问题没有得到根本解决。

二、探索干部聘用制

1986年，中国在《企业管理现代化纲要》中提出了在企业实行全面人事管理的方向，指出国有企业要用系统方法对企业劳动人事管理各个环节进行综合管理，打破"工人"和"干部"身份界限，实行全体职工的统一管理。20世纪80年代，许多企业在人事制度改革方面积极探索，废除了干部选拔任命上的终身制，实行了新的干部聘用制。实行干部聘用制度的基本做法，一是取消企业行政级别，打破工人与干部的身份界限，变身份管理为岗位管理；二是设立管理岗位，对在管理岗位担任行政职务的管理人员实行竞聘上岗，通过考评确认管理人员的素质与能力之后进行聘任；三是实行干部任期制、年度考评或奖惩制度，对管理人员实行基于业绩的动态管理，建立"干部能上能下"机制。

许继集团有限公司（以下简称许继）从1985年起打破干部和工人的身份界限，对集团公司所有中层管理岗位实行竞聘上岗。竞聘的基本条件是承诺完成公司公布的所竞聘单位或部门的工作指标。符合条件的员工都可以自愿报名竞聘。公司组成竞聘委员会进行选拔。竞聘者陈述本人为完成指标所要采取的具体措施并回答评委提出的问题；评委根据竞聘计划、答辩水平和民意测试对竞聘者做出评价并确定任职候选人；最后由党委决定任职者。中层经营管理人员的任期为三年，任期届满职务自行解聘，若要继续任职，需要再次参加竞聘。许继对中层经营管理人员还实行了"一年一次年度考评、三年届满任期考评"的制度，并且根据年度考评结果，每年按5%的比例对末尾者实行淘汰，接近淘汰线的给予警告。许继认为，这些措施将竞争机制引入了企业内部，使干部的思想观念从根本上得到了转变，有了压力、危机感和向上意识，蕴藏在员工身上的潜在能量得到了释放（国家经贸委企改司调研组，2001）。

四川剑南春股份有限公司（以下简称剑南春）实行新的干部人事制度，具体方法是"年度聘任，半年考核，岗位交流，能上能下"。①年度聘任。每年初根据岗位确定职数，进行聘任。②半年考核。每半年对任职干部进行考核，要求每个干部进行书面述职报告，公司干部管理部门进行考核鉴定，最后由公司领导审定，作为次年聘与不聘的依据。③岗位交流。让任职干部到不同岗位轮流任职，培养干部综合能力。④能上能下。按照每个任职干部表现情况，决定续聘或解聘，解聘后任职期间的待遇不予保留。剑南春认为，这些措施效果明显，优化了干部队伍，增强了干部的责任心，提高了工作效益和工作质量（田德举，1996）。

三、工资与个人贡献、企业经济效益挂钩浮动

计划经济体制下的国有企业分配制度具有以下特点：国家统一制定工资制度以及工资标准、晋升条件和工资形式，工资调整由国家统一安排。对待劳动力，国家实行"低工资、多福利、高就业"的政策。这种制度的弊端之一，就是形成了职工吃企业"大锅饭"的局面，职工的劳动贡献与工资之间不存在关系，职工干好干坏一个样，抑制了职工的积极性、主动性和创造性。

1978年中国实行改革开放后,政府对工资制度从分配形式、决定机制等方面进行改革,逐步实行了以岗位技能工资制为主要形式的内部分配制度。与以前的技术等级工资制(如"八级工资制",按年龄、技术把工人分成八级,根据级别发放不同的工资)相比,克服了"铁工资"缺乏激励机制的弊病,初步形成了"岗位靠竞争、报酬靠贡献"的机制,使企业内部分配机制逐步从福利型向激励型转变。

第一,恢复奖励制度。国家对企业放权让利,实行利润留成办法,恢复了奖金和计件工资制度。最初政府规定了奖金总额限度,要求企业在该范围内发放奖金,如1981年规定年奖金总额不超过1~2个月的标准工资总额。但这样确定下来的奖励额度太小,与企业经营效益之间也没有形成紧密联系,因此对企业和职工的激励作用非常有限。于是,政府在随后实施的"利改税"改革中,取消了奖金的上限,允许企业对提取的奖金基金有权自主分配,但征收奖金税。根据规定,奖金额在2个半月工资额以内的免税,在4个月工资额以内的征收30%的税,6个月工资额以内的征收100%的税,超过半年以上工资额的征收300%的税(唐伶,2010)。这些措施进一步提高了工资的激励作用。

第二,实行工资总额与经济效益挂钩浮动。放权让利改革使国有企业在利润分配上获得了较大的支配权,但是由于没有监督约束机制,大部分新增留利被工资、奖金和福利所挤占,出现了工资侵蚀利润的现象。为了抑制工资过快增长、奖金过度分配,20世纪80年代中期,政府结合"利改税"、承包经营责任制改革,突出了对企业经济效益的考核,在全国推行了企业工资总额同经济效益挂钩的办法,规定企业可根据经济效益按规定比例调整工资总额,调整比例在1∶0.3至1∶0.7的幅度之内,年度内累计增发的工资总额若超过国家核定的上年工资总额7%时,征收工资调整税。1985年仅有少数企业实行了工资总额与经济效益挂钩的办法,但随着经营承包责任制的普及,1987年全国大部分企业都开始实行此办法。

第三,改革工资形式。国有企业的工资由标准工资和奖金、津贴组成。标准工资是以国家统一规定的行业和职务来划分的"工资等级表"为基础设定的,如工人的"八级工资制"。20世纪80年代中期,政府进一步认可了企业自主决定工资形式的权力,从而推动了国有企业对工资形式的改革,出现了计件工资制、定额工资、效益工资、岗位工资、浮动工资、结构工资、岗位技能工资等多种工资形式。当时企业界普遍认为,不同类型的企业和岗位,应该采用适合自己特点的工资形式。其中,改革影响最大,并且采用最普遍的是岗位技能工资制度（中国人民大学《企业活力》调研组，1994）。岗位技能工资制度由基本工资和辅助工资两部分组成。基本工资包括岗位工资、技能工资和年功工资三个部分，辅助工资包括奖金、效率工资、效益工资和各种津贴。与原有的等级工资制相比较，岗位技能工资制能够比较全面地评价岗位价值，反映岗位之间差别，体现按劳分配原则。岗位技能工资制度的操作也比较灵活容易，有利于企业内部的劳动力流动，拉开岗位之间工资差距，使工资分配向重要岗位倾斜。

第三节 探索市场经济体制中的劳动、人事、分配制度（1992~2002年）

1993年，中国在国有企业改革中放弃经营责任承包制，转向建立现代企业制度。国有企业改革从放权让利、实行经营责任承包制进入转换经营机制的新阶段。全员劳动合同制、"破三铁"、下岗分流与再就业工程、社会保障体系建设等各种改革措施相继展开。

一、实行全员劳动合同制

20世纪90年代，国有企业开始转换经营机制，探索建立现代企业制度。要转化企业经营机制，必须进一步深化企业劳动、人事、工资制度改革，在企业内部真正形成"干部能上能下、职工能进能出、工资能升能降"的机制。为了进一步落实企业的劳动用工权，政府要求各省试行全员劳动合同制，范围要包括企业干部和工人。因此，以前只在部分工人中试行的劳动合同制开始覆盖到所有职工。

根据中国人民大学调研组的调查，企业实行全员劳动合同制有两种基本做法：一是全员先签订劳动合同，然后再竞争上岗，签订岗位合同；二是先竞争上岗，再签订全员劳动合同和岗位合同。前者适用于富余人员比较少和有能力安置富余人员的企业，后者则相反（中国人民大学《企业活力》调研组，1994）。实行全员劳动合同制，是企业行使劳动用工权、减少富余人员和优化劳动力配置所不可缺少的前提条件，但是由于当时社会保障体系尚不健全，分流富余人员的阻力较大，因此，企业在推行全员劳动合同制时必须综合考虑职工对改革的承受能力和政策、环境允许的限度，逐步推进改革。例如，许继实施了"二次聘任制"，即员工除与集团公司签订统一的劳动合同外，上岗前还必须同用人单位（下属车间或分、子公司）签订二次聘约合同，具体规定所从事岗位的技术、质量、个人素质、行为规范、奖惩细则等，员工违反聘约要求，用人单位有权将其转入公司劳务市场或在本单位降低待遇使用，以促进其改进和提高。实行二次聘任制给了用人单位必要的用人自主权，进一步明确了职工的"责权利"，形成了较强的激励和约束，但没有把富余职工直接推向社会，避免了由此引起的社会不稳定问题（国家经贸委企改司调研组，2001）。

然而，尽管国家明确提出并推进国有企业劳动、人事、分配制度改革，但至2000年末，相当一部分国有企业的改革还没有到位。当时有调查表明，千户企业中，只有49.9%的企业实行了全员竞争上岗制度，46.9%的企业取消了干部与工人的身份界限[①]。事实表明，企业内部机制转变不到位是国有企业长远改革与发展中的一大隐患，必须进一步深化国有企业内部三项制度改革。

二、推进劳动分配的市场化

1992年中共十四大确立了"中国经济体制改革的目标是建立社会主义市场经济体制"，并且提出"适应建立社会主义市场经济的要求，国有企业改革要进一步从放权让利为主，转向机制转换、制度建设为主"。1999年中共十五届四中全会进一步提出"建立与现代企业制度相适应的收入分配制度"，把转换企业经营机制的目标具体概括为企业优胜劣汰、经营者能上能下、人员能进能出、收入能增能减、技术不断创新、国有资产保值增值等机制的建立。2002年中共十六大报告提出要深化分配制度改革，调整和规范国家、企业和个人的分配关系，确立劳动、资本、技术和管理等生产要素按贡献参与分配的原则，完善按劳分配为主体的多种分配方式并存的分配制度。因此，为了适应国有企业转换经营机制、建立现代企业制度的要求，政府进一步改革了对企业的工资调控模式，逐步放开了企业工资水平决定权，同时企业也开始将市场要素作为工资决定的重要依据，形成市场、企业效益和发展目标决定工资水平的机制，基本工资制度转向多种形式的岗位工资制度，企业内部分配由单一按劳分配向按生产要素分配转换。

第一，改革政府工资调控模式。一是把调控目标从总额改为水平，即将工资增减幅度与效益增减幅度挂钩，不再使用工资总额与效益总额挂钩的方法。新方法政府操作简便，增大了企业自主决定工资的空间。二是在调控手

[①] 我国将加快推进国企三项制度改革［EB/OL］. 新华社，2001-06-06.

段上通过政府发布工资增长指导线等信息,引导企业根据社会及行业平均工资率和自身经济效益合理确定工资。这些改革,标志着政府的劳动分配调控职能由直接向间接转变。劳动分配改革也是以渐进方式展开。1993年劳动部发布了《全民所有制企业工资总额管理暂行规定》,指出企业可以在企业经济效率和劳动生产率增长率的范围内自主决定工资总额的增长率,这使企业工资决定自主权进一步扩大,工资决定与企业经济效益的联系更加紧密,工资增长的规范机制开始形成。1997年劳动部公布了《试点地区工资指导线制度试行办法》,允许企业参照地区工资指导线和结合经济效益自主决定工资总额。工资指导线是在大量调查数据的基础上形成的,反映了劳动力市场价格的变化状况。工资指导线的发布有利于引导企业把市场要素纳入工资决定,使工资水平与市场接轨,工资结构更加科学合理。这一时期,各地总结出了一些切实可行的办法。比如,1999年上海市开始实行以独立核算为单位的工资水平调控方式,即基层企业按照市政府的政策直接自行决定工资水平。2000年,实行部分企业工资水平完全自主。这些企业界定为:①经市认定的科技型小企业、安置下岗人员的都市型工业小企业、社区服务业中的小企业;②经市认定的高新技术转化企业;③部分有健全的法人治理结构、经营者实行年薪制并配套工资集体协商的实行现代企业制度的企业(劳动和社会保障部劳动工资研究所,2001)。

第二,完善基本工资制度。20世纪80年代,国有企业形成了多种形式的岗位工资制度。进入90年代以后,国有企业进一步完善以岗位工资为主的基本工资制度,并尝试与市场机制调节相接轨。胜利石油管理局针对现行岗位技能工资制中固定部分过大、激励作用偏弱,以及岗薪变动操作与市场接轨不灵等缺陷,将企业经济效益和劳动力市场价格作为变量,进行岗位测评,实行职工收入以岗点工资单元、基本工资单元和工龄工资单元为依据进行分配,并形成了具有特点的岗效薪点工资制(劳动和社会保障部劳动工资研究所,2001)。基本工资制度改革的目标,是建立由市场、企业效益和发展目标决定劳动分配的机制,强化市场价格信号对企业工资决定的导向作用。

第三,调整工资结构。这一时期,国有企业在前期改革的基础上,进一步调整工资收入结构,合理拉开职工收入差距,使工资体现向实际能力和贡献倾向的特点。有的企业把工资总额中的部分补贴、津贴纳入岗位工资,提高岗位工资的比重。比如,东北地区一些国有企业用国家分配的增资额和各种补贴组成岗位工资,或者从原等级工资中拿出一定金额,加上增资额和纳入工资的各种补贴，组成岗位工资（中国人民大学《企业活力》调研组，1994）。有的企业把工资分成基本工资与浮动工资两部分，基本工资与岗位挂钩，浮动工资与职工贡献有关，在此基础上提高浮动工资的比重，比如，许继使基本工资与浮动工资的比例达到了 4∶6（国家经贸委企改司调研组，2001）。有的企业突破单一按劳分配模式，探索按生产要素分配的多种方式。例如，山东省在 281 家改制国有企业中试点经营者年薪制，允许经营能力要素参与剩余收益分配，根据经营者成果大小，给予一次性奖励或给予本企业的股票、股票期权等收入（劳动和社会保障部劳动工资研究所，2001）。深圳市为了促进国有企业技术创新，在技术资产评定和产权单位同意的前提下，推行国有企业技术入股试点，如某博士以专有技术作价 510 万元入股，与国有企业合资组建合资公司（劳动和社会保障部劳动工资研究所，2001）。更多的企业则是在企业内部探索适合专业技术人员特点的激励和分配形式，实行按岗位定薪、按任务定酬、按业绩定酬的分配办法，如对专业技术人员实行销售收入提成奖励制度，允许专业技术人员参与企业股权分红等。

然而，政府通过行政手段干预企业劳动分配的影响仍然存在。这种干预对国有企业在劳动力市场和经理人市场中的操作尤为不利。政府认可的管理者年薪通常低于经理人的市场价格，高级技术工人的工资也缺乏市场竞争力，这使得国有企业对外部人才的吸引力下降，导致内部人才外流。

三、下岗分流与再就业工程

在计划经济体制下，国家实行"统包统配"即"铁饭碗"式的计划就业制度，这使得在国有企业产生了劳动力过量配置、固化配置和配置结构不合理的问题。20 世纪 80 年代国有企业存在着约占职工总数 1/3 的富余劳动力（吴敬琏，1998）。这个时期对富余人员的处理办法，是采取"企业内部消化为主、社会安置为辅"的政策，由企业或企业主管部门兴办的劳动服务公司和生活服务公司来进行安置的。但是，到了 20 世纪 90 年代中期以后，随着国有企业改革进入体制转换和结构调整阶段，国有企业实行减员增效、下岗分流、兼并破产的结构调整政策，需要分流安置的职工越来越多，超出了企业内部消化所能解决的规模，因此，必须依靠再就业机制和社会保障制度，来为大量富余职工从计划经济体制过渡到市场就业提供基本生活保障和再就业服务。

1995 年劳动部发布《关于全面实施再就业工程的通知》，提出帮助企业妥善安置和分流富余职工，促进失业职工实现再就业的扶持政策。如对开发第三产业安置失业和富余职工达到一定比例的企业，提供等同于劳动服务企业的优惠政策，雇用失业职工和富裕职工的企业，可将失业救济金转为工资补助金。各地因地制宜，采取了不同模式。上海市探索了"再就业中心"的新经验，即把下岗人员放到再就业中心进行培训，并组织他们再就业。再就业中心为下岗人员提供为期三年的生活保障。1997年国务院要求各地都要建立再就业服务中心，由其负责下岗职工的基本生活费发放、实施再就业培训，并且把建立再就业服务中心、保证资金到位、落实再就业计划等作为实施企业兼并破产、减员增效计划和核销银行呆坏账准备金的前提条件。同时加强再就业机制建设，出台了多项扶持政策，比如，对下岗职工创办企业提供简化工商登记手续、减免费用和银行贷款支持；对为安置富余人员而兴办第三产业的企业提供减免税政策和银行贷款贴息；对因企业裁员而失业的职工提供失业保险金；为自谋职业的职工提供一次性生活补助金；为厂内退养职工发放法定退养费；对招收失业职工和富余职工的企业提供工资性补贴和人员安置费。截至2000年底，全国累计有2100万国有企业下岗职工进入再就业服务中心，基本生活费发放比例保持在95%左右（劳动保障部，2001）。推进下岗分流和再就业工程政策，极大地改变了关于国有企业职工的社会观念，在市场经济劳动力资源配置中发挥杠杆作用的失业、再就业终于进入中国的劳动力市场。

四、启动社会保障体系建设

社会保障制度改革是企业和劳动者走向市场的重要外部条件，具有减震器和安全网的作用。在计划经济体制下，国有企业承担了许多社会职能，职工的生老病死都得管，企业办社会的现象十分普遍。这使得国有企业负担沉重、效率低。职工如果被辞退，失业了，就失去了一切保障，就会引发社会稳定问题。正因如此，即便在20世纪80年代国有企业普遍存在约占职工总数1/3的富余职工的情况下，政府仍然未允许企业把职工推向社会。这实质上是限制了国有企业的用人自主权，使企业改革难以深入（葛寿昌，1998）。因此，在国有企业改革过程中必须同时推动社会保障制度的配套跟进，建立社会保障制度。

社会保障制度，就是要把由企业积累的一部分福利费用，如退休养老金、失业保险费、职工医疗费、工伤保险费等，逐步变为由国家统一收取、发放。这避免了企业福利费用提取、发放额度的不平等，同时保证了失业者的基本权利。20世纪90年代后，国务院先后就企业职工养老保险制度改革、城镇职工基本医疗保险制度改革、城镇住房制度改革出台决定和条例，进一步完善相关社会保障制度。2002年国家经贸委等八部门印发的《关于国有大中型企业主辅分离、辅业改制、分流安置富余人员的实施办法》指出，改制企业要及时为职工持续养老、失业、医疗等各项社会保险关系；通过产权转让、置换企业的国有性质，解除企业对政府的依赖关系；通过一次性补偿，置换职工的全民身份，解除职工对企业的依赖，让职工走向市场。这些措施有利于减少国有企业的减员成本，将职工与国家的关系转变为职工与企业的关系，实现由"国企人"向"市场人"的转变。截至2000年底，中国已有10448万人参加了基本养老保险，10408万人参加了失业保险，4300万人参加了基本医疗保险，4350万人参加了工伤保险，3002万人参加了生育保险（劳动保障部，2001）。

第四节　形成与现代企业制度相适应的劳动、人事、分配制度（2003年至今）

2003年中共十六届三中全会指出，社会主义市场经济体制初步建立，公有制为主体、多种所有制经济共同发展的基本经济制度已经确立。在此形势下，国有企业改革的新任务是适应经济市场化不断发展的趋势、加快调整国有经济布局和结构、建立健全国有资产管理和监督体制、完善公司法人治理结构和推进垄断行业改革。在实施这些改革的同时，国有企业按照2001年国家有关深化三项制度改革的具体部署，继续探索着与现代企业制度相适应的劳动、人事和工资制度。2015年中共中央和国务院发表了关于深化国有企业改革的指导意见，在肯定国有企业三项制度市场化改革成绩的前提下，指出完善现代企业制度是国有企业在新时期的重要任务，三项制度改革也是其中的一项内容，包括建立国有企业领导人员分类分层管理制度、实行与社会主义市场经济相适应的企业薪酬分配制度和深化企业内部用人制度改革。这一时期的国有企业改革朝着这个方向全面展开。

一、完善市场化用工制度

在2001年国家有关深化三项制度改革具体部署的指导下，国有企业基本建立起了以合同管理为核心、以岗位管理为基础的市场化用工制度。具体表现在以下方面：①用工管理的合同化与规范化。企业通过市场化手段招聘员工，与员工按照平等自愿、双向选择、协商一致的原则签订劳动合同，依法确定劳动关系。企业不再套用政府行政机关的行政级别，打破了干部与员工的身份界限，变身份管理为岗位管理。劳动关系的管理日益规范化，劳动关系变革、续订、终止、解除工作均在法律框架下进行。②劳动力配置的市场化。企业普遍建立了包括中层管理人员在内的员工竞争上岗制度，对职工进行岗位动态考核，以考核结果作为升降职的重要依据。一些企业采取末位淘汰制，业绩不良者遭到免职或降职。竞争上岗制度使企业劳动力结构得到了优化，劳动生产率得到了提高。③劳动力用工的科学化。企业已经能够自主决定用工数量、用工形式和用工方法。为了提高用工决策能力，企业把劳动用工和战略规划以及其他人力资源管理结合起来，以公司战略为指导，科学设置岗位，规范定岗定员，定期统计盘点，全面掌握人力资源状况，提前做好用工计划和后备人才储备。④多渠道分流安置富余人员。国有企业在经营严重困难时除了裁员之外，还学会了进行劳动力内部市场化流动，进行统筹再配置等，为企业再兴储备人才。近年来，国有企业中的中央企业在三项制度改革，特别是在人员能上能下、能进能出方面，取得了明显效果。中央企业集团总部人员在岗人数由2015年的2.77万人减少到2016年的2.64万人，同比下降4.6%。2016年，中国一重各级中层领导全部重新聘任，通过市场化选聘和个别调整，由320人缩减为190人，淘汰率达40%[①]。

进入21世纪以来，国有企业劳动用工制度改革成效明显。但是，随着国有企业用工方式多元化，在体制内员工与体制外员工之间，正式工与合同工、劳务派遣工、农民工之间，出现了同工不同身份、同工不同酬的状况。中共中央十八届三中全会提出，规范招人用人制度，消除城乡、行业、身份、性别等一切影响平等就业的制度障碍和就业歧视。这将成为深化国有企业用工制度改革中的重要问题，为此必须建立相应的社会监督机制，促使企业遵守平等就业的社会准则。

二、探索经营者任用机制

2003年国务院国有资产监督管理委员会（下称国资委）成立。国务院授权国资委代表国家履行出资人职责，建立管资产和管人、管事相结合的国有资产体制。国资委对所监管企业国有资产的保值增值进行监督，加强国有

---

① 北京市国资委. 国资报告：国企改革取得重要阶段性成果 [EB/OL]. http://www.bjgzw.gov.cn/QtCommonAction.do?method=cxxx&type=0000004040&id=fb16340b766101&fanhuiFlag=1&flag_qt=4, 2017-06-06, [2017-03-03].

资产的管理工作；代表国家向部分大企业派出监事会；依法对企业负责人进行任免、考核并根据其经营业绩进行奖惩。与此同时，国资委开始在企业领导管理制度的市场化方面进行探索，如公开选聘国有企业高级经营管理者，扩大中央企业选人用人范围，探索"党管干部"原则与市场化配置企业经营管理者相结合的方式。从 2003 年起，国资委连续 4 年先后组织 78 家（次）中央企业面向社会公开招聘了 81 名高级经营管理者。不少中央和地方国有企业在企业内部积极推行经营管理人员聘任制，通过内部竞聘和地方公开招聘的方式聘用企业负责人和高级管理人员。

2009 年中央办公厅与国务院办公厅对中央企业领导人员的范围、任职资格、选拔任用方式等事项做出具体规定，形成了国有企业领导人任用体制的基本框架：①组织部门或行政部门主导任命。中央企业的"一把手"或者正职领导人由组织部门任命，副职领导人由国资委任命，其他高层领导人由董事会任命。②对国有企业领导人实行干部管理方式。国有企业领导人都有相应的行政级别。在国资委网站列出的 115 家央企名录中，前 54 家一把手（指企业董事长、党委书记及总经理）多为"副部级"。③对国有企业领导人实行行政晋升激励。国有企业领导人可以被提拔到政府部门任职，如 2011 年中国石化集团总经理调任福建省省长，中国商用飞机公司董事长调任河北省任代省长。虽然国有企业领导人采取组织任命体制，但是有关部门也一直在探索与市场化选聘方式的最佳结合点。根据公开资料，2001~2010 年，中组部和国资委共招聘 128 名高管和 12 名海外高层次人才。公开招聘的中央企业高管职位，早期都是副总经理职位，但 2005 年首次招聘 2 个中央企业正职高管，2008 年首次招聘 2 位中央直接管理的中央企业总经理（正职），体现出中央企业人事制度的调整在向核心层面迈进①。截至 2016 年底，中央企业集团及下属企业中，由董事会市场化选聘和管理的经理层成员约占 5.1%，其中，中央企业二级企业中，由董事会选聘和管理的经理层成员约占 7.4%。省级国资委单位所出资企业及下属企业中，通过市场化选聘并管理的经理层人员占 14%。招商局、中国建材等 50 多家中央企业和上海、广东等 20 多个省级国资委在二三级企业探索实施了职业经理人制度②。

---

① 央企全球聘高管四成来自系统内 [EB/OL]. 新京报，http：//www.bjnews.com.cn/finance/2011/05/16/124373.html，2011-05-16，[2017-03-03]。

② 北京市国资委. 国资报告：国企改革取得重要阶段性成果 [EB/OL]. http：//www.bjgzw.gov.cn/QtCommonAction.do?method=cxxx&type=0000004040&id=fb16340b766101&fanhuiFlag=1&flag_qt=4，2017-06-06，[2017-03-03]。

21世纪以后，国有企业领导人选拔任用机制改革取得了一定成效，但是还存在一些问题：一是现有制度难以保证决策主体的积极性，与公司法的相关规定不相吻合；二是组织任命方式和管理办法不利于选拔出优秀的企业家；三是异化的激励机制可能导致国有企业领导人追求政治目标而非经济目标。

三、加强经营者激励约束机制

中共十六次全国代表大会报告明确提出"深化分配制度改革，调整和规范国家、企业和个人的分配关系，确立劳动、资本、技术和管理等生产要素按贡献参与分配的原则，完善按劳分配为主体的多种分配方式并存的分配制度"。在这期间，国有企业开始探索通过年薪制、股票期权等奖励制度，建立经营者和科技人员的收入分配激励和约束机制，形成向关键岗位、重要岗位和从事创新劳动的职工倾斜的分配格局。但是随着强调收入向经营者及科技人员倾斜，在国有企业出现了经营者收入快速增长，但一般职工工资多年不涨的现象，或者垄断行业的平均工资远高于其他行业的现象。因此，国家又开始对这种现象进行处理。

2003年以后，政府对国有企业经营者业绩考核出台了一系列规定，以加强薪酬与业绩考核之间的联系，形成有效的激励约束机制。国资委《中央企业负责人经营业绩考核暂行办法》规定，在年度考核中考核利润总额、经济增加值以及其他反映企业经营管理水平和风险控制能力的分类指标，在任期考核中考核国有资本保值增值率、总资产固定周转率以及其他符合企业中长期发展战略、反映可持续发展能力的分类指标。考核结果分为A、B、C、D、E五个等级。国资委根据年度考核结果和任期考核结果对企业负责人实施奖惩，并把经营业绩考核结果作为企业负责人任免的重要依据。奖励形式为年度绩效薪金奖励、任期激励和中长期激励。具体来讲，绩效薪金和年度考核结果挂钩，由绩效薪金基数乘以绩效薪金倍数而算出。每个考核等级之间，绩效薪金倍数相差0.5~1.5倍，当考核等级为E时，绩效薪金为零；当考核等级为A时，绩效薪金为绩效薪金基数的2~3倍。最高考核等级和最低考核等级的绩效薪金差距最高可达到3倍。除了把考核结果引入绩效薪金计算以外，国资委还规定根据考核等级决定绩效薪金的兑现比例、任期激励。

这一时期，国资委还制定了《中央企业负责人薪酬管理暂行办法》，规定中央企业领导人的薪酬采取年薪制，由基本年薪、绩效年薪和中长期激励收益组成。基本年薪主要根据经营规模、经营管理难度、所承担的战略责任和所在地区企业平均工资、所在行业平均工资、本企业平均工资等因素综合确定。绩效年薪和经营业绩考核结果挂钩。基本年薪占年薪总额的1/4~1/3，绩效年薪占年薪总额的3/4~2/3。国有企业领导人员的薪酬以基本年薪和绩效年薪为主。未纳入中央直接管理的企业领导人员的薪酬，大都参照以上管理办法，实行年薪制，绩效年薪根据考核结果上下浮动。

为了规范国有企业领导人薪酬，财政部于2009年制定了《金融类国有及国有控股企业负责人薪酬管理办法（征求意见稿）》，提出"合理控制各级机构负责人薪酬，避免进一步拉大与社会平均收入水平以及企业内部职工收入水平的差距"，规定金融类国有及国有控股企业负责人最高年薪为税前280万元。人力资源和社会保障部2009年出台《关于进一步规范中央企业负责人薪酬管理的指导意见》，规定企业主要负责人的基本年薪与上年度中央企业在岗职工平均工资相联系，中央企业主要负责人薪酬水平将不超过中央企业在岗职工平均工资的12倍。

政府部门对国有企业领导人实施考核与薪酬监管，是为了防止出现企业领导人自定薪酬、薪酬脱离经营业绩、薪酬水平差距不合理的状况。各项规定表明，有关部门在考核、薪酬计算方面确实下了功夫，设计了详细的程序，通过把绩效薪金与考核结果挂钩、把职工平均工资引入基本薪酬计算、采取延期支付形式等方法，来防止企业领导人员自定薪酬、单方面压低职工工资。政府有关部门表示这些方法是有效的。据国资委负责人披露，"国资委成立前三年，国企负责人每年薪酬的升幅大约是40%，一些亏损企业，负责人却可以拿到一两百万。国资委成立以后，2003~2006年，这一升幅下降到了14.9%。[①]"但是总体来看，国有企业领导人薪酬增长未得到有效控制。有资料显示，1999~2012年的13年间，中央非金融企业主要负责人年薪平均水平年均增长率达到21.9%，比同期城镇单位在岗职工平均工资水平增长率高7.6个百分点[②]。国有企业领导人与职工平均工资的差距日益扩大。1999年36家中央企业主要负责人平均年薪也仅为当年全国城镇单位在岗职工平均工资的7.3倍。但是到了2012年，中央非金融企业主要负责人薪酬水平达到当年全国城镇单位在岗职工平均工资的16.8倍。另外，在很多情

---

① 沈亮. 央企负责人薪酬调查：年薪20万至118万不等［EB/OL］. 南方周末，http://news.qq.com/a/20080131/001126.htm，2008-01-31，［2017-03-03］.

② 杨黎明. 关于改革完善国企高管薪酬分配制度的再思考［J］. 中国党政干部论坛，2014（6）.

况下，国有企业领导人的薪酬并未反映出其真实业绩，尤其是未出现"业绩降，薪酬降"，部分企业亏损严重，领导人的薪酬却高居不下。部分国有企业经营业绩考核指标为剔除垄断等非经营因素的影响，在企业业绩出现异常增长的情况下，很容易导致企业高管人员的薪酬"水涨船高"。

2015年，中共中央和国务院印发《关于深化国有企业改革的指导意见》。2016年国资委出台了《关于进一步深化中央企业劳动用工和收入分配制度改革的指导意见》。今后将对国有企业领导人员实行与选任方式相匹配、与企业功能性质相适应、与经营业绩相挂钩的差异化薪酬分配办法。对党中央、国务院和地方党委、政府及其部门任命的国有企业领导人员，合理确定基本年薪、绩效年薪和任期激励收入。对市场化选聘的职业经理人实行市场化薪酬分配机制，可以采取多种方式探索完善中长期激励机制。健全与激励机制相对称的经济责任审计、信息披露、延期支付、追索扣回等约束机制。

第十四章 国有企业竞争战略和管理模式演变

第一节 国有企业竞争战略和管理模式演变的总体脉络

中国国有企业改革的本质是为在计划经济体制下依靠行政命令运行的企业寻找公有制与市场经济的结合形式。国有企业竞争战略的持续演变，正是企业在坚持所有制基本性质的同时，探索适应市场经济环境的结果。为了适配竞争战略变化、支持竞争战略实施，国有企业管理模式也经历了明显的阶段性改进。总体来看，中国国有企业竞争战略和管理模式已经完全摆脱了基于计划经济管理理论、面向国内封闭环境的传统形式，向着基于现代企业管理理论、面向全球竞争环境的更具多样性和适用性的多种形式演变，如图14-1所示。

一、国有企业竞争战略演变的总体特征和内在逻辑

改革开放40年来，中国国有企业竞争战略从无到有，表现出由规模导向到效益导向、由工厂化到集团化、由单一化到多元化、由本土化到国际化的显著变化。这种演变趋势是由国有企业从政府主导的经济单位转变为自主经营的市场主体的经济改革基本逻辑所决定的。改革开放以前，中国国有企业无须直面任何市场竞争，也就无竞争战略可言。1978年后，中国在国有企业市场化改革方面进行了不懈的、大胆的探索。从放权让利和承包经营责任制开始，企业与市场逐步接轨，国有企业的注意力也开始从生产经营转移到市场竞争上。随着竞争压力的增强和市场活力的提升，国有企业逐渐由执行行政指令、缺少竞争意识的旧主体向立足自身发展、具有竞争意识的新主体转变，从片面追求完成生产指标和提高产值向重视市场占有和效益提升转变。在效益导向下，国有企业自行调整战略、适应市场变化的积极性得到释放，面向市场的竞争战略开始萌芽、壮大。不过，国有企业竞争战略真正实

中国国有企业40年：制度变迁与行为演化

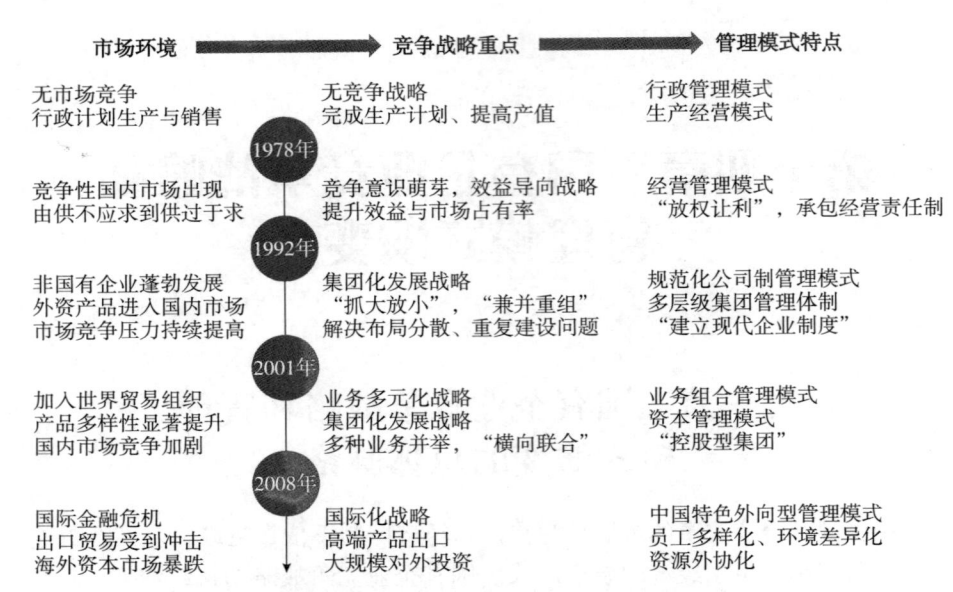

市场环境	竞争战略重点	管理模式特点
无市场竞争 行政计划生产与销售	无竞争战略 完成生产计划、提高产值	行政管理模式 生产经营模式
1978年		
竞争性国内市场出现 由供不应求到供过于求	竞争意识萌芽，效益导向战略 提升效益与市场占有率	经营管理模式 "放权让利"，承包经营责任制
1992年		
非国有企业蓬勃发展 外资产品进入国内市场 市场竞争压力持续提高	集团化发展战略 "抓大放小"，"兼并重组" 解决布局分散、重复建设问题	规范化公司制管理模式 多层级集团管理体制 "建立现代企业制度"
2001年		
加入世界贸易组织 产品多样性显著提升 国内市场竞争加剧	业务多元化战略 集团化发展战略 多种业务并举，"横向联合"	业务组合管理模式 资本管理模式 "控股型集团"
2008年		
国际金融危机 出口贸易受到冲击 海外资本市场暴跌	国际化战略 高端产品出口 大规模对外投资	中国特色外向型管理模式 员工多样化、环境差异化 资源外协化

图14-1　国有企业竞争环境、竞争战略与管理模式演变的总体脉络

资料来源：笔者整理并绘制。

现突破性发展始于1993年底，即中共中央确定产权不明确是国有企业效益低下的重要原因之时。基于这一共识，"抓大放小"和"兼并重组"成为此后一段时期内国有企业战略调整的主线。在市场压力和各级政府的推动下，国有企业广泛尝试了合并、兼并、相互持股、资产剥离、组建合资公司等各种手段，追求规模经济，实施集团化战略（Lee and Jin，2009）。集团化发展战略着力解决了此前国有企业布局过于分散、重复建设严重等问题，推动形成了一批具有市场竞争优势的大型国有企业。2001年中国加入世界贸易组织后，国内产品市场多样性显著增加，国有企业开始面对来自多元化大型跨国企业的挑战。受到产品需求多样化发展和竞争对手多元化发展的双重驱动，大型国有企业集团广泛尝试多元化战略，在经历了挫折与改进之后，在专业化经营与多元化经营之间找到了自身定位。中国国有经济部门实力进一步壮大，入榜《财富》"全球500强"的国有企业数量和排名不断上升。2008年新一轮全球金融危机发生之后，部分实力雄厚的中国国有企业积极应对全球竞争环境变化，主动将眼光由本土市场转向全球市场，采取了更具进取性的国际化战略。除产品出口、海外销售、海外上市等早期已被广为采用的国际化手段之外，国有企业开展了大规模海外投资，在海外建厂、海外并购等方面表现突出，成为中国企业对外直接投资的主力军。尽管当前多数国有企业

的全球运营能力还有待提高，海外投资中的政治歧视也屡见不鲜，但随着企业能力的积累以及"一带一路"倡议的落地，国际化战略必将成为新形势下国有企业的发展方向。

二、国有企业管理模式演变的总体特征和内在逻辑

过去40年来，中国国有企业管理模式也发生着阶段性变化，表现出与竞争战略演变方向相洽的明显特点，即由行政管理到自主经营、由工厂制到公司制、由粗放落后到集约规范、由生产管理到业务组合管理和集团资本管理、由内向型管理到内向型管理与外向型管理并重。这种演变趋势是由管理模式需响应环境变化（经济体制改革大势）和企业自身战略变革的基本逻辑所决定的。1978年以前，国有企业内部管理基本等同于生产管理，只需贯彻完成生产计划即可，且不少企业的生产管理也因"文化大革命"而陷入了混乱状态。1978年中共十一届三中全会指出，"让地方和工农业企业在国家统一计划的指导下有更多的经营管理自主权"，拉开了国有企业从"产品生产者"向"生产经营者"转变的序幕。国有企业经营自主权逐渐扩大，内部管理模式也部分突破了传统计划经济体制下行政管理的桎梏，发展出承包经营责任制等全新形式。不过，直到1992年党的十四大明确要进行国有资产产权改革之前，国有企业整体上还处于极度粗放的、与全球最新企业管理理念相脱节的管理模式之下。1993年以后，中共中央明确了国有企业改革目标是建立"政企分开、责权明确、产权清晰、管理科学"的现代企业制度，加之国有企业战略整体上向集团化发展的方向调整，国有企业管理模式也大体实现了从传统工厂制向现代公司制的转换。大型国有企业集团在完善多层次的集团管理体系的同时，在集团内部不同层次引入现代管理制度，基本建立起由竞争战略引领的，既有激励又有约束的规范化管理机制。进入21世纪之后，为应对全球化竞争的挑战、尝试实施多元化发展战略，国有企业集团在持续完善现代管理制度、推动经营管理模式规范化的同时，尝试突破此前以单一业务为主的经营管理模式，建立起适用的多元业务经营的业务组合管理模式和以产权为纽带的集团资本管理模式。尽管这些尝试成败各异，部分国有企业也为此付出了巨大代价，但更有不少国有企业发展出成熟的业务组合管理和资本管理模式，在此基础上通过横向联合、控股投资等手段，实现了高速发展，并为在更加广阔的全球市场上开展跨行业、跨区域、跨组织边界的经营活动积累了宝贵经验。2008年以来，大型国有企业集团大力推行国际化战略，加之混合所有制改革的持续推进，扩张速度迅速加大，资产数额

持续上升。许多企业此前在国内市场形成的多元化管理与资本管理模式有了更加广阔的测试空间和用武之地,大胆突破面向国内市场的内向型管理模式,率先挑战全球背景下员工多样化、环境差异化、资源外协化的管理难题,探索面向全球商品与服务市场,集成全球供应链、产业链、资金链等不同环节、不同类型资源的中国特色外向型管理模式。

第二节 竞争性市场萌芽、效益导向战略与经营责任制(1978~1992年)

一、市场竞争意识觉醒:从规模导向的计划到效益导向的战略

党的十一届三中全会之前,中国国有企业受限于根据行政指令运转的国有经济管理体制,缺乏竞争意识与竞争战略,将增加产值、扩大规模视为企业生存和发展的唯一重心。当时,中央掌握着指导国有企业的经济管理权限。中央制订年度计划,按计划向企业分配职工,调拨资金、设备和原材料,并按照计划价格收购、分配企业产品,获取企业实现的全部利润。国有企业的唯一任务就是按照计划规定的十几项甚至几十项指标开展生产。即使计划收购价格低于生产成本,或者计划内产品在市场中已经饱和甚至滞销,企业也必须照常生产。例如,1974年全国原煤生产成本为15.9元/吨,而计划收购价格却定为15元/吨,造成全国煤矿企业2/3亏损(宗寒,2008)。由于企业没有市场竞争压力,对自身发展方向乃至产品结构又没有决策权,加之其活动既不影响资源获取与利用,也不影响产品价格与销路,因此国有企业的竞争意识和竞争战略基本付之阙如。在这种情况下,仍然保持生产秩序和有较高责任感的国有企业,其唯一目标就是扩大生产规模,增加总产值,争取超额完成生产计划,并不考虑产品质量、市场需求和经济效益。例如,20世纪70年代,国内仪表行业急需锅炉热水器,但天津动力机厂因其产值太小而选择不生产,集中力量生产产值大的滞销产品水位定置器。

1978年起,党中央决定改变以往指令性计划扭转国内供需条件、损害社会整体利益的状况,建立竞争性市场机制。国有企业的市场竞争意识迅速觉醒,在满足市场需求、寻求自身发展的过程中建立起效益为重的竞争战略。党的十一届三中全会后,党内对"全民所有制企业之间的商品交换不改变商品所有权,其生产是否属于真正的商品生产""社会主义只有竞赛,资本主义才有竞争"等涉及经济改革基本原则的问题仍然有所争议。1979年,邓

小平同志发表了"坚持四项基本原则"的重要讲话,明确指出"市场经济不等于资本主义,社会主义也有市场。计划和市场都是经济手段"。由此建立竞争性的国内市场、将国有企业推向市场竞争成为中国经济体制改革的重点之一。各类市场主体打破僵化的计划经济体制,开始按照自身的真实需求选择供货渠道、生产品种和销售价格。质量好、价格低的生产企业很快在市场上脱颖而出,因循计划经济思路、忽视市场变化和客户需要的企业则陷入困境。国有企业不再盲目追求大规模、高产值,开始普遍追求适销对路、降本增效。尽管"战略管理"尚未成为国有企业管理的突出职能,"竞争战略"一词也尚未被国有企业管理者所熟知,但从实际进展来看,此时中国国有企业的效益导向战略已然初现,采购、生产、技改、销售等各项职能活动都以服务于"效益增长""占领市场"的战略性目标为中心。

这一时期国有企业的效益导向战略普遍表现在开拓市场、提升质量、重视技术三个方面。第一,对接顾客需求。企业开始摒弃罔顾市场、只求产值的传统做法,主动压缩缺少经济效益的产品品种,根据市场需要试制、投产新品种。例如,成都量具刃具厂作为四川省早期"扩权"试点企业,在1979年计划生产任务不足时,派人走遍全国,调查需求,广泛发送订货函件,增加品种、规格,当年利润比1978年增长近30%。1981年,首钢走访全国25个省市调查自行车用钢材,生产市场急需的带钢和扁钢,增利2000多万元。第二,提高产品质量。例如,四川宁江机床厂的精密机床产品质优价廉,但在改革之前生产规模受到有关部门限制,避免同业厂家"没饭吃"。改革之后,宁江机床厂继续重视产品质量,很快占领了更大市场。第三,加强技术改造与创新。例如,天津漆包线厂在"扩权"试点的前三年自留利润188万元,其中大部分用于技术改造、添置固定资产、研制投产新产品。经过技术改造,该厂的漆包线单位成本降低了249元,能耗下降30%,总成本降低241万元。湖北沙市床单厂是一家中小型国有企业,但十分重视产品设计。其设计注重表现我国不同行业、不同地区的文化传统和特点,还注重借鉴国外产品的花色品种,在市场上极具吸引力和竞争力。

二、自主经营管理强化:从"扩权让利"到"两权分离"的责任制

在传统的国有经济管理体制下,各级政府对全民所有制企业的管理集生产资料所有权、一般经济管理权和企业经营管理权"三权"于一身(林凌,1987)。国有企业成为国家行政机构的附属物,对自身的管理权仅限于生产

计划执行领域，丧失了独立性和自主性，并无系统的内部管理模式可言。经济体制改革启动之前，国有企业即使是在生产管理领域也受限极多，突出表现在以下方面：第一，物资分配统收统支。除"五小"工业外，所有工业产品的调配权都集中在中央各部委。国有企业生产中即使只缺少极少数零部件，也必须"跑部"才能解决。第二，生产计划过宽过死。生产计划制订后即从上向下贯彻，国有企业只有执行的义务，没有调整计划的权力。下达的计划指标不但数量繁多，而且往往脱离实际，不顾市场需求和质量要求，仅以产值为重。第三，投资与收入分配过严过死。企业生产所需各类资源（原材料、劳动力、固定资产投资）和收入分配相关的重要决策权均掌握在上级行政管理部门手中。企业调动一个劳动力，进行一项技术更新，购买一项固定资产，都要上级政府部门批准。虽然时有"放权"之说，但"明放暗不放、放虚不放实"（宗寒，2008）。

党的十一届三中全会拉开了国有企业管理"扩权"的序幕，此后进一步发展为所有权与经营权"两权分离"，企业自主经营的积极性极大提高，管理范围和管理水平在初生的市场竞争压力和效益导向战略的要求下明显扩大和提升，初步发展出系统的内部经营管理模式。党的十一届三中全会指出，"现在我国经济管理体制的一个严重缺点是权力过于集中，应该有领导地大胆下放，让地方和工农业企业在国家统一计划的指导下有更多的经营管理自主权。"当时，党内部分同志认为赋予国有企业自主经营权力必然冲击经济计划；部分同志虽然赞成扩大企业自主权，但认为只能赋予企业计划范围内简单再生产相关的"小权"，不能允许企业拥有扩大再生产（固定资产投资、技术改造、基本建设）等方面的"大权"，从而形成"大权独揽、小权分散"的局面（孙冶方，1979；吴晓波，2010）。伴随着争论与试点，1978~1992年的国有企业管理体制改革是一个由点到面、由浅入深的过程，大致经历了两个阶段。

第一阶段从1978年底到1984年10月，以"扩权让利"为主，在坚持全面所有制的前提下，赋予国有企业一定的经营自主权，将一部分原本必须上缴的利润留给企业自由支配。四川省率先于1978年在六个地方国营工业企业进行扩大企业自主权的试点，第二年又将试点范围扩大到100家企业，成效显著。1979年，国务院发布《关于扩大国营工业企业经营管理自主权的若干规定》等五个改革国有企业管理体制的文件，选择首钢等八家企业进行试点；1980年，试点企业增加到6600个（宗寒，2008）。对5777家试点企业（不包括自负盈亏的试点企业）的统计结果表明，1980年完成的工业总产值比上年增长 6.89%，利润增长 11.8%，上缴利润增长 7.4%，实现了国家和企业的增产增收（汪海波，2005）。

第二阶段从 1984 年 10 月到 1992 年 10 月，以推行承包经营责任制为主，探索国有企业所有权与经营权"两权分离"的新形式。企业与政府机构商定双方在一定时期内的权利、责任和利益分配，签订承包合同。企业在承包期内拥有比较充分的经营自主权，在完成承包的上缴利润、技术改造和资产增值额度后，超额部分可与政府分成。早在 1978 年四川"放权让利"试点中，一些试点企业内部已经开始尝试经济责任制，但缺乏明确的上级政策支持。1984 年，党的十二届三中全会关于经济体制改革的决议明确指出，在社会主义条件下，所有权和经营权可以适当分离，为广泛推行承包责任制奠定了理论基础。1985 年，国家经委总结各地实践，提出推行以承包为重点的多种形式经营责任制。经过推广，到 1987 年底，11402 家国有大中型工业企业中实行承包经营责任制的达 8843 家，占总数的 77.6%（汪海波，2005）。1988 年 2 月，国务院发布《全民所有制工业企业承包经营责任制暂行条例》，规定了承包经营的内容、形式和原则要求，将这一"两权分离"的管理制度法律化。

"扩权让利"和"两权分离"给国有企业带来的最突出变化，是帮助企业冲破了传统计划经济体制下仅以"产品生产者"身份开展受限的生产管理的藩篱，开始以"生产经营者"的身份开展较为全面的经营管理。随着补充计划权、拒绝随意抽调人财物的权利、利润留成权、折旧基金使用权、新产品试制权、产品自销权、产品出口权、择优录用职工的权利、奖惩权、调整工资权、内部机构设置权等企业开展自主经营所必需的权利回归到企业手中，国有企业初步形成了自主经营、自我发展、自我约束、自负盈亏的经营管理模式，内部管理水平改善，建立健全了生产经营责任制。例如，首钢作为国有大型企业，原本已有一套生产责任制度，但不够健全严密。扩大企业自主权迫使首钢进一步加强内部管理，将各项经济责任层层分解，逐一落实到各个部门和经营环节，制定工人岗位责任制考核标准和干部办事细则，在所有工种和职务中建立岗位责任制和奖惩办法，将责任、考核、奖惩结合起来。总体来看，到 20 世纪 80 年代末，国有企业已经发展出多种适用于不同情况、不同行业的承包模式（于祖尧，1988）。这些模式包括：①"双保一挂"，保证上缴国家的利税和五年计划技术改造项目，工资总额和实现利税挂钩；②上缴利润递增包干；③微利或亏损企业实行利润包干和减亏补贴包干；④企业经营责任制，技术利润和超基数利润按照不同比例缴纳所得税；⑤上缴利润基数和目标包干，超额分成；⑥行业投入产出包干。

第三节 国内竞争加剧、集团化战略与公司制管理模式（1993~2001年）

一、市场由短缺到过剩：大规模资产重组与集团化发展战略

改革初期的国有企业改革措施部分解决了企业缺少经营动力与自主经营权的问题，将企业推向了市场竞争，但并没有解决计划经济时代长期形成的重复投资、布局分散等问题。这些历史遗留问题直接影响了国有企业群体的资产利用效率，而且其负面影响随着中国摆脱短缺经济、国内市场竞争加剧而日益凸显。从第一个五年计划开始，在长达30余年的时间内，企业基本建设和固定资本投资资金均由上级政府决定，而上级政府并不需要承担投资失误的责任，导致了普遍的"投资饥渴症"，各地盲目争投资的情况愈演愈烈（房维中，1984），形成了部门林立、重复投资、生产分散、专业化水平低下的不良局面。例如，根据一机部1978年的普查结果，在其下属的6057家企业中，只有162家是专业铸铁厂，其产量仅占铸铁总产量的18%；只有52家是专业锻造厂，其产量仅占锻件总产量的9%（宗寒，2008）。由于"点多批量小"，国有企业重复研制类似产品，型号繁杂，不能集中优势发展大批量、高质量产品，妨碍了技术进步与质量提升。在短缺经济和计划经济条件下，上述问题还不至于影响国有企业的生存发展。但随着20世纪80年代末中国经济出现大面积结构性过剩（何新，1995），国内市场竞争日趋激烈，力量分散的国有企业开始遭遇严重的生存危机。

以党的十四大为分水岭，中国国有企业改革开始从经营管理权层面深入到企业所有权层面，"抓大放小""横向联合"成为新阶段企业改革的重要主题。国有企业实施集团化发展战略尝试重组有价值的资源，培育自身竞争力，力争在供过于求的竞争性市场上建立优势地位。事实上，早在20世纪80年代，国务院、体改委等机构已经先后发布了《关于大型工业联营企业在国家计划中实行单列的暂行规定》《关于组建和发展企业集团的几点意见》《关于选择一批大型企业集团进行试点的请示》等鼓励发展大型国有企业集团的文件，并选取了55家集团进行试点，国有企业改组联合的集团化发展战略初露端倪。根据体改委的统计结果，1988年底，我国经过地市级政府批准并在工商注册的企业集团有1630家（姚俊和蓝海林，2006）。但是，

由于企业集团的本质特征并不明确,普遍存在联结纽带薄弱、效益不佳、管理混乱的问题。1993年11月,《中共中央关于建立社会主义市场经济体制的决议》明确提出,大中型国有企业是国民经济的主体,试行公司制度;小型国有企业可以实行承包或租赁,也可以实行股份形式的合伙制,或是出售给集体或个人。决议消除了此前企业集团发展遇到的一些计划经济体制障碍,特别是对1980年《关于大型工业联营企业在国家计划中实行单列的暂行规定》中"三不变"原则的突破,放开了企业集团发展的体制。1994年6月,中央政府在汽车及零配件、电子机械、石油化工、建筑行业内组建56家企业集团,通过深化内部联系纽带,壮大集团的实力。1995年,党中央和国务院根据现实情况,出台了"抓大放小"政策。在试点示范的带动下,中央企业和地方企业纷纷在可行条件下实施集团化发展战略,组建了一大批企业集团,有效带动了经济结构调整和发展。

受到行政力量和市场力量的双重影响,这一时期中国国有企业主要通过以下三条路径实现集团化发展(姚俊和蓝海林,2006):第一,政府主导路径。这类企业集团集中在垄断产业或军工产业,多数首先从工业部(局)改造为行政性总公司,再改造为集团公司,其具体组成方式则既有合并,又有拆分。第二,政府—企业联合改建方式。这类企业集中在规模经济效应明显的机械装备等行业,多数由一个或多个经济效益较好、市场竞争力较强的大型国有企业联合产业链上下游的中小企业组建,或是由政府出面推动一个强势企业兼并行业内的中小企业,形成了先有子公司,后有母公司的"先子后母"型企业集团。第三,企业主导型。这类企业集中在竞争压力较大的消费品行业,多数由一个具有竞争力的国有企业通过再生产投资或兼并收购发展形成,单位间的产权纽带和组织关系相对清晰。据统计,截至2000年底,省以上单位批准的大企业集团达2655家,资产总额达10.7万亿元,营业收入达5.33万亿元,相比1997年底分别增长了153%、117.2%和92.6%;其中,营业收入和资产超过50亿元的大型企业集团(或企业)达到140家。

二、经营由粗放到集约:现代企业制度与公司制管理模式

随着企业承包经营责任制的优点和缺点日益显现,国有企业迈入集团化发展时期,企业内部管理模式变革在分离所有权与经营权的同时,开始触及经营权中所有权的结构,由此进入了由工厂制管理模式转为公司制管理模式、建立和完善现代企业制度、追求集约化发展的新阶段。1992年,党的十四大正式提出国有企业建设现代企业制度的目标。当时,理论界对何谓现代

企业制度尚存争议（宗寒，2008）。一方意见认为，社会主义的现代企业制度要注重社会主义生产关系的内容，坚持党的领导、按劳分配、民主管理，不能只讲股份制形式，不重视所有制内容。另一方意见认为，现代企业制度指的就是股份制、多元化、新三会，建立现代制度就是照搬这套方法，无须多做考虑。1993年，党的十四届三中全会通过的《中共中央关于建立社会主义市场经济体制若干问题的决定》，进一步明确了国有企业建立现代企业制度的目标与步骤，并将现代企业制度特点概括为"产权清晰，权责明确，政企分开，管理科学"。在改革目标的引领下，加之大型国有企业集团的蓬勃发展需要与之适配的管理模式，国有企业内部管理进入了向规范化国有独资公司、有限责任公司和股份公司转机建制的新轨道，不再局限于单个工厂的经营管理，而是扩大为对多单元企业集团的公司制管理。

这一阶段国有企业建设现代企业制度和公司制管理模式的成就主要体现在两个方面，即在集团层面建立母子公司体制、完善集团组织体系，在业务层面健全经营管理机制、加强内部制度建设。在集团层面，国有企业基本摆脱了政府机关附属物的地位，成为市场竞争的主体。党的十四届三中全会通过的《中共中央关于建立社会主义市场经济体制若干问题的决定》指出"国有企业实行公司制，是建立现代企业制度的有益探索"。广大国有企业集团进行公司制改造，理顺内部产权关系，从松散的横向联合体向以资本为主要联结纽带的母子公司体系转变。母公司在整个集团中的出资人地位得到明确，作为国有独资公司或混合控股公司，对子公司行使出资人的权力，不再简单地将以直线职能制为中心的大工厂管理体制套用在对子公司的管理之中，转而在计划制订、资产经营、技术创新等方面发挥战略功能；子公司作为国有资产控股、产权多元化、业务专业化的生产经营实体，在母公司战略下开展日常生产经营工作。随着母子公司制的铺开，中国国有企业集团发生了可喜的变化，尽管过程中出现了公司组织形式选择机会主义、国有资产严重流失、法人治理结构不完善、母子公司争利等问题，但整体而言还是向着功能清晰、权责明确、科学控制的母子公司集团演变。根据国务院发展研究中心2001年的统计结果，53.9%的中国上市公司采用母子公司制。

值得注意的是，1995年后"抓大放小"政策的推行并不意味着"抓大并小"，并非所有中小国有企业都应不分具体情况地全部改造为大型国有企业集团的一部分。正如时任上海市副市长蒋以任（1996）所说，"抓'大'放'小'的放'小'很重要"，把所有小企业都合并成大企业并非绝对正确的选择。"该大的要大，该小的要小。""大的集团有它明确的规模经济和发展的产品。小企业是配套的关系，小型巨人也是非常重要的。在培养大集团的同时，我们培养一系列的小型巨人。一些为桑塔纳轿车配套的零部件企业中出现了一些非常大的小型巨人，虽然比较小，但是它的产值和效益很大。"

在业务层面，国有企业改变了计划经济体制影响下粗放、陈旧的经营管理制度，建立起集约、规范的现代管理制度。不少国有企业内部改革迈出重大步伐，对经营管理、人事用工、收入分配等制度都向着更加符合现代企业规范和市场发展规律的方向进行了大刀阔斧的改动。一是改革经营管理模式，实施全面预算制，收支两条线，对生产单位和子公司等二级实体实行"独立核算、自负盈亏"，充分调动和激发二级单位的积极性，建立责、权、利相结合的经营管理体制。二是改革人事用工制度，坚持干部能上能下、绩效考核原则，对管理干部实行聘任制；坚持员工能进能出原则，建立以产定人、优化组合、动态考核、合理流动、竞争上岗、末位淘汰的用工机制。三是改革收入分配制度，按照"突出效益、绩效挂钩、拉大差距、分灶吃饭、加大自挣工资比重"等原则，对不同性质的单位实行灵活的分配模式。1998年，东南亚金融危机改变了全球经济增长的态势，我国经济进入需求不足的周期。国有企业运行环境发生重大变化，大量产品产能过剩、价格下滑，国有企业整体财务状况陷入谷底（吴晓灵，2008）。在这一背景下，党的十五届一中全会将继续建立现代企业制度作为帮助国有大中型骨干企业扭亏增盈的重要途径，力争用三年左右的时间使多数国有大中型企业摆脱困境。以"减员增效"为代表的各项现代管理制度改革持续推进，带来了巨大的阵痛，但激发了国有企业的活力与生机，到2000年底国有企业基本实现了"三年脱困"的目标。

第四节 国际竞争激化、多元化战略与资本管理模式（2002~2008年）

一、跨国企业的挑战：产权改革深入与多元化发展战略

进入21世纪之后，中国国有企业的市场环境和制度环境发生了重大变化。从市场环境来看，2001年，中国加入世界贸易组织，政府开始着力创造更加公平、更具竞争性的国内市场。强大的外资跨国企业开始享受国民待遇，国有企业享有的多种优惠政策、税收减免、财政补贴等保护措施则被逐步取消，加之许多原本被国有企业垄断的行业陆续向外资和其他非国有经济

成分开放，国有企业一方面受到横跨多个业务领域乃至产业部门的大型外资企业的强烈冲击，另一方面受到深耕特定产品领域又无历史包袱的新兴民营企业的挤压。从制度环境来看，国有企业改革深入到分离生产资料所有权和一般经济管理权的新领域，尝试从根本上解决行政部门对国有企业商业性活动的多头干预问题，进一步释放国有企业的经营活力。2002年，党的十六大报告提出，国家要制定法律法规，建立国家统一所有，中央政府和地方政府分别代表国家履行出资人职责，享有所有者权益，权力、义务和责任相统一，管资产和管人、管事相结合的国有资产管理体制。2003年3月10日，十届全国人大一次会议第三次会议经表决，设立国务院国有资产监督管理委员会，将原本分散在国有资产管理局、财政部、大型企业工作委员会、经贸委、计委、中组部、主管部局的国有资产出资人相关权力集中到国资委，消除此前国有资产归口分级管理体系下的"五龙治水"现象。

市场环境的剧变要求中国国有企业尽快发展出既有助于应对WTO运作机制下跨国企业挑战，又有助于应对本土市场经济中民营企业挑战的发展战略，而制度环境的优化则放松了国有企业探索新业务领域、新增长机会的桎梏。在外部环境双重变化的影响下，国有企业在吸取早期经验的基础上，尝试"一业为主、多种经营"的多元化战略，力争通过盘活核心业务、发展增量业务的方式开辟和巩固市场地位。中国国有企业的多元化发展可追溯到20世纪90年代初。为了解决冗员问题，不少国有企业兴办第三产业，开展了事实上的多元化经营，但非核心业务体量很小。随着1992年后国有企业集团的发展与上市，不少企业在低成本扩张的诱惑下，纷纷向新业务领域大量投资，形成了不少跨行业的多元化企业。然而，由于自身尚未建立起完善的现代管理制度和战略思维，多数国有企业在90年代的多元化经营都具有盲目性，造成了企业亏损和资源浪费。1996年的统计显示，当时85%以上的中国上市公司都在开展多元化经营，但净资产收益率高于30%的公司都以主业为主；而在净资产收益排名前100名的公司中，有97家的利润都以主营业务为主。尽管这一阶段的多元化经营实践并不特别成功，但为21世纪到来后中国国有企业在加入世贸组织后再次尝试多元化战略留下了宝贵的经验和教训，使其更加清醒地认识到多元化经营的长处与弊端。

在多元化战略和专业化战略之间做出选择，是中国国有企业集团化发展过程中必然面临的内在问题，也是国有企业要与多业务领域、多行业部门的大型跨国企业集团相抗衡时所面临的迫切抉择。2001年发布的《"十五"计划纲要》将"形成一批拥有著名品牌和自主知识产权、主业突出、核心能力强的大公司和企业集团"作为我国应对 WTO 之后国际竞争激化的一项重大战略举措。为实现这一目标,一方面,国有资产监督管理委员会在成立之后即积极推动央企整合并划分央企主营业务,希望加强央企的规模经济效应,实现国有资产保值增值。另一方面,在主营业务清晰且运转良好的前提下,部分力量雄厚的优势国有企业针对本土产品市场需求多样化发展的变化和国际竞争对手多元化经营的挑战,借鉴国际经验,主动盘活存量资产,向新业务领域进行增量投资,优化业务结构,成为在多个业务领域乃至行业部门中参与国际国内市场竞争的主力军。需要指出的是,在经历了 20 世纪 90 年代盲目投资非相关业务领域造成的重大损失后,这一阶段中国国有企业集团已经很少采取非相关多元化战略。无论是通过内部"下蛋生鸡"的内涵式发展途径,还是通过外部兼并、收购等外延式发展途径,抑或通过内涵式与外延式相结合的发展途径,国有企业都注重从自身能力和既有优势出发,在形成有竞争力的主营业务之后,再围绕核心主营业务实施相关多元化战略,扩大业务范围,以此追求"一业为主、多种经营"的良好发展局面。

二、多元业务的挑战:控股型企业集团与资本管理模式

随着产权改革的不断深入,控股型"母子公司"企业集团作为一种符合中国国情和多元业务经营需要的体系,成为国有企业集团普遍采用的组织形式和成长模式。1978~2001 年的国有企业改革措施着重于推动生产资料所有权和企业经营管理权的分离,并未触及生产资料所有权和一般经济管理权的分离问题。即使国有企业内部已经基本形成公司制管理模式,但具有一般经济管理权的各级、各类企业主管部门仍然可能以行政手段行使所有权,干预国有企业的日常经营活动特别是资金运用活动。在国有企业由国家绝对控股的情况下,政府部门作为唯一的大股东,其一般经济管理职能与国有资产所有者职能混淆不清的情况对国有企业效率的负面影响更加显著。例如,平新乔课题组 2001 年通过测量发现,"绝对控股的国有资产一般只在规模报酬不变的条件下运作,不利于利用递增的规模报酬。国有绝对控制在人均产出这一透视角度下,更多地倒是对经济效率起负面作用。"2003 年国有资产监督管理委员会的成立,明确了国有企业的出资主体,界定了出资主体的权利和责任,为国有企业引入新的产权投资主体做好了准备。党的十六届三中全会《中共中央关于完善社会主义市场经济体制若干问题的决定》明确指出,"大力发展国有资本、集体资本和非公有资本等参股的混合所有制经济,实现投资主体多元化,使股份制成为公有制的主要实现形式"。此后,中国国

有经济控制方式转变,形成了"国有资产管理委员会(局)—国有大型企业集团—生产企业"的三层次国有经济体系,不同于西方传统的 M 型组织,也不同于单纯的 H 型控股组织的控股型"母子公司"企业集团应运而生。

为了更有效率地管理"母子公司"企业集团,实施业务多元化战略,"管资产"和"管资本"替代了"管业务",成为国有企业集团层面管理的重点,国有企业管理模式也由单一业务公司的管理模式演变为以业务组合管理和资本管理为主的控股型管理模式。20 世纪 90 年代,国有企业在集团化发展过程中曾尝试过多级法人、内部承包等多种组织体制,但由于产权不清,集团总部始终缺乏有效的监督与评价机制。加之专业化国有企业集团的业务集中在同一领域之内,整个集团自上而下的功能都相对单一,或以生产为主,或以贸易为主,或以技术研究为主,并没有在集团层面建立战略管理部门、资产运营部门等现代产业投资部门。因此,国有企业集团总部高层管理者常常出现自行其是、集权过度等降低整个集团经营效率的问题。国资委成立后,将明确企业集团的产权关系、建立规范的公司治理结构作为重要任务,一方面政府部门享有股东权利以及承担股东义务,另一方面大力推进国有企业内部"董事会—经理—监事会"的治理结构建设,使大型国有企业集团形成了以集团公司(即企业集团的母公司)为核心、以产权资本为纽带的资本经营一体化股权控制形式。在人才、技术、资金等要素可以通过市场手段获取的前提下,以股权为代表的资本成为企业内各种要素的"黏合剂"。以股权控制为核心,国有企业集团开始调整原本建立在单一产业基础上的管理模式,向适应多元化发展的业务组合管理和资本管理模式转变,将提高集团整体资本经营效率、实现国有资产保值增值作为最高目标,不再割裂地以单一业务的经营利润率为重。

加强集团总部战略功能、合理分割母子公司功能是提高国有企业集团业务组合管理和资本管理模式运作效率的重点。规范母子公司关系,理顺集团总部对子公司的管理条线,将增强整个集团的凝聚力和充分发挥下属企业的积极性有机结合起来,关键在于解决好企业集团与子公司在权力、责任、利益方面的相互关系,既不能一味强调企业集团的作用,制约所属企业的经营自主权,弱化其经营积极性,也不能对所属企业放任自流,不闻不问。首先,母公司是战略决策中心和投资中心,以业务组合和资本运营为主,协调整个集团各个子公司的当期经济活动,并从各种业务协同支持资产收益最大化的角度出发,充分利用企业和社会两方面的资源,为集团的长期发展统一配置增量资源。子公司作为产权多元化、业务专业化的实体,以业务经营为主,努力使单一业务在符合集团战略方向的前提下成长壮大或支持集团内其他业务的成长壮大。其次,按照企业集团的内部原则要求,子公司必须在服从母公司战略决策的前提下实施自主经营。最后,按照现代企业制度要求处理好出资者所有权和法人财产权的关系。企业集团对下属企业的调控行为和调控力度均应以法定出资者权利为基础,主要在选择经营者、投资决策和资产收益、资产监管等方面把关。为此,国有企业集团大力整合建设统一财会体制和资产保值增值责任体系,对子公司实施财务监管。

第五节 金融危机、国际化战略与中国特色管理模式(2009年至今)

一、应对全球金融危机:全球并购与国际化发展战略

中国改革开放经历了从引进外资到中国企业走出国门的阶段。20世纪90年代,中国大中型国有企业已有一些进入国际市场,成为促进外向型经济发展的中坚力量之一。不过,当时国有企业的国际化经营以间接出口(通过国内出口贸易机构向海外销售)、直接出口、补偿贸易等初级形式为主,很少出现海外生产、合资经营、独资经营、许可证协议等高级形式。虽然受到90年代初期国家宏观经济环境的影响,有少数企业尝试过开展对外直接投资,但由于对海外投资风险认识不足、投资项目缺乏严密论证和调研支持、对投资地产业政策不够了解等原因,加之管理措施不力、自身能力不强,国有企业在制定投资策略、选择投资项目时缺乏前瞻性,有些甚至出现了只投资、不管理的情况,致使对外投资存在很强的随意性和无序性,多数项目没有取得预期的效果。2001年中国加入世界贸易组织后,对外开放格局进一步扩展,客观上要求有能力的企业走上跨国经营的道路。一方面,国内巨大的、持续增长的工业技术装备和居民商品消费市场加速对国外企业开放,国有企业在国内市场上也面临着跨国企业的严峻挑战。另一方面,国有企业通过引进、消化、吸收生产装备与技术,也壮大了自身的技术创新能力,提高了产品的技术水平和生产规模,具备了以扩大国外市场份额为目标的跨国经营能力。在两方面力量的影响下,中国国有企业参与国际竞争的程度越来越深。据商务部披露,2004年,我国累计对外直接投资近370亿美元,在180多个国家和地区签订承包工程合同额达1562.9亿美元(丁中智,2005),其中国有企业占据主导地位。

在2008年全球性金融危机的持续冲击下，国际著名企业的资产不断缩水，中国企业首次拥有了以较低成本购买国外企业优质资产的良机。这极大地加快了国有企业的国际化步伐，改变了国有企业的国际化战略，高附加值产品出口、大规模对外直接投资、全球配置研发资源等国际经营高级形式成为新时期国有企业国际化经营的重要形式。这一转变的突出特点之一，就是国有企业海外并购规模和范围的扩大。从规模来看，2009年，在全球跨境并购规模同比下滑35%的情况下，中国海外并购活动因银行外汇储备充足、出口形势低迷而逆势增加了40%，其中国有企业做出了最大贡献。据毕马威会计师事务所的统计数据，2009~2011年，中国国有企业海外并购金额占全国总金额的88%（国务院发展研究中心对外经济研究部，2013）。从范围来看，2009年以后，国有企业海外并购的产业领域快速扩大，从此前高度集中于自然资源开采业向更具多样性的方向发展。据投资潮网站统计，2008年1月至2009年7月，中国国有企业发起完成了38起海外并购，其中目标企业为传统能源和矿产资源开发企业的项目多达31个，占总数的82%；涉及金额175亿美元，占总数的93%。而根据毕马威公司统计，2012年上半年，中国国有企业发起了41起海外并购，其中目标企业属于能源和资源开采业的项目为20起，占总数的50%（国务院发展研究中心对外经济研究部，2013）。由此可见，尽管国有企业海外并购始终以获取能源、矿产等自然资源为主要目标，但这类项目占并购项目的比例已经明显下降。不少国有制造业企业在前期大力提升技术能力、生产规模的基础上，开始通过海外并购获取国外专利技术、利用优质研发资源、建立海外品牌知名度、争夺高端产品市场，在全球范围内实现生产要素的最佳配置。

随着"一带一路"建设和国际产能合作的推进，中国国有企业国际化战略还有很大的改进空间，应加快从点式、分散型的对外投资转向链式、集群式的对外投资，从引进国外技术、面向国内市场的"内向型"战略转向利用全球技术、面向全球市场的"外向型"战略，重点着眼于构建自主的全球一体化研发体系和生产体系，提高在全球范围内配置和掌控资源的能力，打造全球市场竞争力。中国高铁由技术引进、吸收、再创新，到参与修订国际标准、赴美投资建厂、高端产品与管理系统出口，再到全产业链、全供应链、全价值链系统对外输出，就是中国国有企业国际化战略转型的典型代表之一。在国有企业国际化战略转型的过程中，有两个问题应引起特别的重视：一是中国国有企业要真正实现国际化运营，必须明确以自主创新谋求发展的成长路径，破除对产品引进型的依赖，从事创新型研发活动，打造自主知识产权。二是中国国有企业必须建立、强化海外风险防控机制,为因所有制身份而带来的政治歧视等风险做出预案,防止政治风险等问题成为国际化经营的重大障碍。

二、强化全球运营能力:新形势下突破本土管理模式

国有企业战略呈现出资源配置全球化和市场国际化等特点,对传统的、立足本土的中国国有企业管理提出了新要求、新挑战。国务院发展研究中心对外经济研究部在 2001 年完成的《大企业"走出去"政策研究》显示,当时我国境外投资项目中盈利、持平和亏损项目各占 1/3。由于当时经批准的境外投资企业大多为国有企业,所以这基本反映了 2001 年国有企业海外经营的状况。而根据《2011 年度中国对外直接投资统计公报》,当年中国近 2000 家中央企业境外单位的亏损比例为 27.3%,仍然高于中国全部境外企业 22.4% 的亏损比例。由此可见,十年过去之后,国有企业海外经营的收益仍然不容乐观,反映出中国国有企业在"走出去"过程中始终存在全球运营能力不足的问题。国资委研究局 2010 年的一份报告曾归纳了中央企业境外投资存在的问题,主要包括国际化经营人才短缺、境外投资战略不清晰、对投资可行性研究重视不够、对境外子公司管理不善、境外投资伙伴选择不理想等。这些问题并非中央企业所独有,在地方国有企业中也同样存在。

为了支撑国际化战略转型,中国国有企业必须突破以本土资源和市场为核心的原有管理模式,建立起适应经济全球化、信息网络化、社会知识化、人才国际化的管理模式,要实现这种管理模式转变,首要的就是培养国际化运营人才,加强国际化运营能力。国际化组织成功的关键因素是将人力资源的作用与组织的国际目标相结合,如何制定和实施国际化人力资源管理战略是组织首先应该解决的管理难题。首先,企业竞争能力将越来越多地依赖于创新能力。过去人才追逐资本的现象将被资本追逐人才的现象所取代,高素质人才将获得丰富的工作机会和高额的报酬。优秀的知识型员工成为企业资源获取和利用的重点,知识的创造、传递、应用和增值成为人力资源管理的主要内容,加强对高级人才的管理和开发将成为中国国有企业管理模式调整的重要方向。其次,当前很多产业已经"国际竞争国际化、国内竞争国际化",中国企业面临全球领导者不足的严峻挑战。国有企业集团需要通过对各业务单位所构成的跨国网络中的资源流动、共同体意识和范围经济的管理来培育自身的全球性协作能力和团队精神。国有企业集团母公司应当构建国际化经营人才体系,明确国际化能力提升总体规划,制订国际化人才培养发

展计划,并获得有效资源推进。最后,如何实现全球范围内对不同国别、不同种族、不同文化传统的员工的有效管理将是一个全新的挑战。开展国际化经营的中国国有企业需要将跨国家和跨生产部门的合作放到更加重要的位置,并建立新的全球激励机制来适应新形势下的企业战略,促进不同文化之间的沟通和信任。

第十五章　国有企业国际化经营与管理

改革开放40年来，国有企业在不断推进自身公司制改革的同时，积极拓展国际化经营，从逆向工程学习到人员外派交流，从国内成立中外合资公司，到开展对外直接投资，及至开展跨国并购，整合国外资源、技术与市场资源，国有企业在改革中成长，在开放中创新。一批企业从计划经济体制下的生产单位成长为在国际市场上合纵连横的战略组织，其背后是制度约束不断松绑背景下，国有企业组织效能的不断提高，以及国有企业经营管理能力和国际化视野的不断提升。中国国有企业的国际化成长，其制度基础是改革开放，其外部约束是国际竞争，其内部动因是组织效能和管理能力的提升，其背后依托是国内强大的市场容量和高增长需求。当前，国有企业如何在国际化过程中以更加合法合规的姿态，获得更多产业链全球布局的机会，是国有企业由大变强过程中不得不考虑的问题。

第一节　国有企业国际化经营与管理演变的总体脉络

国有企业国际化经营演变的总体脉络遵循从内向国际化到外向国际化的基本国际化路径，其演进过程是中国经济体制改革和对外开放战略制度演化的微观反映，也是中国主动参与、融入国际经济交流，参与国际产业分工的客观结果。国有企业现代企业制度的建立，为管理现代化、管理科学化、管理国际化提供了前提，国际化经营促进了企业管理水平的提升，企业国际化管理能力的提升又反过来保障了企业进一步国际化的成功。

一、国际化经营与管理演变的基本路径

中国国有企业国际化经营与管理演变的过程就是中国经济市场化、管理现代化的过程。从新中国成立至1978年改革开放前，中国国有企业长期处于计划经济体制之下，国有企业生产经营的目标主要是满足国内需求，少量

的出口也是国家计划的产物，可以说没有国际化经营的条件和必要。1978年改革开放后，国有企业逐步接受市场观念，国际化经营与管理才成为可能。国有企业的国际化经历了从内向国际化到外向国际化的过程，可以说，没有内向国际化的知识学习和能力积累，没有国内市场开放后的竞争压力，就不太可能发生后来的"走出去"开展跨国经营。

（一）内向国际化与先进技术和管理模式引进

1950~1978年，我国有三次大规模的对外经济引进，分别是50年代的"156"项目，是在第一个五年计划时期引进苏联援助的重点工程156项，当时受西方国家经济封锁影响，新中国奉行"一边倒"的外交政策；70年代初期的"43"项目，是在西方国家经济危机时期，一些国家放松了对中国经济封锁的背景下，国家计委规划在3~5年内引进43亿美元成套技术设备的方案；改革开放前夕的"78"项目，则是1978年签订的对外引进协议额度为78亿美元的成套技术设备。这些经济引进很大程度上奠定了中国重工业的基础，直接形成了一批国有骨干企业，如长春第一汽车制造厂的快速建成投产，就是50年代对苏联成套项目引进的结果。但前两次大规模引进以成套设备为主，单项技术和设备引进很少，人员交流也基本没有，因此，对我国技术促进作用有限。第三次大规模经济引进是在中美关系缓和、中美正式建交的背景下发生的，开始有外资企业进入，以及技术人员外派交流。这种资金、技术与管理经验的引进模式在1979年之后延续下来的，使得国有企业得以在技术上进行引进、消化、吸收和再创新，在管理上向先进的跨国公司学习，提高自身的基础管理水平。1979年5月，邓小平在会见日本时事通讯社代表团时指出，"所谓开放，是指大量吸收外国资金和技术来加速我国的四个现代化建设"。

对外开放作为重大制度变革，在早期消除民间和外资疑虑对于政策实施尤为重要。中国政府主要通过三大措施迅速破题：一是设立经济特区，允许先行先试。1979年在深圳、珠海、汕头和厦门试办出口特区，给予出口企业和外资以便利条件。在特区选址方面，特别考虑到侨乡因素对华侨的吸引力。二是加强立法，确立制度框架。1979年7月，中国通过了《中国合资经营企业法》，1980年，特区内出现外商直接投资。80年代，中国政府相继颁布《涉外经济合同法》《外资企业法》和《中外合作经营企业法》等，使引进外资和中外合作有了法律保障。三是由政府直接推动企业间的经济合作。改革开放初期，对外经济合作权限仍然掌握在政府手中，因此早期的外资引进和对外技术合作都是政府直接推动的。1978年，邓小平在访问日本期间，曾专门到松下电器参观考察，为之后的技术引进奠定了基础。1980年，松下创始人松下幸之助第一次访华，并与中国开展第一次技术合作，向上海灯泡厂提供黑白显像管成套设备。汽车产业是引进外资的重要领域。早在1979年2月，第一机械工业部和北京市政府就联合提出了"关于北京汽车制造厂和美国汽车公司合资经营吉普车公司"的报告，1985年5月，北京汽车制造厂与美国汽车公司AMC签署合资经营合同，1984年1月中美合资的北京吉普汽车有限公司成立。这一时期，合资对国有企业的意义在于"以市场换技术"，虽然合资方对中国企业进行了专利封锁，但中方人员从合资企业中学习到了产业技术和管理经验，这对于中国稚嫩的汽车产业意义非凡。随着中国与美国建交，企业间的交流也渐次展开。美国机械巨头卡特彼勒则因与中国政府的项目合作而进入中国，开启了在华投资与经营，从而也给了中国企业近距离交流与学习的机会。例如，80年代初，伴随着国有企业新一轮技术引进热潮，中国工程机械企业柳工购买了一台卡特彼勒966D进行测绘学习，通过逆向工程学习，柳工于1984年研制出了ZL50 D装载机。之后，柳工与卡特彼勒签订了技术引进合同，并先后派出10余批学员共计100余人前往美国卡特彼勒学习研发和管理，提升了企业的技术水平和管理能力。

（二）外向国际化与主动"走出去"开展跨国经营

中国企业跨国经营符合一般的渐进式国际化规律。Johanson和Vahlne（1977）认为，"企业国际化是一系列渐进决策的结果，是不确定性递减与经验学习的过程"，其解释的依据是：随着企业对外围市场知识的增加，企业会提高资源承诺，相应选择控制程度更高的进入模式。随着中国市场化改革的推进和国有企业在越来越开放的本土市场的历练，一些具备条件的外向型企业开始尝试对外投资。20世纪80年代，国有企业通过建立海外销售窗口和贸易渠道，尝试进入海外市场。随着市场经验的积累和对海外环境的逐步熟悉，一些企业开始在海外建厂。从时点来看，国有企业真正意义上的对外投资从90年代才开始。此时，中国经济体制改革的红利大大释放，市场经济发展迅速，国内市场需求得到了很大程度的满足，尤其是消费品领域，逐渐从卖方市场进入买方市场，国有企业开始感受到市场压力。因此，最早进入"过剩经济"的行业开始对外投资，它们通常选择在具有生产成本优势的发展中国家建厂，以复制中国的生产体系，同时向这些发展梯度晚于中国的市场进行产品销售。可以发现，20世纪90年代，一些家电生产企业和摩托车厂家开始向东南亚进行直接投资，或自建生产组装厂，或与当地企业合资，或收购当地企业。这些经过市场竞争历练的国有企业，在选择海外投资进入方式时显示出务实和灵活性。进入21世纪，随着国家"走出去"战略的实施，国有企业对外投资迈上新的台阶，海外投资领域也不断扩大。2008年国际金融危机之后，国际上大量企业面临信贷紧缩，陷入经营困境，从而进入较低的估值区间，国有企业也迎来抄底并购的机会，因此，2010年国有企业对外投资实现逆势增长。2010~2015年，国有企业对外投资基本保持稳定，2016年，在人民币贬值预期之下，国有企业对外投资增速较快。为防范金融风险和对外投资风险，各部门加强了对外投资的监管。2016年底以来，非理性投资和虚假投资得到有效抑制。随着"一带一路"倡议的实施，国有企业对外投资更多地体现出国家战略引领性，在"一带一路"沿线国家的投资不断增加。国有企业国际化阶段划分如图15-1所示。

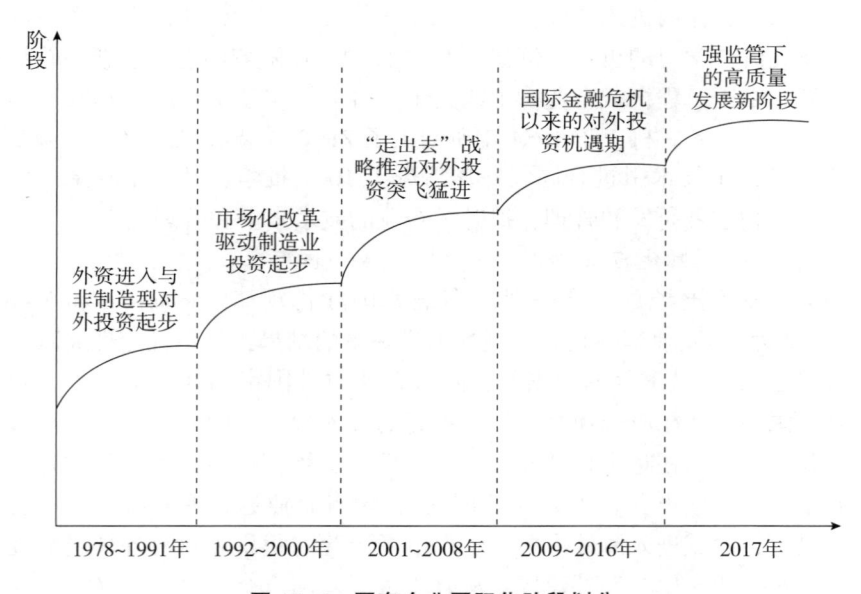

图 15-1 国有企业国际化阶段划分

资料来源：笔者绘制。

二、国有企业国际化经营与管理演变的内在逻辑与动因剖析

通常来讲，事物的变化由内因和外因共同推动，而外因又通过内因起作用。在市场经济环境下，企业寻求国际化发展的外因在于环境因素，内因在于组织因素。不管外部环境如何有利于或如何诱导企业国际化发展，企业在组织层面没有国际化动机，则国际化行为不会发生。鲁特（F. R. Root，

1987）指出，"一个公司选择的进入模式是多种相互冲突的力量交互作用的结果"，并将影响企业海外市场进入的因素分为外部因素和内部因素两大类，其中外部因素包括目标国因素和母国因素，内部因素包括企业生产因素和企业资源因素两大类。但由于国有企业是特殊企业，其战略具有国家战略与组织战略的二元属性。尤其是改革开放初期，国有企业组织战略属性较弱，而国家战略属性较强。此时，其国际化战略实际上更多地体现出国家制度创新的诱致性。随着改革开放的推进，国有企业国际化经营与管理创新表现出越来越多的组织战略驱动性。将国有企业国际化成长的历程演变放到中国参与国际产业分工的宏观背景下分析，不难发现，国有企业的国际化成长，其制度基础是改革开放，其外部约束是国际竞争，其内部动因是组织效能和管理能力的提升，其背后依托是国内强大的市场容量和高增长需求。

（一）改革开放打破制度禁制

中国在粉碎"四人帮"、结束"文化大革命"之后，党和国家领导人纷纷出访，考察了发达国家的经济发展情况。仅1978年一年，就有副总理和副委员长职位以上的领导人，先后21次访问了51个国家[1]。是年，时任副总理的邓小平先后4次访问了8个国家。这些出访，使他们深刻认识到中国与世界发达国家的差距，为中国确立对外开放和利用外资政策起到了重要的推动作用。总结新中国成立以来的30年建设经验，以邓小平为核心的中央领导集体意识到"关起门来搞建设是不行的"，必须坚定不移地对外开放，利用外部资源与技术进行现代化建设。

党的十一届三中全会做出了实行改革开放的重大决策，拉开了对内改革的大幕，确定了对外开放的基本国策。改革开放是我国国有企业开启国际化经营的制度起点。在经济运行领域，改革的本质是逐步解放市场活力，使国有企业运营市场化，这意味着国有企业经营自主权和战略决策权的获得。对国有企业的放权让利使企业有意识、有能力逐步从国内经营走向国际经营。开放则是打破企业跨境经营的制度障碍，使各类要素、资源和商品能够"进得来、出得去"，通过自由贸易和国际产业分工提高产业效率。在总结过去历史经验教训的基础上，20世纪七八十年代，邓小平同志逐渐形成并丰富了其对外开放思想。1978年3月，邓小平在全国科学技术大会开幕式上的讲话中指出："独立自主不是闭关自守，自力更生不是盲目排外。"[2] 他在党的十

---

[1] 孙大力. 70年代后期的国际形势与我国改革开放的决策[J]. 当代中国史研究, 1995 (3).
[2] 邓小平. 邓小平文选（第2卷）[M]. 北京：人民出版社, 1993.

一届三中全会上明确提出:"在自力更生基础上,积极发展同世界各国平等互利的经济合作。"在这一思想指导下,国有企业开始将目光投向海外,尝试跨国经营。1982年12月,对外开放政策被正式写入我国宪法,从根本上将对外开放确立为我国的基本国策。1984年,邓小平同志在多个场合反复提到对外开放的必要性,他在深刻总结历史经验教训的基础上指出,"中国在西方国家产业革命以后变得落后了,一个重要原因就是闭关自守","经验证明,关起门来搞建设是不能成功的,中国的发展离不开世界",把对外开放提高到关系社会主义事业兴衰成败的高度,明确指出了对外开放是中国的长期国策。开放战略使国有企业突破了国内市场局限,得以通过"引进来"和"走出去",在更广阔的国际市场范围内谋划战略发展。1992年初,邓小平在南方谈话时明确指出,"不坚持社会主义,不坚持改革开放,不发展经济,不改善人民生活,只能是死路一条",明确了我国长期坚持改革开放的必要性,有利于统一思想,推动对外开放成为国家战略。

(二)"走出去"战略驱动外向发展

党的十四大进一步继承和发展了邓小平对外开放思想。1992年10月,江泽民同志在党的十四大报告中明确指出,要"积极扩大我国企业的对外投资和跨国经营","更多地利用国外资源和引进先进技术"。[1] 而在当时,有能力进行对外投资的企业,基本上都是国有企业。1996年7月26日,江泽民在河北唐山考察工作时提出,要加紧研究国有企业如何有重点有组织地"走出去",做好利用国际市场和国外资源这篇大文章。这是江泽民首次明确提出"走出去"的战略思想[2]。1997年,在党的十五大上,江泽民同志进一步提出,要"鼓励能够发挥我国比较优势的对外投资。更好地利用国内国外两个市场、两种资源"[3]。同年,在全国外资工作会议上,江泽民同志提出:"我们不仅要积极吸引外国企业到中国来投资办厂,也要积极引导和组织国内有实力的企业走出去,到国外投资办厂,利用当地的市场和资源。'引进来'和'走出去',是我们对外开放方针的两个紧密联系、相互促进的方面,缺一不可。"所以,江泽民同志在1997年就提出了"引进来"和"走出去"相结合的概念,缺一不可,要"有步骤地组织和支持一批国有大中型骨干企业走出去,形成开拓国外投资市场的初步规模。这是一个大战略,既

---

[1] 江泽民. 江泽民文选(第1卷)[M]. 北京:人民出版社,2006.
[2] 陈扬勇. 江泽民"走出去"战略的形成及其重要意义[J]. 党的文献,2009(1).
[3] 江泽民. 高举邓小平理论伟大旗帜,把建设有中国特色社会主义事业全面推向二十一世纪——江泽民在中国共产党第十五次全国代表大会上的报告[M]. 北京:人民出版社,1997.

是对外开放的重要战略，也是经济发展的重要战略"。① 2000 年初，江泽民总书记在向中央政治局通报"三讲"情况的讲话中，在全面总结我国对外开放经验的基础上，首次把"走出去"战略上升到"关系我国发展全局和前途的重大战略之举"的高度。"十五"时期，国家明确提出了"走出去"的重大外向发展战略，"鼓励能够发挥我国比较优势的对外投资，扩大国际经济技术合作的领域、途径和方式"，在政策带动下，国有企业对外投资再上台阶。2013 年，习近平主席提出"一带一路"重大倡议以来，国有企业在"一带一路"沿线国家的直接投资不断增长，"一带一路"建设和国际产能合作的推进为国有企业对外投资带来了巨大的增长空间，下一步各领域的国有企业有望抱团出海，在"一带一路"建设中输出中国技术，贡献中国力量，并在这一过程中进一步成长为跨国公司。

（三）国际竞争加速全球价值链配置

2001 年，我国加入 WTO 使得"国内市场国际化、国际竞争国内化"，一些跨国公司进入中国市场，无论是技术还是管理，都比中国本土企业高出一截。一些国有企业难以抗衡外资企业的竞争而被收购。在挤压式的竞争环境中，中国企业需要进一步优化价值链配置，尽可能降低生产成本，开辟更广阔的市场腾挪空间，以应对家门口的激烈竞争，提高抗风险能力和国际化经营能力。可以看到，越来越多的国有能源企业扩大了对外直接投资，日益频繁地开展跨国并购，为保障我国能源安全做出了积极贡献；在竞争中逐渐强大起来的制造业企业，也开始到海外开疆拓土，甚至实施大规模的跨国并购，提高了自身的资源整合能力，并通过逆向并购，快速实现技术和市场获取。跨国并购也是国有企业从内生式增长向外延式增长转型的重要途径。例如，2011 年，工程机械行业龙头企业柳工收购波兰企业 HSW 的建筑机械业务部门及其销售子公司 Dressta，为原有的产品线提供了有益的补充，并且在欧洲获得了更高质量的销售渠道。

（四）持续经济增长保障国有企业规模扩张

我国国有企业在国际市场竞争中的重要优势之一就是相对的低成本，而这无疑得益于中国庞大的内需市场所支撑的规模经济。虽然人口红利是带来制造低成本的直接原因，但如果没有改革开放的制度突破，人口再多也无法摆脱贫困。因此，改革开放以来，中国经济发展取得了突飞猛进的进步，人均 GDP 增速接近 10%，增长速度名列世界第一。正是强劲的持续的经济增

---

① 江泽民. 江泽民文选（第 2 卷）[M]. 北京：人民出版社，2006.

长，保证了内需的长期繁荣，加之中国内需市场体量庞大，足以支撑国有企业实现规模扩张。尤其是在一些国有企业陷入改制困局、面临外资企业压迫式竞争时，持续增长的内部需求为国有企业转制转型提供了喘息之机。也正是国内市场的大容量需求，赋予了国有企业对外投资时的战略勇气和成长韧性，提高了风险承受能力。当然，国有企业长期处于弱商业环境，也限制了企业的商业思维，所以早期的一些海外投资也由于缺乏应验和投资决策的随意性，走过一些弯路，为国际化成长支付了"学费"。

（五）公司制改革推动经营管理模式国际接轨

建立规范的公司制度是国有制度创新的前提。1994年，《公司法》实施，一批企业率先进入公司制改革试点，建立了权责明确的有限责任公司或股份有限公司，探索建立有效制衡的公司法人治理结构和市场化经营机制，一批企业由此进入真正的现代公司经营管理阶段。20多年来，国有企业公司制改革稳步推进，截至2016年底，国资委监管的中央企业各级子公司公司制改制面达到92%，混合所有制企业数量占比达到68%，其中有些行业完成了优化重组基础上的公司制改制。2017年，随着国有资本管理体制改革和混合所有制改革的推进，公司制改革正在进入纵深阶段，即在形式上完成公司制改制的国有企业，需要不断完善现代公司治理体系，转变经营管理机制，在管理方式上进一步接轨国际先进水平，同时探索中国特色管理模式。公司制改革的彻底完成，将使国有企业轻装上阵，摆脱"戴着镣铐跳舞"的窘境，同时也提升了国有企业在国际市场的组织合法性。国有企业通过国际化经营和跨国管理经验的不断积累，在真正意义上向世界一流企业迈进。

第二节 1978~1991年，外资进入与非制造型对外投资起步

国有企业对外投资的发展历程是中国对外开放从"引进来"到"走出去"过程的一个缩影，它是中国企业不断向外寻求资源、向外拓展市场、在更大范围内融入国际产业分工的直接表现，也是中国企业自身能力不断提升的客观反映。

一、外资进入推动技术与管理方式引进

（一）1978~1985年，引进外资的破冰期和国有企业市场意识启蒙期

改革开放初期，邓小平首先把利用华人、华侨的资金和技术作为中国社

会主义现代化建设事业的重要组成部分[①]。当时，国家对港澳台同胞到内地投资、华侨回国投资给予优惠的政策，加之文化和乡情纽带的联结，侨商对于回到大陆投资热情高涨。侨商作为对大陆直接投资的探路者，率先在大陆开展生产经营业务，通过独资、合资合作等投资形式，带来了经济建设急需的资金，也带来了先进的技术和管理经验。他们在获得丰厚回报的同时，为中国吸引外商直接投资做出了积极示范。例如，1980年5月1日，中港合资的北京航空食品有限公司在北京正式成立，成为改革开放后第一家合资公司，其创始人伍淑清女士就出生于爱国华侨世家，是香港美心集团创始人伍沾德之女。20世纪最后20年中，我国实际利用外资2000多亿美元，其中港澳台胞和海外华侨华人资金占70%[②]。在优惠政策激励和侨商示范的推动下，经济特区很快成为我国改革开放的前沿阵地，吸引了美、日、英、法和联邦德国等国家的资本进入，为本土企业向外资企业近距离学习提供了窗口和契机。1984年，中国对外开放的版图进一步扩大，上海、大连等14个城市被批准为首批沿海开放城市；1985年，长江三角洲、珠江三角洲和闽南三角洲被确立为沿海经济开放区；1988年，海南省被批准为经济特区。这些经济特区和优先开放区域，构成了覆盖更广、辐射更强的沿海经济带，便利的商贸环境和巨大的产业空间吸引了大量外资涌入，形成了利用外资的第一次热潮。截至1985年底，我国累计签订外商直接投资协议6300多项，其中中外合资经营企业2300多家，中外合作经营企业3800多家。外商直接投资协议金额160多亿美元，前来投资的企业来自33个国家和地区[③]。这一时期，上海大众、北京吉普车厂等中外合资项目的落户，在带来先进技术的同时，对传统的管理理念带来了冲击，全社会的效率意识和竞争意识大大增强。

（二）1986~1991年，引进外资的初步发展期和中国企业的技术培基期

1984年下半年，中国出现经济过热，开放初期对投资方向引导不足，吸引的外资出现了小企业居多、技术水平不高等问题，引起了各界对吸引外资政策的反思。1986年，《外资企业法》和《关于鼓励外商投资的规定》颁布，标志着中国吸引外资进入新阶段，中国开始有规划、有重点地引进外资。同时，中国继续提升对外开放的深度和广度。1988年，海南省成为经济

[①] 尹永纯. 改革开放以来中国利用外资的历史考察：1978~2005 [D]. 中央党校博士学位论文，2006.
[②] 浙川. 邓小平侨务思想述论 [J]. 毛泽东思想研究，2004 (6).
[③] 中国对外经济贸易年鉴编辑委员会. 中国对外经济贸易年鉴 [M]. 北京：中国展望出版社，1986.

特区,并开创了外资开发的"洋浦模式"。1987~1989年,伴随着世界范围内产业转移的推进,中国迎来了改革开放以来的第二次外商投资热潮。这一时期,随着外商对中国经营环境信心的提升,外商独资的比重迅速提升。但由于一些做法史无前例,争议和争论也不绝于耳。亚洲四小龙的崛起和对中国的投资,对这一时期的引资工作起到了稳定作用。直到1992年邓小平南方谈话,一些关于引进外资的争议和疑虑才逐渐平息。1987年,松下电器在北京创办了第一家合资企业——北京松下彩色显像管有限公司,美国摩托罗拉也于同年进入中国。随着越来越多的跨国公司进入,中国逐渐成为全球制造业生产车间。这一时期,外资企业的存在不仅促进了中国企业的技术革命和管理创新,事实上也成为现代企业制度的示范者。

二、贸易与能源企业起步探索海外市场

改革开放初期,民营企业仍然非常弱小,中国对外直接投资的主体仍然是清一色的国有企业,而最初的投资目的局限于"开发国内、国外两种资源"。在原来的经济体制下成长起来的国内大企业都是国有企业,在早期,这些企业大胆的海外投资行为很大意义上是国家资源战略的反映,企业本身并没有跨国经营经验,因而表现出跃进性、非连续性和非系统性的特征(刘建丽,2009)[①]。在这一时期,国有企业就是中国企业的代表,它们肩负着探索海外市场、寻求外部资源的重任。当时,我国对外开放的重点是扩大出口和利用外资,少数外经贸公司从自身经营发展的需要出发,开始在国外设立窗口企业,主要目的是为对外贸易服务。20世纪80年代初,一些大型国有外贸企业开始探索对外直接投资。总的来看,这一时期参与对外直接投资活动的企业为数不多。1979~1984年,我国企业在国外投资兴办非贸易性企业113家,总投资额2亿多美元。对外投资主体主要是中央和地方外贸专业公司、省市国际经济合作公司,如中国化工进出口总公司、中国五金矿产进出口总公司等;投资领域主要集中在餐饮、承包建筑工程、咨询服务、贸易等服务行业;投资主要分布在港澳地区和周边发展中国家。1985年以后,一些资源加工类的大型国有企业开始尝试对外投资,如1986年9月中信集团公司(制造业务)与加拿大鲍尔公司合资购买并经营塞尔加纸浆厂。这一时期对外投资的国有企业,是中国企业"走出去"的先锋队,承载了经济主体对外主动探索和融入世界市场的使命。它们的对外投资,更大意义上是为了试

---

① 刘建丽. 中国制造业企业海外市场进入模式选择研究[M]. 北京:经济管理出版社,2009.

水和探索国际市场，积累跨国经营经验。

第三节　1992~2000年，市场化驱动制造业企业跨国经营起步

1992年是中国的市场经济体制元年，也是中国的企业家元年。邓小平南方谈话以后，改革的春风使中国市场快速觉醒，也使刚刚形成的企业家群体开始体会到市场竞争的真正内涵。直面市场的国有企业一方面面临制度创新的压力，另一方面在市场化驱动下也开启了市场拓展意义上的国际化。

一、能源矿产类企业逐步开展跨国经营

进入20世纪90年代，国有企业对外投资逐渐从贸易和能源行业扩展到制造业，投资动因也从单一的市场获取或资源寻求过渡到资源、市场获取和优势对外转移的复合动因。1992年邓小平南方谈话是一次解放思想的宣言，是改革开放的再动员，坚定了各领域推进改革的信心。从对外直接投资数据来看，1992年对外直接投资流量较上年增长了三倍（见图15-2），是改革开放以来的第一次明显跃升。

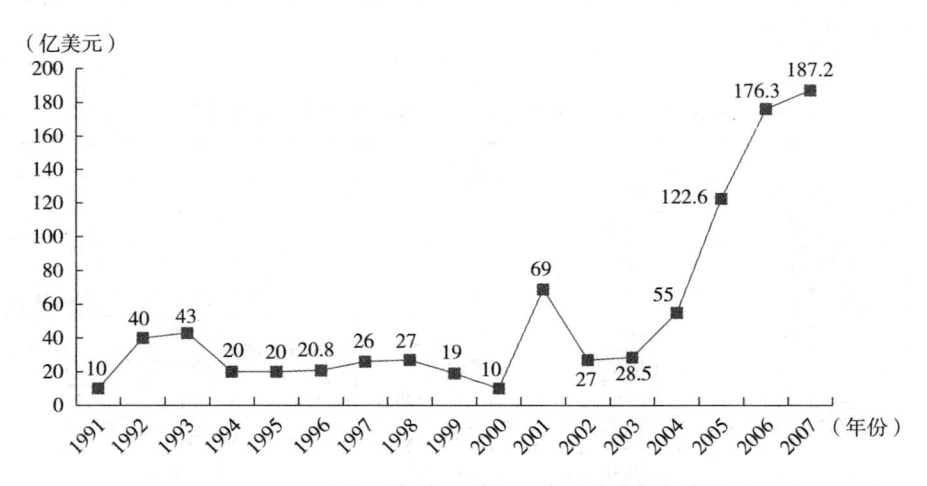

图15-2　1991~2007年中国非金融类对外直接投资流量
资料来源：商务部对外直接投资统计。

这一时期，能源矿产类企业对外投资仍占据投资流量的绝大部分。1992年，首钢集团斥资1.2亿美元收购了秘鲁铁矿公司，成为成功并购外国公司

的第一家中国国有企业。1993年，中石油在泰国获得石油开发作业权，迈出了中国石油企业"走出去"的步伐。1995年，中石油苏丹项目启动，公司陆续投入勘探、开发和管道运输等环节，成为第一次真正战略意义上的对外投资，中石油的跨国经营也由此开始。由于国际经营经验匮乏，企业普遍对海外经营风险的考量不足，这一阶段国有企业为国际化支付了昂贵的"学费"。

二、制造业企业开始进行生产性对外投资

这一阶段，除了能源企业的国际化经营逐渐展开之外，更为标志性的是生产制造类企业开启了对外投资之旅。随着中国市场经济的逐步发展，中国企业包括国有企业增强了市场竞争意识，企业管理能力大幅提升，逐渐有意识、有能力向国外拓展市场。随着经济体制转轨的逐步推进，中国经济也逐渐从短缺经济时期过渡到过剩经济时代。这一时期的国有制造业企业确立了市场意识，具备了市场化的管理方式和营销理念，一些电子类制造业企业开始将它们的目光投向海外市场，不仅复制自己的生产模式，也进一步向海外市场拓展，转移产能。1997年亚洲金融危机后，为了扩大出口，国家出台了《关于鼓励企业开展境外带料加工装配业务的意见》，提出了支持企业以境外加工贸易方式"走出去"的具体政策措施，也在一定程度上促进了加工装配业务的对外投资。

表15-1 1995~2000年国有企业的首次海外投资项目

公司	年份	地点	内容
小天鹅公司	1995	马来西亚	建家电厂
海信集团	1996	南非	建家电厂
金城集团	1996	哥伦比亚	建摩托车厂
TCL集团	1996	越南	收购港资彩电生产企业DONACO
华源集团	1997	尼日尔	收购纺织厂
康佳集团	1998	印度尼西亚	合资建家电厂
春兰集团	1999	西班牙、伊朗	建摩托车厂
格力集团	1999	巴西	建电器厂
长虹集团	2000	印度尼西亚	建家电装配厂

资料来源：刘建丽．中国制造业企业海外市场进入模式选择研究[M]．经济管理出版社，2009．

从表15-1可以看出，这一时期对外投资的主角是家电制造类企业和摩托车制造企业。这些企业在技术上都有引进、消化、吸收的过程，经过国内

市场的培育，生产技术快速成长，生产能力在满足国内市场的基础上还有剩余，因此，产生了向外发展的动力。这些国有企业成为中国最早的"市场寻求型"海外投资主体。从投资地的选择看，这些企业基本上都选了劳动力成本比较低的欠发达国家，有助于企业在国际化初期较好地控制成本和投资风险。当然，与能源类企业的投资相比，这些企业的投资额并不大。

三、制度创新为企业参与国际竞争奠定基础

这一时期，尽管国有企业对外投资取得了重大进展，多个行业开始在海外布局，但是在国有企业"产权不明、权责不清"的前提下，很难谈得上科学管理，也削弱了企业海外投资的合法性。1993年11月，党的十四届三中全会提出，国有企业改革的方向和目标是建立现代企业制度，要推动国有企业逐步建立"产权明晰、权责明确、政企分开、管理科学"的现代企业制度，正式为国有企业微观层面的制度创新吹响了号角。国有企业以建立现代企业制度为目标的制度创新是市场经济体制的内在要求，没有真正意义上的公司制改制，就不存在自主经营的公司法人。没有与市场经济接轨的企业制度，就难以建立起能与西方跨国公司相竞争的企业集团和具有国际视野的企业家队伍。1999年9月，党的十五届四中全会再次强调要建立和完善现代企业制度。这一时期，企业制度创新是中国市场化取向改革的重要组成部分，客观上也在为中国融入世界市场经济体系和国有企业"走出去"作准备。

第四节 2001~2007年，"走出去"战略推动多行业对外投资加速

2001年，党的十五届五中全会正式明确提出实施"走出去"战略，是中国鼓励性对外投资政策形成的标志。在此之前，中国对企业对外投资一直持限制性或保留性的态度。同样在2001年底，中国正式加入WTO，这是中国企业经营面临的重大制度环境变迁，企业面临的竞争环境发生了质的变化，也直接促进了企业"走出去"。

一、多行业海外布局拉动对外直接投资加速

在"九五"时期，中国提出要"有计划地发展境外投资"。"十五"时期，国家明确提出了"走出去"的重大外向发展战略。2000年3月全国人大九届三次会议期间初次提出"走出去"战略，2001年，党的十五届五中

>> 中国国有企业40年：制度变迁与行为演化

全会上，首次明确提出"走出去"战略，并将"走出去"战略正式写入我国"十五"计划纲要。"鼓励能够发挥我国比较优势的对外投资，扩大国际经济技术合作的领域、途径和方式"。2001年，中国加入WTO，这一重大制度环境变化导致国内竞争加剧，中国企业外向国际化的进程开始加快。由图15-2可以看出，2001年，中国对外投资流量产生了突飞猛进的增长。2002~2007年，中国非金融类对外直接投资的年均增长速度高达47%[①]，2007年对外投资流量达到187.2亿美元。这一时期，是中国企业对外投资的第一次加速期，也是国有企业多行业海外布局的突破期。在总体对外直接投资迅速增长的背后，是国有企业日益频繁地进行大规模海外投资的身影。仅2006年一年，国有企业就完成了数宗金额较大的并购交易。不过，这些大规模并购仍然集中在能源领域，例如，中石化对俄罗斯乌德穆尔特石油公司96.86%股份的收购，总交易额为35亿美元；中国石油天然气集团通过其全资子公司中油国际与哈萨克斯坦国家石油公司签订股份转让交割协议，向后者出让中石油持有的33%的哈萨克斯坦PK石油公司股权，中石油以41.8亿美元成功收购哈萨克斯坦PK石油公司；中国有机硅行业的排头兵中国蓝星（集团）总公司全资收购法国罗地亚（Rhodia）公司有机硅及硫化物业务项目。不过，随着民营企业的发展壮大和海外战略的兴起，国有企业对外投资比重呈下降趋势。2004年，国有企业占整个境内投资主体的比重由上年的43%降至35%，2006年，则继续下降为26%，但投资额仍然占据主导地位。这一时期，国有企业对外投资已从过去以贸易窗口为主，逐步拓宽到工业制造、建筑、石油化工、资源开发、交通运输、水利电力、电子通信、商业服务、农业等行业领域，并广泛涉及国民经济其他领域如环保、航空航天、核能和平利用以及医疗卫生等。通过国有企业的对外直接投资，我国在境外形成了若干个原油和矿产资源原料来源和生产基地，获得了国民经济和社会发展所需的油气、矿产资源、木材和渔业资源。尤其是与30多个国家建立了资源能源长期合作关系，与俄罗斯、哈萨克斯坦、沙特阿拉伯、苏丹、澳大利亚、印度尼西亚等国的大项目和中长期合作取得突破，在西欧、北非、南美、东南亚、中亚—俄罗斯海外战略区域建立了年产百万吨以上的原油生产基地；铁、铜、铝、铬等矿种均在境外形成了一定的生产能力。另外，国有企业在境外开展森林资源和渔业合作开发也取得良好成效。

---

① 历年中国对外直接投资统计公报 [EB/OL]. 中国商务部网站，http://mofcom.gov.cn。

二、国际市场竞争加速管理方式变革

2003年10月,党的十六届三中全会进一步明确了建立现代产权制度是构建现代企业制度的基础。可以说,这一时期国有企业改革伴随着国有经济战略性布局调整,不断探索构建现代企业制度,其中一些企业在走向股份制过程中走了弯路,一度陷入经营困境。同时,在竞争性行业,国内市场面临跨国公司的挤压式竞争,改革过程中的国有企业要生存,不仅要突破制度瓶颈,还需要全面创新管理方式,向管理要效率。

对标管理是当今企业管理活动中支持企业不断改进和获得竞争优势的最重要的管理方式之一,在20世纪90年代,它被西方管理学界认为是与流程再造、战略联盟并重的三大管理方法之一。进入21世纪以来,随着国有企业现代企业制度的逐步确立,创新管理方式成为国有企业提升经营效率的第一要务。另外,国有企业积极响应国家"走出去"的号召,开始向外拓展经营空间。从海外市场来看,中国国有企业面对的是诸多先行的跨国公司。于是,盯住一流跨国公司,明晰自身差距,在管理上向它们学习、取经,成为国有企业提升管理效能、迈向国际市场的自然选择。在此背景下,国有企业掀起了对标管理的热潮,纷纷在战略管理、财务管理、人力资源管理、安全管理、产品开发、质量管理等方面全面对标行业内的国际一流跨国公司。通过辨识某一管理领域的最佳绩效及其实践活动,国有企业得以迅速定位自身的水平并通过学习不断提升。例如,2001年,中海油从自身业务情况出发,将对标对象锁定为挪威石油公司,分析自身竞争力差距,成为大型国有企业对标跨国公司的先行者。之后,中石油、中石化等石油公司也相继开展对标管理。中石油对标杜邦公司的HSE管理体系,逐步完善了内部安全管控体系。在国际化早期,为打造全产业链优势,中粮集团在上游与嘉吉、益海嘉里对标,下游同雀巢、联合利华对标,通过对标式学习,中粮集团在管理上不断向全产业链的国际粮商靠拢。

第五节 2008~2016年,国际金融危机以来跨国经营进入发展机遇期

2008年国际金融危机对世界各国经济带来了不同程度的冲击,大量企业陷入融资困境,国有企业依靠在融资方面的优势,获得了一些在海外逆势抄底的机会。虽然世界范围内的对外直接投资进入了一个震荡期和低谷期,但

中国企业尤其是国有企业在金融危机之后迎来了对外跨国经营的机遇期，投资额逆势持稳，在2010年、2014年和2016年屡次创下新高。

一、外部机遇保障大规模对外投资逆势持稳

国际金融危机以来，中国企业对外投资在世界投资舞台上表现优异。根据联合国贸发会议统计，2016年全球对外直接投资流量下降了13%，约为1.52万亿美元，中国非金融对外直接投资规模达到1701.7亿美元，增长了44.2%，占全球投资总额的11%左右，相当于美国对外投资的1/2。虽然中国对外投资规模与美国之间的差距仍然较大，但从投资增长率的角度分析，美国企业自2008年金融危机发生以来，除2011年外，对外投资增长率均为负值，呈明显的负增长趋势。与之相比，中国企业对外投资在2007~2016年以年均28%的速度持续大幅增长。在混合所有制改革的背景下，国有企业对外投资额保持了基本稳定，如图15-3所示。考虑到工业企业中国有资产份额的整体下降，国有企业对外投资总额的持稳，实际上包含了单个企业平均投资额的增长和国有资本国际化率的提高。值得关注的是，2016年国有企业重新成为对外投资的主导力量，贡献了当年对外投资流量的72%。2017年，中国对外直接投资流量为1200.8亿美元，减少了29.4%，这主要源于两方面因素：一方面，在防范金融风险背景下，各部委齐发力加强监管，在推动对外

图15-3 2008年以来中国非金融类对外直接投资额及国有企业投资流量

资料来源：根据商务部对外直接投资统计数据计算而得。

第十五章 国有企业国际化经营与管理

投资便利化的同时，加强了对外投资的真实性、合规性审查，挤压了大部分的非理性投资和虚假投资，使得投资结构明显优化，质量效益有所提升；另一方面，一些发达国家以"国家安全"为由继续加强对能源和高技术领域并购的审查，抑制了一部分正常的海外投资。在此背景下，"一带一路"倡议给了中国企业尤其是国有企业对外投资更大的腾挪空间，使国有企业在对外投资和国际合作中的战略主导力进一步凸显。

最近几年，中国企业大规模海外并购助推了海外直接投资额的增长。其中，国有企业的海外并购占了较大份额。尽管总体情况有所波动，但国有企业海外并购的步伐并未减缓。2011年，国有企业海外并购多有斩获。中石化以35.4亿美元收购葡萄牙能源公司30%的股权，海航集团以3.29亿欧元获得西班牙NH酒店连锁集团20%的股权，以及中国蓝星（集团）股份有限公司以20亿美元并购挪威埃肯（Elkem）公司等交易，都是年度海外并购的大手笔。中化集团通过香港子公司以30.7亿美元收购挪威国家石油公司巴西Peregrino油田40%的股权，是2011年我国企业最大的境外收购项目。从并购案例数来看，能源及矿产行业的并购仍是行业之首，无论是并购的案例数还是并购金额均占行业第一。按照普华永道的统计，2011年共披露了16宗交易金额大于10亿美元的海外并购交易，其中包含14宗资源和能源领域交易。国有企业主导的资源和能源领域的海外并购仍占主导地位。2012年，中国对外投资的重头仍是国有资金大幅注入能源和原材料领域，当年，中国国家主权基金和国有企业在能源领域投资额达362亿美元，对原材料领域投资达16亿美元。2013年，中国海洋石油总公司以148亿美元收购加拿大尼克森公司100%股权项目，创迄今中国企业海外并购金额之最。2014年，中粮集团与总部位于荷兰的全球农产品及大宗商品贸易集团Nidera签署协议，收购其51%的股权，成为这家年销售额超过170亿美元的国际农产品主要贸易商的控股股东。控股Nidera是中粮向全球布局迈出的重要一步，是公司为"打造具有国际水准的全产业链粮油食品企业"所采取的重要战略举措。

随着国家战略支持和国有企业自身能力的提升，国有企业在"一带一路"沿线国家的投资额增长较快。根据中国与全球化智库的数据分析，截至2015年，中国企业在"一带一路"沿线国家和地区的投资规模集中在1亿~10亿美元的投资案例数高达407起，其次是10亿~100亿美元的大规模投资比较多，达到121起。中国企业在"一带一路"沿线国家的投资领域集中在采矿业、交通运输及制造业。根据商务部统计，2017年，中国企业在"一带一路"沿线的59个国家有新增投资，合计143.6亿美元，投资金额占总额的12%，比上年同期增加3.5个百分点。中国企业对"一带一路"沿线国家实施并购62起，投资额88亿美元。在中国企业海外并购项目锐减5成，交易总额整体下降10.26%的情况下，对"一带一路"沿线国家实施并购的投资额同比增长32.5%。其中，中石油集团和中国华信投资28亿美元联合收购阿联酋阿布扎比石油公司12%的股权为其中最大项目。

国有企业在基础设施建设和交通运输设备领域的大规模投资持续增长。2014年，中国企业在铁路领域的海外累计签订合同额为247亿美元，其中中国铁建同尼日利亚签署的铁路建设合同金额高达119.7亿美元，这是中国企业签署的最大金额的单笔合同。中国南北车海外总合同金额达60亿美元，其中中国北车获得波士顿284辆地铁车辆装备的订单，金额为5.67亿美元，是中国轨道交通设备首次进入美国市场。合并后的中国中车正积极投标美国的轨道交通项目。此外，中国中铁参与俄罗斯的高铁建设，合同金额高达24亿元，意味着中国高铁技术真正地走出国门。同时，中国核工业集团自主三代核电技术再出海，与阿根廷核电公司合作建设压水堆核电站。2016年以来，中老铁路、中泰铁路相继开工建设，"一带一路"沿线的投资将持续发力。

二、国际对标与跨国经营经验结合促进管理水平跃升

中国国有企业在改革改制和国际化成长过程中，培养了一批中国本土的企业家群体。他们非常了解国有企业的成长历程和存在的问题，又愿意向国际一流企业学习，在企业发展实践中不断提升商业领导力和战略决策能力，逐步形成和发展了具有中国特色的、行之有效的企业管理思想和管理理论。同时，改革中的国有企业也未停止向一流跨国公司学习的步伐。随着国内业务的整合和国际业务的增加，大型国有企业尤其是中央企业在资产规模和效益指标方面，逐步形成了与一流跨国公司相抗衡的实力，但跨国管理能力仍然构成国际化发展的桎梏。最近几年，各大国有企业都开展了向世界一流企业对标学习的工作，不同企业在不同层面可能侧重于经营指标对标或专项管理对标。例如，中粮在集团公司层面对标世界四大粮商巨头美国ADM、美国邦吉、美国嘉吉和法国路易达孚，并摸索出了"五步组合论"和"战略十步法"等管理哲学。2017年，中粮在一些经营绩效指标上，已经赶超这些标杆企业。同年，国家电网也开展了与海外配网资产国际对标工作，以加快建设国际一流企业，打造公司卓越管理品牌。在改革中寻求突破的老牌国企春兰集团，在技术和管理上向三菱、松下等日本公司学习，逐渐成长为国

际化公司。在理顺母子公司关系的基础上,春兰集团建立了创新型矩阵管理模式,按照"横向立法、纵向运行、资源共享、合成作战"的十六字方针进行组织架构和管理运营,解决了集权和分权的矛盾。中化集团则要求每一家子公司、每一家工厂都要对标一家国际公司,提升技术和管理水平。除了主动对标改善管理短板之外,这一时期,国有企业通过跨国投资,积累了海外经营经验。通过"干中学"习得的国际商务管理经验成为国有企业跨国管理能力的重要来源。

第六节 2017年以来,跨国经营进入高质量发展新阶段

2017年以来,中国企业包括国有企业的跨国经营进入了新的发展阶段,那就是从追求投资规模转向追求投资质量和经营效益,由粗放投资转向高质量投资,由盲目经营转向依法合规经营。

一、对外投资流量由高速增长转为低速甚至负增长

国有企业跨国经营的前30年,是相对粗放、激进和轻约束的。这种特征与国内持续高增长背景下向外寻求资源与市场的目标相适应。2009年底,中央企业境外资产总额就已超过4万亿元,占中央企业总资产规模的20%。在国资委提出的中央企业"十二五"发展思路中,国际化经营成为五大战略之一。国有企业跨国经营不仅是企业自身成长的内在需要,更是我国打造更高水平、更高质量对外开放格局的必然要求。2009年5月,商务部出台了《境外投资管理办法》,替代了之前的核准规定,进一步放松了对企业对外投资的审批限制,突出了企业在对外投资活动方面的主体地位。但是作为具有多层委托代理环节和"所有者缺位"的国有企业,其海外投资这种风险性更大的经营活动具有特殊性,科学有效的监督机制必不可少。由于国有企业掌握着国家经济命脉,其跨国投资的风险和影响远远超过民营企业。同时,国有企业海外投资过程中暴露出的一系列问题如恶意转移国有资产、提供财务虚假报表、随意投资造成巨额浮亏等,引起了各方的强烈关注。2011年,国资委发布了《中央企业境外国有资产监督管理暂行办法》和《中央企业境外国有产权管理暂行办法》,开启了监管制度改革的序幕。国资委对国有企业境外资产展开摸底调查,据国资委主管的《国资报告》统计,2015年,中国境外国有资产总量不少于12万亿元,与2013年底的4.3万亿元国有海

外资产相比，增长了近2倍。如此快速的海外资产增长，也引起了监管部门对国有企业存在无序投资的隐忧。2016年，国有企业对外投资额继续大幅增长。自2016年12月中国人民银行、国家外汇管理局、国家发改委、商务部四监管部门接连公开表态要求防范对外投资风险以来，境外投资监管趋严。这是与我国经济发展方式转变和防范金融风险的要求相适应的。2017年，中国对外投资流量比上年下降了33.5%，显然是国家有意识"降虚火""挤水分"的结果。习近平总书记在党的十九大报告中首次提出，中国经济已由"高速增长阶段"转向"高质量发展阶段"。相应地，国家对国有企业海外投资的要求也由重视投资规模转向重视投资效益。2017年12月26日，国家发改委公布《企业境外投资管理办法》，对中国企业境外投资涉及的敏感国家和地区、敏感行业以及其他事项等做出了明确规范。同时，主要发达国家也提高了战略性行业的投资准入标准，加强了对外资的国家安全审查力度，收紧了外资准入政策，使得中国企业海外投资难度增加。当前，世界各国对外资都提出了更高的环保标准、劳工用人标准和企业社会责任标准。国有企业因投资规模大，受到的审查会更加严格。同时，国有企业还面临另一重紧箍咒——"竞争中立"原则。该原则要求消除政府对所有的国有企业竞争优势的非市场性影响，得到了OECD和美国的积极推广和传播。根据该原则，当东道国认为中国国有企业在同私有企业竞争时，违反了"竞争中立"原则要求的行为规范，该投资就有可能被否决。

二、国际投资形势要求国有企业加强合法合规经营

为提高对外投资质量和效益，塑造中国跨国公司负责任的企业形象，确保对外投资企业对内对外合规，2017年以来，国资委、发改委、商务部纷纷表态，要加强企业对外投资的真实性合规性审查，控制非理性投资，要求中国对外投资企业遵守东道国的法律法规，履行社会责任，塑造中国企业海外投资的良好形象。2017年6月12日，财政部印发《国有企业境外投资财务管理办法》，并于2017年8月1日起开始实施。该办法旨在加强国有企业境外投资财务管理，防范境外投资财务风险，提高投资效益，提升国有资本服务于"一带一路"及"走出去"等国家战略的能力。同时，国有企业混合所有制改革由试点逐步铺开，股权多元化为弱化国有企业政府背景、改善公司治理提供了有效制度路径。国有企业公司制改革攻坚战基本完成，也为国有企业公司治理变革提供了制度保障。可以看到，国家相关监管部门的政策导向，就是顺应国际投资领域的规范要求，正视外部制度压力，通过改革为

国有企业对外投资创造合法合规的制度环境。随着我国经济发展迈入新时代，国有企业对外投资面临更加波诡云谲的外部经济环境，当前亟须通过深化改革和加强监管解决两大问题：一是通过加强监管，改善国有企业在产权代理主体意义上的对外投资合规性；二是通过深化改革，强化国有企业在外部市场经济环境中的投资主体合法性，从追求"实体跨境"逐步转向追求"海外权益获取"。

第十六章　国有企业技术创新活动的演进

第一节　国有企业技术创新演变的总体脉络分析

一、国有企业技术创新战略的演化经济学分析框架

经济学的演化思想始于制度学派创始人凡勃伦,他借鉴了达尔文的进化论思想,认为"人们当前的行为由以往的经历和当前所处的物质、文化环境共同决定,当前行为又会对后续行为产生影响;人类社会经济系统的演化受外部力量的冲击和系统内部演化的影响,具有不确定性和强烈的历史性特征"(Freeman,1995)。Schumpeter 被许多现代演化经济学家视为早期的具有演化思想的经济学家,认为"领会资本主义的关键在于将其看作演化的过程"(Katz and Shapiro,1985),并从经济学的视角提出以创新为研究重点的理论框架,认为创新是生产要素和生产条件的"新组合",包括新的产品、工艺、市场、原材料与组织形式。

技术创新是创新的核心,是促进经济长期增长的关键要素。1982 年,纳尔逊和温特的《经济变迁的演化理论》出版,成为现代演化经济学兴起的标志。他们借鉴生物进化论中"遗传—变异—物竞天择"的思想,建立了"惯例—搜寻—环境选择"的演化经济学框架,并以此解释技术创新的过程,认为企业在市场中的竞争类似于生物在自然界中的竞争,遵循强者生存的原则,企业只有不断创新,才能获得持续竞争力。

基于这一分析思路,本章尝试提出演化经济学视角下国有企业技术创新的分析框架,如图 16-1 所示。

起初,企业依照原有惯例进行经营,追求满意的预期利润与利润率。随着市场环境的改变与政策、制度的变迁,依照既有惯例产生的结果难以适应当前的环境变化,企业开始在原有惯例的基础上,在附近范围内进行搜寻。

第十六章 国有企业技术创新活动的演进

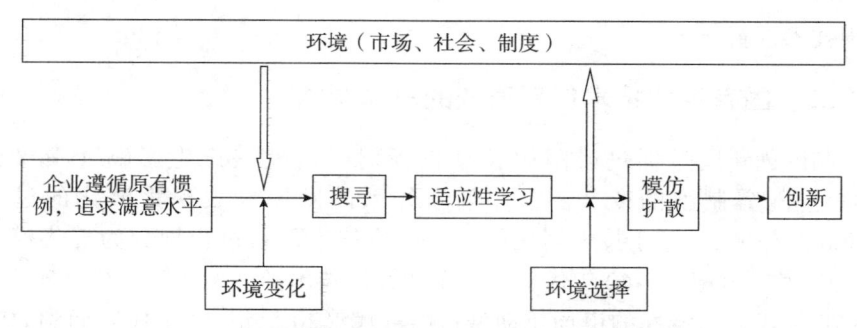

图16-1 演化经济学视角下的国有企业技术创新分析框架

由于随机因素的影响，企业遵循惯例获取的搜寻结果具有不确定性。不同的搜寻结果导致企业生存与发展状况的不同，这些差异反之又会影响企业在行业中的活动分布及相互作用。

适应性学习是指企业通过消化吸收创新技术，融入到特定的组织与文化中的过程。组织及个人的学习能力对企业内部产生新奇发挥了基础性作用，不同的能力决定了新奇的异质性，催生了多样化的技术创新。此外，系统所处的外部环境制约和筛选着既有新奇。当环境对新奇产生的影响表现为自我强化，即为正反馈效应；当环境对新奇产生的影响表现为自我抑制，则为负反馈效应；当环境对新奇产生的影响反应速度适当，则可能出现均衡。

根据演化经济学的观点，市场选择环境模型包括以下几方面内容：企业在确定采用某种新的组织形式前，需要进行成本和收益的分析；消费者个人偏好发生改变时，企业盈利机会随之变化；市场利润的变化会对企业的扩张或收缩战略产生影响；不同企业在创新模仿时会表现出不同。社会价值观念、政策制度的变迁也会对企业技术创新战略选择造成影响。此外，Freeman（1995）和Dosi（1982）等强调了制度与环境因素对技术创新的影响，认为技术创新不仅涉及企业本身，还包括与技术创新相关的制度、组织结构、产业环境等其他因素的变化。

模仿是组织适应行为的共性特征，也是组织和个人可获取的最有利的适应性工具之一。决策在不同组织间流动、传播；相应地，决策者之间会互相模仿、学习。外部环境对这些创新进行选择，保留下来的创新取得了进一步扩散的机会，最终创新得以实现。

综上所述，国有企业技术创新的演化经济学分析框架基于企业对原有经验的依赖（如行为惯例），提出了经济过程中的路径依赖可能性问题；企业组织通过在搜寻过程和市场选择过程中进行适应性学习、模仿与扩散，最终实现技术创新。

二、国有企业技术创新演变的总体脉络

制度创新通过促进或阻碍技术创新对经济发展产生影响（秦汉锋，1994）。随着制度的变迁，企业创新体系的发展也表现为演化的过程。Rothwell（1992）基于技术创新的演化，将技术创新过程划分为五代模型：第一代（20世纪50~60年代）为简单线性的技术推动型；第二代（20世纪60~70年代）为线性的市场拉动型；第三代（20世纪70年代后期到80年代中期）为技术与市场的耦合互动模型；第四代（20世纪80年代到90年代早期）为集成（并行）模型；第五代（20世纪90年代至20世纪末）为系统集成与网络化模型；后又演化出第六代（21世纪），为国家创新体系。

基于Rothwell（1992）的研究，陈劲和黄淑芳（2014）提出企业创新体系的四代演化模型，第一代（20世纪50年代到60年代中期）为内部、资助的"以研发为中心的创新体系"，第二代（20世纪60年代到80年代中期）为互动、开放的"基于协同/整合的创新体系"，第三代（20世纪80~90年代）为战略、治理的"高度基于战略管理导向的创新体系"，第四代（20世纪90年代到未来）为生态、核心的"创新生态体系"。

2018年是改革开放40周年，也是国有企业改革40周年。40年来，国有企业改革始终是整个经济体制改革的中心环节。随着改革的深入，国有企业实现了从政府行政机关的附属向市场主体的转变。本书重点关注国有企业改革进程中技术创新的演变历程，基于已有研究和本书前面章节的介绍，将这一过程分为三个阶段：基于政府指令型的国有企业技术创新（1978年底到1993年10月）、基于引进—消化—吸收—再创新模式的国有企业技术创新（1993年11月到2013年10月）、基于创新生态系统的国有企业技术创新（2013年11月至今）。

三、国有企业技术创新演变的逻辑与动因

（一）企业惯例是基础行为方式

纳尔逊和温特认为，在动态的市场环境中，企业发展具有不确定性，考虑技术进步的影响，企业无法像在静态分析中那样遵循最优选择原则随时做出决策。因此，企业往往设定使其满意的目标并按照一定顺序监督目标的实现。惯例化行为是在外部市场"利润"刺激下形成的，企业把现有知识储存在组织惯例中，并在市场竞争中不断搜寻新的知识与惯例，当企业按照这些

惯例进行经营获得满意的利润或利润率时，便会继续遵循这一惯例。当该惯例再次为企业带来至少同样满意的利润或利润率时，惯例便被进一步强化，最终形成该种惯例决定下的特定企业行为模式。企业间不同的惯例决定了不同的行为模式，这是企业新奇与异质性、多样性产生的基础。

需要注意的是，企业惯例具有刚性，其行为模式在一定条件下保持相对稳定，但当环境发生变化时，会表现出积极的适应行为。这种适应行为不是随机的，而是在竞争遭遇失败或企业为应对可预见的竞争危机而引发的搜索行为，从而激发了源于旧惯例的新奇的产生。

(二) 企业创新是核心要义

在企业的改革过程中，发展与创新决定了规模经济和范围经济。认识企业发展的本质，必须同时把握质的改善和执行新组合的过程，并关注企业扩张与收缩的对立统一，这与创新内在一致。国有企业作为我国建设创新型国家的重要依托力量，其创新能力一直较为薄弱，具体表现为关键技术自给率低、企业创新体系落后、高管团队参与创新治理力度不足等。根本原因在于创新动力不足。企业创新的动力主要包括两个方面：一是企业领导的拉力与员工群众的推力，二是技术创新的拉力和市场的推力。

创新系统制度的确立保证了不同战略的协同共存。一方面，企业通过开拓战略搜寻商业机会，实现激进式的创新；另一方面，企业改编、模仿、补充原有战略实现渐进式的创新。Schumpeter 认为，引入创新频率的变化引发经济周期的波动，而企业家在引入创新的过程中发挥了重要作用。基于演化经济学视角，企业家的才智是动态变化的，不同时期企业家的分布存在差异，在创新初期，通常只有最富有才智的先驱企业家才能面对挑战、克服困难。当先驱企业家扫除最初的障碍后，企业家才智不再起决定性作用，问题便演变为模仿与改编，乘数效应促进了集体经济行为，集体创新行为发挥着至关重要的作用。

(三) 制度安排是重要保障

根据演化经济学的观点，制度就像生物基因，储存着该时期的信息并传递给下一时期。企业发展是企业与环境相互作用过程中质的改善和创新的过程，这一过程依赖外部环境与制度。经济主体的特定行为规则、相互作用机制和学习模式等都根植于制度，制度从各个层面影响着经济人的思维模式、相互间关系、决策及惯例。由于各国原有的制度禀赋和社会资源不同，经济体制和其他体制的变革深刻影响着企业的生存与成长环境，使得以不同经济理论为指导的经济转轨在各国表现为不同的模式，如俄罗斯的"休克疗法"、波兰的大型国有企业分解再造，以及我国的"渐进式改革"。

需要注意的是，我们不仅应重视正式制度安排（如产权制度、仲裁制度和劳动力市场制度等），还要注意考察非正式的制度安排，它们对创新系统的形成也发挥着重要作用。

第二节 基于政府指令型的国有企业技术创新（1978年底到1993年10月）

一、基于政府指令型的国有企业技术创新的基本框架

改革开放以后，国家出台了一系列政策推动经济体制由计划向市场转变。1978年，党的十一届三中全会确定把工作重点转移到现代化建设上来。1981年，党的十一届六中全会召开，提出在公有制的基础上推行计划经济，市场调节发挥辅助作用。1982年，党的十二大召开，提出要以计划经济为主，市场调节为辅。1984年，党的十二届三中全会召开，明确发展"有计划的商品经济"。1987年党的十三大召开，提出由国家调控市场，市场引导企业。1992年，党的十四大召开，提出"建立社会主义市场经济体制"的目标。

制度环境发生变化。由于该时期政策制度发生了较大变化，依照既有政策方针的施行难以适应这一变化。基于原有惯例的基础，针对当时国有企业存在的政企不分、所有权经营权不分等问题，政府出台了一系列文件，通过向企业放权让利，扩大国有企业的经营自主权，增强企业活力。在国有企业推行经济责任制，遵循所有权和经营权适当分离的原则，根据行业特点实行不同经济责任制形式。自主权的扩大和利润留成制度的实行，提升了传统体制下作为生产单元的国营企业的盈利意识和发展意识，为逐步适应市场化竞争初步奠定了基础。

此外，政府工作重点从经营权向所有权层面过渡，开始在全国推行承包经营责任制，如：包上缴国家利润，包完成技术改造任务，实行工资总额与经济效益挂钩等，调动了企业与员工的工作积极性，促进了国有经济发展，企业亏损情况逐年好转，经济效益显著提高。

搜寻与适应性学习。随着市场竞争的加剧，企业依照原有惯例进行经营已难以实现预期的利润率。基于原有惯例，企业在相近范围内进行搜寻时，开始注重市场再创新的作用，展开适应性学习，利用已有技术变化，以市场

需求为导向，多样化实现规模经济，最终获得更大市场份额，促进创新的实现。

环境选择。根据演化经济学观点，系统所处的外部环境制约和筛选着既有创新，以承包经营责任制为例，该制度不可避免地带来负面影响：一是产权国有造成了企业在承包期内的短视行为，企业为了短期利益过度消耗资源，忽视长远利益与对生态环境的破坏；二是企业负盈不负亏，盈利时可以得到各种好处，亏损则最终仍由国家承担，加重了财政负担（魏娟，2006）。由于外部环境对新奇产生的影响表现为自我抑制，因此对创新的实现表现为负反馈效应。

二、基于政府指令型的国有企业技术创新的特征

（一）计划经济体制居于主导地位

相较于改革开放前国有企业的计划统一下达、资金统借统还、物资统一调配等的全面计划，这一时期国有企业的经营自主权得到扩大。但创新项目的挑选、资源的配置、成果的推广与应用仍依赖于国家计划，国企生产仍限定在国家的调控和计划范围之内，大部分商品价格和企业的生产经营活动仍受指令性计划的控制，企业缺乏独立性和创造性。

（二）对创新行为的激励不足

虽然政府的让利放权以及承包经营责任制等政策在一定程度上激发了企业的创新热情，但由于产权形式主要是国有产权，激励作用受到制约。虽然一些大中型国有企业已经具备技术创新能力，但囿于制度和技术投入能力的限制，依旧缺乏技术创新的动力。

（三）创新资源基础薄弱

这一时期，中国的研究与发展工作（科技人员与研发资金投入、科研仪器与设备投入等）主要集中在政府与各级研究机构，企业缺乏创新能力。科技与经济脱节严重，"产—官—学"一体化未能真正实现，科技成果应用率低。如中科院的科技成果应用率为1%，远低于Mansfield（美）的14%。对此，许庆瑞在1982年提出"技术创新（包括研发）须以企业为主体，企业必须与大学、研究院结合"的观点（魏江，2008）。

三、基于政府指令型的国有企业技术创新的关键要素

（一）社会主义市场经济体制尚未成熟

这一时期处于市场经济的萌芽阶段，从1981年市场调节起辅助作用，

到1992年正式提出建立"社会主义市场经济体制",市场的作用与定位才逐渐清晰。国企仍处于国家的调控与计划范围内。虽然基于政府指令型的国有企业技术创新在行政力量的强力推动下,在国家计划的范围内,能够利用有限的人力物力与财力,按照计划、需要随时进行调集与分散,最大限度地调动各种创新资源,较少地受到其他部门局部利益的干预,确保了国家目标的完成,但无法确保高效益。国企改革缺乏创新动力。

(二)"短缺经济"的经济背景

改革开放以后,尽管经济总体保持正增长的态度,且多数时段处于高位运行,但从IMF统计所得我国GDP实际增长率的变化来看,这一时期经济波动较大。这可能是因为:第一,虽然改革开放带来经济机制的较大调整,但该时期增长主要依靠需求拉动,总需求的波动带来经济周期的波动(施发启,2000)。第二,受国际经济局势动荡影响,如1989年美、日经济严重衰退,苏联、东欧等社会主义国家政局动荡,拉动我国经济大幅下滑,经济与创新受到重创(吴晓波等,2011)。

第三节 基于引进—消化—吸收—再创新模式的国有企业技术创新(1993年11月到2013年10月)

一、基于引进—消化—吸收—再创新模式的国有企业技术创新的基本框架

积极引用国外先进技术,进行创新模仿,是实现技术进步的捷径(谭崇台,2001)。在国际技术转移的浪潮中,发展中国家的企业逐渐认识到技术在企业生存和竞争中的重要性,通过积极制定技术战略,不断引进先进技术,进行技术学习、应用和创新,充分挖掘引进技术的内在潜能,才能真正实现技术的进步与跨越,增强自身竞争优势(Aldor and Scott,2000)。

1993年11月,中共十四届三中全会召开,提出"建立现代企业制度,是发展社会化大生产和市场经济的必然要求,是我国国有企业改革的方向",标志着国有企业改革沿市场化方向进一步推进。随着我国对外开放政策和经济体制改革的深入推进,我国的科技创新政策开始强调通过对外开放学习国外最先进技术,包括先进设备、生产线等,但在最初导致了企业重技术引进、轻消化吸收和忽视技术创新等问题,企业技术创新陷入"引进—落后—再引进—再落后"的怪圈。直到20世纪90年代,技术引进的总体规模大幅

提高，技术引进的方式和内容开始呈现多样化的特点（梁滢，2007）。

吴晓波（1995）基于传统的封闭、静态的技术引进→消化吸收→创新的观点，提出模仿创新→创造性模仿→改进型创新→后二次创新的进化动态模型，强调从引进技术、吸收集成的"二次创新"向原始创新的"一次创新"跃迁，为企业提升自主性以及企业技术引进的再创新提供了新的路径选择。一次创新是主导技术范式和技术轨迹的形成、发展、变革的技术创新；二次创新是在技术引进的基础上进行的渐进积累的演化过程，是从原有传统技术体系向新技术体系"学习"和"理解"的非线性过程，是打破原有技术平衡从而形成一种全新的技术平衡的非平衡过程（吴晓波和倪义芳，2001）。

引进。在这一环节中，企业引进系统的生产技术，如产品设计、制造工艺、关键设备等，是对引入技术、产品进行可行性分析、测评，以及适应性的重组过程。这一过程以简单模仿外部产品和工艺为特点，以模仿创新为主，有利于提高生产效率、降低生产成本，较快提高产品性能与质量；有利于有关设计、研发、生产部门较快学习到先进技术与工艺，提升知识积累。

消化。在这一环节中，企业在确保产品基本性能的基础上，采用已有的原材料，进行生产与设计，实现产品工艺的优化升级。这一过程以新旧技术（工艺/设备等）互相适应为特点，以创造性模仿为主，有利于提升企业创新活力，一定程度上摆脱了对于引进技术或工艺的依赖。

吸收。在这一环节中，企业在国产化的基础上，根据已有技术积累，结合市场需求，逐步构建自主研发能力。这一过程重视自主的研发过程，以改进型创新为主，有利于摆脱依靠技术（工艺/设备等）引进的被动局面，走上自主创新之路。

再创新。在这一环节中，企业的技术与研发能力均得到较大水平提升，产品在国内市场上拥有较强的竞争力，在国际市场也具备了一定的影响力。此时可以进一步进行"后二次创新"或"准一次创新"，通过在技术领先国投资建厂、设立研发机构、与东道国企业合作研发创新等，逐步实现向一次创新的创新能力跃迁。

此外，环境选择在这一时期发挥着重要的推动作用。自2001年我国加入WTO以来，国外先进技术对我国现有技术造成巨大冲击，加上WTO知识产权协议的影响，推动我国强化自主研发与创新的意识。这一过程中，外部环境对新奇产生的影响表现为自我强化，对创新的实现表现出了正反馈效应。

综上所述，引进—消化—吸收—再创新的过程贯穿了演化经济学框架中适应性学习的全过程，也是企业融入到特定的组织与文化中的过程。外部环境的变化也为创新实现提供了正反馈效应。企业在这一过程中不断进行模仿和扩散，最终实现技术创新。

二、基于引进—消化—吸收—再创新模式的国有企业技术创新的特征

（一）复杂的非线性过程与多要素组合的过程

为克服我国企业创新中"重产品创新，轻工艺创新和组织文化创新"等问题，许庆瑞提出组合创新的理论框架，认为国有企业在技术创新的过程中应遵从"产品创新与工艺创新""自主创新与引进吸收""重大创新与渐进创新""显效创新与隐（潜）效创新""内源创新与外源（合作）创新""技术创新与组织文化创新"相结合的组合创新管理范式（魏江，2008）。

（二）各环节紧密联系，内在统一

技术引进是先进技术替代落后技术的过程，是一系列活动相继或交织开展并不断给予反馈的动态的系统运动过程。成功的技术引进包括从技术引进到消化吸收再到再创新的完整过程。

消化吸收与再创新紧密相关。第一，消化吸收为再创新创造条件。再创新是消化吸收的目的，企业通过引进技术最终实现自主创新能力的提升。这一过程是将外部技术内部化的过程，既要求具备掌握和驾驭引进技术的能力，又要求与企业既有的资源、设备相配套。第二，消化吸收是再创新的基础和保证。只有充分消化吸收引进技术，企业才可能实现再创新，形成自己的技术品牌，提升自身的自主创新力和科技竞争力。第三，再创新形成于消化吸收过程中。再创新的开始并不代表消化吸收过程的结束，对原技术形成再创新的同时可能也在进行着对原技术其他方面及新引进技术的消化吸收。

三、基于引进—消化—吸收—再创新模式的国有企业技术创新的关键要素

（一）技术引进基于特定范式

在技术引进的过程中，引进的技术受到既定范式的限制，主要包括：①从国外引进工艺、制造技术，包括产品设计、工艺流程、材料配方、制造图纸、工艺检测方法和维修保养等技术知识和资料，聘请专家指导、委托培训人员等技术服务；②引进技术的同时，进口必要的成套设备、关键设备、检测手段等；③在引进先进生产设备和技术知识、资料的同时，从技术设备和

培训人员中吸收先进的经营管理方法和创新理念（Dosi，1982）。

(二) 企业技术能力动态演化

在技术引进的过程中，企业技术能力经历着由弱到强的积累过程：引入生产设备或先进技术→熟练操作生产设备→学习和掌握运行技术→理解和掌握生产技术及其原理→掌握技术设计及原理，初步形成自主R&D能力→实现产品和工艺改进→创新。技术创新的扩散推动经济的增长，新技术的应用刺激了相关产业的创新，带动了新的需求，从而进一步促进经济增长。

(三) 企业行为不断调整

技术创新模式随着技术能力提高而逐渐升级，带来企业行为的不断调整。技术引进是企业实现技术进步和发展的起点，技术能力的演化和技术创新模式的升级是企业实现技术飞跃的推动力。引进—消化—吸收—再创新的过程，本质上就是基于既定技术范式，在技术引进的基础上，企业技术能力和技术创新模式匹配关系形态不断演化，最终实现间断性跃迁的动态过程（林春培等，2009）。

第四节　基于创新生态系统的国有企业技术创新（2013年11月至今）

一、基于创新生态系统的国有企业技术创新的基本框架

Moore（1993，1996）认为，企业创新生态系统是由政府、社会公共服务机构、客户、供应商、主要生产商、投资商、贸易合作伙伴等具有一定利益关系的组织或群体构成的动态结构系统。吕一博等（2015）认为，企业创新生态系统是指在创新环境下，企业同时利用内外部创新资源，各创新主体间基于创意产生、研发到市场化创新全过程交互竞合而形成的创新系统。Iansiti和Levin（2004），Zahara和Nambisan（2012）分别从生态位、生态系统动态结构和企业生态网络的视角阐述了企业生态系统。

2013年11月，中共十八届三中全会召开。中央下发《中共中央关于全面深化改革若干重大问题的决定》（以下简称《决定》），对国有经济发展中积累的问题、存在的障碍及产权改革、监管模式等问题做出回应，指出"国企已经基本实现市场化"，并对下一阶段的国企改革做出总体部署。

随着国际格局、创新主体、创新模式和创新环境的快速变化，我国创新体制改革进入深水区，深层次、结构性矛盾日益凸显，如企业决策速度和创

新速度与实际能力的矛盾；知识广泛分布下应对国内与国外创新资源整合的实际能力不足；技术与非技术因素不协同所带来的协同全面创新需要；等等。创新主体之间、创新主体与创新环境之间已由独立的关系演化为互动且相互依存，企业之争也由"单个企业之争"演化为各企业赖以生存的"创新生态系统"之争（贺团涛等，2008）。

环境的变化使得原有惯例难以满足企业发展的需求，国有企业的技术创新必须突破原有管理的桎梏，在已有技术创新成果的基础上，完成搜寻与适应性学习，把握时代新契机。真正走上创新驱动的发展道路，需要对整个系统结构进行全方位的改革，包括创新投入、创新资源配置、创新能力、创新区域以及创新政策的结构调整，通过制度创新化解结构性问题（魏江等，2015）。陈劲（2015）也指出，21世纪是共同创新的时代，未来企业的竞争与发展必须立足于生态系统，关注企业间的协同发展与共同进步。不仅应重视新技术的发展，还要关注国家工业安全、信息安全乃至国家经济安全、军事安全，加强技术积累和前瞻部署，构建创新生态系统的同时，整合创新资源，加强创新能力建设。

二、基于创新生态系统的国有企业技术创新的特征

（一）企业之间构成多维网络结构

在创新生态系统中，国有企业不再是单个产业的成员，而是构成多产业相互交织的生态系统的一部分。各要素相互联系、相互作用，构成系统存在与发展的基础，以及系统稳定性的保障。不同类别企业间、上下游商业链成员间构成了多维的网络结构，区别于传统网络结构，创新生态系统网络更具复杂性、动态性和交叉性。

（二）组织间合作形成网络倍增效应

网络倍增效应为组织间合作带来交易成本、资源整合和战略决策的优势。在交易成本层面，组织间合作能够提高资产回报率，增加组织间效率，内部化、最小化外部交易成本，降低单位成本。在资源整合层面，组织间合作有助于组织获取关键性资源与稀缺资源，整合不同组织资源，实现资源互补与共享。在战略决策层面，组织间合作能够协同和扩展市场能力，提高组织绩效。

（三）创新生态系统是各国有企业的有机统一

创新生态系统是动态的、变化着的，国有企业作为创新生态系统内部的创新主体，基于共同的创新目标和创新环境，共享创新资源、持续创造利润

和价值，在实现自身独立发展的同时维持整个创新生态系统的有序运行。

三、基于创新生态系统的国有企业技术创新的关键要素

（一）互联网的蓬勃发展

21世纪以来，经济全球化不断推进，科学技术迅猛发展，新互联网时代到来，宏观环境的变迁冲击着微观企业的封闭式创新和原有竞争模式。随着市场环境不确定性增强，商业竞争格局不断加剧，加之消费者需求的复杂化与多样化，创新主体间由最初的双边合作和垂直整合转变为多边复杂的网络动态性合作，创新活动从工程化、机械型转变为生态化、有机型（朱学彦和吴颖颖，2014）。在相互合作的关系演变过程中，企业间形成了相互依赖、相互作用、共存共亡的创新生态系统。

（二）混合所有制改革的推进

《决定》中将"积极发展混合所有制经济"单列为一条，肯定了国有经济和民营经济在市场中高度融合的趋势。国企改革的关键是混合所有制改革，国有经济实现形式的突破为国企改革的深化提供了广阔空间。发展混合所有制，有利于为国有经济和其他所有制经济创造更加公平的竞争环境，有利于国有企业真正实现政企分开，更好地以市场手段获取企业发展过程中的人才、资金与活力。正如习近平总书记在关于全会《决定》说明中强调的，"发展混合所有制是新形势下坚持公有制主体地位，增强国有经济活力、控制力、影响力的一个有效途径和必然选择"。

第五节 小结

本章围绕国有企业的技术创新，基于演化经济学的视角，对国有企业技术创新战略的理论框架进行建构，梳理了国有企业技术创新演变的总体脉络，探究了演变背后的逻辑与动因。依据不同时期改革的特点，将国有企业改革的40年进程划分为以下三个阶段：

一、基于政府指令型的国有企业技术创新（1978年底到1993年10月）

改革开放以后，国家出台的一系列政策带来制度环境与市场环境的变化，推动着经济体制由计划向市场转变，企业开始注重市场再创新的作用。但由于外部环境对企业创新产生的影响表现为自我抑制，因此环境选择对该

时期的创新过程产生负反馈效应。基于政府指令型的国有企业技术创新的主要特征包括计划经济体制居于主导地位、对创新行为的激励不足、创新资源基础薄弱，这与社会主义市场经济体制尚不成熟，以及"短缺经济"的经济背景有关。

二、基于引进—消化—吸收—再创新模式的国有企业技术创新（1993年11月到2013年10月）

随着对外开放政策和经济体制改革的不断深入，企业开始强调对外开放，引入先进技术（工艺/设备），最终实现从引进技术、吸收集成的"二次创新"向原始创新的"一次创新"跃迁。值得注意的是，我国"入世"的环境选择对这一适应性学习过程的实现产生正反馈效应。基于引进—消化—吸收—再创新模式的国有企业技术创新的主要特征表现为复杂的非线性过程与多要素组合的过程，以及各环节的紧密联系、内在统一。在这一创新过程中，技术引进的特定范式、企业技术能力的动态演化以及企业行为的不断调整发挥着重要作用。

三、基于创新生态系统的国有企业技术创新（2013年11月至今）

这一时期，国有企业已基本实现市场化，创新主体之间、创新主体与创新环境之间形成相互依存的关系，相应地，企业间的竞争由单个主体的竞争演化为"创新生态系统"之争。环境的不确定性也对企业的搜寻与适应性学习提出更高要求。基于引进—消化—吸收—再创新模式的国有企业技术创新的主要特征表现为企业之间构成多维网络结构、组织间合作形成网络倍增效应、创新生态系统是各国有企业的有机统一。互联网的蓬勃发展与混合所有制改革的推进成为推动这一时期国有企业技术创新的关键力量。

通过对国有企业改革不同阶段国有企业技术创新的基本框架、特征和关键要素的分析，有利于实现对国有企业技术创新演化路径的整体把握。随着国家对创新投入力度不断加大，对创新体系持续完善，我国总体创新能力将会进一步提升。

第十七章 国有企业社会责任的发展与演进

社会责任不仅是国有企业作为一般企业存在的价值反映，更是国有企业"国有"特殊性质的天然要求。通常而言，国有企业社会责任的理解与认知可以分为应然与实然两种视角，但按照历史和逻辑相一致的马克思主义方法论，无论是基于应然视角还是实然视角，客观理性的分析均不能忽视国有企业改革40年来的历史演进。国有企业作为一种制度安排（黄速建、余菁，2006），其在当下与未来的发展正是改革开放以来企业与经济社会持续共同演化的结果。相应地，附着于或内嵌于国有企业的社会责任，无论是目前的应然还是实然，也都必然是宏观共同演化与微观共同演化的产物。因此，透视40年来国有企业社会责任的发展轨迹与演进脉络，对于科学理解和合理认知国有企业社会责任在新时代的演变规律与发展方向具有重要价值。

第一节 国有企业社会责任发展与演进的总体脉络

"不谋全局者，不足谋一域"。国有企业社会责任发展与演进必须置于国有企业改革的整体性背景与全时序情境予以透视，因为只有从纷繁复杂的历史事件和庞杂众多的社会现象中清晰梳理出发展脉络，才可能深刻洞察国有企业社会责任发展与演进的历史逻辑和基本规律。

一、国有企业社会责任发展与演进的基本逻辑

随着国有企业改革的持续深入和全球企业社会责任运动的不断兴起，国有企业社会责任日益成为热点研究问题，大量学者致力于对国有企业社会责任的理解与认知研究，并基于不同视角形成对国有企业社会责任的差异化解构框架。然而，综观已有研究成果，主流研究范式和基本逻辑路径主要有两种：一种是沿着"国有企业性质—国有企业目标—国有企业社会责任"（黄速建、余菁，2006；吴照云、刘灵，2008）或"国有企业性质—国有企业功

能—国有企业社会责任"（乔明哲、刘福成，2010）的研究链条予以展开；另一种是按照"一般企业社会责任+国有企业特殊性=国有企业社会责任"（沈志渔等，2008）的研究思路进行解析。第一种逻辑路径以"国有企业"为认知原点，背后遵循的基本思想是企业运行的一般规律，即"企业本质决定企业使命功能，功能定位决定目标方向，目标取向决定运作内容与方式（包括社会责任）"；第二种逻辑路径以"企业社会责任"为推演基础，背后隐含的基本思想是企业社会责任的一般生成逻辑，如社会责任源于自愿的慈善行为、社会对企业行为的期望、企业对社会的影响、对契约精神的遵循、社会权利与社会义务的匹配、企业对社会压力的回应、企业对社会风险的管理、企业对综合目标的平衡、企业对最大化社会福利的贡献（李伟阳、肖红军，2011）。这两种逻辑路径都有一定的合意性，能够为理解国有企业社会责任提供不同角度的思路借鉴，但它们同时也都存在不同程度的缺陷和不足。第一种逻辑路径忽略了理解现代意义企业社会责任的基础即企业与社会关系问题（Swanson，1999），容易通过由外而内地把依据功能定位所确定的企业责任或赋予的宏观功能等同于企业社会责任，结果可能会造成对国有企业社会责任理解的泛化或窄化；第二种逻辑路径又将国有企业作为一种特殊组织形式对企业社会责任概念简单套用之嫌，缺乏从企业社会责任认知原点开始对国有企业进行全逻辑链条的再审视，结果可能容易造成对国有企业社会责任理解的表面化或碎片化。进一步来看，这两种逻辑路径往往都止步于或完全聚焦于对国有企业社会责任内容的认识，对于国有企业社会责任的实现问题则涉猎较少或没有成为整个逻辑链条的组成部分，而后者却是当前企业社会责任研究重点从"解释问题"向"解决问题"转移大趋势下的关注重点。

事实上，国有企业社会责任发展与演进的透视就是要将其全部的历程细化为无数个静态的切片，对具有重大里程碑意义的切片开展深度解构，并将它们串联起来进行规律挖掘。在这一过程中，特定时点上静态的国有企业社会责任发展切片重点从两个方面予以刻画：国有企业社会责任的认知和国有企业社会责任的实现。对于前者，合理的方式是在借鉴上述两种逻辑路径可取之处的基础上，从企业社会责任的认知原点出发，结合企业运行的一般规律，将国有企业作为一种"特殊的企业"置于企业社会责任理解的全逻辑链条进行深入再剖析，保证国有企业社会责任认知的逻辑自洽性、内外一致性和构面系统性。企业社会责任，就是企业对社会负责任的行为（李伟阳、肖红军，2009），而企业"为什么要对社会负责任""对社会负什么责任""怎么对社会负责任"的认知原点则是对企业本质的理解,因为对企业本质的不同认知将形成不同的企业社会责任观和企业社会责任边界观(李伟阳,2010),比如新古典经济学的企业本质观形成了 Friedman(1962)等"唯赚钱论"的企业社会责任观,而新经济社会学的企业本质观则导致 Porter 和 Kramer(2006)"战略性"企业社会责任观的出现。更为清晰的逻辑链条是,企业本质的差异化认知一方面意味着企业存在价值的不同,并表征化为企业使命和功能定位的差异化,另一方面还意涵着企业与社会不同主体之间的分工不同,并反映出企业与社会关系类型、内容和界别的差异化。使命功能定位、企业与社会关系将共同决定企业履行社会责任的范畴,形成特定企业本质认知下的企业社会责任内容边界。按照企业社会责任认知的这一逻辑链条,国有企业社会责任的理解首先需要回到国有企业本质的认知原点和逻辑起点,以此为基础分析国有企业的使命功能定位以及界定国有企业与社会之间关系,进而确定国有企业社会责任的内容边界,如图17-1所示。从实际发展与演变来看,在国有企业改革的不同时期,对国有企业本质的认知、国有企业使命功能的定位、国有企业与社会之间关系的界定等都有很大的变化,由此导致对国有企业社会责任的内容边界划定也明显不同。

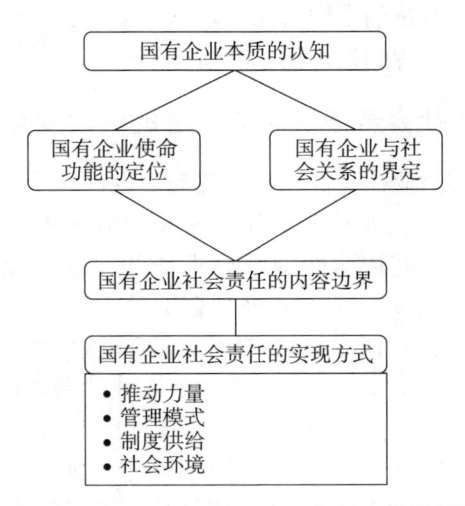

图 17-1 国有企业社会责任发展与演进的逻辑框架

对于后者,国有企业社会责任的认知实际上界定了国有企业承担社会责任的实践范畴、主要内容和核心议题,而国有企业社会责任的实现则是回答国有企业如何将这种认知所形成的社会责任内容和核心议题转化为实践落地，即国有企业社会责任的落实机制。从实现方式来看，一般性企业将社会责任付诸实践取决于履责意愿、履责管理和履责环境三个关键因素。国有企业的履责意愿除了"国有"特殊性天然内生出国有企业承担社会责任的动力之外，形形色色的社会主体期望甚至要求企业回应社会需求（Ackerman and Bauer，1976）、应对社会压力（Frederick，1986）和管理社会问题（Wartick and Cochran，1985）而形成的企业社会回应（Frederick，1994）也成为国有企业承担社会责任的外部驱动机制，因此外部推动力量是构成国有企业社会责任实现方式的重要维度。国有企业的履责管理是将企业内生与外源的履责意愿转化为履责行动的关键机制，因为如德鲁克所言，企业社会责任所强调的企业利益与社会利益之间一致性并不能像新古典经济学者所想象的那样能够自动实现，而是需要依靠管理，因此实践企业社会责任本质上是一场"静悄悄的管理革命"（李伟阳、肖红军，2010）。国有企业的履责环境是企业承担社会责任的约束性或促进性条件，是社会大系统中与企业开展负责任行为相关联的环境要素。履责环境既包括以正式制度为主体的制度环境，即强制性或诱导性的制度供给，也包括以公民社会、社会思潮为重点的社会环境。实际上，国有企业承担社会责任的推动力量、管理模式、制度供给和社会环境等要素在国有企业改革的不同时期呈现动态演化，表明国有企业社会责任的实现方式随着改革进程的推进而不断演变。

二、国有企业社会责任发展与演进的阶段变化

一些学者对国有企业社会责任的发展与演进进行了不同视角的研究，并对新中国成立以来国有企业社会责任的发展与演进阶段做了划分与特点分析。沈志渔等（2008）将国有企业社会责任的变迁划分为三个阶段：1949年新中国成立到1978年的国有企业办社会阶段、1978年改革开放开始到20世纪末社会职能与社会责任双重缺失阶段、20世纪90年代以来社会责任意识建立与发展阶段。郭洪涛（2012）将国有企业社会责任发展历程划分为五个阶段：1949～1957年属于核心地位的确立阶段、1958～1978年属于企业办社会阶段、1979～1991年"双轨制"时期属于逃避社会责任阶段、1992～2001年属于经济责任确立阶段、2002年至今属于经济责任和社会责任并行阶段。龙文滨和宋献中（2012）从合法性的角度将国有企业对投资者、员工和消费者的责任演进划分为四个阶段：前改革期、体制下放式改革期、市场经济改革转型期和现代企业制度改革期。陈孜昕（2014）根据国有企业承担社会责任的结构和内容不同，将国有企业社会责任的演变过程区分为三个阶

第十七章 国有企业社会责任的发展与演进

段:计划经济时代的国有企业社会责任错位、20世纪80年代至20世纪末的国有企业社会责任迷失、1998年以来国有企业社会责任的强化。李晓琳(2015)也将国有企业社会责任的历程划分为三个阶段:计划经济时代国有企业的社会责任、改革开放初期国有企业的社会责任、全面建设小康社会时期以来国有企业的社会责任。王媛(2017)按照责任形态的差异,将国有企业社会责任的变化过程细化为三个阶段:计划经济时期的职能性责任、20世纪90年代中期前的经济性回应为主导、20世纪90年代后期至今的社会性回应逐渐发展。深入分析这些阶段划分的背后依据,主要可以归结为三类:第一类是依据经济体制改革的历史阶段予以划分,如龙文滨和宋献中(2012)和李晓琳(2015)的观点;第二类是依据国有企业在不同时期的整体社会责任表现予以划分,如沈志渔等(2008)、郭洪涛(2012)和陈孜昕(2014)的观点;第三类是依据国有企业在不同时期的社会责任性质与内容予以划分,如王媛(2017)的观点。这三类依据对于划分国有企业社会责任发展与演进的阶段都有一定的合理性,但也存在两个方面的缺陷与不足:一方面,无论是作为影响因素的经济体制改革,还是作为特征刻画的整体社会责任表现或社会责任性质与内容,均没有深入到国有企业社会责任在不同时期变化的深层逻辑,因此以这些依据进行划分有表象之嫌;另一方面,这些依据对于国有企业社会责任发展与演进的审视维度和刻画构面相对单一,难以全面或准确地反映出不同时期国有企业社会责任发展与演进的基本特征,可能会导致阶段认知与划分的片面性。鉴于此,需要对改革开放以来国有企业社会责任发展与演进的阶段划分进行重新审视和更加合理的界定。

为了克服已有阶段划分成果的缺陷与不足,充分反映国有企业社会责任发展与演进的深层逻辑,全面展示不同时期国有企业社会责任发展的关键特征,我们将采用本原性要素为主要依据、表征性指标为补充依据的方法对改革开放以来国有企业社会责任的发展与演进进行阶段划分。按照国有企业社会责任研究的基本逻辑链条,国有企业社会责任发展与演进的本原性要素是对国有企业本质的认知,而表征性指标则是国有企业社会责任的实践内容与实现方式。从本原性要素来看,国有企业改革的重大转折往往都源于对国有企业本质认知的重大转变,进而导致国有企业使命功能定位发生重大调整,并据此促使国有企业社会责任发展出现重大变化。从表征性指标来看,在对国有企业本质形成特定认知的情境下,国有企业社会责任发展还受到多重因素影响,这些因素的演变不仅会传导至国有企业社会责任实现方式的多个维度,而且共同推动国有企业社会责任发展呈现出新的阶段属性。基于此,依据不同时期对国有企业本质认知的重大转变以及国有企业社会责任实践内容与实现方式的显著变化,改革开放40年来国有企业社会责任发展与演进可以划分为四个阶段,如图17-2所示:1978~1993年为不完全企业下的责任错位阶段、1994~2005年为真正意义企业下的责任弱化阶段、2006~2013年为现代企业意义下的责任重塑阶段、2014年至今为企业新定位下的责任创新阶段。

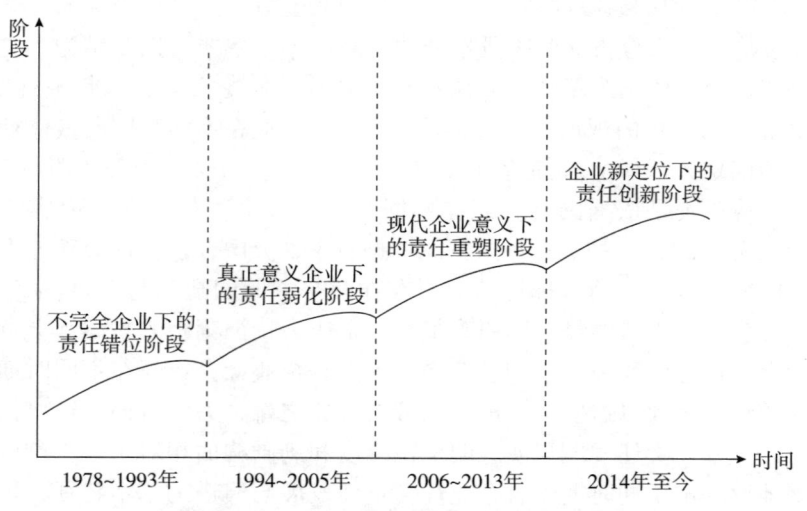

图17-2 国有企业社会责任发展与演进的阶段划分

第二节 不完全企业下的责任错位阶段
（1978~1993年）

随着全党工作重点转移到经济建设上来,针对新中国成立以来长期实行的高度集中计划经济体制出现的突出矛盾和弊病,以及一直成长于这种体制下的国有企业集中暴露出的根本性缺陷和重大弊端,自1978年底开始,中国拉开了旷日持久、声势浩大、艰苦卓绝的国有企业改革帷幕。国有企业改革的"路径依赖"（赵凌云,1999;辛迪诚,2008）和"渐进性"（罗仲伟,2009;黄速建等,2008）使得初始15年的国有企业改革将重点置于政府与企业责权利关系的调整,"放权让利"和"两权分离"并没有触及"国有企业本质"的改革,国有企业作为国家机关附属物的角色没有发生根本变化,国有企业没有成为真正独立的自主经营和自负盈亏的经济主体,即国有企业依然是不完全企业。相应地，也就没有真正意义和现代意义上的企业社会责任问题，"企业办社会"的延续和政府赋予的经济责任使得这一时期国有企业社会责任实践呈现出明显的"错位"。

一、国有企业本质与使命功能定位

这一时期的国有企业改革以"放权让利"为核心特征，其实施依据和背后逻辑是传统国有企业体制模式下企业成为行政的附属物，严重缺乏积极性和活力，国有企业应当成为具有一定自主权和经济利益的独立经济实体。1978年7~9月召开的国务院务虚会就指出，"企业是基本的生产单位"，要给企业以"经济权限和经济利益"，不能"把各企业当作任何主管机关的附属品，当作只能依靠上级从外部指挥拨动的算盘珠"①。随后，党的十一届三中全会公报指出："现在我国经济管理体制的一个严重缺点是权力过于集中，应该有领导地大胆下放，让地方和工农业企业在国家统一计划的指导下有更多的经营管理自主权。"对国有企业这一本质认知的最具代表性观点是蒋一苇（1979，1980）提出的"企业本位论"，认为企业是现代经济的基本单位，应当具有独立的经济利益，社会主义企业是一个既有权利也有义务、自主经营和自主发展的能动主体。之后，1984年10月党的十二届三中全会通过了《中共中央关于经济体制改革的决定》，提出"要使企业真正成为相对独立的经济实体，成为自主经营、自负盈亏的社会主义商品生产者和经营者，具有自我改造和自我发展的能力，成为具有一定权利和义务的法人"。从改革实践来看，这一时期采取了扩权让利试点、经济责任制、利改税、承包经营责任制、租赁制、股份制试点等一系列举措，重点都是着眼于调整政府与企业的责权利关系，包括所有权与经营权的分离。

无论是从当时对国有企业本质的认知深度还是从国有企业改革实践的实用主义思维（张文魁，2008）来看，这一时期的国有企业不能实际上也没有真正成为自主经营、自负盈亏的独立经济实体，因为放权让利虽然扩大了企业内部的经营管理权，但国有企业边界刚性的格局基本上并未改变，而边界刚性的约束条件使国有企业的目标函数受到很大影响（张宇燕、何帆，1996）。即使是两权分离，也不能使国有企业成为真正的企业（周叔莲，2000；魏杰，2009）。正因如此，日本著名经济学家小宫隆太郎（1986）就做出断言：计划经济体制下"中国不存在企业，或者几乎不存在企业"。也

---

① 李先念. 李先念文选［M］. 北京：人民出版社，1989.

就是说，这一时期的国有企业还不能算是"企业"（刘世锦，1995），它们总体上仍然是"社会大工厂"的一个基层生产单位（郭劲光、高静美，2003），是兼有生产、社会保障、社会福利和社会管理多种职能的"社区单位"（刘世锦，1995）。由此可见，国有企业在这一时期并没有完全摆脱政府机关附属物的角色，企业与政府之间的行政关系并未有效割裂，企业的资源配置很大程度上仍然由政府支配，人、财、物、供、产、销等都会受到政府的行政干预。从使命功能定位来看，国有企业不仅是"国民经济中的主导力量"，而且很大程度上依然是政府进行社会管理和社会服务的直接实施主体。

二、国有企业与社会之间的关系

虽然从1984年10月起中国开启了发展"社会主义有计划的商品经济"的征程，这一时期市场经济得到了一定程度的发展，但总体上社会分工水平不高、市场化水平不高的状况没有得到根本性改变。虽然放权让利、两权分离的改革试图让国有企业从政府与社会的严重钳制中解放出来和独立出来，但政企不分、政社不分、企社不分的现象仍然相当普遍，尤其是国有企业与社会之间的关系依旧较为模糊。作为长期计划经济体制下企业制度模式的惯性延续，国有企业总体上依然表现为经济组织的"单位化"（于淼，2006），而"单位"在社会学看来，一般被认为是一种承载社会整合使命和保障功能的组织形式（邓正来，1998）。"单位"很大程度上是一个社会的缩影，内部齐全划一的构成几乎能够满足人的所有方面需要（董保华，2006）。在这样一种制度安排下，一方面，个人所面临的各种问题没有必要到"单位"之外去寻求解决；另一方面，"单位"外部实际上也不存在支撑问题解决的社会化渠道和空间，结果是整个社会被压缩至"单位"中。因此，这一时期虽然出现单位体制外组织的萌生，但单位制仍然是一种社会基础秩序，甚至这一时期被认为是"重建单位制"阶段（吕方，2010）。随之而来的则是整个社会很大程度上保持"单位社会"特征，"国家—单位—个人"的社会架构体系占据主体地位，即"单位"依赖于国家（政府），个人依赖于"单位"。

在"单位社会"里，国有企业作为"企业单位"，不仅是一个生产性组织，而且成为人们的生活重心，一定程度上可以看作是准"生活共同体"（李路路、李汉林，2004），因为人们"生命历程"中的各类"时机"和各类"生活事件"（爱尔德，2004）都以此为载体予以展开，国有企业是个人人生价值在社会中扩展的原点。国有企业俨然延续着传统体制下的"小社会"属性，是"大社会"的微型模具，是"基本的调控单位和资源分配单位"（王沪宁，1995），呈现出自我封闭性、行政主义、身份主义和关系主义。国有企业生产出企业成员的"单位身份"，决定他们的社会化身份、地位和分配方式，同时还是城市社区的重要节点甚至核心节点，执行着经济功能之外的社会功能，承担西方社会中属于社区的职能，实际上表现为一个"社会单位"。由此可见，这一时期国有企业与社会的边界较为模糊，国有企业在现实中仍然没有褪去"小社会"的浓厚色彩，封闭性和实际独立性的缺乏使得国有企业与消费者、供应商、银行等外部利益相关方较少打交道。

三、国有企业社会责任的实践内容

政企不分、企社不分引致的结果是国有企业在这一时期承担社会责任的错位，"企业办社会"的延续让国有企业继续承担着不合时宜、苦不堪言的无限责任，企业的责任边界被无限放大。"企业办社会"包括内部和外部两个方面的内容（辛小柏，1997）。前者一方面表现为国有企业创办和建设"大而全、小而全"的社会服务体系，社会服务的许多条件都在企业内部得以实现，如企业办学校（指普及型学校）、办医院、办幼儿园；另一方面表现为企业对职工提供"从摇篮到坟墓"的一揽子福利和保障，承担对职工的无限责任，包括生、老、病、死、吃、喝、拉、撒、睡以及政策、文化等全方位服务，甚至很多企业不仅要对职工本人负责，还要对其子女的入学、就业负责。后者是由于国有企业与地方政府在职能划分上模糊，加之相对滞后的社会服务和不规范的行政方式，并受到诸如"人民公路人民建""携手公益建设"等宣传口号的影响，本来应当由地方政府承担的许多公益建设投入往往会通过某种方式强推给国有企业。"企业办社会"的延续与当时的历史情境密切相关，但"企业办社会"绝不是现代意义上的企业社会责任，它是社会分工不充分、服务社会化不足的结果，本质上是"低效率的"（王志强，2001）。

从承担经济责任来看，国有企业是经济体制改革的微观主体，这一时期的扩权让利试点、经济责任制、利改税、承包经营责任制、租赁制、股份制试点等改革举措促使国有企业开始树立和不断增强"经济责任"意识，部分改革举措甚至带来了国有企业经济效益的可观改善。但是，由于制度设计的不完善、制度执行的偏离，特别是受制于政企不分、政资不分，国有企业履行经济责任的能力和水平并没有达到预期，甚至出现背离国家产业结构调整和合理化方向的现象，频现企业滥发工资奖金、投资不计效益等短期行为，内部人控制失控现象也迅速滋长（周叔莲，2000），因此可以认为这一时期国有企业对于经济责任的履行也存在某种程度的异化。在这一时期,无论是政府、社会还是企业,改革的着眼点都聚焦于"经济责任",很大程度上缺乏环境保护意识、环境保护能力和环境保护行动,因此国有企业对于"环境责任"的承担较为缺失。从履责对象来看,国有企业除了对内部利益相关方即职工承担无限责任外,因为与外部利益相关方打交道相对较少,自然也较少关注和采取实际行动履行对各外部利益相关方的责任。

四、国有企业社会责任的实现方式

严格来讲,国有企业在这一时期的责任错位意味着很难谈及现代意义上的企业社会责任实现方式问题,但从历史演变角度来看,考察国有企业在当时所谓"履责"实现方式的不同维度表现,将有助于对国有企业社会责任发展与演进分析保持连续性与一致性,能够为之后的国有企业社会责任发展与演进研究提供背景性支撑。从推动力量来看,无论是"企业办社会"还是异化的经济责任,国有企业行为方式最为重要的影响力量都来源于政府,长期形成与延续的行政干预模式使得政府本质上依然是国有企业具体运行的主导力量。从管理模式来看,一方面,当时国有企业在管理理念、管理体制、管理方式、管理方法、管理手段等方面都较为落后,大部分国有企业甚至可以说没有真正的"管理",即使是对在现在看来属于社会责任内容范畴的安全议题,当时的管理也只是从运营需要视角予以开展,十分粗放且完全没有责任议题思维;另一方面,当时国有企业因为缺乏真正意义上的企业社会责任,根本不具备进行社会责任管理的对象基础和要素基础,因此现代意义上的企业社会责任管理更是无从谈起。从制度供给来看,当时针对国有企业的制度设计与制度落实基本上都聚焦于"经济改革",如党的重要会议报告主要是明确国有企业改革的方向,1986 年国务院出台的《关于深化企业改革增强企业活力的若干规定》、1988 年颁发的《全民所有制工业企业法》、1992 年颁发的《全民所有制工业企业转换机制条例》等也都是为国有企业的"经济改革"提供制度安排,而针对国有企业履行社会责任的对象和议题相关的制度供给则极其缺乏,这是由当时的经济体制改革重点和时代背景所决定的。但也有例外,1993 年中国出台《消费者权益保护法》,为之后国有企业履行对消费者的责任奠定了制度基础。从社会环境来看,一方面,受到长期计划经济体制下社会思潮的影响,社会公众对当时国有企业过度承担责任具有普遍的期望,对"企业办社会"仍保留强烈预期甚至根深蒂固,由此国有企业实际上面临着不合理的社会期望;另一方面,这一时期的各种改革策略和解释模式较少涉及重新建构一个带有一定自主意义的社会，Giner（1995）所指的公民社会应当具备的五个条件即个人主义（Individualism）、私人权（Privacy）、市场（Market）、多元主义（Pluralism）和阶级（Class）严重缺乏，几乎可以说公民社会还没有起步。需要指出的是，这一时期官办性质的非营利性社会团体开始搭建平台，如1989年10月中国青基会发起实施希望工程，为后来国有企业履行社会责任提供了重要渠道和载体。

第三节 真正意义企业下的责任弱化阶段（1994~2005年）

"放权让利"的利益约束改革和"两权分离"的契约约束改革（郭劲光、高静美，2003）并没有触及传统体制下企业制度最核心的产权问题（章迪诚，2008），而企业财产（产权）关系上存在的制度性缺陷被认为是国有企业出现各种弊端的根源。于是，在1992年确立"社会主义市场经济"目标以后，1993年11月中共十四届三中全会开启了国有企业改革"制度创新"阶段，国有企业制度重建的结果是构建出产权清晰的真正意义企业。与此相对应的，则是国有企业由原来承担过度责任的"企业办社会"转向市场经济下片面追逐利润而忽视承担非经济性责任（沈志渔等，2008；陈孜昕，2014），国有企业对于履行社会责任的意识和实践表现均明显"弱化"甚至"迷失"。

一、国有企业本质与使命功能定位

鉴于传统国有企业产权制度下"财产的非人格化走到了极致"（科尔奈语）（罗仲伟，2009），并着眼于构造适应于社会主义市场经济体制的微观运行基础，以产权改革为主要特征的"制度创新"或"制度重建"成为这一时期国有企业改革的重点，结果是推动国有企业彻底摆脱国家机关附属物的角色和地位，走上真正意义上的企业的建设之路。1993年11月中共十四届三中全会通过的《关于建立社会主义市场经济若干问题的决定》指出，国有企业改革的方向是要建立现代企业制度，其基本特征是产权清晰、权责明确、政企分开、管理科学，由此使国有企业成为自主经营、自负盈亏、自我发展、自我约束的法人实体和市场竞争主体。同年12月，《中华人民共和国公司法》在八届人大五次会议上通过，为国有企业构建现代企业制度、建设成为真正意义上的企业提供了法律依据。1997年9月党的十五大和1999年9

月党的十五届四中全会对股份制进行了全面肯定，提出国有大中型企业可以进行公司化改制成为股份制企业，这标志着国有企业改革与发展真正进入按照国际通行规范建立现代公司的阶段（吴敬琏，2003）。之后，2003年10月党的十六届三中全会通过《中共中央关于完善社会主义市场经济体制若干问题的决定》，提出要建立"归属清晰、权责明确、保护严格、流转顺畅"的现代产权制度，最终明确股份制是公有制的"主要实现形式"。由此可见，这一时期随着对国有企业本质认知的深化和国有企业改革战略主义思维（张文魁，2008）的落地，国有企业与市场经济融合的步伐加快，国有企业作为市场经济下一般性企业的角色得到强调，国有企业由国家机关附属物转变为独立的法人实体和市场竞争主体。

从使命功能定位来看，这一时期是中国社会主义市场经济体制初步建立与开始完善的过程，也是国有企业开始成为市场与政府双重替代物（程承坪、程鹏，2013）的过程。从微观层面来看，国有企业作为市场经济下的一般性企业，其基本功能是向社会提供产品与服务，而作为"国有"的特殊企业，其提供的产品和服务以及产品和服务的提供过程应当体现国家意志（袁辉，2014）。从宏观层面来看，党的十五大、党的十五届四中全会和党的十六大都明确指出，"国有企业是我国国民经济的支柱"，因为在社会主义市场经济体制下，国有企业不仅是政府干预经济的手段，还是政府参与经济的手段（黄速建、余菁，2006）。在这一时期的经济转轨过程中，国有企业的使命功能定位是要解决三类"失灵"问题（吕政、黄速建，2008；黄速建等，2008）：一是解决发达国家普遍面临的一般性市场失灵问题，如公共物品的提供、自然垄断行业产品和服务的提供、宏观调控职能的发挥和国家安全的保证；二是解决转轨国家特有的市场失灵问题，如建立社会保障体系等"制度变迁"成本；三是解决发展中国家特有的市场失灵问题，如实现国家主导下的"经济赶超"战略。就第一个使命功能而言，党的十五大要求从战略上调整国有经济布局，国有经济必须在关系国民经济命脉的重要行业和关键领域占据支配地位；党的十五届四中全会更是明确指出，国有经济需要控制四大行业和领域，即涉及国家安全的行业、自然垄断的行业、提供重要公共产品和服务的行业以及支柱产业和高新技术产业中的重要骨干企业；党的十六届三中全会要求进一步推动国有资本更多地投向关系国家安全和国民经济命脉的重要行业和关键领域。就第二个和第三个使命功能而言，国有企业改革能够促进包括多层次社会保障制度在内的社会主义宏观经济制度与社会治理体系的建立和不断完善，有效增强中国经济总体的国际竞争力（黄速建等，2008）。

二、国有企业与社会之间的关系

社会主义市场经济体制的建立过程，尤其是以产权改革为主要特征的"制度创新"或"制度重建"过程，本质上也是长期存在的单位制和"单位社会"从根基上彻底动摇和瓦解的过程，与之相伴随的则是国有企业与社会关系的彻底重构。这一时期，在各项重大深层次经济体制改革举措的推动下，"单位社会"作为一种被"制度锁定的社会""丧失活力的社会"和"平均主义的社会"（田毅鹏、吕方，2009），按照四个步骤的轨迹逐渐消解和终结，即"第一波是单位体制外组织的萌生；第二波是单位成员向体制外流失；第三波是单位职能向社区转移；第四波是单位自身大量破产、改制，导致单位社会的最终解体"（华伟，2001），取而代之的则是一种新的社会生活形态的孕育与形成，整个社会进入所谓的"后单位社会"。相较于"单位社会"，在"后单位社会"中，生活中心由单位向社区转变，社会就业的特征由一元、凝滞向多元、流动转变，单位福利向社会保障转变，"计划"思想向市场意识转变，"单位人"向"社会人"转变（姜地忠、王国伟，2006），社会架构体系则由"国家—单位—个人"向"国家—社区、社会团体—个人"转变，单位组织承载的社会公共性转移至社区与社会团体。

"后单位社会"一方面突出市场经济下不同社会主体或单元的合理社会分工，将本不应该由国有企业承担的过度社会功能从其肩上卸载下来，让原本模糊的政企关系、政社关系、企社关系变得相对清晰，国有企业的独立性得到根本性增强；另一方面也因单位制的消解而使社会呈现原子化动向，社会联结出现中断与错乱（田毅鹏、吕方，2009），包括国有企业在内的社会主体都像散落于社会中的一个个原子，它们之间的相互联系明显减少，同类主体之间的"跨单位组织"也尚未有效建立，国有企业与社会之间的联结变得简单、脆弱甚至缺失。"后单位社会"的另一个显著特征则是对市场主义的崇尚导致波兰尼（Polanyi）所说的"市场社会"逐渐显现，因为"市场对经济体制的控制会对社会整体产生决定性的影响，即视社会为市场的附属品，将社会关系嵌含于经济体制中，而非将经济行为嵌含在社会关系里"（Polanyi，1944）。如果说"单位社会"是经济活动过度内嵌（Embedded）或锁定于一个个"小社会"之中，那么"后单位社会"则是经济活动脱嵌（Disembeded）于社会之外，甚至整个社会反过来内嵌于市场之中。与之相匹配，作为社会市场经济体制下的微观主体，国有企业在这一时期与体制之外的民营企业类似，很大程度上受到所谓的"市场逻辑"支配，可以说是脱嵌于社会之外。

三、国有企业社会责任的实践内容

国有企业在这一时期履行社会责任可以从宏观和微观两个层次予以理解，前者即宏观层面国有企业的使命功能、存在意义和应尽的社会承诺，后者由微观层面国有企业的本质属性、国有企业与社会关系所决定。从宏观层次的国有企业社会责任来看，无论是主观还是客观，无论是主动还是被动，这一时期的系列改革推动国有企业从整体上承担起解决一般性市场失灵问题、转轨国家特有的市场失灵问题和发展中国家特有的市场失灵问题，国有企业整体性的经济目标和非经济目标都在一定程度上得以实现。从微观层次的国有企业社会责任来看，国有企业个体与这一时期的一般性企业类似，在"后单位社会"中被认为是构成社会的一个个原子，在"市场社会"中脱嵌于社会之外，特别是在市场主义、效率至上的经济主义影响下，国有企业个体由原来的"管理型单位"向"利益型单位"转化，其所拥有的利益共同体功能得到空前膨胀，最大化盈利成为许多国有企业的主导性目标甚至唯一追求的目标，非经济目标在分离企业社会职能改革之下被许多国有企业完全抛之脑后，社会责任意识与社会责任行为严重弱化，陷入社会职能与社会责任双重缺失的境地（沈志渔等，2008）。这一时期的国有企业或隐或现地展现出新古典经济学所秉持的"唯赚钱论"企业社会责任观，其行为背后的逻辑与弗里德曼（Friedman）长期坚持的观点不谋而合，即"在自由经济中，企业有且仅有一个社会责任——只要它处在游戏规则中，也就是处在开放、自由和没有欺诈的竞争中，那就是要使用其资源并从事经营活动以增加利润"（Friedman，1962）。结合宏观层次与微观层次的国有企业社会责任来看，二者在这一时期实际上出现了偏离甚至背离，宏观层次的国有企业社会责任并没有传导至微观层次，而微观层次的国有企业社会责任也无法主动地支撑宏观层次的有效实现。

从应然角度来讲，这一时期国有企业因为通过产权改革而成为真正意义上的独立企业，因此在属性上理应开始具有现代意义上的企业社会责任，但实然却出现严重偏离。从承担社会性议题来看，国有企业经过"抓大放小"改革、三年脱困的"剥离债务、兼并破产、减员增效、下岗分流、结构调整"以及21世纪之初的主辅分离、辅业改制、分离企业办社会职能等改革，一方面推动政企分开、企社分开，不仅减轻了国有企业的历史包袱和社会负担，而且为国有企业在合理社会分工基础上承担社会性议题奠定了基础；另一方面也导致国有企业出现完全"甩包袱"、对社会性议题缺乏回应和参与的现象，表现出从原来过度承担的一个极端走向基本缺失的另一个极端，从之前的被动越位转变为主动缺位。由于政府对国有企业管制的放松、非国有企业迅速发展形成的巨大竞争压力以及刚从企业办社会中脱身，国有企业无暇顾及也缺乏动力关注和参与社会性议题，更谈不上形成适应于市场经济下回应和参与社会性议题的有效范式。比如，国有企业在终止对员工"从摇篮到坟墓"的无限责任之后，对于市场经济条件下员工的权益、安全健康、成长关怀等员工责任议题并没能实现良好的调适，由此招致从20世纪90年代末开始，跨国公司对其供应链上的中国企业（包括国有企业）劳工问题进行重点关注并强化管控。从承担环境性议题来看，经济主义过分强调将产出增加和收入上升等同于"发展"（张文魁，2008）的片面发展观，都催生出包括国有企业在内的企业粗放式发展模式，以牺牲环境为代价、以高强度资源消耗为前提换取增长速度成为企业普遍的做法，节约资源、保护生态、美化环境的意识与行动较为缺乏。从履责对象来看，国有企业作为独立的法人实体和市场竞争主体，与消费者、供应商、合作伙伴、同业竞争者等外部利益相关方打交道逐渐变多，但更多的主要体现为纯粹的市场交易关系，企业对外部利益相关方市场交易之外的责任承诺和承担关注较少，甚至频频出现诚信缺失、违法违规等跨越底线责任的行为。

四、国有企业社会责任的实现方式

计划经济向市场经济的转变导致国有企业生存与发展环境的易变性（Volatility）、不确定性（Uncertainty）、复杂性（Complexity）和模糊性（Ambiguity）（Bouée，2013）大大增强，国有企业决策和活动的"制度场"和"社会场"发生根本性转变，相应地，国有企业履行社会责任的实践表现与实现方式也出现转折性变化。从推动力量来看，这一时期政府聚焦于国有企业的制度性改革和经济性改革，忙于分离企业办社会职能，相对放松了对国有企业的社会管制，因此对国有企业履行社会责任的要求相对弱化。但是，随着中国对外开放的进一步推进以及卖方市场向买方市场的转变，知名跨国公司、国际组织和消费者开始成为推动国有企业履行社会责任的积极力量，只不过当时这一力量相对较弱，尚无法对国有企业履行社会责任的意愿和行为产生实质影响。从管理模式来看，随着现代企业制度建设的推进，特别是中国加入WTO之后对国外先进管理理念与方法的引进，市场经济下的国有企业组织治理和企业管理体系初步建立，其中包括企业社会责任部分议题的管理体系，如安全生产、资源环境等，但这些议题管理的运作方式主要是服务于内部管理和职能管理需要，从企业社会责任视角进行管理则相对缺乏。这一时期国有企业由于对社会责任的关注度较低，因此系统和主动的社会责任管理尚无从谈起，但随着跨国公司在其供应链上的一些中国企业中推行社会责任国际标准SA8000，以及西方的现代企业社会责任概念的逐步引入，少量的、零星的国有企业也开始探索性地涉猎社会责任管理。比如，在社会责任信息披露方面，2005年江西移动公司发布了国内第一份社会责任报告。从制度供给来看，这一时期政府在劳工权益、安全生产、社会公益、环保节约等多个领域进一步完善了相关的法律法规，为国有企业在相关社会责任议题实践上提供了强制性制度约束，但在落实与执行上并不完全到位。除了政府强制性制度供给外，一些指引性与诱导性的制度供给也开始出现，比如2005年中国纺织工业协会发布了中国纺织企业社会责任管理体系（CSC9000T）实施指导文件以及《CSC9000T 中国纺织企业社会责任管理体系总则及细则（2005年版）》。从社会环境来看，随着"单位社会"的消解，依托"单位社会"的乌托邦精神和公共精神生活迅速消逝，社会理想主义随之坠落，整个社会转向趋利的物质主义（田毅鹏、吕方，2009），社会公众对包括国有企业在内的企业更多的是市场经济下的一般性期望，社会性期望相对较弱，可以认为社会公众对企业履行社会责任期望不足。但不容忽视的是，这一时期中国公民社会开始出现"星星之火"的起步，除了较早成立的中国慈善总会外，一批致力于中国企业社会责任发展的非政府组织也开始出现，包括中国企业联合会全球契约推广办公室和可持续发展工商委员会、中国社会工作者协会企业公民委员会、中国企业社会责任联盟等，成为国有企业履行社会责任的观察者、推动者和指引者。

第四节 现代意义企业下的责任重塑阶段（2006~2013年）

针对经济体制转变带来的一系列经济社会问题以及国有企业改革不彻底问题，中国开始按照科学发展观和社会主义和谐社会建设的要求对社会主义市场经济进行完善，并进一步深化国有企业改革，逐步理顺国有资产管理体制和深入推进现代企业制度建设，推动国有企业转变为现代意义公司。特别是，2005年10月修订并于2006年正式实施的公司法，要求"公司从事经营活动，必须遵守法律、行政法规，遵守社会公德、商业道德，诚实守信，接受政府和社会公众的监督，承担社会责任"，正式开启国有企业建设富有责任感的现代意义公司的新征程。国有企业社会责任发展与演进进入责任重塑阶段，国有企业履责动力、履责内容、履责方式、履责环境和履责效果均出现重大变化，初步形成适应现代意义公司要求的社会责任系统构架。

一、国有企业本质与使命功能定位

无论是科学发展观和社会主义和谐社会建设的要求，还是经过"制度创新"之后的国有企业在社会主义市场经济建立过程中表现出来的非合意行为，都促使人们对先前过分强调国有企业的经济组织属性进行反思，而新《公司法》首次对企业承担社会责任的明确某种程度上也是这一反思的结果。这一时期的国有企业不再一味地强调在市场经济下的经济组织属性，不再纯粹突出生产和交易社会所需要的商品和服务的经济功能，而是融合地将其看作兼具生产属性、交易属性和社会属性的社会经济组织，同时强调其所拥有的经济功能和社会功能，由此成为现代意义企业。所谓现代意义企业，绝不仅仅是Chandler（1977）从结构与形式上所界定的现代公司，而是意指符合现代社会中经济系统与社会系统相互嵌入而密不可分、经济属性和社会属性内在统一而具有整合经济与社会功能的现代公司。作为现代意义企业，国有企业不是原子化的个体或组织，而是一种社会性存在和开展社会行动的法人行动者（Coleman，1990）。社会行动意味着国有企业必然经过社会化建构，由此社会属性就成为内嵌于国有企业不可分割的特性。需要指出的是，国有企业所拥有的经济属性与社会属性并不是相互割裂和分离的，而是密不可分、相辅相成的，因为经济功能是国有企业发挥社会功能的基础，而社会功能则能为企业更好地发挥经济功能明确方向（李伟阳，2010）。

从使命功能定位来看，国有企业在这一时期延续着国家干预和参与经济的角色定位，发挥弥补市场失灵的功能，但由于社会主义市场经济体制已经初步建立，因此国有企业的使命功能重点由上一阶段解决三类市场失灵问题转变为两类，即解决发达国家普遍面临的一般性市场失灵问题和解决发展中国家特有的市场失灵问题。为此，2006年，国务院办公厅转发了国资委《关于推进国有资本调整和国有企业重组的指导意见》，要求进一步推进国有资本向关系国家安全和国民经济命脉的重要行业和关键领域集中，包括涉及国家安全的行业、重大基础设施和重要矿产资源、提供重要公共产品和服务的行业以及支柱产业和高新技术产业中的重要骨干企业。2007年党的十七大也提出，优化国有经济布局和结构，增强国有经济活力、控制力、影响力。

2012年党的十八大更是明确指出，要推动国有资本更多投向关系国家安全和国民经济命脉的重要行业和关键领域。对于国有企业在弥补市场失灵中的作用，最有力的证明是国有企业在抗击2008年国际金融危机中所起到的中流砥柱作用（袁辉，2014）。除了弥补市场失灵功能外，这一时期国有企业还被赋予解决"社会失灵"（Failure of Society）问题。社会主义和谐社会建设的推进，目的就是要解决由"单位社会"向"后单位社会"和市场社会转变之后所出现的"社会失灵"，即由于社会运行机制或社会运行主体（自组织）的内在缺失，导致社会自我运行失序或社会服务提供的低效失效等现象（黄建，2015）。国有企业作为具有整合经济与社会功能的现代意义企业，被政府和社会赋予充当构建社会主义和谐社会排头兵、解决"社会失灵"问题重要参与者的期望与功能定位。

二、国有企业与社会之间的关系

按照帕森斯的结构功能主义观点，社会是一个自我平衡的系统，社会各子系统的整合是社会主义和谐社会的基础（陈成文、陈海平，2005）。社会主义和谐社会建设意味着国有企业发展不能仅仅与经济系统相协调，而应当与整个社会系统相协调。在这一背景下，根据新经济社会学的基本思想，市场是由社会行动者推动的，本质上是一个社会过程，不是单纯的抽象交易系统（White，1981），由此经济活动被认为是一种社会建构，都被嵌入在特定的社会网络和社会结构之中（Granovetter，1985），因为嵌入是"经济活动的现有社会模式的情境联结"（Granovetter，1973）。作为现代意义企业，国有企业在这一时期被认为是经济活动的社会行动者，其行为嵌入于特定的社会结构、社会文化、社会关系网络以及环境、资源关系之中，受到社会因素的影响和制约。国有企业无法脱离特定的社会关系而独立存在，因为"一个健康的企业和一个病态的社会是很难共存的"（Drucker，1973）。因此，无论是从"合法性"视角还是系统互动视角，国有企业在社会中的关系性嵌入和结构性嵌入都意味着其行为不仅要具有经济理性，而且更应该具有社会理性，并且在很多情境下，经济理性应当受到社会理性的限制。

社会主义和谐社会建设不仅要求嵌入社会中的国有企业发挥积极社会功能，而且要求作为子系统和社会器官的国有企业能够有效管理其行为的社会影响。按照社会系统论观点，社会系统由互相依赖的因素构成，影响社会系统任何部分的事情都会对社会系统整体产生影响。在社会主义和谐社会建设的背景下，国有企业在这一时期被认为是社会大系统的组成部分甚至是子系统，是社会运转的器官，国有企业的行为绝不仅仅是自身的事情，而且会对社会大系统产生影响。因此，除了"嵌入"关系之外，国有企业与社会之间的另一种关系就是"影响"，即企业"给社会、经济或环境所带来的积极或消极变化，这种变化全部或部分地来自企业过去与现在的决策和活动"（ISO，2010）。"影响"反映出国有企业作为子系统对社会大系统的作用方式，体现出局部运作对整体系统的作用效应。"影响"关系的存在意味着国有企业应当有效管理其行为对社会大系统可能造成的消极影响，降低甚至消除其行为引致的负外部性，推动企业子系统与社会大系统的协调运转和和谐发展。

三、国有企业社会责任的实践内容

基于对国有企业本质与使命功能定位、国有企业与社会之间关系的重新认知，这一时期国有企业社会责任发展进入重塑阶段，国有企业社会责任的实践内容与方式发生重大转变。根据 Wood（1991）将企业社会责任原则分为企业作为经济组织整体的制度层面、企业作为特定个体的组织层面、企业管理层的个人层面三个层次，国有企业在这一时期对国有企业作为整体、特定个体以及国有企业领导层三个层次社会责任内容（王敏、李伟阳，2008）进行了重塑，其中重点是对国有企业作为特定个体的社会责任实践进行了再造。无论是对普遍性社会问题的回应，还是对企业运营造成的社会性风险预防，国有企业均一改之前以自我为中心的原子化倾向和突出强调经济组织属性的态度，对日益高涨的社会期望进行回应。这一时期国有企业社会回应（Corporate Social Responsiveness）的内容沿着两条脉络展开：一是议题脉络，即明确和践行重点社会责任议题。2008年国务院国资委下发的《关于中央企业履行社会责任的指导意见》，将中央企业（也适用于国有企业）的社会责任内容界定为八项议题：坚持依法经营诚实守信、不断提高持续盈利能力、切实提高产品质量和服务水平、加强资源节约和环境保护、推进自主创新和技术进步、保障生产安全、维护职工合法权益、参与社会公益事业。2011年国务院国资委印发的《中央企业"十二五"和谐发展战略实施纲要》对中央企业（也适用于国有企业）履行社会责任明确为五个方面议题：诚信央企、绿色央企、平安央企、活力央企、责任央企。二是对象脉络，即确定和履行对利益相关方的责任。鉴于利益相关方理论对企业社会责任理论的补充与融合，利益相关方模式被广泛应用于企业社会责任研究与实践中（Clarkson，1995）。诸多国有企业也因此按照不同利益相关方对象，分别明确对各自不同的责任内容。然而，无论哪条脉络，这一时期国有企业社会责任实践的内容都更加全面与合理，均涵盖了经济责任、环境责任与社会责任。虽然也出现了如"三鹿奶粉事件"等企业社会责任缺失现象，但这一时期国有企业社会责任实践总体上呈现转折性变化，尤其是2008年"汶川大地震"之后，国有企业社会责任意识与实践更是显著提升，2008年因此也被认为是中国企业社会责任"元年"。

随着西方先进企业社会责任理念的引入和国内企业社会责任发展的深入，国有企业在这一时期的社会责任实践方式也出现突破，探索和创新出一些更有价值、更可持续的新模式。特别是，Porter和Kramer（2006）提出的战略性企业社会责任与Porter和Kramer（2011）提出的"共享价值"模式在一些国有企业履行社会责任中得到探索与实践。对于前者，战略性企业社会责任突破传统企业社会责任中企业经济目标与社会目标相矛盾的争论，强调企业与利益相关方、企业与社会之间的正和博弈关系，要求企业消除降低价值链活动的消极影响，转而在更高层面上实施那些既能产生社会利益又能强化企业战略的价值链活动，推动企业成功与社会进步的共同迈进。对于后者，共享价值模式是一种企业受自我利益驱动与社会使命感驱动相结合的综合价值创造模式，它立足于企业自身所拥有的资产、资源、专长和知识来解决特殊的社会需求（肖红军，2017），企业在参与解决社会问题的行动中对社会施加积极影响，创造积极的、正向的综合价值，同时通过参与行动，企业也获得更多商业机会或创造了更多的财务价值。这一时期国有企业对这两种模式进行探索与实践的典型代表是中国移动，其实施的"数字鸿沟跨越行动""气候变化应对行动""信息应用惠民行动"均与其通信服务核心业务紧密结合，既帮助解决社会问题，又促进通信业务发展。

四、国有企业社会责任的实现方式

按照共同演化思想，国有企业在这一时期转变成为现代意义企业的过程以及社会责任重塑的过程，也是国有企业与内外部环境共同演化的过程，由此社会责任重塑必然带来国有企业履责要素与环境的重构。从推动力量来看，这一时期国有企业履行社会责任的推动力量初现多元化，基本形成企业、政府与社会共同推动国有企业社会责任发展的态势。一方面，政府通过明确的高层重视、制度供给、能力培育和政策诱导等多种方式对国有企业履行社会责任提出要求和行为规范，成为推动国有企业社会责任发展最为重要的力量。这一时期，党和国家领导人在多个场合强调企业要树立科学的社会

第十七章 国有企业社会责任的发展与演进

责任观,积极承担和履行社会责任。比如,2013年3月国家主席习近平访问非洲时要求中国企业积极履行社会责任;李克强总理也明确指出"要努力提高我国企业的社会责任建设水平"。各级政府和部门通过成立专门机构、制定政策等方式要求和鼓励企业履行社会责任,例如,2012年国务院国资委成立"国资委中央企业社会责任指导委员会",为中央企业深入开展社会责任工作提供指导。另一方面,联合国全球契约(UNGC)、世界可持续发展工商理事会(WBCSD)、全球报告倡议组织(GRI)等国际组织和国内的行业协会、非营利组织与专门致力于中国企业社会责任理论研究与实践推动的社会团体以及新闻媒体等社会力量,通过发起倡议、制定指南、搭建平台、能力支持、评价监督、舆论引导等多种方式对国有企业履行社会责任提供指引和支持,成为多元协同推进国有企业社会责任发展的至关重要的力量。从管理模式来看,这一时期国有企业开启了真正意义上的社会责任管理探索,从社会责任战略、社会责任治理、社会责任融合、社会责任绩效、社会责任能力、社会责任沟通六个维度(彭华岗、楚序平,2011)构建社会责任管理体系,2012年甚至被认为是中国企业社会责任管理"元年"。以中央企业为例,2012年3月,国务院国资委提出用两年时间在中央企业全面开展管理提升活动,并明确将社会责任管理作为专项管理提升重点的13个领域之一。截至2013年,多家中央企业按照社会责任要求重塑企业的使命、价值观和愿景,形成符合企业发展战略、经营业务和文化特色的社会责任理念;全部中央企业都明确了社会责任工作机构、相关职能部门和下属单位工作责任;全部中央企业都发布了社会责任报告或可持续发展报告。特别是,一些国有企业开始探索和寻找适合自身的社会责任管理模式,如国家电网公司自2008年率先提出全面社会责任管理模式后,从2009年开始持续开展纵向到底、横向到边的全面社会责任管理试点,探索出不同层级履行社会责任的多种创新性做法和管理模式,形成了独具特色的社会责任管理新模式;中远集团建立了可持续发展管理体系,将风险管理体系、质量管理体系、安全健康管理体系和全球契约原则都融入该体系中,真正实现了社会责任理念与现有管理体系的深度融合。

从制度供给来看,这一时期国有企业履行社会责任的制度需求与供给都明显增强,从先前的制度相对缺失向诱导性制度变迁和强制性制度变迁转变。强制性制度变迁主要体现为两个方面:一是各相关政府部门针对企业员工权益、食品安全、环境污染、低碳经济等社会责任核心议题出台和完善了一系列法律法规,包括2008年开始生效的新《劳动法》,成为国有企业履行底线责任（李伟阳，2010）的重要依据。二是各级国有资产监督管理部门针对国有企业出台专门性社会责任制度文件，其中具有里程碑意义的是国务院国资委于2008年出台的《关于中央企业履行社会责任的指导意见》，对中央企业履行社会责任做出强制性制度要求。此外，多个省市国有资产监督管理部门出台了推动地方国有企业履行社会责任的制度文件，如2011年山东省国资委下发了《关于省管企业履行社会责任的指导意见》，厦门市国资委印发了《厦门市属国有企业履行社会责任的指导意见》，这些文件对地方国有企业履行社会责任做出强制性制度要求。诱导性制度变迁主要包括两个方面：一是社会责任国际标准、规范、倡议的相继发布及在国内推广，尤其是2010年正式发布的社会责任国际标准ISO26000，对国有企业履行社会责任提供了指引性、诱导性和规范性的支撑。二是各种行业性社会责任指南、规范、倡议开始大量涌现，比如《中国工业企业及工业协会社会责任指南》《中国对外承包工程行业社会责任指引》《中国电子信息行业社会责任指南》，为所在行业的国有企业履行社会责任提供了针对性、鼓励性与操作性的指导。从社会环境来看，社会主义和谐社会建设的推进，引发了人们对"后单位社会"和市场社会的反思，走出"社会迷失"的社会转型对国有企业履行社会责任的社会环境形成极大的改观，并主要表现为两个方面：一是社会各界对国有企业履行社会责任的期望日益强烈但相对理性，改变了之前预期不足与过度预期的两种困境。以此为基础，社会责任投资、可持续消费等社会责任运动开始起步并快速发展，为国有企业履行社会责任在资本市场和消费市场上提供有效激励。比如，自2008年4月国内第一只社会责任基金成立，到2012年已有6只社会责任基金成立运作；根据中国消费者协会等机构发布的《中国可持续消费研究报告2012》，90%的消费者认为自身的购买行为能够对企业的经营行为产生影响。二是公民社会发展步入加速期，国内外非政府组织、行业协会、媒体和社会责任专业机构开始变得活跃，它们通过多种方式引导和推动国有企业社会责任发展，尤其是各种社会责任评价不断涌现，成为促进国有企业社会责任向纵深方向发展的助推器。

第五节　企业新定位下的责任创新阶段（2014年至今）

随着国有企业改革逐步迈入深水区和攻坚期，国有企业一些亟待解决的突出矛盾和问题日益暴露，尤其是国有企业存在"国家使命冲突"（黄群慧、余菁，2013）对新时期国有企业的发展造成严重困扰。针对此，2013 年 11 月党的十八届三中全会通过《中共中央关于全面深化改革若干重大问题的决定》，要求"准确界定不同国有企业功能"，特别是 2015 年 9 月中共中央国务院发布《关于深化国有企业改革的指导意见》，明确提出分类推进国有企业改革，由此开启国有企业分类改革的新时代，最终形成以"新型国有企业"为主的国有经济（黄群慧，2018）。新时代带来国有企业本质的新认识、使命功能的新定位和国有企业与社会之间关系的新调整，企业社会责任上升到国家战略层面，由此国有企业社会责任发展也在重塑的基础上迈入创新阶段，社会责任理念创新、内容创新、形式创新、实践创新、管理创新、制度创新、组织创新频频涌现，形成宏观与微观创新互动、有序衔接、有机融合的良好发展局面。

一、国有企业本质与使命功能定位

随着中国特色社会主义进入新时代，对国有企业本质的认知更加丰富、更加深入和更加精细，具体反映在两个方面。一是国有企业目的属性与价值属性变得更加综合。按照帕森斯的社会功能系统"AGIL"模式，即适应功能（Adaptation）、目标实现功能（Goal Attainment）、整合功能（Integration）和模式维持功能（Latency Pattern Maintenance），所有组织根据其拥有的功能和目标可以分为四种基本类型：经济生产组织，典型的是实业公司；政治目标组织，致力于实现有价值的目标，形成和部署社会权力；整合组织，旨在实现社会的整合目标；模式维持组织，主要指那些具有"文化""教育""揭示"功能的组织（王茂福，1997）。这一时期的国有企业融合了经济生产组织、政治目标组织、整合组织和模式维持组织等各种不同的组织属性，本质上成为一个多元属性的综合组织。二是国有企业属性组合具有异质性。国有企业分类改革的背后隐含着一个基本假设，即虽然国有企业都是经济属性和社会属性内在统一而具有整合经济与社会功能的现代意义企业，但不同国有企业在经济属性与社会属性的成分组合上、经济功能与社会功能的整合程度上应当是有差异性的。如果从 Alter（2007）基于可持续发展视角提出的、涵盖从最左端传统的非营利性组织到最右端传统的纯粹商业组织六种类型组织混合光谱来看，国有企业虽然均分布于中间的混合型组织形态，但属性组合的异质性意味着不同国有企业向左或向右靠近的位置不同，呈现为不同类型的混合型组织。

从使命功能定位来看，随着新时代社会主要矛盾的转变、新发展理念的贯彻落实，这一时期国有企业在推进"五位一体"总体布局中的角色地位更加突出，不同国有企业在经济社会发展全局中的使命功能定位更加科学，具体表现在三个方面：一是国有企业弥补市场失灵的一般性功能继续得到强化。党的十八届三中全会通过的《中共中央关于全面深化改革若干重大问题的决定》指出，国有资本投资运营要服务于国家战略目标，更多投向关系国家安全、国民经济命脉的重要行业和关键领域，重点提供公共服务、发展重要前瞻性战略性产业、保护生态环境、支持科技进步、保障国家安全。二是国有企业在中国特色社会主义建设中的特殊功能得到前所未有的突出。组织域中的国有企业制度与政治域中的国家形态的联结构成一个可自我实施的互补性制度系统（邵传林，2011），国有企业应当以更开拓的视野在更大的制度系统中和更高的战略平台上定位自己。2015年9月中共中央国务院发布的《关于深化国有企业改革的指导意见》指出，国有企业属于全民所有，是推进国家现代化、保障人民共同利益的重要力量，是我们党和国家事业发展的重要物质基础和政治基础。2016年10月习近平总书记在出席全国国有企业党的建设工作会议时更是创新提出国有企业"六个力量"的使命功能定位：成为党和国家最可信赖的依靠力量，成为坚决贯彻执行党中央决策部署的重要力量，成为贯彻新发展理念、全面深化改革的重要力量，成为实施"走出去"战略、"一带一路"建设等重大战略的重要力量，成为壮大综合国力、促进经济社会发展、保障和改善民生的重要力量，成为我们党赢得具有许多新的历史特点的伟大斗争胜利的重要力量。三是不同类型国有企业的使命功能定位更加精准与细化。商业类国有企业的主要目标被界定为增强国有经济活力、放大国有资本功能、实现国有资产保值增值，更加强调经济目标；公益类国有企业则被要求以保障民生、服务社会、提供公共产品和服务为主要目标，更加突出非经济目标。

二、国有企业与社会之间的关系

随着利益共同体、责任共同体、命运共同体等概念在国内的提出及不断升华，尤其是习近平构建人类命运共同体思想的提出、丰富和创新，共同体思想、共同体范式在各种场域得到广泛认同、应用和深化。共同体不仅被表达于和塑造于国际场域和国家场域，而且频繁出现于社会场域和组织场域，学习共同体、创新共同体、价值共同体、职业共同体、宗教共同体、社会共同体、精神共同体等各种实体性共同体与虚拟性共同体大量涌现并交织构造，可以说整个社会发展正在迈向一个"共同体社会"。共同体

第十七章　国有企业社会责任的发展与演进

(Community)概念最早由德国社会学家滕尼斯（Tonnes）在1887年提出，后来经过多个学者的发展，逐渐被广泛地应用于哲学、社会学、人类学、政治学等多个学科领域（陈凯，2017）。虽然人们对共同体概念的理解迥异，但在现代社会共同体普遍被看作是一个整体的、具有社会功能的人类生活方式或组织运行方式，并可以概括为三种类型：地域性类型（如城市、社区）、关系性类型（如宗教团体、社团）、心理性类型（如利益共同体、责任共同体）。共同体既可以是有形的共同体，也可以是无形的共同体（鲍曼，2003）。无论何种共同体，现代意义的共同体更加重视"实质"而非"形式"，强调价值观理念、价值创造、利益配置、情感相依、责任分担、资源供给上的"共同性"，突出共同体运作方式上的共商、共建、共享、共治、共依，要求共同体各主体共生与共演。"共同体社会"就是指个人或组织均以现代意义的共同体为载体存在于社会中，社会由各种相互依存、相互成就、相互交叉的现代意义共同体构成。

"共同体社会"意味着国有企业与社会之间的关系超越了之前的"嵌入"和"影响"，形成互动更为紧密、互惠更加常态、共演更为高级、发展更为协同的共生关系。共生（Symbiosis）概念最初出现于生物学领域，后来逐步被应用于经济学、社会学、管理学甚至政治学，它在抽象层面上指的是共生单元之间在一定共生环境中按某种共生模式形成的关系（袁纯清，1998）。按照哲学上的社会共生论，共生具有普遍存在性，无论是社会个体还是政府、企业以及社会组织等各种类型的组织，都存在着共生，国有企业也不例外。这一时期国有企业目的属性与价值属性的综合多元特征更加显著，意味着国有企业与处于社会中的利益相关方和其他主体等共生单元有着更为广泛的物质、信息、能量交换，形成更为普遍性的共生关系。而且，在寄生、偏利共生、非对称性互惠共生、对称性互惠共生等共生四种基本模式中，国有企业与利益相关方和其他社会主体之间越来越把追求对称性互惠共生作为目标，从而形成共生单位的价值积累，同步进行、共生演化、同步发展。由此可见，这一时期国有企业与社会中各共生单元（主体）的微观共生演化集合造就了国有企业与社会的宏观共生演化，促使二者形成高级形态的动态演化共生系统。

三、国有企业社会责任的实践内容

国有企业在新时代的新定位、新使命、新关系和新角色，意味着国有企业社会责任实践内容与方式的新变化和新调整，国有企业社会责任发展与演

355

进步入责任创新阶段。这一时期国有企业超越上一阶段重在对普适性企业社会责任的引进、消化、吸收和构造上，转而强调企业社会责任的中国化、国企化、个性化和情境化，重视结合国情、社情、地情和企情进行社会责任实践内容与方式创新，形成具有中国特色和国有企业特色的社会责任内容架构与实践范式。具体来说，主要体现在以下四个方面：一是更加突出政治责任维度。虽然政治责任、经济责任、社会责任（狭义）一直被认为是国有企业的三大责任，但这一时期国有企业的使命功能新定位决定政治责任得到更加突出的强调，成为国有企业社会责任中至关重要的实践内容维度。二是更加突出国家战略导向。按照企业社会责任在宏观层次与微观层次相一致的思路，国有企业在这一时期更加强调将贯彻落实宏观层面的国家战略作为微观个体履行社会责任的优先内容，结合各自优势参与精准扶贫、"一带一路"建设、减缓气候变化、重大区域发展战略等成为国有企业社会责任的核心议题。三是更加突出责任边界的理性。国有企业在这一时期的社会责任实践变得更为理性，一方面是更加重视将核心社会功能的充分发挥作为企业的核心社会责任，避免本末倒置；另一方面是越来越注重履行社会责任内容边界的克制，对于参与解决社会问题发挥先行引领作用但不大包大揽、不越位。四是更加突出责任内容的差异化。分类改革在国有企业社会责任实践领域也得到反映，因为不同类型国有企业的功能定位和主要目标不同，尤其是针对不同类型国有企业的考核重点差异化，导致商业类国有企业和公益类国有企业在核心社会功能的充分发挥与自愿性的企业公民行为等社会责任内容上（肖红军、李伟阳，2014）表现出实践差异性。

新时代国有企业与社会之间的共生关系、国家治理体系与治理能力现代化建设的推进，都促使国有企业社会责任实践超越之前的被动性、工具理性的企业社会回应，转而更加强调主动性、价值理性的企业社会创新（Corporate Social Innovation），形成社会责任实践方式的创新。根据 Neumeier（2012）对社会创新的归类，即以组织为中心的方法（企业组织及其外部关系）、社会学第一方法（整体社会变化）、社会学第二方法（特殊群体变化），企业社会创新更多地属于第一类。由此，企业社会创新被认为是企业通过与社会部门合作参与解决社会问题的新形式，其关键在于企业与公共利益之间形成共赢的伙伴关系（Kanter，1999）。需要指出的是，企业社会创新目的和手段都是"社会性"的，最终目的是要增进社会福利，但也能增进企业个体的行动能力，因此在 Drucker（1984）看来，企业社会创新是企业履行社会责任的新途径和新范式。国有企业在这一时期开展社会创新的普遍性做法是从社会问题和社会需求出发,与政府、非政府组织等合作,通过产品、服务和技术创新而寻找到创新性的解决方案,典型的例子是国有能源企业的"光伏扶贫"。

四、国有企业社会责任的实现方式

国有企业在这一时期的责任创新是全方位的,不仅社会责任实践内容呈现多样化与特色化创新,而且社会责任的履行也出现了新思路和新范式。从推动力量来看,这一时期企业、政府与社会多元协同推动国有企业履行社会责任的格局得到巩固,尤其是中央层面将社会责任上升到国家战略层次,对国有企业履行社会责任形成巨大推动。2013年11月,"社会责任"首次出现在中央全会文件中即党的十八届三中全会通过的《中共中央关于全面深化改革若干重大问题的决定》;2014年10月,党的十八届四中全会通过的《中共中央关于全面推进依法治国若干重大问题的决定》提出,要"加强企业社会责任立法";2015年8月,《中共中央、国务院关于深化国有企业改革的指导意见》要求,社会主义市场经济条件下的国有企业,要成为自觉履行社会责任的表率;2015年10月,党的十八届五中全会明确提出,必须牢固树立并切实贯彻创新、协调、绿色、开放、共享的发展理念,增强国家意识、法治意识、社会责任意识。此外,这一时期国有企业顺应高质量发展和转型升级的要求,对以负责任的方式开展企业运营、通过履行社会责任提升企业竞争力也形成较为强烈的内生动力。从管理模式来看,这一时期国有企业加快推进由以社会责任实践为重点向以社会责任管理为关键的转变,更大力度地从关注局部的管理改进和社会风险管理转向整体的管理变革和创新责任管理模式。重点包括三个方面:一是继续完善社会责任治理与组织管理体系、社会责任内部推进制度建设、社会责任能力建设机制、社会责任绩效评价与考核机制,以便形成更加健全的社会责任管理体系。比如,2017年中国核电通过公司"十三五"企业文化、社会责任、品牌传播三位一体专项规划,进一步构架企业社会责任管理的顶层设计。二是积极推动社会责任融入企业运营,力求将社会责任理念融入公司使命、价值观、业务运营、基础管理和职能管理等各个领域,以便实现社会责任理念在企业的真正落地。比如,国家电网公司自2014年起探索社会责任根植项目制,希望通过运用项目制管理的理念和方法,逐级指导和推动各基层单位有计划、有管控、系统化、制度化、可持续地组织实施社会责任根植。三是不断加强透明度管理,创新利益相关方的沟通与参与方式,努力增强利益相关方和全社会对企业的了解、理解、支持和信任。国有企业从利益相关方沟通目标、沟通重点、沟通形式、沟通载体和沟通平台等方面都进行了创新。

从制度供给来看，这一时期国有企业履行社会责任的制度安排加快完善，强制性制度变迁与诱导性制度变迁齐头并进，企业社会责任法制化与规范化趋势日益明显。法制化制度主要包括两个方面：一是企业社会责任相关内容议题的法律法规加快出台与完善，比如《环境保护法》《安全生产法》和《食品安全法》都完成修订，为国有企业履行必尽之责任提供了更充分的依据。特别是2016年《慈善法》的发布，对国有企业开展慈善事业和增加慈善行为起到历史性作用。二是按照党的十四届三中全会提出的"加强企业社会责任立法"要求，企业社会责任促进的综合性法律法规正在加快研究与制定之中，一旦出台，必将对国有企业承担社会责任形成更强烈更明确的约束性要求。规范化制度主要包括三个方面：一是社会责任国家标准的出台，为国有企业统一社会责任认识、规范社会责任实践和开展社会责任国际对话奠定了基础。2015年6月，《社会责任指南》（GB/T 36000-2015）、《社会责任报告编写指南》（GB/T 36001-2015）和《社会责任绩效分类指引》（GB/T 36002-2015）三项国家标准正式发布。二是国有企业履行社会责任专门性制度出台，为国有企业开展社会责任实践与社会责任管理制定规范。2016年7月，国务院国资委印发《关于国有企业更好履行社会责任的指导意见》，对国有企业深化社会责任理念、明确社会责任议题、将社会责任融入企业运营、加强社会责任沟通、加强社会责任工作保障等方面提出规范性要求。三是行业性企业社会责任指南不断涌现，如《中国工业企业社会责任管理指南》、《中国信息通信行业企业社会责任管理体系》标准、《中国负责任矿产供应链尽责管理指南》、《乳制品行业社会责任指南》，为所在行业国有企业履行社会责任提供更为具体的规范。从社会环境来看，虽然这一时期一度出现"企业社会责任悲观论"（肖红军、张哲，2017）不绝于耳的异常现象，但决胜全面建成小康社会攻坚战的深入推进、"共同体社会"的快速发展以及国有企业改革的纵深推进，使得国有企业社会责任发展总体上嵌入于良好的社会环境之中。一方面，社会各界对企业社会责任的认知更加科学合理、更加理性务实，企业社会责任边界意识、社会主体自我履责意识均得到显著提升，可持续消费、社会责任投资、负责任采购等社会运动获得蓬勃发展，特别是绿色信贷、绿色债券、绿色消费、绿色采购等更是得到前所未有的实质性推进，对国有企业履行社会责任形成有效的市场激励约束机制。另一方面，公民社会发展在这一时期进入规范阶段，国家针对非政府组织、行业协会和媒体等社会责任推进机构都进行了规范性制度约束，对于出现的各种不规范机构与行为开展了清理整顿，为国有企业履行社会责任提供了更加健康的社会环境。

第六节 国有企业社会责任发展与演进的规律特征

改革开放40年来国有企业社会责任发展与演进的历程表明，国有企业社会责任既是一种认知，又是一种行为；既具宏观属性，又有微观特征；既内嵌于环境，又作用于环境；既遵循一般规律，又强调自身特殊。因此，国有企业社会责任是一个集成性、混合性和现实性的概念，国有企业社会责任发展与演进的过程是前置性因素、过程性行为和支撑性环境的系统变迁过程，反映出不同时期"政府—企业—社会"关系以及国有企业社会责任观与行为、推进方式和社会环境的更替变化，呈现出从低阶到高阶、从局部到整体、从学习到创新、从实践到管理、从回应到追求的演变规律与特征。

一、"政府—企业—社会"关系范式：追求合理化与合意性的过程

"政府—企业—社会"关系是国有企业社会责任最为关键的前置性决定因素，国有企业社会责任发展与演进的历程本质上也是"政府—企业—社会"关系调整与转变的过程，因为不同时期的国有企业社会责任发展实质性地反映出不同时期的不同类型"政府—企业—社会"关系。在不完全企业下的责任错位阶段，国有企业很大程度上仍然是国家机关附属物，政企不分、企社不分依然广泛存在，国有企业在"单位社会"中承担着过度的"企业办社会"职能。在真正意义企业下的责任弱化阶段，政企分离实质性推进，企社分离基本实现，国有企业成为自主经营、自负盈亏、自我发展、自我约束的法人实体和市场竞争主体，国有企业在"后单位社会"和"市场社会"中出现原子化倾向，政府规制放松，企业行为脱嵌于政府之外。在现代意义企业下的责任重塑阶段，政府、企业、社会的分工进行了适当调整，国有企业被认为是经济属性和社会属性内在统一而具有整合经济与社会功能的现代公司，政府对国有企业进行"以管为主"的适度管制，在社会主义和谐社会建设中国有企业嵌入于社会并对社会产生影响。在企业新定位下的责任创新阶段，政府、企业、社会的分工更趋合理化，国有企业成为目的属性与价值属性更加多元的合意性综合组织，并被认为是属性组合具有异质性的不同类型混合型组织。在迈向"共同体社会"中，政府对国有企业进行"以服为

主"的放管服改革,国有企业与社会形成互动更为紧密、互惠更加常态、共演更为高级、发展更为协同的共生关系。由此可见,国有企业社会责任在不同时期的发展与演进反映出"政府—企业—社会"关系逐步向追求合理化与合意性的方向变化,如表17-1所示。

表17-1 不同时期"政府—企业—社会"关系的演变

政企社关系阶段	不完全企业下的责任错位阶段	真正意义企业下的责任弱化阶段	现代意义企业下的责任重塑阶段	企业新定位下的责任创新阶段
国有企业本质	没有完全摆脱政府机关附属物的角色	独立的法人实体和市场竞争主体	经济属性和社会属性内在统一而具有整合经济与社会功能的现代公司	目的属性与价值属性更加多元、属性组合具有异质性的综合混合组织
国有企业使命功能定位	很大程度上依然是政府进行社会管理和社会服务的直接实施主体	解决发达国家普遍面临的、转轨国家特有的、发展中国家特有的"三类"失灵问题	解决发达国家普遍面临的市场失灵问题、发展中国家特有的市场失灵问题;解决社会失灵问题	强化弥补市场失灵的一般性功能、突出在中国特色社会主义建设中的特殊功能
政企关系	企业与政府之间的行政关系并未有效割裂	政企分离实质性推进、管制放松	"以管为主"的适度管制	"以服为主"的放管服
社会形态	单位社会(保持)	后单位社会、市场社会(转为)	社会主义和谐社会(建设)	共同体社会(迈向)
企社关系	小社会(保持)	企社分离基本实现、原子化	嵌入、影响	共生
社会责任发展程度	错位	弱化	重塑	创新

二、国有企业社会责任观与行为范式:追求高级化与自适应的过程

国有企业社会责任的发展与演进最直接的刻画就是不同时期国有企业社会责任观、动力机制、实践内容、实践方式、融入范式和管理模式的演变。在不完全企业下的责任错位阶段,国有企业并没有真正意义和现代意义上的

企业社会责任问题，它秉持的是对社会的一切"负责任"的过度责任观；政府主导是国有企业行为的主要推动力量，国有企业采取"企业办社会"的方式对职工提供"从摇篮到坟墓"的一揽子福利和保障，对国家承担异化的经济责任；国有企业将所谓的"责任"作为其核心运营的组成部分，在Yuan等（2011）提出的七种将社会责任活动融入核心业务的模式中，可以归结为"本质上以企业社会责任为导向"的模式，但属于错位性的融入范式；国有企业完全没有责任议题思维，现代意义的企业社会责任管理更是无从谈起。在真正意义企业下的责任弱化阶段，国有企业展现出"唯赚钱论"企业社会责任观，社会责任意识与社会责任行为严重弱化；政府放松对国有企业的社会管制，知名跨国公司、国际组织和消费者虽然对国有企业履行社会责任形成一定的推动，但力量较弱；国有企业主要聚焦于经济目标，无暇顾及也缺乏动力关注和参与社会性议题，谈不上社会责任实践方式与融入范式问题，在社会责任的宏观层次与微观层次出现割裂；国有企业缺乏社会责任视角的议题管理，系统和主动的社会责任管理也无从谈起，但少量的、零星的探索性地涉猎社会责任管理开始出现。在现代意义企业下的责任重塑阶段，国有企业秉持"企业社会回应"的社会责任观，企业、政府与社会等多元力量推动国有企业履行社会责任的态势初现；国有企业履行社会责任的内容涵盖经济责任、环境责任与社会责任，但更注重显性企业社会责任（Matten and Moon，2008），社会责任的宏观层次与微观层次经常出现冲突，实践方式主要是通过议题参与和回应利益相关方期望来实现，也出现战略性企业社会责任、共享价值等创新性实践模式；国有企业将社会责任融入运营与管理的方式出现多样性，涵盖Yuan等（2011）提出的七种模式中的六种，即补丁模式、强化模式、定位模式、重贴标签模式、修整模式、合作模式，并开启了真正意义上的社会责任管理探索，多维构建社会责任管理体系。在企业新定位下的责任创新阶段，国有企业树立更加系统、全面的"最大化社会福利贡献"社会责任观，内生动力与外源动力共同驱动国有企业履行社会责任；国有企业社会责任实践内容强调中国化、国企化、个性化和情境化，突出政治责任维度、国家战略导向、责任边界理性和内容差异化，同时注重隐性企业社会责任（Matten and Moon，2008）和显性企业社会责任，确保社会责任的宏观层次与微观层次相一致，并主要通过主动性、价值理性的企业社会创新来实现；国有企业更加重视将社会责任融入核心业务与企业管理，重点采取Yuan等（2011）提出的"本质上以企业社会责任为导向"模式、补丁模式、强化模式、修正模式来实现；国有企业加快推进社会责任管理转型，积极从关注局部的管理改进和社会风险管理转向整体的管理变革和创新责任管理模式。综合以上分析可以看到，国有企业社会责任观与行为范式在不同时期的演变实际上是一个追求高级化与自适应的过程，如表17-2所示。

表17-2 不同时期国有企业社会责任观与行为范式的演变

政企社关系阶段	不完全企业下的责任错位阶段	真正意义企业下的责任弱化阶段	现代意义企业下的责任重塑阶段	企业新定位下的责任创新阶段
社会责任观	对社会的一切"负责任"的过度责任观	"唯赚钱论"	"企业社会回应"	"最大化社会福利贡献"
动力机制	政府主导企业行为	外部推动力量弱	初现企业、政府与社会等多元力量	内生动力与外源动力共同驱动
实践内容	企业办社会、异化的经济责任	聚焦于经济目标	经济责任、环境责任、社会责任	突出政治责任维度、国家战略导向、责任边界理性和内容差异化
实践方式	大包大揽	纯粹市场行为	议题参与、回应利益相关方期望	企业社会创新
责任类型	—	同时缺乏显性与隐性社会责任	显性社会责任	显性社会责任、隐性社会责任
实践层次	低层级、不合理的宏观与微观一致性	宏观与微观割裂	宏观与微观经常出现冲突	宏观与微观相一致
融入范式	错位的"本质上以企业社会责任为导向"模式	缺乏融入	补丁模式、强化模式、定位模式、重贴标签模式、修整模式、合作模式	"本质上以企业社会责任为导向"模式、补丁模式、强化模式、修正模式
管理模式	无社会责任管理	少量零星探索	真正意义上的社会责任管理探索、多维构建社会责任管理体系	整体的管理变革、创新责任管理模式

第十八章 对国企改革的反思与展望

第一节 国企改革的制度演进历程

一、放权让利：扩大国有企业的自主权（1978~1983年）

（一）扩大企业自主权和经营责任制

在这一阶段，国家主要实施"放权让利"，从单一的计划经济体制，转向"计划经济为主，市场调节为辅"等政策，即通过向企业下放部分经营权与收益权来达到调动企业经营者和职工工作积极性的目标，提高企业产出以保证财政收入增长，发挥价值规律对经济的调节作用。

（二）实行两步利改税改革

这一阶段，国家实行了"利改税"的制度。1983年国务院批转了《财政部关于国营企业利改税试行办法》，提出分两步实施利改税：第一步是对国有企业征收固定比例的所得税，然后通过谈判方式确定税后利润上缴比例；第二步是实行单一征税制度，把所得税由比例税改为累进税，取消上缴利润的办法，同时征收资源税、资产税和调节税等（杜海燕、张永山，1992）。

"利改税"措施的基本思路是，划清国家和企业的分配关系，有效管理企业上缴的财政收入，赋予企业一定的使命和经济责任感，从而促使国有企业成为相对独立的经济主体，而不是服从中央管理命令的一个"小政府"，发挥企业本身具有的自我改造和自我发展的能力，让国有企业的体制变得相对以往更加灵活，成为一个可以创造一定收益的法人个体，并享有相应的权利和义务。

放权让利为国有企业创造了新的机遇，也让国家的经济命脉开始流动。然而，问题也接踵而至。由于在第二步"利改税"设计中产品税比重过大，大部分企业在承担过重赋税后，只能放弃与资金占用挂钩的资金税，改为从利润较高的大中型企业中开征一户一率的调节税,以"代替"利润上缴(华生,1987)。最终的结果是,取代利润上缴的税收不规范,企业竞争环境没有达到预期所希望的公平客观,使得"鞭打快牛"与"苦乐不均"的问题更加严重了。同时,第二步"利改税"推行后,全国国营企业的盈利出现了连续数月滑坡,"利改税"改革也因此宣告终结。

二、两权分离:转变企业经营机制(1984~1992年)

如果说"放权让利"是通过给予企业收益,搞活国有企业,那么"两权分离"则是以经营者为企业的主体,通过"经理革命"来实现企业的经营目标。这一阶段的改革包括两种主要形式,即承包经营责任制及实行企业股份制试点。

(一)承包经营责任制改革

这一阶段,国家实施"承包制"改革的措施。1987年3月召开的六届人大五次会议明确提出了"承包制"。1988年2月,国务院颁布《全民所有制工业企业承包经营责任制暂行条例》,自此"承包制"继"利改税"后,成为以国有企业为代表的城市经济改革的主流。承包制改革包括"上缴税利定额包干""微利微亏企业定额承包""上缴税利递增包干""上缴税利目标承包""亏损包干或亏损递减包干"等多种具体形式,意在包住利润上缴基数,通过调动承包者的积极性来扩大各方的利益总量。

可以看出,"承包经营责任制"的核心思路是调节政府与国有企业的分配关系,政府希望通过给予企业经营者在承包期内更多剩余索取权和控制权以便让他们专心经营企业财产,这样也有利于政企职责相互明确、所有权与经营权分离,从而进一步完善企业经营机制。

由于承包制改革简明易行,既可以缓解政府财政问题,又在企业所有权与经营权分离后,使企业的自主经营有了一定空间,企业在承包期内获得了一定的收益,因而在当时受到各方普遍的欢迎。然而,承包制本身并没有改变传统的行政依附型企业体制(杜海燕,1992)。当企业的经营效益不善时,政府又会加大对企业的干预。政府总是徘徊在"收权"与"放权"之间,从侧面也反映出,承包经营责任制依然存在诸多问题。

(二)股份试点制改革

这一阶段,国家积极鼓励"股份制",从试点到上交所和深交所的成立,都是为了深化国有企业改革。1987年10月,中央政府发布一系列相关文件,鼓励进行股份制试点。邓小平在1992年重要的南方谈话中,积极地评价了股份制，从而拉开了国有企业股份制改革的序幕。1993年《公司法》的颁布，标志着国有企业股份制改革步入向法制化和规范化发展的道路。

股份制试改革，其指导思想意在打破原先国有企业单一的模式，形成国家、集体、个人资产并存的所有制结构，让企业经营权多元化，有利于企业灵活地发展，真正成为中国特色社会主义道路的市场经济的经济顶梁柱，更为现代企业制度的建立奠定了一定的环境基础。

然而，企业的长远发展涉及诸多因素，股份制改革虽然在形式上向现代企业制度迈进了一大步，但政府与国有企业关系的本质性问题仍然没有得到解决，也缺乏公司治理的经验。国有企业面临的问题依然严峻。

三、建制改组：建立现代企业制度与战略性重组（1993~2012年）

随着改革不断深化，党中央逐渐摸索出一定的企业制度应当与一定的经济体制相适应。所以开始由从"放权让利"到"两权分离"的制度改革转变为"建立现代企业制度"的创新，这一过程主要有两个创新，即现代企业制度的建立和国有企业战略性重组。

（一）建立现代企业制度

改革的主要措施是对国有企业实施公司制改革。1993年11月，中共十四届三中全会通过了《关于建立社会主义市场经济体制若干问题的决定》，会议指出，"要进一步转换国有企业经营机制，建立适应市场经济要求，产权清晰、权责明确、政企分开、管理科学的现代企业制度。"自此，建立现代企业制度，成为国有企业改革的主流。

现代企业制度这一改革的核心是优化资本结构，提高企业的经营绩效，减轻企业的债务，进一步促进国有企业明确产权、分离权责、科学管理，为21世纪混合所有制的国有企业改革奠定了良好的基础。

（二）进行国有企业战略性重组

这一阶段，改革的基本思路是对国有经济布局进行战略性调整，对国有企业进行战略性改组。主要措施有：建立国有资产管理体制、"债转股"、"三年脱困"、实施再就业工程等。1999年9月中共十五届四中全会通过的《中共中央关于国有企业改革和发展若干重大问题的决定》正面肯定了企业的战略性重组为企业带来了新的生命力。2003年3月24日，国有资产监督管理委员会（以下简称"国资委"）正式成立，由国务院授权代表国家履行出资人职责。

在这一改革之下，国民经济实现"软着陆"，在2000年12月，国家经贸委宣布：中共中央确定的国有企业改革与脱困"三年目标"已基本实现。这一目标的实现也标志着这一阶段的改革是有成效的，完善了我国的国有资产管理体制，丰富了国有企业股权的结构，帮助国有企业建立起权责明确、相互制衡、监督有效的公司治理结构，以及优化了国有企业的资源配置。

四、顶层设计：全面深化、分类推进国有企业改革（2013年至今）

对国有企业分类不够明确造成的体制机制问题，使得企业市场主体地位尚未真正确立，为改变这一局面，应做好"顶层设计"，特别是其"系统性的设计和制度安排"的特征将对深化国有企业改革发挥重要作用。中央印发的《中共中央国务院关于深化国有企业改革的指导意见》，指出要按照谁出资谁分类的原则，由履行出资人职责的机构负责制定所出资企业的功能界定和分类方案，报本级政府批准。分类改革阶段主要从以下两方面进行：一是将国有企业划分为商业类国有企业和公益类国有企业；二是重点强调国有企业股权的多元化发展。

（一）划分商业类国有企业与公益类国有企业

商业类国有企业按照市场化要求实行商业化运作，以增强国有经济活力、最大化利用国有资本、实现国有资产增值为主要目标，以企业经营个体为主导，开展生产经营活动，实现市场经济下的公平竞争。公益类国有企业以保障民生、服务社会、提供公共产品和服务为主要目标，引入市场机制，提高公共服务效率和能力，在以上各方面加以改进，从而产生社会效益，承担社会责任。把国有企业划分为商业类和公益类，并分别细化改革方案，对现阶段经济社会具有重要影响。

（二）多元化发展国有企业的股权

2016年，李克强总理在工作报告中明确指出，重点推进国有企业股权多元化改革，开展落实企业董事会职权、市场化选聘经营者、职业经理人制度、混合所有制、员工持股等试点。该指导思想主要意在通过股权多元化来转变国有企业的产权制度，有利于实现企业自主决策管理，减少政府干预，建立企业与资本市场的纽带，通过市场化经济运作模式，提高技术创新和服务效率，打破国有企业原有经营方式，推动国有企业市场化进程。此外，股权结构的改变有助于引进先进的技术管理思想，健全和完善国有企业市场化经济模式，增强市场竞争力，为股东和受益人提供利益保障。

第二节 国企改革的标准反思

合理、可行的国有企业改革标准是保障国有企业改革取得较好成效的基本保障，也是明确国有企业改革方向的基本指标。因此，应当建立内在逻辑一致的、连贯可持续的、合理完善的国企改革的标准体系。

一、现有国企改革标准的缺陷

尽管目前衡量国有企业改革好坏的标准并不清晰，但是，根据相关政策及文献资料可发现，目前大致有效益、产权和程序三种标准用来衡量国企改革的成效，这三种标准各自都存在一定的缺陷，具体如下：

（一）效益标准

效益标准是指国有企业改革成效的衡量标准为该政府管辖范围内的国有企业效益的提升与否及其程度。目前，关于国企改革的效益标准，更多的是体现在企业的财务指标上，包括利润指标和经济增加值，国资委基本是按照这两个指标来对国有企业改革的成功与否做出评价的。利润或者经济增加值增加了，就认为国企改革取得成效了。但是，效益标准存在较大的局限性：一方面，企业的效益常常是与全国的经济环境、经济周期、政府干预手段与程度等紧密相连的，单纯地考量企业效益来评价改革的成效，往往有失偏颇；另一方面，相对于民营企业，国有企业往往履行了更多的社会责任，承担了更多的国家使命，单纯地以财务方面的效益为标准不仅容易引导国企利用政府权力开展不公平竞争，垄断市场资源，破坏市场规则，而且容易引发国有企业承担社会责任的懈怠感。

（二）产权标准

产权标准是指国有企业改革成效的衡量标准为该政府管辖范围内的国有企业实行产权改革的数量和程度。这也就意味着如果某个地区、某个行业的国企在产权上没有实现改革，即使执行了其他类型的改革也不算改革。这种思潮大约起始于1993年，当时中央提出了建立现代企业制度的目标，为了确保国有企业的效益、阻止国企的亏损、减少政府对国企的补贴，产权改革正式提上议事日程，让亏损或处于亏损边缘的国有企业全部彻底地退出市场。虽然这种标准的执行在一定历史阶段是必要可行的，减少了国企中的"僵尸企业"，并为民营企业让渡了发展资源，但是单纯地以此标准来衡量国企改革的成败，有失偏颇、不够科学，具体表现为：一是产权改革只是国企改革的一种方法，国企改革还有管理体制、企业机制、企业功能等多种改革，我们不能以偏概全，用改革的一种形式作为检验国企改革成效的标准；二是国有企业拥有自己的优势，例如承担了民营企业所未承担的社会责任、进行盈余管理的程度更低、大股东掏空公司的动机更低等，所以，单纯地以亏损来判"死刑"，其实是完全忽视国企优势的不科学做法；三是在现阶段，绝大多数的国有企业已经实现了混合所有制改革，实现了多元化发展，国有资本和民营资本的混合比例程度因行业、因地区而异，不能单纯地再以产权标准作为国企改革成效的评判准绳。

（三）程序标准

程序标准是指国有企业改革成效的衡量标准为该政府管辖范围内的国有企业实行产权改革的程序的规范性。程序标准的执行主要源于2004年郎咸平引发的国企改革大讨论，其主要观点是改革造成了国有资产的大量流失，改革成为经营者、投机者瓜分国有资产的盛宴。为了减少因为国有资产改革而发生的国有资产的大量流失，国家国资委和各地国资委都相继出台了许多国企改革的规范文件和制度。而在评判国有企业改革合法、正确与否时，更多的是看国有企业改革的程序是否合法、是否正确。但是，单纯地以改革的程序是否符合规范性文件和制度的要求来对国有企业改革成效做出评价，可能会大大束缚国有企业的自我创新能力，反而降低改革的成效，另外，如果一味地强调程序的遵守，很可能很难发现改革中存在的问题并加以改正，难以反馈政策性风险。

二、国企改革标准的完善

（一）应当建立内在逻辑一致的标准体系

如何进行国有企业改革，改革的效果好与坏，在国有企业改革实践中并没有一个标准或者一系列内在逻辑一致的标准用以进行判断。一方面，相关政策更多的是强调国有企业"要"改革，却没能明确"要达到"的标准，导致由于缺乏方向明确的"指挥棒"而使得改革效果受到较大影响；另一方面，即使有关政策提出国有企业改革需要"做大做强做优"，要提升"企业价值"，但是，这本身可能就存在一定的矛盾之处，"做优"的标准是什么？提升了企业价值就是"做优"了吗？显然，这是不一定的，企业价值的下降可能会换来社会价值的上升。可见，国企改革的标准应当界定清楚，同时，应当建立内在逻辑一致的标准来提升标准的可实施性和指导性。

(二) 应当建立连贯可持续的标准体系

国有企业改革的发展经历了改革与"革改"、放权让利、两权分离、建制改组和顶层设计等阶段,一方面,每一个阶段面临的形势和任务都存在较大差异,政策所倡导的改革方向也存在较大差异,但不管是放权让利阶段的扩大国有企业的自主权,两权分离阶段的转变企业经营机制,还是建制改组阶段的建立现代企业制度与战略性重组任务,始终贯彻的目标是提升国有企业竞争力,这也为现阶段国有企业全面深化、分类推进国有企业改革、"做大做强做优"、实现国有资本的增值保值奠定了基础。可见,改革标准的连贯执行,是促进国有企业改革取得较好成效的基本保障。另一方面,在国有企业改革的每一阶段,我国部分国有企业均与政府所倡导的国企发展战略存在一些差异,标准没有得到上下连贯地执行,导致国有企业改革的成效千差万别,甚至出现了政府的国企革新战略与地方执行效率不够吻合的现象。可见,国有改革标准的连贯不仅体现在前后时期的连贯性,还体现在每一时期从上到下执行的连贯性。

(三) 应当建立合理完善的标准体系

鉴于目前对国有企业改革成效的评价,其评价标准要么不清晰,要么较为单一,要么存在内部矛盾,我们建议,应当专门建立一个合理的、完善的国有企业改革评价标准体系,这个体系应该包括各方面的指标。例如,国有资产的流失程度、规范程度、资产保值或升值情况、经营机制改善程度、社会责任履行程度、企业竞争力提升程度、员工利益维护程度、产业转型升级情况、安全生产情况等,并对这些指标进行分类归总,分别设置权重,建立标准体系,由国资委对各国有企业改革进行考核评价。

第三节 国企改革的要素反思

一、基础要素反思

国有企业改革的基础要素,主要包括土地、资本和劳动力三大要素,三大要素在促进国有企业改革过程中发挥了不可替代的重要作用,国有企业改革所取得的诸多成绩,离不开三大要素的重要支撑。

(一) 土地

在国企改制中,地方政府对土地财政工具的运用是多样化的,我们将其抽象为货币化非正式财政工具和非货币化非正式财政工具。在当今意义上的

"土地财政"未成形之前,非货币化的土地财政交易占优。在企业改制中,地方政府以低于市场影子价格的价格转让国有土地,但同时也将相应的改制社会成本捆绑转嫁给改制后的企业。土地"沉淀利益"在国企改制交易中变现的分配问题非常复杂,这涉及地方政府、企业与职工之间的利益博弈,抛开具体的分配细节不谈,不可否认的是,随着市场化进程中土地价值的升值(其他有形资产往往是不断贬值的),与较小的"蛋糕"相比,博弈更可能取得均衡解。均衡解的获得也就意味着国企改制能够得以平稳推进。

(二)资本

一是资本市场有利于促进国有企业股份制改造,建立完善的现代企业制度。资本市场具有的规范企业制度和约束企业行为的功能,可以促进国有企业加快股份制改造进程,改善公司治理结构,有效助力现代企业制度的建立。二是资本市场有利于拓宽国有企业融资渠道,提升企业持续发展动能。融资是资本市场最基本的功能之一,国有企业通过资本市场进行直接融资,能够拓宽融资渠道,优化融资结构。三是资本市场有利于实现国有资产保值增值,提高国有企业竞争力。四是资本市场有利于发展混合所有制经济,增强国有企业控制力。五是资本市场有利于推动国有企业"调转促",助力实施"去降补"。资本市场使得上市企业的资产通过证券化得以顺畅流转,布局和结构得以优化。

(三)劳动力

国企改革只有进行时,没有完成时。通过改革,坚持市场化竞争原则,建立健全董事会、职业经理人、现代企业员工等多层次的企业人才队伍,形成合理有序的收入分配考核机制,必将最大限度地激活人的要素,激发人的活力,为国企改革奠定坚实的人才基础,为市场经济体制建设提供长远的活力保障。劳动力市场是劳动力进行流动和交流的场所,其作用就是运用市场供求机制调节劳动力的数量和质量,使劳动力合理流动,实现劳动力资源的合理配置。

二、动力要素反思

国有企业改革不断得到深化,而推动国有企业改革迈向新台阶的动力要素主要包括良好的激励机制、国企改革的顶层设计、供给侧结构性改革的支撑作用等。

(一)良好的激励机制

在这一方面,许多改革措施对改善激励机制、提高企业经营者和职工的积极性起了重要的作用。放权让利、两步利改税、工业经济责任制、承包经营责任制等措施的出台和落实都明显提高了企业与国家在分享利益上的地位，给予企业高级管理层更大的与各级政府就企业自身利益的问题进行讨价还价的空间，同时也促使企业更加追求利润目标。

（二）国企改革体系顶层设计基本完成

国有企业改革取得阶段性进展，文件体系的顶层设计基本完成，改革试点全面铺开，各项重大改革举措层层落地，尤其是围绕供给侧结构性改革，坚持做好增量、盘活存量、主动减量这三量调整，着力抓好巩固加强一批、重组整合一批、清理退出一批、创新发展一批这四个一批，深入开展瘦身健体提质增效，取得了积极成效。

（三）供给侧结构性改革的支撑作用

"供给侧改革"，强调在适度扩大总需求的同时，着力加强供给侧结构性改革，着力提高供给体系质量和效率，增强经济持续增长动力，推动我国社会生产力水平实现整体跃升。落实供给侧改革最重要的是坚持国企改革的正确方向，加快国企改革，真正从体制机制上对国企作调整，消除我国当前产能过剩、积压严重、库存膨胀、结构失衡等深层问题的根源。继党的十八大报告指出深化国企改革后，2016年中央经济工作会议中也明确提出要深化国企国资改革，加快形成有效制衡的公司法人治理结构、灵活高效的市场化经营机制。2017年3月十二届全国人大五次会议上的政府工作报告中将"加快推进国企改革"作为2017年的重点工作任务之一。

三、制约要素反思

在国有企业深化改革的过程中，仍然存在诸多的制约因素，主要包括约束机制弱化、行政垄断、社会责任的履行、管理者和员工的目标价值与企业创新目标的冲突、供给与需求的矛盾、改革中的寻租腐败等。

（一）约束机制弱化

国有企业改革仍然没有形成足够强有力的约束机制，仍然存在预算软约束的问题。具体而言，企业只负盈不负亏，或者实行承包制时企业只包盈不包亏，这一现象长期以来没有得到有效的治理。公司治理只发挥有限的激励作用而没有发挥足够且适当的约束作用，反映出改革在解决权、责、利的匹配问题上仍然没有突破，仍然没有找到承担最终责任的主体。每当企业经营状况不景气的时候，政府仍然是承担全部（或大部分）风险的主体。这一点与改革前国有企业的治理机制相比，没有发生实质性变化。当企业经营发生亏损或者当国有资产大量流失时，国家还是承担无限责任的终极主体。

（二）行政垄断

经过近30年努力不懈地改革，特别是推动市场化改革之后，企业的经营环境已经发生很大变化，使国有企业的现状较改革前也呈现出明显的改变。就国有资产总额和所创造的利润而言，国有企业正经历一场"大存小亡"的日益激烈的竞争。在结构调整以及战略性改组上，经过近几年不断深化的改革，国有资产的分布结构已经发生了很大的变化。国有资产正迅速地向大型国有企业集聚，这些企业创造了几乎所有国有企业的利润，而众多的国有中小企业，由于在竞争性的市场中亏损严重，生存困难，正通过兼并、破产等一系列途径逐渐退出市场。

（三）社会责任的履行

与一般企业不同，国有企业是国家投资，通常都担负着大量社会责任，大型国有企业更掌握着国家经济命脉，引导国家经济发展趋势。国企通常是按照政府利益、社会责任、企业利润的顺序制定经营政策的。现代企业制度要求企业首要任务是盈利，如果一个企业承担了过多不恰当的社会责任，长期处于亏损状态是不符合现代企业制度的。

（四）管理者和员工的目标价值与企业创新目标的冲突

在我国，特别是央企和大型国企，主要管理层都是由上级任命。经营目标是完成上级指标考核，保证国有资产保值。员工则是工龄、层级制的管理模式，难以调动工作积极性。各级都以争取自身行政级别和组织待遇为奋斗目标。

（五）供给与需求的矛盾

就国有企业现今的运行状况而言，影响国有企业改革的最深层次原因就是运营过程中出现的供给侧结构性问题。主要表现在自2015年以来在国家经济政策的刺激下，我国的消费需求及企业合资始终不见明显好转等方面。

（六）改革中的寻租腐败

我国国企的产权制度改革是按照政策配额的方式进行的，没有进行规范的市场交易，用行政命令任命企业委托代理人的方式使很多人能够钻政策的空子，牟取租金，而国有企业巨大的资金流量与暗箱操作的资源配置方式，也为各种寻租铺设了温床。

第四节 国企改革的经验反思

一、放权让利阶段的经验反思（1978~1983年）

（一）减少政府干预有助于释放国企活力

1979~1980年，我国实行了扩大企业自主权的试点工作，减少了各级政府对企业的行政干预，给企业管理者更多的企业决策自主权，一方面，大大提高了企业管理者的工作积极性；另一方面，将决策权交由企业"一线"管理者，增强了决策的科学性。可见，在当时国有企业绩效较差、盈利能力和竞争能力均较弱而政府高度集权的背景下，减少政府干预，大大促进了国企活力的释放。

（二）按市场经济标准进行考核有助于激发国企生产力

扩大企业自主权的政策之一就是执行"利润留存制"，即企业不用再将所有利润上缴政府，而是留存在企业，以备企业生产经营、员工福利之需，这种用利润这一市场经济标准来对企业进行考核的做法，激发了国企生产力的提升。

（三）处理好政府与企业的利润分配问题有助于政企关系的融洽

虽然"利润留存制"给企业带来了生产力的提升，但是却加大了政企之间的利益冲突：一方面，企业不断和政府讨价还价，压低上缴的利润，弄虚作假，虚增成本，加大了政企之间的利益冲突；另一方面，企业上缴利润的减少，直接导致了政府财政赤字，导致政府需要进一步增加企业上缴利润，加深了政企之间的利益冲突。于是，政府推行了"地方责任制"的分配制度，在一定程度上缓和了政企之间的利益冲突。可见，处理好政府与企业的利润分配问题，是理顺政企关系的重要因素之一。

二、两权分离阶段的经验反思（1984~1992年）

（一）两权分离是减少政府行政干预的重要举措

1984年，党的十二届三中全会通过了《中共中央关于经济体制改革的决定》，认为增强全民所有制大中型企业的活力是整个经济体制改革的中心环节，并提出了"两权分离"理论，即应该将国有企业的经营权与所有权分离。两权分离在一定程度上减少了政府对国企的行政干预，为后来的大中型企业实行承包经营责任制和企业股份制试点奠定了重要的基础。

(二)国企改革应具有战略高度,避免实用主义和机会主义行为

由于放权让利阶段政府行政干预的减少并没有起到好的作用,于是,1986年12月,国务院发布了《关于深化企业改革增强企业活力的若干规定》,决定在全国范围内推行企业经营承包制度,但遗憾的是,承包制导致寻租和设租行为越来越严重,反而导致政府干预程度的加大。为避免承包制带来的一系列问题,1987年10月,中央政府又发布一系列相关文件,鼓励进行股份制试点,从1987年至1989年上半年,股份制试点进一步展开,各地股份制试点企业迅速增多,但同样遗憾的是,由于人们对股票知识的匮乏,股份制更多地体现了其集资功能和职工持股的公平性,并没有完全从根本上解决国企的经营机制问题。可见,两权分离阶段政府主导的国有企业改革政策更多的是为解决实际出现的问题,缺乏战略高度,这种实用主义和机会主义行为,很大程度上阻碍了国有企业改革的成效。

三、建制改组阶段的经验反思(1993~2012年)

(一)完善公司治理机制是提升企业经营能力和绩效的基本保障

1993年12月29日,全国人民代表大会通过了《中华人民共和国公司法》,并于1994年7月1日实施,1994年11月,国务院召开全国建立现代企业制度试点工作会议并选择100家国有企业进行现代企业制度试点,包括完善企业法人制度,确立试点企业的公司组织形式,健全公司治理结构,建立健全股东大会、董事会和监事会,改革企业劳动人事工资制度,等等,帮助企业树立清晰的改革目标,提高了企业经营能力,改善了企业效率和经济绩效。

(二)国企改革应当循序渐进,减少短期行为

1996~1997年,国有企业严重亏损,职工失业比例显著提升,引发了社会问题,于是,提出了1998~2000年实施"国有企业三年脱困"计划,但是国企虽然在一定程度上脱困,却不是因为自身效率的提升,而是求助于各级政府的各种"帮助",国有企业进行减员增效改革,三年内,兼并、破产、关闭了一批国企,国有企业通过买断职工工龄的手段减少企业职工,造成大批职工买断下岗,又进一步导致了社会的巨大不稳定,国有企业又陷入亏损困境。可见,改革唯有立足于战略高度,从长期利益出发,循序渐进,建立改革的长效机制,才能促进改革成效的可持续性。

(三)国企改革应合理进行产业布局

1997年提出的《调整国有经济布局》和1999年提出的《进行国有企业

战略性改组》，使得国有企业向垄断行业集聚，垄断问题变得更加严重，水、电力、成品油等重要能源资源成为资源性垄断行业，而从资源性垄断行业引入经营性收费管理以来，水价、电价、油价等呈疯涨态势，导致全社会生产和生活成本全面抬高。可见，国企改革过程中，应当合理进行产业布局，引导行业内企业健康竞争。

(四) 国企改革应设立公开公正透明的改革程序，减少改革腐败的滋生

一方面，国企改革相关政策的执行过程中，缺乏公开公正透明的程序。我国的国企改革更多的是在"摸着石头过河"，依据"试点—推广"的流程，按照政策命令的形式，所有国企在同一阶段都是按照同一模式进行改革，没有制定规范的改革操作程序，缺乏相应的监督监控机制，容易出现寻租腐败现象。另一方面，国企改革中人事关系的任命过程中，缺乏公开公正透明的程序。国有企业更多的是采用行政命令任命企业委托代理人的方式，没有公开公正透明的竞聘程序，增加了国有企业改革中人事任命过程中的腐败。

四、顶层设计阶段的经验反思（2013年11月至今）

(一) 应继续推进国企分类改革和瘦身健体

国有企业在防治国有资产流失和资产增值保值的同时也应考虑企业生存治理问题，国企改革应当坚持分类推进。在瘦身方面，供给侧改革为企业整体结构调整做出建设性意见，通过政府把控，让市场决定国有企业产业结构调整方向，从而提高效能，优化存量，减少"僵尸企业"以及长期无效、低效企业；在健身方面，积极开展招商引资活动，国有企业在开展招商引资时力争做到诚心诚意，提高办事效率，资金用途明确，审批完整简洁，创建多方共赢的局面。

(二) 让混合所有制改革成为国有企业改革的突破口

首先，混合所有制改革为国企改革引入资本和体制，使得国有企业充分市场化、商业运作化，国有资本得以高效配置。其次，混合所有制改革有效提升国有企业绩效，充分促进国有资本政治和民营资本经济优势互补，改善国有企业资本结构；通过相互监督建立具有制衡作用的治理结构，完善产权，责权明确，提升国企经营效率。最后，混合所有制改革有利于打破垄断，给资本市场带来更多投资机会，使民企能够得到优质的发展机遇，扭转民企国内投资大幅下降局面，非公有经济可通过交叉持股与国企实现优势互补，获得规模经济，提高经济效益。

（三）应明确改革动向，复制典型改革模式

国资委确立 2017 年国企改革重点，内容包括在继续扩大十项国企改革试点的基础上，继续加快供给侧改革，化解产能过剩，同时加快央企重组整合，国企公司制、股份制改革的步伐，实现结构调整转型升级等，为国有企业改革提供了明确的方向。而各地国有企业改革进展和成效却呈现出良莠不齐的现象。事实上，在国资委确立的基本方向下，国有企业改革可以借鉴上海市国有企业改革经验，明确其改革动向，提高市场资本的青睐度。一方面，对于已经上市的国有企业，要重视潜在资产注入、整体上市带来的投资机会，获得更多的资本投资，且对于一些市值较小的国企，还要注意运用股权转让等创新模式实现混改，提升企业价值；另一方面，对于还未上市的国有企业，要促进其企业集团上市或核心业务资产上市。

（四）改革理念应兼顾企业财务能力

国有企业改革中，一些地方国企出现财务能力下降的现象。伴随着市场化要求，调动一切因素，扩大数量，提升层级，深度扩展，做大做优国有企业已是必然。党的方针彰显民主经济、自由经济的内涵，国有企业在改革路上要结合自身经营能力、生产特点、产业影响等综合考虑分析，适合进行混合所有制改革就进行混合所有制改革，适合进行控股的就进行控股，适合参股的就进行参股，一切以激发企业的内生活力、创造经济效益为宗旨。

（五）要规范国有企业治理，强化现代企业理念

首先，杜绝国有企业制度不健全、缺乏有效性、缺乏系统性和协调性、执行不到位；从董事会独立性、规模、结构、董事激励以及领导层的结构逐一分析并引入职业经理人制度，提升国有企业管理水平市场竞争力。其次，可将大型国有企业拥有独立经营能力的企业进行剥离，让其完全参与到市场竞争中，通过产权市场的公平交易，或者债转股的方式，激发企业活力，促进经济发展，同时解决职工就业问题。最后，国有企业要强化社会责任意识，在进行内外部决策时，尽量多考虑股东、债权人、供应商、员工等多方利益。

第五节 国企改革的困境反思

一、国企功能定位的困境

在计划经济时代，国有企业既是计划体制下的"社区单位"或者是生产车间，也是国家实现重工业优先发展战略的重要组织形式。要解决国有企业

的问题就必须解决国有企业的各类政策性负担。在社会主义市场经济中国有企业是国家干预和参与经济的主要手段，国有企业也可以理解为国家与企业之间的特殊契约关系，如国有企业要保障员工利益和实现国家战略目标等，其实，国家行为对国有企业的目标和行为具有较强的制约作用。

随着市场化改革的不断推进，国有企业的功能性质也在发生变化。国有企业是区别于非国有企业的特殊企业，应该接受双重评价，即经营效率评价和所有者利益评价。首先，从全球角度而言，在同一时间段的不同国家和同一国家的不同时间段，各国国有企业的性质和功能定位都是动态变化的。各个国家的国有企业主要分布在基础设施建设、公共品供给和战略性新兴产业等领域；其产权是多元化的，如国有独资、国有控股、国有参股等；其经营方式也是多种多样的，如国有国营、国有民营和公司合营等。其次，从国内角度来看，经过"放权让利""两权分离"和建立"现代公司制度"三个阶段的改革后，在新时期，国有企业内部也发生了分化，出现了"新型国有企业"和超大型集团公司式国企。其实，国有企业的性质和功能定位应该是动态调整的，调整的依据是国有企业的社会效益和经济效率的动态平衡。但是，这两者之间的平衡本身就是一个难题。

二、政企关系定位的困境

在计划经济体制下，政府和国有企业之间的关系是"父子关系"。在转型市场经济国家中，这种"父子关系"的影子依然存在，只是这种"父子关系"不仅表现为国企的预算软约束，而且还表现在政府与国有企业的"双向依赖"。在计划经济时代，国有企业为国家承担了过多的社会性和战略性的政策负担。国有企业承担的社会性和战略性负担主要是指保持就业稳定和实现国家重工业发展的战略目标，在转型市场经济中，国有企业要承担更多经济和社会发展的责任，如提供基础设施和公共品、投资战略性新型行业、支持国家国际竞争力的提升等。

在国企改革中，政府作为执政者和国有企业所有者的双重身份往往会产生角色冲突。作为执政者，政府的目标是发展经济、稳定社会、增加就业、增加税收等，而国有企业的目标则是经济效率的提高。这两者之间会发生冲突，有冲突就会有选择。政府一方面利用国有企业加强对关键性领域的控制，另一方面又部分或全部放弃一些领域的国有企业产权。纵观世界各个国家政企之间的关系定位，都是在多重目标中进行有机选择和动态调整的结果，究其本质也就是多方利益主体共同博弈的结果。

三、国企效率测度的困境

国有企业的效率问题主要涉及宏观效率和微观效率两个方面：一方面，国有企业宏观效率主要体现在国有企业是弥补"市场失灵"和"政府失灵"的中间型制度安排；国有企业具有实现"技术模仿、技术扩散和技术赶超"的作用；同时国有企业还是改革经济的稳定者，社会福利和公共品的供给者。但是，国有企业执行社会目标的作用是有限的，国家对宏观经济的调控应该通过财税政策和货币政策，而不是利用国有企业来实现；从全社会来看，技术模仿、研发和扩散中心的主体一直是大中专院校和科研机构，而不是国有企业；实证数据显示国有企业为社会提供社会福利是缺乏效率的。另一方面，国有企业技术效率普遍较低，国有企业也会因为自身的低效率而影响经济增长，进而会产生金融抑制、所有制歧视和效率错配的副作用，从而拖累整个国民经济。但是，可以通过国有企业改制，实现产权多元化，有望突破国有企业低效率的瓶颈。

四、国企治理优化的困境

国有企业改革过程中，国有企业内部的治理结构也是一个不断优化的过程。特别是在国有企业改革的两权分离阶段，建立现代公司制度成为改革的主要方向，现代公司制有效运行的核心是完善的公司治理结构。从内部治理的角度看，公司治理主要涉及企业产权的配置，即剩余控制权和剩余索取权的配置；委托代理问题，即解决委托人和代理人的激励相容问题。

从公司治理的角度看，我国国有企业改革在解决代理人激励问题上是相对成功的，但是经营者选择问题一直没有解决好。目前国有企业的内部治理仍然存在一些问题：经理人的机会主义行为，如偷懒、内部人控制问题、替代性选择下的在职消费、垄断行业中的群体性腐败问题、经理层对董事会的俘获等，这些问题导致了国有企业较高的代理成本。从公司外部治理来看，应剥离国有企业的社会性和战略性的政策负担，建立完善的外部市场竞争机制，如建立和完善要素市场、经理人市场、资本市场、产品市场等。目前，国企的内部治理问题仍然较多，而外部治理机制也没有完善起来，国企的内外部治理仍然处于困境中。

五、国企利益分配的困境

国有企业的利益分配涉及微观和宏观两个层次：就微观方面而言，首先是等级科层制下国企内部高管和一线员工的收入差距问题，其次是国企股利分红与公司治理方面的问题；从宏观方面来看，国有企业利益分配的问题则是国有企业利润在不同所有者之间分配的困境。目前，出现了国有企业，尤其是国内上市公司存在着不分红或者是少分红，而国外上市的国有大型企业却给国外投资者多分红的怪现象。此外，国有企业给国家的分红比例较小也是一个突出问题。国有企业对投资者进行国别歧视，以及分红政策的不公平性是社会公众对国企产生负面看法的主要原因之一。

第六节 国企改革的趋势展望

一、国企功能、目标、定位的再认识

（一）国企功能

国有企业既是一个整合人财物的生产组织，又是一个整合国家所有者、经营者和生产者的社会组织。国有企业因其是生产组织而天然具有经济属性，又因其所有权归属于国家而具有鲜明的政治属性，因此它具有经济、政治和社会三种功能。政治秩序是国家权威合法性的基础，经济发展是国家权威合法性的保障，而社会和谐是国家权威合法性的价值，三位一体，共同维系着国家权威合法性的再生产，这与具有一定规模且分布合理的国有企业功能的充分发挥息息相关，也是我们评判国有资本的存在、规模和行业分布的演化规律的重要依据。

（二）国企目标

国企改革是建立在国有资本做大做强国有企业，加快调整产业结构调整基础上的。现阶段国企目标可分为两个层次：第一层次，国有资本配置体制改革，重点是使国有资本配置优化，要结合结构调整进行，产生更高的资源配置效率；第二层次，国有企业管理体制的改革，国有企业要按照股份制企业运营模式，提高生产经营效率，促进国有资本增值。这是两个不同层次改革的同步进行，其重点是体制的改革。

（三）国企定位

在当前经济转轨转型和供给侧结构性改革的背景下，对于国企定位则需要有更清晰、更深刻的认识，国有企业属于全体人民，是国民经济重要的物质、政治和社会基础。在现阶段，国有企业要对新常态下实现经济增长和迈向中高端经济目标起到支撑作用，强化国有经济主导地位，增加广大群众的

认同；在经济全球化竞争中，国有企业更要"做强做优做大"，增强我国整体综合国力和国际竞争力。

二、国企改革的原则导向

国企改革应当坚持原则导向，强化政策的指导意义。

一是坚持正确方向原则。毫不动摇发展壮大国有经济，做强做优做大国有企业，严格依照中央关于国有企业改革系列文件精神实施操作，确保国有企业改革始终在正确的轨道上推进。

二是坚持市场取向原则。遵循市场经济规律和企业发展规律，坚持政企分开、政资分开、所有权与经营权分离，持续推进公司股权多元化、企业经营市场化、选人用人契约化、国有资本证券化，促使国有企业真正成为独立市场主体。

三是坚持放管结合原则。准确把握国资监管机构依法履行出资人职责定位，坚持增强活力与强化监管有机结合，该管的必须管住、管好、管精，不该管的坚决放、彻底放、放到位，构建完善配套的监督体系，切实防止国有资产流失，确保国有资产保值增值。

四是坚持"三分离"原则。公权与私权分离、公益性与商业性分离、网络与接口分离。需要注意的是，公有制应当控制电力、交通、电信、金融服务与商贸服务产业这些网络产业，而网络接口应该放开，利用网络上无数的接口培育起一个个新的经济实体，放开竞争，就可以提升经济活动与经济运行的效率，实现资源的有效配置。

五是坚持党的领导原则。贯彻全面从严治党方针，积极探索国有企业党组织发挥政治核心作用的有效途径和方式，全面落实党风廉政建设"两个责任"，认真抓好巡视反馈问题整改，使党的政治优势成为深化国资国企改革的强大推动力。

三、以"资本"为纽带的国企改革展望

（一）分类推进国企改革，积极稳妥发展混合所有制经济

稳妥推动国有企业发展混合所有制经济，促进国有资本与非国有资本合理融合。以管资本为主优化国资监管体制、明确国有资本出资人主体责任、充分保障企业经营自主权，打造相对独立的市场经营主体。同时，要适应"以管资本为主"的新体制，结合不同企业的功能和特点，加快推进国有企业分类监管、调整、考核与治理，提高国资监管的针对性、精确性，推动国有企业持续

第十八章 对国企改革的反思与展望

提高经营效率,确保国有资本和国有企业实现应有的功能和目标。

(二) 进一步完善市场体制,推进政企分开,赋予企业独立市场主体地位

应坚持把改革的出发点和落脚点放在把国有企业打造成真正的市场主体上,重点解决市场体系不完善,推进政企、政资分开以及政府干预过多和监管不到位等问题,积极探索一条方向坚定、试点先行、一企一策、规范透明的国企改革路子,促使企业真正成为独立市场主体。

(三) 改革国有资本授权经营体制,加快健全现代企业制度,增强国企发展活力

深化国有企业改革的核心,建立和完善现代企业制度,形成适应国内外市场竞争环境的自主经营、规范决策、自我约束、自控风险和创新发展的良好机制。

要进一步完善现代企业制度,依法健全股东大会、董事会、管理层和监事会等公司治理机构,依法落实职工代表大会和职工民主管理制度,使董事、监事和职工代表切实履行职责。

(四) 推动企业出资人职能与企业经营管理职能分开

国有资本投资运营公司要准确把握出资人的职能定位,抓住产权,下放事权,依法保障国有资本出资企业的法人主体地位,尊重企业自主决策权,遵循企业发展规律,以资本管理为纽带,加强企业顶层设计,加强重大事项管理,重点管好战略规划,优化资源配置,完善资本预算和公司治理。要围绕"资本、资产、资金"三个重点,加强国有资本出资企业监管,改善国有资本的分布结构和质量效益,实现国有资本的保值增值,更加充分体现国有经济的活力、控制力和影响力。

(五) 推动政府经济社会管理职能与国有资产监管职能分开

以管资本为主完善国有资产管理体制、加强国有资产监管,必须积极转变政府职能。政府要正确履行其经济社会职能,就必须充分发挥市场在资源配置中的决定性作用,在管理方式、管理内容、调节手段等方面都要转变,更加重视宏观调控、间接调控和市场调节,更加重视市场监管和环境培育,逐步从微观经济事务中解脱出来,公共建设项目、公共服务事项要面向社会、面向所有企业,采取公开的、市场化的方式来提供,摆脱对国有企业的过度依赖。

(六) 完善国有资产的管理、监管体制,逐步实现经营性国有资产管理、监管集中统一全覆盖

完善国有资产的管理、监管体制需要组建国有资本投资运营平台,同时

研究创新国资监管方式,实现从管资产为主向管资本为主转变,实现从审批企业重大事项为主向优化国有资本布局为主转变,实现从管企业为主向管董事会为主转变。

(七)实施创新驱动战略,促进国企改革与大众创业万众创新紧密联合

深化国有企业改革需要紧盯市场需求强化创新,需要引导企业优化资源配置,推动优势产业集团与科研院所深度合作,围绕主业定位和产业链构成,提升价值创造能力。同时要加大科技型企业、集团所属科研院所、研发机构改革力度,激发科技人员的积极性和创造性。打造众创、众包、众扶、众筹等平台,依托"互联网+",汇聚企业员工创新力量,以创新推动发展。

第十九章　实践拉动和理论推动：中国国企改革的学术探索

改革开放 40 年来，中国的国有企业理论发展呈现出按照实践需求拉动和理论引进推动两条主线发展的格局。总体上看，20 世纪 80 年代的国有企业改革研究者主要扎根于马克思主义政治经济学的理论，具有极强的问题导向和实践导向；90 年代的研究者开始受到西方产权理论和委托代理理论等企业理论的深刻影响，更加追求理论的逻辑一致性和完备性；21 世纪以来中国的国有企业改革研究，一方面在承认国有企业属于意识形态问题的前提下，进一步研究如何在既有的制度框架下提高国有企业的经济效率，另一方面在应用西方理论的同时，基于中国的最新实践，积极开展基于大样本的实证研究，提炼中国国有企业改革的基本事实，并试图对企业理论本身的发展做出贡献。

第一节　我国国企改革理论发展的基本脉络

中国国有企业改革理论的发展大致遵循两条主线：一是中国国有企业改革的实践出现问题和疑惑，对理论发展提出需求，从而带动理论的创新和发展；二是由于中国的国有企业理论体系是在吸收和学习国外理论的过程中不断完善的，因而理论的完备性和逻辑一致性又受到国外理论引进与学习水平和深度的影响。因此，改革开放 40 年来，中国的国有企业理论发展呈现出按照实践需求拉动和理论引进推动两条主线发展的格局。解决国有企业改革的实际问题和吸收国外最新的理论前沿，成为中国国有企业理论发展的基本脉络。

总体上看，解决中国国有企业改革面临的实际问题，是中国国有企业理论发展的主要动力。这种倾向在早期的国有企业改革研究中表现得尤为突出。早期的以马洪、蒋一苇、董辅礽、张卓元、吴敬琏等为代表的经济学家有关国有企业改革的研究具有强烈的问题意识和实践导向。他们一方面从马克思主义理论中汲取学术营养，但更多的是从对现实问题的反思中提炼理论,并积极参与中国国有企业改革的实践。以蒋一苇为例,早在1979年,他就发表了著名的《企业本位论》,主张由以往的国家本位转变为以企业为本位,主张企业作为社会生产和经济活动的基本单位,并且成为拥有独立的经济利益的主体,赋予企业经营自主权,自主经营、自负盈亏。这些观点,在今天已经广为接受,但在当时,在国外的相关理论还没有系统地被引进中国的时候,他提出这些观点实际上是他在参与和观察中国国有企业改革实践的过程中不断提炼和反思的思想成果,是极具洞察力的。蒋一苇同志不仅坚持和宣传企业本位论的主张,而且在实践中积极地推行和实施这一主张。例如,20世纪80年代初,在蒋一苇等同志的倡导和推动下,促成了首钢承包经营责任制的实现。80年代中期以来,蒋一苇等同志为增强国有大中型企业活力进行了坚持不懈的努力。这些努力,对于深化国有企业改革起到了重要的推动作用,受到了企业界的普遍欢迎和高度评价。

中国改革的实践常常成为促使理论不断完善和廓清的原动力。例如,围绕现代企业制度的争论。1993年11月,党的十四届三中全会通过了《关于建立社会主义市场经济体制的若干问题的决定》,指出我国国有企业改革的方向是建立现代企业制度,并把现代企业制度概括为适应市场经济和社会化大生产要求的、产权清晰、权责明确、政企分开、管理科学的企业制度,要求通过建立现代企业制度,使企业成为自主经营、自负盈亏、自我发展、自我约束的法人实体和市场竞争主体。多数学者认为,建立现代企业制度是国有企业改革的正确方向。但也有学者认为,现代企业制度并不能从根本上解决国有企业的效率问题。例如,张维迎(1995)就认为,在不改变所有制而仅仅是建立所谓"现代企业制度"的条件下国企改革是没有意义的:"想用公司化改革解决国有企业的根本问题就好比在马背上画道道企图画出斑马",国有企业的所有者缺位问题不能从根本上解决,就不能根治"廉价投票权"问题。与张维迎的观点相左,以林毅夫等(1997)为代表的经济学家则认为,国有企业的问题是政策性包袱问题,如果解决了国有企业的政策性包袱问题,现代企业制度可以促使国有企业效率提升。

由于中国改革开放的时间较短,因此国有企业理论的完备性和逻辑一致性很大程度上受到国外理论学习深度的影响。总体上看,中国的国有企业理论体系在经历了20世纪70年代末期和80年代初期单一的马克思主义政治经济学为主导的阶段,发展到后来以马克思主义政治经济学和西方企业理论为主的多元理论共同对话和发展的阶段。20世纪80年代末期,随着国内学者与国外学者(主要是留美华人学者)的学术交往活动日益加强,西方经济学向国内传播的速度加快。以科斯和威廉姆森为代表的新制度经济学的基本理论命题和分析方法开始为国内学者所接受。而随着 90 年代初期博弈论和信息经济学的成熟和传播，哈特的产权理论和霍姆斯特姆开创的委托代理理论进一步丰富了国内学者的分析工具，大大加速了国内国有企业理论的规范化。进入 21 世纪以后，随着大量海外经济学家回国，国外最前沿的企业理论进一步与中国国有企业改革问题碰撞。这个时期，中国的国有企业研究不仅在回答继续涌现的国有企业改革问题方面提供了重要的学术洞见，而且进一步地扎根于中国的改革实践为企业理论本身添砖加瓦。

第二节 改革开放初期基于经典马克思主义理论的国企改革理论

20 世纪 80 年代的国有企业改革的理论突破主要体现在以下两个方面：一是确定了国有企业的经济性质也是自主经营的主体，二是在确定了国有企业是社会主义商品经济主体的前提下深化了对国有企业激励机制的理解。

一、关于国有企业的经济性质的理论

国有企业经济性质的理论最初是在政企关系的背景下展开的。早在 1978 年 7 月，董辅礽教授就在《光明日报》发表《不能用小生产的方法管理社会主义大生产》一文，率先提出经济体制改革的实质是改革全民所有制的国家所有制形式的论点，大胆地提出政企分开和政社分开的观点。董辅礽的国有企业改革的思想是建立在他对国有企业积弊深刻认识的基础上的。早在 1978 年 9 月，他就指出国家所有制未能解决生产资料的合理管理和有效使用等问题。

蒋一苇的"企业本位论"是 20 世纪 80 年代初期中国经济学界有关国有企业经济定位的最精辟理论。《企业本位论》是蒋一苇同志于 1979 年发表的一篇著名论文。这篇论文的基本论点是：①在经济体制改革过程中，扩大企业自主权是必要的，但是还没有解决问题的本质。经济改革的理论前提是必须明确企业的性质和地位。②企业应当具有独立的经济权益，企业保持独立性，并不违反社会主义原则。③企业必须是一个能动的有机体，而不是一块块缺乏能动性的砖头。国民经济力量的强弱不仅取决于它所拥有的企业数量，更重要的是取决于每个企业的活力。④经济改革必须要使企业成为具有独立物质利益、自主经营并对其经营效果负责的有机体。"企业本位论"是蒋一苇经济思想的理论基石和核心。

"企业本位论"的贡献在于，它为中国社会主义企业经济学和企业经营管理学奠定了基础，它使人们对社会主义商品经济条件下企业的地位和性质有了更明确的认识和理解。"企业本位论"的实践意义则在于为中国经济体制改革的方向和重点提供了重要的理论依据和政策思路，即经济体制改革不仅仅是政府的简政放权和让利，而应当把增强企业活力，使企业成为自主经营、自负盈亏的商品生产者和经营者作为经济体制改革的中心环节。

二、关于国企激励机制建设的理论

20世纪80年代初期，国有企业改革主要按照"在不触动传统体制，尤其是传统财产管理体制的条件下，扩大企业经营自主权、实施两权分离的承包制"的放权让利的思路推进。放权让利实际上是承认了国有企业的经营主体地位，但同时也出现了一系列问题，到了80年代中期，学术界开始对放权让利改革进行反思，认为放权让利未能从根本上为计划市场塑造出具有商品生产者资格的市场主体（杜海燕，1987），而应当在产权层面推进国有企业改革（王珏，1990）。事实上，在有关国有企业激励的理论研究方面，国内学者很早就将问题的核心指向了产权问题。董辅礽最早提出国有企业的所有者缺位、产权主体虚置和产权关系模糊的问题。不改革国有产权制度，就不能使企业与市场机制兼容，要顺利进行国企改革必须首先解决公有制属性的认识问题。在20世纪80年代改革开放的初期，厉以宁进一步提出了中国要积极引进企业的股份制度，并由此而得到了"厉股份"的外号。20世纪80年代初，中国百废待兴，最大的问题是城市居民的就业问题。大量在当年的上山下乡运动中回城的知识青年，急需寻找到工作岗位，就业成了一个影响社会安定的突出问题。1980年夏，国务院副总理万里主持召开了全国劳动就业会议。厉以宁在这次会议上提出，可以通过组建股份制形式的企业来解决就业问题。他说，股份制企业就是民间集资，不用国家投入一分钱，就可吸收更多的劳动者就业。厉以宁的这次发言，是在高层会议上第一次发出的关于股份制的声音，受到了国务院的高度重视。

事实上，股份制作为一种企业组织形式，在改革开放后的中国已经悄然兴起。这与股份制经济在西方资本主义萌芽时期兴起的发展路径是一致的。厉以宁以其敏锐的目光看到了这种先进的企业组织形式对于推动中国经济发展的重要作用，并为此而大声疾呼。1984~1986年，厉以宁奔走于全国各地，作了很多演讲，写了很多文章，宣传股份制。1986年9月，厉以宁在《人民日报》发表文章提出，经济改革最好的手段便是利用股份制的形式来

第十九章　实践拉动和理论推动：中国国企改革的学术探索

改造现有的国有企业，改造现有的大集体企业。厉以宁的股份制理论成为中国推进资本市场建设和国企改革的重要理论支撑。

事实上，当时积极宣传股份制经济的不只厉以宁一人，董辅礽、萧灼基、王珏、冯兰瑞、蒋一苇等经济学家都与厉以宁站在一起。例如，蒋一苇、林凌、刘诗白等在1988年就发表了一系列有关国有企业产权改革的学术论文，从理论上阐述市场主体必须是产权主体，提倡构建产权明晰和产权主体多元化的股份公司制，把单一国有产权制度改造为多元产权制度；把高度集中的国有国营的产权制度，改造为两权分离的产权制度；把模糊不清的产权改造为明晰化的产权关系。正是在他们的积极推动下，股份制经济在姓资姓社的争论中逐步推进，并且从最初的集体企业开始向国有企业延伸（蒋一苇等，1988）。

第三节　20世纪90年代西方制度经济学的引进与国企改革理论的发展

20世纪90年代后，随着西方企业理论方面研究成果的引入和海外华人经济学家交流的日益密切，西方新制度经济学的理论和分析方法逐渐为新一代经济学家所广泛接受，为中国的国有企业改革研究提供了更加缜密的分析框架和方法，大大提升了国内国有企业学术研究的深度和水平。从图19-1可

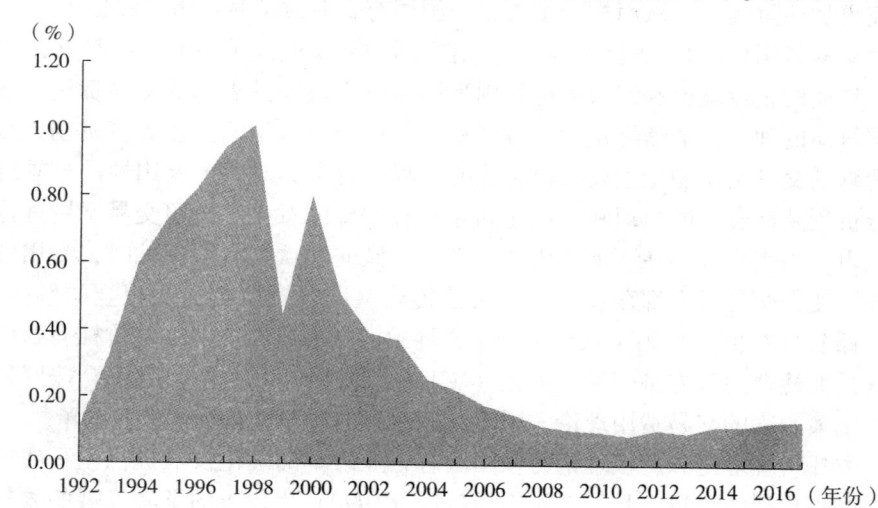

图19-1　篇名或关键词含"国有企业/国企"的CSSCI论文占CSSCI期刊论文比重

387

以看出，进入90年代以后，我国的国有企业改革研究进入了一个高潮，这背后有中国国企改革进入攻坚阶段的原因，同时也是西方企业理论开始快速进入中国催化了中国本土的国企改革学术研究的结果。

一、西方企业理论的引入与国有企业改革认识的深化

20世纪90年代初期，西方经济学，特别是科斯和诺斯等开创的新制度经济学加速向中国传播。其中，上海三联书店、上海人民出版社以及中国人民大学出版社出版的系列译丛，对于相关理论的引进功不可没。1994年，上海三联书店和上海人民出版社组织翻译了科斯的系列经典论文并以《论生产的制度结构》出版。《论企业的性质》等企业理论经典文献开始在国内青年学者中扩散，交易费用理论开始逐渐成为中国国有企业改革理论的主要概念体系。1995年，中国人民大学梁晶工作室把诺奖得主斯蒂格利茨的《经济学》作为《经济科学译丛》的第一本书引入国内，从此开始了引进西方经典经济学教材的漫长历程。10年后，清华大学教授李稻葵评价说，伴随《经济科学译丛》的丰富，中国经济学思想和教育界的变化速度超出了个人想象。经济学家林毅夫更是认为："谈到过去一个世纪以来对中国经济学的最大贡献，《经济科学译丛》当之无愧。"这些成果的引入对中国国有企业改革研究的推动主要体现在：一是国内的研究更加注重基本概念的一般性和内涵确定性；二是在理论深化的基础上，到90年代中后期，国有企业改革研究更加注重实证，从而推动了关于中国国有企业改革基本事实的提炼。

交易费用理论是20世纪90年代对中国国有企业改革研究影响最深的理论。科斯的企业理论和产权理论特别强调通过产权安排来降低交易费用。而根据科斯的理论，清晰界定的私有产权是降低交易费用的主要经济机制。威廉姆森的交易费用理论主要探讨企业的边界问题，其对资产专用性的刻画对于分析创新性资产的组织和一体化问题具有重要的意义。按照交易费用理论的逻辑，当当事人存在严重的机会主义行为倾向和认知有限理性时，专用性的投资使得交易双方都存在事后尽可能攫取共同投资所创造的租金的倾向，即"敲竹杠"问题。为了减少机会主义导致的交易成本，解决敲竹杠问题的方法是促使合约双方将交易一体化（Williamson，1989）。可以看出，按照科斯和威廉姆森的交易费用理论，国有企业改革的思路就是推进产权改革。

委托代理理论和产权理论为中国国有企业改革的理论发展提供了重要的更具逻辑自洽的分析工具。以霍姆斯特姆（1990）为代表的学者发展的委托代理理论是20世纪90年代国内经济学家分析国有企业问题特别是国有企业

第十九章　实践拉动和理论推动：中国国企改革的学术探索

内部激励问题的另一个重要理论工具。在委托代理理论的框架下，股东和创新者分别是给定的委托人和代理人，股东通过设计报酬合约来激励劳动的投资。其基本逻辑是：由于股东作为委托方承担了剩余风险，因而其投资回报也最容易受到伤害；由于股东承担了剩余风险，所以也应当是企业合约中唯一的剩余收益索取者；由于股东享有剩余收益，因此股东有激励做出最优的企业投资决策，即最大化企业价值，从而保证股东价值和企业价值乃至社会价值目标的协调一致。也正是在这样的意义上，委托代理理论推崇以股东价值为核心的公司治理安排。可见，委托代理理论同样强调私有产权对于企业效率的重要性。如果说委托代理理论是将股东至上作为给定前提进行分析的话，产权理论则为股东至上的企业治理安排提供了进一步的剖析。在产权理论研究的不完全合同的情况下，对于资产专用性导致的"敲竹杠"问题，理想的治理安排是将剩余控制权和剩余索取权赋予投资缺乏有效契约保护的金融资本投资者（Grossman and Hart, 1986; Hart and Moore, 1990）。顺着这样的逻辑，张维迎进一步指出，"有恒产者有恒心"，由于国有资本的所有者缺位，因而私人产权是有效的，国有企业改革必须推进产权层面的改革（张维迎，1995）。

杨瑞龙（1998）则对以国有产权私有化为核心观点的理论进行了激烈的批评。他认为，现实的改革思路基本上遵循所谓的"股东至上"逻辑，该逻辑违背了制度变迁过程中的路径依赖原则，过于简化，甚至扭曲了现代公司的制度特征。国有企业改革应摆脱"股东至上"逻辑，而遵循利益相关者合作逻辑，使国有企业从原有的单边治理过渡到共同治理，通过每个产权主体平等地参与企业决策，并平等地相互监督，以提高国有企业治理结构的效率。杨瑞龙的多边治理观点主要植根于布莱尔（1995）的利益相关者公司治理理论。共同治理理论的基本内容是，股东进行生产性投资的同时承担了部分投资风险，因此股东应当获得剩余索取权，但是，创新者对企业进行了专用性的人力资本投资，同样承担了专用性人力资本投资带来的风险，因此创新者应当像股东一样享有剩余索取权，即共同治理。可以看出，共同治理的观点实际上是哈特的产权理论在互为专用性投资情况下的自然拓展。

二、产权理论与竞争理论之争

20世纪90年代国有企业改革最重要的理论争论聚焦在提高国有企业效率主要是应进行产权改革还是应开展市场竞争的问题上。以张维迎为代表的经济学家认为国有企业改革的核心是产权改革，以林毅夫为代表的经济学家则认为，国有企业改革的核心是解除国有企业的政策性负担，从而实现充分信息条件下的有效竞争。这场争论最终以融合了两种观点的"超产权论"的提出而终结。

张维迎1995年发表在《经济研究》上的《公有制经济中的委托人—代理人关系：理论分析和政策含义》一文提出：①初始委托人的最优监督积极性和最终代理人受监督下的最优工作努力都随共同体规模的扩大而严格递减；②初始委托人的最优监督积极性随经济规模的扩大可能递增也可能递减，但是最终代理人受监督下的工作努力程度则随经济规模的扩大而严格递减；③对于一个一定规模的经济，所有权共同体的分割使委托人的监督积极性和代理人监督下的工作积极性严格提升。依照上述理论，他认为一个多层级的庞大共同体的公有经济是不可能有效运行的。在国有企业改革的路径选择上，张维迎将矛头对准了产权制度，认为在不改变所有制而仅仅是建立所谓现代企业制度的条件下国企改革是没有意义的。张维迎认为我国国企改革在解决激励机制方面是相对成功的，即通过承包制改革使企业内部人员拥有了部分剩余索取权从而调动了其积极性。但同时他尖锐地指出国企改革在解决经营者选择机制方面是不成功的。简单地说就是现在企业的经营者依然是由政府官员来选择，而不是由真正承担风险的财产所有者来选择。

林毅夫从制度适应性的分析出发强调当时国有企业的主要问题是不公平竞争条件下形成的软预算约束，企业改革的核心是创造公平竞争环境。林毅夫将国有企业的问题归结于政策负担导致的自生能力的匮乏。林毅夫认为，国企改革第一阶段是放权让利，提高企业积极性，但自生能力并没有解决；第二阶段是产权改革，由于没有真正解决企业的自生能力，产权改革也没办法真正对症下药。同张维迎一样，林毅夫用信息经济学方法对国有企业问题进行了分析，但由于角度不同等原因，得出了与张维迎大相径庭的结论。

林毅夫等（1997）认为国有企业面临的最大问题是政企不分。而国有企业面临的政企不分现象，归根结底产生于对企业的放权让利式改革所提供的企业自主权和利益动机，与国有企业仍承担一系列不对等竞争条件之间的矛盾。林毅夫认为，在市场发育水平较低、竞争不充分条件下，没有一个充分信息指标可以简单地对经营绩效进行考核和监督。国家作为国有企业的所有者，要控制企业的剩余，防止经营者的机会主义行为，唯一的办法是关心企业的经营过程，乃至一些经营的细节。对于国家来说，这也是不得已而为之的事情。事实上，国家越是关心企业资产的保值、增值，对企业经营进行干预的程度就越强。只要竞争性市场尚未发育到这样的程度，以致所有者可以

第十九章 实践拉动和理论推动：中国国企改革的学术探索

通过将企业利润水平与平均利润水平加以比较，即以掌握关于企业经营的充分信息代替掌握企业经营细节，直接的干预就无法避免。在这种情况下，产权改革也好，融资结构的改变也好，都无济于事。即使实现了私有制，私人所有者如果不能通过竞争性的市场获得关于企业经营的充分信息，也必然要对企业进行干预。相反，一旦存在竞争性市场，所有者可以获得关于企业经营的充分信息，也就没必要对企业进行干预。在这种情况下，无论是国家作为所有者，还是私人作为所有者，都不会对企业经营进行过多的干预。

刘芍佳等（1998）提出的"超产权论"是对产权理论和竞争理论的综合。该理论认为，产权变化对改变企业的治理机制有积极作用，但是治理机制的改善才是产权变换的真正含义及目的。西方很多国有企业之所以私有化，其目的在于通过产权变化来改变治理机制，即从行政式治理机制转变为商业化的治理机制。如果不同产权下的治理机制都类同并趋于完善，则产权变化对企业成效不会有本质影响，但有一点例外，就是通过改变产权给企业带来发展资金和新的发展机会，如中国国有企业股份制改革。产权变换不等于治理机制一定会改善，竞争才是保证治理机制的先决条件。竞争越激烈，企业提高绩效的动机就越强烈，因为竞争给企业带来了生与死的择别。"超产权论"的基本政策含义是，国有企业必须商业化。所谓商业化是指：企业目标利润化、主人行为规范化、激励机制市场化、经理聘选竞争化与资产管理商业化。超产权论所强调的另一个政策含义就是充分地创造市场竞争。市场竞争的充分性主要体现在市场的进入与退出机制的有效及完善性。可见，"超产权论"实际上是产权论和竞争论的理论融合。刘小玄（2003）对超产权论进行了进一步的实证研究，其研究结论支持产权和市场结构都影响企业效率的理论假说。

第四节 21世纪以来的国企改革研究

进入21世纪以来，中国的国有企业改革研究呈现出一些新的特征：一是在承认国有企业属于意识形态问题的前提下，经济学家进一步研究如何在既有的制度框架下提高国有企业的效率问题；二是在应用西方理论的同时，基于中国的最新实践，对企业理论本身的发展做出贡献。此外，从图19-1可以看出，进入21世纪以来，学术界对国有企业的关注度实际上呈现出相对下降的趋势。背后的原因主要是国有企业改革基本的方向和大的问题在学术层面变得越来越清晰，国有企业改革在理论层面的突破空间变得越来越小，学术研究更多地围绕实证研究和具体的理论问题展开。

一、国有企业改革面临的新问题与理论发展

进入 21 世纪以来，中国的国有企业改革研究主要围绕三个方面的主题展开：一是国有企业分类改革问题；二是国有企业的创新发展问题；三是新时期的混合所有制改革问题。总体上看，这类政策导向的研究多为描述性的、规范性的研究。

早在 1995 年，董辅礽就提出要按照社会主义市场经济的要求，从企业功能出发，对国有企业进行分类改革的主张，即国有企业原则上应该从竞争性领域退出，只在非竞争性领域保留国有企业。但总体上看，当时的分类改革的理论基础和政策建议还缺乏系统性。黄群慧等（2014）认为，要准确界定不同国企的功能，对国企实施分类改革治理。具体来说，应将国企划分为三类："公共政策性企业""一般商业性企业"和"特定功能性企业"。其中，"公共政策性企业"是带有公共性或公益性的特殊国企，股权结构是国有独资，具体监管方法是"一企一制"和"一企一法"，确保企业活动始终以实现社会公共利益为目标，这类企业数量少，但从长远看是国有资本投资和管理的重点；"一般商业性企业"即竞争性国企，它以盈利为目标，其股权结构是多元化的，具体监管完全按照公司法规定，现有大部分国企应属这类；"特定功能性企业"具有混合特征，其承担一种特定的国家功能，而该功能的实现又要求以企业自身发展和经营活动盈利为基础，其股权结构是国有控股的股权多元化，需要由具体行业方面的法律来监管。对于定位为"一般商业性企业"的国企，要大力引入民营资本，发展成混合所有制企业，部分国有资本可以退出转而投向国家的其他公益性活动；对于定位为"特定功能性企业"和"公共政策性企业"的国企，要积极主动退出那些竞争格局趋于成熟、战略重要性趋于下降的产业领域，在公共服务和国家战略方面做出更大贡献。从顺序上看，通过推进国企战略性调整，首先实现"一般商业性企业"的混合所有制改革，在未来进一步实现"特定功能性企业"的混合所有制改革。杨瑞龙（2017）则认为，可以根据国有企业所提供产品的性质及国有企业所处行业的特征，即产品性质及行业特性两个维度形成功能导向的分类方法，以此来对不同的国有企业选择不同的改革模式。具体来说，对于提供公共产品类的企业一般采用国有国营模式，即政府拥有所有权与经营权。在这一象限内，又分为提供纯公共产品、准公共产品与公益类产品三种不同的类型。处于自然垄断的企业一般宜采用国有国控模式，即垄断性国

第十九章　实践拉动和理论推动：中国国企改革的学术探索

有企业应该进行股份制改造，但国有资本应具有控制地位。处于竞争性领域的国有企业原则上应完全走向市场，但这不等于说国有资本立即全面退出。可以看出，对于分类改革问题，国内学者的基本观点是，产品和市场结构的竞争性越强，国有产权的比重越低。

对于国有企业的创新发展问题，国内学者呈现出两种完全不同的观点。路风（2000）提出，起源并形成于政治过程的社会主义工业关系的制度框架下，国有企业演化出一种特殊的社会关系结构。这种以"铁饭碗"和工作场所福利制为核心内容的制度结构使管理者从来没有能够有效地控制和协调生产过程。这是导致国有企业管理能力长期欠发达的根本原因，也是其转变的直接障碍。在从计划到市场的过渡中，国有企业的改造需要一个独立的组织转变过程，而转变的根本标志是实现对生产过程的管理控制。基于把管理形式和组织形式识别为决定企业经济绩效的关键变量，企业组织转变的起点应是从操作层次上做起的管理和组织变化，而不是产权改革。因此，国家没有必要简单地放弃国有企业，而应该把改革的立足点放在有助于企业实现对生产过程管理控制的制度变革上。路风（2006）进一步以汽车、柴油发动机等产业为例说明，国有企业可以在高技术行业中维持持续的创新投入，形成连续的创新能力。而国内主要基于新古典经济学的研究则多认为，国有企业的公有产权属性决定了国有企业中存在着生产效率和创新效率的双重损失。国有企业改革通过监督和激励机制设计在一定程度上实现了生产中剩余索取权与剩余控制权的匹配，从而提高了国有企业的生产效率。然而，由于创新具有不同于一般生产的特殊属性，已有国有企业改革措施并不能实现创新中的剩余索取权与剩余控制权的匹配，因而无法改善国有企业的创新效率（吴延兵，2012）。

贺俊（2013）认为，对于国有企业的创新发展问题，恰当的理论分析框架应该同时借鉴组织控制理论和西方企业理论的合理成分。比较历史分析显示，任何最优的企业治理结构总是"历史有效"的，股东至上主义、管理者资本主义等"单边的"公司治理形式既在某些历史阶段表现出有效性，又随着社会制度和经济技术范式的变化不断暴露出其日益严重的弊端（Lazonick，2005）。综观与创新型企业制度基础问题相关的企业理论，对创新型企业制度建设最具启发性的理论主要是权力理论、调节型科层理论和组织控制理论。组织控制理论的最大贡献在于将创新过程纳入治理分析中，同时强调最有利于创新的公司治理是嵌入在经济社会制度中的，因而不是绝对的、唯一的；权力理论的最大贡献在于强调各种要素及其与组织资源间的战略互补性,同时为创新型企业的治理问题提供了基于主流经济学的规范的分析工具;调节型科层理论的贡献在于强调公司作为一个主体的独立权利是保证专用性投资的重要制度条件。但与此同时,这三个理论又都存在逻辑缺陷。权力理论的根本缺陷在于其主要命题不能得到经验事实的有力支撑;调节型科层理论的根本缺陷在于将董事会和公司法作为创新型企业制度基础建设的唯一保障,而忽略了组织控制理论强调的社会、经济等更加丰富的环境性因素;组织控制理论的问题在于,虽然该理论一再强调组织学习过程,但在制度分析中却没有给予组织足够的重视,因而个体层次的内部人控制权成为创新型企业治理的出路。由于有关创新的主要的企业理论各有优缺点,因此将以上三个理论的真理成分在统一框架下进行有效融合,是未来这方面研究努力的方向。我们认为,在融合调节型科层理论和组织控制理论核心观点的基础上,吸收权力理论的分析工具和方法,可能是一项有意义的工作。该思路可以具体刻画为"经济社会制度—组织控制—创新型企业战略和活动"的三层次分析框架,基本内容是:劳动、金融和产业政策等丰富的经济社会制度因素是影响组织控制的基本外生参数,而组织控制又塑造了企业的创新战略和活动。

混合所有制问题并不是国企改革的新问题,但自党的十八届三中全会明确提出积极发展混合所有制经济以来,引起了学术界的关注和讨论。在有关国有企业的混合所有制改革问题上,国内经济学家也呈现出两种倾向。以黄速建(2014)为代表的研究认为,强调混合所有制经济是基本经济制度的微观实现形式,除了提供制度合法性以外,还进一步明确了这种混合所有制的制度意义与高度,明确混合所有制是建立现代企业制度、现代国有企业制度的主要组织形式和实现形式,为公有制经济和非公有制经济的进一步发展提供了新的空间。从中国改革开放的实践情况看,混合所有制经济对国有企业改革的深化、资源配置效率的提高、企业竞争力的增强起到了重要作用。而以张文魁为代表的学者则认为,发展混合所有制经济是国企改革的重要突破口,但在实际改革过程中混合所有制遇冷,国企改革进程慢于预期,根本原因在于现行国资监管体系与混合所有制难以兼容。建立健全国资监管体系的本意是推行政企分开,实现国企的所有权与经营权相分离,但结果与初衷背道而驰。国资监管体系对公司治理和公司经营造成了不良影响。推行混合所有制改革,建立真正的现代企业制度,应对国资监管体系进行根本性改革,改革的方向是"去监管、行股权、降比重"(张文魁,2017a)。政府倡导混合所有制已有约20年的历史,但国企混合所有制改革在实际中并不顺利,而且名义性混合所有制多而实质性混合所有制少,这些对于企业经营机制的市场化和公司治理的现代化都构成了障碍。实质性混合所有制必须引入持股比例较大的非国有积极股东,并力争跨越股权结构拐点。混合所有制企业的政企关系和公司治理还受到国资监管体系的严重影响,政府权力逻辑和财产权利逻辑难以兼容。因此,不但要深化股权结构改革,也必须对我国复杂的国资监管体系进行重大改革(张文魁,2017b)。

二、基于大样本的实证研究与事实提炼

与政策导向的国有企业研究不同,随着国内高校学术评价机制的改革和转变,国有企业研究呈现出很强的纯学术研究倾向,而这类研究通常以基于大样本的定量实证研究为主。这类研究的主题通常由理论构建的可能性和实证数据的可得性而不是由问题的现实针对性决定。近年来,国内有关国有企业的实证研究主要集中在以下几个问题上:

一是研究外部政府改革行为对国有企业绩效的影响。如盛丹等(2016)以2003年国资委成立为政策冲击,系统地考察了外部监管对国有企业经营绩效和改制成效的影响,其研究发现:首先,外部监管能够改善国有企业的经营绩效,提高企业的盈利能力,其作用主要是通过扩大国有企业的生产规模和提高国有企业的生产效率实现的;其次,外部监管还能够提高国有企业的改制成效,充分释放体制变化所产生的效率能量,使改制企业的盈利能力进一步提升;最后,从行业层面来看,外部监管对国有企业经营绩效的改善主要作用在上游行业,而对国有企业改制的影响则主要集中在市场竞争较为激烈的中下游行业。因此,外部监管对于推进国有企业改革起到了积极作用。此外,为了更好地发挥国有企业改制对经济增长的促进作用,还需引入市场竞争机制。夏立军等(2007)以2001~2003年中国地方政府控制的上市公司为对象,考察了各地区市场化进程差异以及中央政府基于公司规模和行业特征采取的"抓大放小"和"战略调整"的国企改革策略对公司最终控制人政府级别、政府持股比例以及政府持股方式的影响。其研究表明,地区市场化进程以及中央政府采取的国企改革策略对公司治理结构的形成具有重要影响(主要体现在政府级别和持股比例上)——地区市场化进程减轻了地方政府控制公司的经济动机,而国企改革策略使得地方政府具有控制大规模公司和管制性行业公司的政治动机。江轩宇(2016)的研究显示,地方国有企业的金字塔层级与企业创新显著正相关,表明政府放权有助于提高企业的创新能力。进一步的研究表明,减轻政策负担、增加创新资源,以及缓解

薪酬管制、提升创新意愿是其促进企业创新的重要途径，且政府在地区层面的放权程度及股权分置改革，与地方国有企业金字塔层级在促进企业创新方面存在互补的作用。

二是研究国有企业内部治理机制对国有企业绩效的影响。刘青松等（2015）利用2000~2012年A股上市非金融国企的数据，将高管变更后去向细分为晋升、平调和降职，以高管不变为基准，研究了公司业绩及承担社会责任的程度对高管变更的影响。研究发现，总体而言，高管降职与公司业绩负相关，晋升与业绩不相关，但与承担的社会责任正相关，即"败因业绩，而成非因业绩"。进一步研究表明，国企高管变更考核中存在一个业绩门槛，在业绩低于门槛值时，业绩越差，降职的可能性越大，承担社会责任不能降低降职的可能性；在业绩高于门槛值时，业绩更好并不能增加晋升的可能性，此时承担社会责任才成为影响晋升的重要因素。此外，高管平调与公司业绩显著负相关，但平调—业绩相关性要弱于降职—业绩相关性，表明平调实际是对业绩较差高管的缓和惩罚。曲亮等（2016）基于中国2012~2014年国有上市公司的实证数据的研究发现，国有企业董事会存在"一把手决策、行政化严重、独立性较弱"等问题，政府行政干预会对企业经营发展产生一定程度的负面影响，而过多地依赖董事会经济型权力又容易导致内部人控制等问题，经济型董事比例与企业绩效存在显著的正U形关系，国有控股比例对董事会权力配置模式作用的发挥起到一定的调节作用。罗宏等（2008）以代理理论为基础，运用2003~2006年A股上市公司数据，实证检验了我国国有上市公司现金分红政策与高管人员在职消费之间的关系。研究发现，相对非国有最终控制的公司而言，国有最终控制公司高管人员的在职消费程度与公司业绩负相关，而支付现金股利可以显著降低高管人员的在职消费程度。这表明国企分红在抑制在职消费的同时，减少了代理成本。陈仕华等（2014）引入了政治治理的概念研究国有企业的治理效率，基于我国2003~2012年国有上市公司数据，考察纪委的治理参与对高管私有收益的可能影响。在将高管私有收益分为货币性私有收益和非货币性私有收益之后，研究发现，国有企业纪委参与公司治理（与纪委未参与公司治理的情况相比）对高管的非货币性私有收益有显著的抑制作用，而对高管的货币性私有收益则无显著影响。在进一步考察国有企业纪委的治理参与在不同情景中的作用时，研究结果显示，当国有企业纪委参与监事会治理（与参与董事会治理的情况相比）、国有企业总经理是中共党员（与总经理不是中共党员的情况相比），以及在中央国有企业（与在地方国有企业中的情况相比）时，纪

第十九章 实践拉动和理论推动：中国国企改革的学术探索

委的治理参与对高管的非货币性私有收益的抑制作用更强。

总体上看，21世纪以来的国有企业改革研究具有更加逻辑一致的理论基础，更加强调通过基于大样本的实证研究提炼有关中国国有企业改革的基本事实。一些研究甚至在实证研究的基础上对企业理论本身进行拓展和发展，从而推动理论发展的创新。但同时，学术研究的问题意识和实践导向出现弱化的倾向，且由于研究结论对数据和研究方法敏感，研究者在具体问题方面的研究结论的稳健性也出现了弱化的趋势。

参考文献

第一章

[1] Armen A. Alchian, Harold Demsetz. Production, Information Costs, and Economic Organization [J]. The American Economic Review, 1972, 62 (5).

[2] 张维迎. 企业的企业家契约理论 [M]. 上海：上海三联出版社, 1995.

[3] 周其仁. 公有制企业的性质 [J]. 经济研究, 2004 (11).

第三章

[1] 蒋一苇. 企业本位论 [J]. 中国社会科学, 1980 (1).

[2] 金碚. 国有企业的地位与作用 [A]//陈佳贵, 金碚, 黄速建. 中国国有企业改革与发展研究 [M]. 北京：经济管理出版社, 2000.

[3] 林毅夫. 自生能力与改革的深层次问题 [J]. 经济研究, 2002 (2).

[4] 林毅夫, 刘培林. 自生能力和国企改革 [J]. 经济研究, 2001 (9).

[5] 邵宁. 国有企业改革实录（1998~2008）[M]. 北京：经济科学出版社, 2014.

[6] 薛暮桥. 关于经济体制改革问题的探讨 [J]. 经济研究, 1980 (6).

[7] 杨瑞龙. 国有企业股份制改造的理论思考 [J]. 经济研究, 1995 (2).

[8] 余菁, 黄群慧. 新时期全面深化国有企业改革的进展、问题与建议 [J]. 中共中央党校学报, 2017 (10).

[9] 周叔莲. 20年中国国有企业改革经验的理论分析 [J]. 中国社会科学院研究生院学报, 2000 (3).

[10] 周耀东, 余晖. 国有垄断边界、控制力和绩效关系研究 [J]. 中国工业经济, 2012 (6).

第四章

［1］常修泽等.所有制改革与创新：中国所有制结构改革40年［M］.广州：广东经济出版社，2018.

［2］丁孝智，季六祥.1978年以来国有企业产权改革进程及效率评析［J］.中国经济史研究，2005（1）.

［3］黄群慧，余菁.新时期全面深化国有经济改革研究［M］.北京：中国社会科学出版社，2015.

［4］黄群慧，余菁.新时期的新思路：国有企业分类改革与治理［J］.中国工业经济，2013（11）.

［5］黄群慧."十三五"时期新一轮国有经济战略性调整研究［J］.北京交通大学学报（社会科学版），2016（2）.

［6］黄速建，余菁.我国企业组织结构调整三十年［J］.经济管理，2008（13）.

［7］黄速建.中国企业组织结构调整与企业重组60年［J］.首都经济贸易大学学报，2009（4）.

［8］芮明杰.国有企业战略性改组［M］.上海：上海财经大学出版社，2002.

［9］王忠明.改革开放与国有经济战略性调整［J］.经济与管理研究，2008（2）.

［10］魏杰.国有经济战略布局调整的思路——纪念国有经济改革30年［J］.国有资产管理，2008（11）.

［11］吴敬琏等.构筑市场经济的基础结构［M］.北京：中国经济出版社，1997.

［12］吴敬琏等.国有经济的战略性改组［M］.北京：中国发展出版社，1998.

第五章

［1］马建堂，刘海泉.中国国有企业改革的回顾与展望［M］.北京：首都经济贸易大学出版社，2000.

［2］李翃楠.公平竞争视角下国有企业改革法律问题研究［D］.湖南大学博士学位论文，2016.

［3］汪海波.新中国工业经济史［M］.北京：经济管理出版社，1986.

［4］王新红. 国有企业法律制度研究［M］. 北京：中央编译出版社，2015.

［5］朱锦清. 国有企业改革的法律调整［M］. 北京：清华大学出版社，2013.

［6］张文魁，袁东明. 中国经济改革30年［M］. 北京：首都经济贸易大学出版社，2008.

［7］张士元. 中国企业法律制度研究［M］. 上海：立信会计出版社，2013.

［8］郑振龙. 中国证券发展简史［M］. 北京：经济科学出版社，2000.

第八章

［1］哈罗德·德姆塞茨. 企业经济学［M］. 北京：中国社会科学出版社，1999.

［2］张卫东. 国企产权改革30年［J］. 湖北社会科学，2008（7）.

［3］黄群慧. "新国企"是怎样炼成的——中国国有企业改革40年回顾［J］. 中国经济学人（英文版），2012（1）.

［4］Laffont, Tirole. A Theory of Incentives in Procurement and Regulation［M］. MIT Press，1993.

［5］科尔奈. 短缺经济学［M］. 北京：经济科学出版社，1986.

［6］Dewatripont, Maskin. Credit and Efficiency in Centralized and Decentralized Economies［J］. Review of Economic Studies，1995（62）.

［7］哈特. 企业、合同与财务结构［M］. 上海：上海三联书店，上海人民出版社，1998.

［8］赵志峰. G-H-M 理论扩展与国有企业产权改革［J］. 南开经济研究，2005（6）.

［9］Coase. The Federal Communications Commission［J］. Journal of Law and Economics，1959（2）.

［10］丁孝智，季六祥. 1978年以来国有企业产权改革进程及效率评析［J］. 中国经济史研究，2005（1）.

第九章

［1］Newman K. Organizational Transformation During Institutional Upheaval［J］. The Academy of Management Review，2000（25）：602-619.

［2］陈清泰．国有企业改革与公司治理［J］．南开管理评论，2009（5）．

［3］邓荣霖．企业论［M］．北京：商务印书馆，2011．

［4］范恒山．国有经济的战略调整与国有企业改革［J］．经济社会体制比较，2002（4）．

［5］高明华．公司治理与国企发展混合所有制［J］．天津社会科学，2015（5）．

［6］胡鞍钢，胡光宇．世界经济中的中国——国内政策的挑战［M］．北京：清华大学出版社，2004．

［7］黄群慧．"新国企"是怎样炼成的——中国国有企业改革40年回顾［J］．中国经济学人（英文版），2018（1）．

［8］蒋黔贵．公司治理与国有企业改革［J］．经济社会体制比较，2002（4）．

［9］孔陆泉．改善国有企业公司治理的问题探讨［J］．现代经济探讨，2012（1）．

［10］李维安．对计划经济制度下企业治理制度的考察［J］．三田商学研究，1996（2）．

［11］卢俊．推进混合所有制，深化国有企业改革［J］．宏观经济管理，2014（9）．

［12］鲁桐，党印．改善国有企业公司治理：国际经验及其启示［J］．国际经济评论，2015（4）．

［13］毛元斌．对国有企业改革30年历程的简要回顾［Z］．国资委直属机关党委，2008．

［14］秦瑞齐．我国国有企业公司治理结构的比较与完善［J］．经济与管理研究，2002（6）．

［15］邵挺．深化国有资产管理体制改革的思路［N］．中国经济时报，2013-09-27．

［16］宋政谦．国有企业改革的回顾与国际借鉴［J］．山东社会科学，2014（5）．

［17］汤吉军，年海石．国有企业公司治理结构变迁、路径依赖与制度创新［J］．江汉论坛，2013（2）．

［18］袁东明．深化国企三项制度改革关键是完善三个市场化［N］．中国经济时报，2015-08-02．

［19］肖亚庆．深化国有企业改革［N］．人民日报，2017-12-13．

［20］徐海根．论国有企业管理机制的改革——政府与国企关系的界定以及公司治理［J］．改革，2002（2）．

［21］张佳康．中国国有企业公司治理制度变迁［J］．学习与探索，2013（4）．

［22］张湄玲．国有企业党建与公司治理的融合［J］．财会研究，2016（2）．

第十一章

［1］赵履宽，杨体仁，姚先国，王建新．劳动经济学［M］．北京：中国劳动出版社，1998．

［2］吴敬琏．当代中国经济改革［M］．上海：上海远东出版社，1999．

［3］吕政，黄速建．中国国有企业改革30年研究［M］．北京：经济管理出版社，2008．

［4］劳动和社会保障部劳动工资研究所．重构与创新——现代企业工资收入分配制度［M］．北京：中国劳动社会保障出版社，2001．

［5］劳动保障部．劳动和社会保障事业发展第十个五年计划纲要，2001．

［6］刘湘丽．新时期全面深化国有经济改革研究［M］．北京：中国社会科学出版社，2015．

［7］中国人民大学《企业活力》调研组．企业增强活力的必由之路——劳动、人事、分配制度改革考察［J］．经济理论与经济管理，1994（4）．

［8］葛寿昌．建立社会保障体系　推进国有企业改革［J］．财经研究，1998（3）．

［9］田德举．论国有企业三项制度改革［J］．理论与改革，1996（6）．

［10］国家经贸委企改司调研组．许继集团三项制度改革的调查报告［J］．中国经贸导刊，2001（10）．

［11］唐伶．国有企业工资制度改革的回顾与思考［J］．特区经济，2010（6）．

［12］陈家骥，李云晋．论国有企业三项制度改革的客观要求［J］．晋阳学刊，1993（4）．

［13］乔健．略论我国劳动关系的转型及当前特征［J］．中国劳动关系学院学报，2007（4）．

[14] 廖红伟，杨良平．国有企业经理人薪酬激励机制深化改革研究[J]．财经问题研究，2017（1）．

第十二章

[1] 蒋以任．推进国有企业改革实施大公司大集团战略[J]．集团经济研究，1996（5）．

[2] 汪海波．中国国有企业改革的实践进程（1979～2003年）[J]．中国经济史研究，2005（3）．

[3] 丁中智．国有企业的国际化经营战略思考[J]．华北电力大学学报（社会科学版），2005（4）．

[4] 姚俊，蓝海林．我国企业集团的演进及组建模式研究[J]．经济经纬，2006（1）．

[5] 房维中．中华人民共和国经济大事记（1949～1980）[M]．北京：中国社会科学出版社，1984．

[6] 于祖尧．国有企业实行承包经营责任制问题研究[J]．企业活力，1988（2）．

[7] 林凌．深化国有企业承包经营责任制的构想[J]．经济理论与经济管理，1987（6）．

[8] 国务院发展研究中心对外经济研究部．稳步提升国有企业的国际化经营能力[N]．中国经济时报，2013-08-15．

[9] 何新．何新政治经济论集[M]．哈尔滨：黑龙江教育出版社，1995．

[10] 宗寒．国企改革三十年亲历记[M]．上海：上海人民出版社，2008．

[11] 吴晓灵．国企改革攻坚（1992～2002年）：建立现代企业制度和三年脱困[A]//吴敬琏编．中国经济50人看三十年[M]．北京：中国经济出版社，2008．

[12] 吴晓波．吴敬琏传——一个经济学家的肖像[M]．北京：中信出版社，2010．

[13] Lee, K., Jin, X. The Origins of Business Groups in China: An Empirical Testing of the Three Paths and the Three Theories [J]. Business History, 2009 (51): 77-99.

第十三章

[1] 黄速建, 余菁. 国有企业的性质、目标与社会责任 [J]. 北京: 中国工业经济, 2006 (2).

[2] 吴照云, 刘灵. 我国国有企业社会责任的层级模型和制度共生 [J]. 经济管理, 2008 (19-20).

[3] 乔明哲, 刘福成. 基于性质与功能的我国国有企业社会责任研究 [J]. 华东经济管理, 2010 (3).

[4] 沈志渔, 刘兴国, 周小虎. 基于社会责任的国有企业改革研究 [J]. 中国工业经济, 2008 (9).

[5] 李伟阳, 肖红军. 企业社会责任的逻辑 [J]. 中国工业经济, 2011 (10).

[6] Swanson, D. L. Toward an Integrative Theory of Business and Society: A Research Strategy for Corporate Social Performance [J]. Academy of Management Review, 1999, 24 (3).

[7] 李伟阳, 肖红军. 基于社会资源优化配置视角的企业社会责任研究 [J]. 中国工业经济, 2009 (4).

[8] 李伟阳. 基于企业本质的企业社会责任边界研究 [J]. 中国工业经济, 2010 (9).

[9] Friedman, M. Capitalism and Freedom [M]. Chicago: University of Chicago Press, 1962.

[10] Porter, M. E., M. R. Kramer. The Link between Competitive Advantage and Corporate Social Responsibility [J]. Harvard Business Review, 2006, 84 (12).

[11] Ackerman, R. W., R. A. Bauer. Corporate Social Responsiveness: The Modern Dilemma [M]. Reston, Virginia: Reston Publishing Company, 1976.

[12] Frederick, W. C. Toward CSR_3: Why Ethical Analysis is Indispensable and Unavoidable in Corporate Affairs [J]. California Management Review, 1986, 28 (2).

[13] Wartick, S. L., P. L. Cochran. The Evolution of the Corporate Social Performance Model [J]. Academy of Management Review, 1985, 10 (4).

[14] Frederick, W. C. From CSR_1 to CSR_2 [J]. Business and Society, 1994, 33 (2).

[15] 李伟阳，肖红军. 全面社会责任管理：新的企业管理模式［J］. 中国工业经济，2010（1）.

[16] 郭洪涛. 国有企业经济目标和社会目标间的权衡［J］. 现代经济探讨，2012（3）.

[17] 龙文滨，宋献中. 基于合法性视角的国有企业社会责任行为演进［J］. 华南理工大学学报（社会科学版），2012（12）.

[18] 陈孜昕. 我国国有企业社会责任在不同时期的变迁研究［D］. 复旦大学硕士学位论文，2014.

[19] 李晓琳. 中国特色国有企业社会责任论［D］. 吉林大学博士学位论文，2015.

[20] 王媛. 未竟的公共性：我国国有企业社会责任研究［D］. 南开大学研究生毕业论文，2017.

[21] 赵凌云. 1978~1998年间中国国有企业改革发生与推进过程的历史分析［J］. 当代中国史研究，1999（5-6）：199-218.

[22] 辛迪诚. 中国国有企业改革的制度变迁研究［D］. 复旦大学博士学位论文，2008.

[23] 罗仲伟. 中国国有企业改革：方法论和策略［J］. 中国工业经济，2009（1）.

[24] 黄速建，黄群慧，王钦，肖红军. 中国国有企业改革三十年回顾与展望［A］//陈佳贵：中国国有企业改革三十年［C］. 北京：中国财政经济出版社，2008.

[25] 蒋一苇. "企业本位论"刍议［J］. 经济管理，1979（6）.

[26] 蒋一苇. 企业本位论［J］. 中国社会科学，1980（1）.

[27] 张文魁. 国有企业改革30年的中国范式及其挑战［J］. 改革，2008（10）.

[28] 张宇燕，何帆. 国有企业的性质（上）［J］. 管理世界，1996（5）.

[29] 周叔莲. 20年中国国有企业改革经验的理论分析［J］. 中国社会科学院研究生院学报，2000（3）.

[30] 魏杰，李东红. 30年国有企业改革历程评析［J］. 经济与管理研究，2009（1）.

[31] 小宫隆大郎. 竞争的市场机制和企业的作用［A］//吴家骏，汪海波. 经济理论与经济政策［M］. 北京：经济管理出版社，1986.

[32] 刘世锦. 中国国有企业的性质与改革逻辑 [J]. 经济研究, 1995 (4).

[33] 郭劲光, 高静美. 国有企业改革：企业制度的变迁与选择 [J]. 经济评论, 2003 (6).

[34] 于淼. 企业与社会的关系定位与和谐社会建设 [J]. 沈阳农业大学学报（社会科学版）, 2006 (1).

[35] 邓正来. 国家与市民社会 [M]. 杭州：浙江人民出版社, 1998.

[36] 董保华. 企业社会责任与企业办社会 [J]. 上海师范大学学报（哲学社会科学版）, 2006 (9).

[37] 吕方. 单位社会变革与社会基础秩序重构 [D]. 吉林大学博士学位论文, 2010.

[38] 李路路, 李汉林. 中国的单位组织——资源、权利与交换 [M]. 杭州：浙江人民出版社, 2004.

[39] G. H. 爱尔德. 大萧条的孩子们 [M]. 北京：译林出版社, 2004.

[40] 王沪宁. 从单位到社会：社会调控体系的再造 [J]. 公共行政与人力资源, 1995 (1).

[41] 辛小柏. 建立现代企业制度必须解决"企业办社会" [J]. 经济理论与经济管理, 1997 (2)：20-26.

[42] 王志强. 为什么"企业办社会"是低效率的 [J]. 中国经济问题, 2001 (2).

[43] Giner, S. Civil Society and Its Future [A]//J. A. Hall (ed.). Civil Society: Theory, History, Comparison [M]. Cambridge: Polity Press, 1995.

[44] 吴敬琏. 当代中国经济改革 [M]. 上海：上海远东出版社, 2003.

[45] 程承坪, 程鹏. 国有企业性质：市场与政府的双重替代物 [J]. 当代经济研究, 2013 (1).

[46] 袁辉. 国有企业功能的历史透视与新时期定位 [J]. 江苏行政学院学报, 2014 (2).

[47] 吕政, 黄速建. 中国国有企业改革30年研究 [M]. 北京：中国经济出版社, 2008.

[48] 田毅鹏, 吕方. 单位社会的终结及其社会风险 [J]. 吉林大学社会科学学报, 2009 (11).

[49] 华伟. 单位制向社区的回归——中国城市基层管理体制50年变迁 [J]. 战略与管理, 2001 (1).

[50] 姜地忠，王国伟．单位社会的消解及社会建设的难题 [J]．湖北经济学院学报，2006 (9)．

[51] Polanyi, K. The Great Transformation: The Political and Economic Origins of Our Time [M]. Boston: Beacon Press, 1944.

[52] Bouée, C. E. Light Footprint Management: Leadership in Times of Change [M]. London: Bloomsbury, 2013.

[53] Chandler, A. D. Jr. The Visible Hand [M]. Cambridge: The Belknap Press of Harvard University Press, 1993.

[54] Coleman, J. S. Foundations of Social Theory [M]. Cambridge: Harvard University Press, 1990.

[55] 黄建．社会失灵：内涵、表现与启示 [J]．党政论坛，2015 (2)．

[56] 陈成文，陈海平．西方社会学家眼中的"和谐社会" [J]．湖南师范大学社会科学学报，2005 (9)．

[57] White, H. C. Markets from Networks: Socioeconomic Models of Production [M]. New Jersey: Princeton University Press, 2001.

[58] Granovetter, M. S. Economic Action and Social Structure: The Problem of Embeddedness [J]. Journal of Sociology, 1985 (91).

[59] Granovetter, M. The Strength of Weak Ties [J]. American Journal of Sociology, 1973 (78).

[60] Drucker, P. F. Management Task, Responsibilities and Practices [M]. New York: Harper & Row, Inc., 1973.

[61] ISO. ISO26000: Guidance on Social Responsibility [S]. Geneva: ISO, 2010.

[62] Wood, D. J. Corporate Social Performance Revisited [J]. Academy of Management Review, 1991 (16).

[63] 王敏，李伟阳．中央企业社会责任内容的三层次研究 [J]．财政监督，2008 (6)．

[64] Clarkson, M. B. E. A Stakeholder Framework for Analyzing and Evaluating Corporate Social Performance [J]. Academy of Management Review, 1995, 20 (1).

[65] Porter, M., M. R. Kramer. The Big Idea: Creating Shared Value. How to Reinvent Capitalism and Unleash a Wave of Innovation and Growth [J]. Harvard Business Review, 2011, 89 (1-2).

[66] 肖红军. 企业社会责任议题管理：理论建构与实践探索 [M]. 北京：经济管理出版社，2017.

[67] 彭华岗，楚序平. 企业社会责任管理体系研究 [M]. 北京：经济管理出版社，2011.

[68] 黄群慧，余菁. 新时期的新思路：国有企业分类改革与治理 [J]. 中国工业经济，2013（11）.

[69] 黄群慧."新国企"是怎样炼成的——中国国有企业改革 40 年回顾 [J]. 中国经济学人，2018（1-2）.

[70] 王茂福. 组织分类研究：韦伯与帕森斯之比较 [J]. 社会科学研究，1997（1）：96-101.

[71] Alter, K. Social Enterprise Typology [M]. Seattle：Virtue Ventures LLC，2004.

[72] 邵传林. 国有企业性质的比较制度分析 [J]. 经济学动态，2011（9）.

[73] 陈凯. 从共同体到联合体——马克思共同体思想研究 [D]. 华侨大学博士学位论文，2017.

[74] 齐格蒙特·鲍曼. 共同体 [M]. 欧阳景根译. 南京：江苏人民出版社，2003.

[75] 袁纯清. 共生理论——兼论小型经济 [M]. 北京：经济科学出版社，1998.

[76] Neumeier, S. Why do Social Innovations in Rural Development Matter and Should They be Considered More Seriously in Rural Development Research？[J]. Sociologia Ruralis，2012（1）.

[77] Kanter, R. M. From Spare Change to Real Change：The Social Sector as a Beta Site for Business Innovation [J]. Harvard Business Review，1999，77（3）.

[78] Drucker, P. Converting Social Problems into Business Opportunities：The New Meaning of Corporate Social Responsibility [J]. California Management Review，1984，26（2）.

[79] 肖红军，张哲. 企业悲观论的反思 [J]. 管理学报，2017（5）.

[80] Yuan, W., Y. Bao, A. Verbeke. Integrating CSR Initiatives in Business：An Organizing Framework [J]. Journal of Business Ethics，2011，101（1）.

[81] Matten, A., D. Crane. Corporate Citizenship：Toward an Extended

Theoretical Conceptualization [J]. Academy of Management Review, 2005, 30 (1).

第十五章

[1] 陈仕华等. 国有企业纪委的治理参与能否抑制高管私有收益? [J]. 经济研究, 2014 (10).

[2] 杜海燕. 承包制: 国有企业体制改革的初始选择 [J]. 经济研究, 1987 (10).

[3] 蒋一苇. "企业本位论"刍议——试论社会主义制度下企业的性质及国家与企业的关系 [J]. 经济管理, 1979 (6).

[4] 蒋一苇等. 关于股份制问题的讨论 [J]. 经济体制改革, 1988 (10).

[5] 贺俊. 创新型企业的产权基础和治理机制 [J]. 国外社会科学, 2013 (5).

[6] 黄群慧, 黄速建. 论新时期全面深化国有经济改革重大任务 [J]. 中国工业经济, 2014 (9).

[7] 黄速建. 中国国有企业混合所有制改革研究 [J]. 经济管理, 2014 (7).

[8] 江轩宇. 政府放权与国有企业创新——基于地方国企金字塔结构视角的研究 [J]. 管理世界, 2016 (9).

[9] 林毅夫等. 充分信息与国有企业改革 [M]. 上海: 上海三联书店和上海人民出版社, 1997.

[10] 刘青松等. 败也业绩, 成也业绩?——国企高管变更的实证研究 [J]. 管理世界, 2015 (3).

[11] 刘小玄. 中国转轨过程中的产权和市场——关于市场、产权、行为和绩效的分析 [M]. 上海: 上海三联书店和上海人民出版社, 2003.

[12] 路风. 国有企业转变的三个命题 [J]. 中国社会科学, 2000 (5).

[13] 路风. 走向自主创新 [M]. 桂林: 广西师范大学出版社, 2006.

[14] 罗宏等. 国企分红、在职消费与公司业绩 [J]. 管理世界, 2008 (9).

[15] 曲亮等. 国有企业董事会权力配置模式研究——基于二元权力耦合演进的视角 [J]. 中国工业经济, 2016 (8).

[16] 王珏. 跳出放权让利的改革思路 创立现代企业制度 [J]. 党校

科研信息，1990（10）.

［17］张文魁. 国资监管体制改革策略选择：由混合所有制的介入观察［J］. 改革，2017a（1）.

［18］张维迎. 从现代企业理论看国有企业改革［J］. 改革，1995（1）.

［19］张文魁. 混合所有制的股权结构与公司治理［J］. 新视野，2017b（4）.

［20］张维迎. 公有制经济中的委托人—代理人关系：理论分析和政策含义［J］. 经济研究，1995（6）.

［21］张维迎. 企业的企业家—契约理论［M］. 上海：上海三联书店和上海人民出版社，1996.

［22］科斯. 论生产的制度结构［M］. 上海：上海三联书店，1994.

［23］盛丹等. 外部监管能够改善国企经营绩效与改制成效吗？［J］. 经济研究，2016（10）.

［24］吴延兵. 国有企业双重效率损失研究［J］. 经济研究，2012（3）.

［25］夏立军等. 市场化进程、国企改革策略与公司治理结构的内生决定［J］. 经济研究，2007（7）.

［26］杨瑞龙等. 国有企业分类改革的逻辑、路径与实施［M］. 北京：中国人民大学出版社，2017.

［27］Hart, O., J. Moore. Property Rights & The Nature of the Firm［J］. Journal of Political Economy, 1990（98）.

［28］Holmstrom, Bengt, Paul Milgrom. Multi-Task Principal-Agent Analyses: Incentive Contracts, Asset Ownership & Job Design［J］. Journal of Economics & Organization, 1991（7）.

［29］Lazonick, William. The Innovative Firm, in Jan Fagerberg, David Mowery, Richard Nelson, eds. The Oxford Handbook of Innovation［M］. Oxford Press, 2005.

第十七章

［1］Johanson, J., J. E. Vahlne. The Internationalization Process of the Firms—A Model of Knowledge Development and Increasing Market Commitment［J］. Journal of International Business Studies, 1997, 8（2）.

［2］Root, F. R. Entry Strategies for International Markets, Lexington Books, D. C. Health and Co., Lexington, Mass, 1997.

［3］邓小平文选（第2卷）［M］.北京：人民出版社，1993.

［4］江泽民文选（第1卷）［M］.北京：人民出版社，2006.

［5］陈扬勇.江泽民"走出去"战略的形成及其重要意义［J］.党的文献，2009（1）.

［6］孙大力.70年代后期的国际形势与我国改革开放的决策［J］.当代中国史研究，1995（3）.

［7］刘建丽.中国制造业企业海外市场进入模式选择研究［M］.北京：经济管理出版社，2009.

［8］刘建丽.当前国有企业对外直接投资的现状、障碍与促进措施［J］.中国经贸导刊，2017（25）.

［9］尹永纯.改革开放以来中国利用外资的历史考察：1978~2005［D］.中共中央党校博士学位论文，2006.

［10］浙川.邓小平侨务思想述论［J］.毛泽东思想研究，2004（6）.

第十八章

［1］Aldor L. K., Scott S. Technology Acquisition Strategy in an Internationally Competitive Environment［J］. Journal of International Management，2000（6）.

［2］Freeman C. The National System of Innovation in Historical Perspective［J］. Cambridge Journal of Economics，1995，19（1）.

［3］Dosi G. Technological Paradigms and Technological Trajectories［J］. Research Policy，1982（11）.

［4］Katz M., Shapiro C. Network Externalities，Competition and compatibility［J］. American Economic Review，1985，75（3）.

［5］Moore J. F. A New Ecology of Competition［J］. Harvard Business Review，1993（5）.

［6］Moore J. F. The Death of Competition：Leadership and Strategy in the Age of Business Ecosystems［M］. Australia：HarperCollins，1996.

［7］Rothwell R. Successful Industrial Innovation：Critical Factors for the 1990s［J］. R&D Management，1992，22（3）.

［8］陈劲，黄淑芳.企业技术创新体系演化研究［J］.管理工程学报，2014，28（4）.

［9］陈劲.智慧聚展——企业基于商业和创新生态体系的战略［M］.杭州：浙江大学出版社，2015.

[10] 贺团涛，曾德明，张运生．高科技企业创新生态系统研究述评 [J]．科学学与科学技术管理，2008，29（10）．

[11] 梁滢．中国技术引进方式存在的问题及对策分析 [J]．内蒙古统计，2007（1）．

[12] 吕一博，蓝清，韩少杰．开放式创新生态系统的成长基因 [J]．中国工业经济，2015（5）．

[13] 秦汉锋．技术创新与制度创新性能互动关系理论的比较 [J]．经济科学，1999（5）．

[14] 施发启．中国经济周期实证分析 [J]．统计研究，2000（7）．

[15] 谭崇台．发展经济学概论 [M]．武汉：武汉大学出版社，2001．

[16] 魏江．执着人生写就中国特色创新管理理论——我国著名管理学家许庆瑞教授学术思想回顾 [J]．管理工程学报，2008，22（1）．

[17] 魏江，李拓宇，赵雨菡．创新驱动发展的总体格局、现实困境与政策走向 [J]．中国软科学，2015（5）．

[18] 魏娟．从演化经济学角度看国有企业改革 [J]．边疆经济与文化，2006（6）．

[19] 吴晓波，张超群，窦伟．我国转型经济中技术创新与经济周期关系研究 [J]．科研管理，2011，32（1）．

[20] 吴晓波，倪义芳．二次创新与我国制造业全球化竞争战略 [J]．科研管理，2001（5）．

[21] 吴晓波．二次创新的进化过程 [J]．科研管理，1995（2）．

[22] 朱学彦，吴颖颖．创新生态系统：动因、内涵与演化机制 [C]．第十届中国科技政策与管理学术年会论文集，中国科学学与科技政策研究会，2014．

第十九章

[1] 傅仲宝．日本财政投融资体制对我国投资管理的启示 [J]．计划经济研究，1989（1）．

[2] 桂世镛．中国的投融资体制改革 [J]．中国工业经济研究，1994（6）．

[3] 国家计委投资研究所课题组．转向市场经济的中国投资体制改革 [J]．经济研究，1993（11）．

[4] 贾康，白景明．乡财政解困与财政体制创新 [J]．经济研究，2002

（2）．

　　［5］李金早．日本财政投融资体制的运作方式与特点［J］．世界经济，1994（1）．

　　［6］李圣军，孙寿义，李伟新．地方融资平台演变历程及治理模式［J］．国际金融，2014（4）．

　　［7］陆百甫．日本经济发展与资金的筹集、管理和运用——访日考察纪要［J］．管理世界，1986（2）．

　　［8］齐海鹏，付伯颖．建立我国财政投融资体系的思考［J］．财经问题研究，1993（9）．

　　［9］王芳，陈曦．地方政府债务形成的"赤字竞赛"假说［J］．财政研究，2013（7）．

　　［10］余泳泽，杨晓章．官员任期、官员特征与经济增长目标制定——来自230个地级市的经验证据［J］．经济学动态，2017（2）．

　　［11］赵从显．日本财政投融资制可供我国建立财政信用体制的经验［J］．兰州商学院学报，1988（2）．

　　［12］朱家良．按照市场经济要求建立政府和企业的投融资机制［J］．浙江学刊，1993（1）．

后 记

国有企业的改革与发展问题是过去 40 年中国制度转型和经济发展进程中最重要的议题，也是中国学术界关注度最高、成果最集中、争论最激烈的领域。对过去 40 年中国国有企业改革的典型事实和理论脉络进行概括和梳理，通过理论观察中国国有企业改革实践折射出的经济学一般性和特定性，对于深化理解当前及未来中国国有企业改革的现实发展方向和理论展开逻辑都具有重要意义。作为国家社科基金重大招标项目"国有企业改革和制度创新研究"（15ZDA026）的重要成果之一，本书相对于国内其他国有企业回顾性研究的特色和贡献主要体现在：一是在内容设计上涵盖了过去 40 年中国国有企业改革与发展涉及的几乎所有重要主题，其中，国有存续企业改革、国有企业三项制度改革等问题的学术梳理填补了该领域的研究空白；二是在研究方法上坚持实证主义的传统，务求在准确揭示事实的基础上再给出规范性的判断；三是构成本书研究团队的青年学者力争用各自领域的最前沿理论解剖被解构了的国企改革问题，并给出各自独立的学术判断。

本书各章撰写分工如下：第一章"总论"：中国社会科学院工业经济研究所黄速建研究员、贺俊研究员；第二章"中国国有企业改革 40 年：演进、目标与逻辑"：中国社会科学院工业经济研究所黄速建研究员、中国社会科学院大学（研究生院）胡叶琳；第三章"国有企业在国民经济中地位作用的变迁"：中国社会科学院工业经济研究所黄阳华副研究员；第四章"国有经济结构和布局的战略性调整"：中国社会科学院工业经济研究所王欣副研究员；第五章"国有企业法律体系的演进"：国防大学军事文化学院讲师赵红博士；第六章"国有资产监督管理体制改革"：中国社会科学院工业经济研究所博士后谭玥宁；第七章"国有资本经营预算与财务管理制度改革"：中国社会科学院工业经济研究所胡文龙副研究员；第八章"国有企业产权改革的进程"：中国社科院工业经济研究所博士后、江苏省社科院程俊杰副研究员；第九章"国有企业治理结构演进"：中国社会科学院工业经济研究所王涛助理研究员；第十章"国有企业投融资机制改革和债务重组"：湖北经

后　记

济学院会计学院李井林副教授；第十一章"地方投融资平台的改革与发展问题"：中国社会科学院工业经济研究所李先军助理研究员；第十二章"国有存续企业的改革"：北京邮电大学经济管理学院李烨副教授；第十三章"国有企业三项制度改革历程"：中国社会科学院工业经济研究所刘湘丽研究员；第十四章"国有企业竞争战略和管理模式演变"：中国社会科学院工业经济研究所江鸿副研究员；第十五章"国有企业国际化经营与管理"：中国社会科学院工业经济研究所刘建丽副研究员；第十六章"国有企业技术创新活动的演进"：北京师范大学经济与工商管理学院焦豪教授、北京师范大学创新创业与持续竞争力研究中心王钰沛助理研究员；第十七章"国有企业社会责任的发展与演进"：中国社会科学院工业经济研究所肖红军副研究员；第十八章"对国企改革的反思与展望"：苏州大学东吴商学院权小锋教授；第十九章"实践拉动和理论推动：中国国企改革的学术探索"：中国社会科学院工业经济研究所贺俊研究员。

最后对为本书付梓出版提供了专业、热情支持的经济管理出版社杨世伟社长和张永美副总编辑表示最诚挚的谢意！

黄速建　贺俊
2019 年 1 月 9 日